5

黑龙江法院审判参考丛书

总主编　石时态

房屋租赁案件审判参考

FANG WU ZU LIN AN JIAN
SHEN PAN CAN KAO

全克滨　牛国梁 / 编著

梳理疑难问题
提炼审判经验
阐明裁判思路
规范法律适用
统一裁判尺度

人民法院出版社

图书在版编目（CIP）数据

房屋租赁案件审判参考 / 全克滨，牛国梁编著. — 北京：人民法院出版社，2018.3

（黑龙江法院审判参考丛书 / 石时态总主编）

ISBN 978-7-5109-2054-7

Ⅰ.①房… Ⅱ.①全… ②牛… Ⅲ.①租房—合同纠纷—审判—案例—中国 Ⅳ.①D922.181.5

中国版本图书馆CIP数据核字（2018）第025103号

房屋租赁案件审判参考

全克滨　牛国梁　编著

责任编辑 韦钦平　**执行编辑** 邓　灿
出版发行 人民法院出版社
地　　址 北京市东城区东交民巷27号（100745）
电　　话（010）67550583（责任编辑）　67550558（发行部查询）
65223677（读者服务部）
客服QQ 2092078039
网　　址 http://www.courtbook.com.cn
E-mail courtpress@sohu.com
印　　刷 保定市中画美凯印刷有限公司
经　　销 新华书店

开　　本 787×1092毫米　1/16
字　　数 404千字
印　　张 22.75
版　　次 2018年3月第1版　2018年11月第2次印刷
书　　号 ISBN 978-7-5109-2054-7
定　　价 65.00元

总 序

伴随信息时代的到来和经济社会的快速发展，新类型案件不断涌现，司法案件法律关系和表现形态日趋多元复杂，对法官法律适用能力提出了新的更高要求。为更好适应司法办案需要，我们编撰了《黑龙江法院审判参考丛书》，针对同类案件司法实践中的常见、疑难、新型问题，致力于提炼裁判规则、研究裁判方法、梳理裁判经验，以指导类似待决案件的裁判。

组织一线法官编撰类案审判参考丛书，在黑龙江法院尚属首次。为保证丛书编写质量，增强丛书的针对性、指导性和权威性，我们整合全省三级法院审判力量，挖掘全国法院案例资源，深入调查研究，逐个观点研讨论证，每个分册都经最高人民法院专家型法官把关，历经多次修改完善。

我们希望丛书能对法官、检察官、律师等司法实务人员和教学科研机构司法办案、法学教学研究有所裨益，也能为社会大众学法用法提供一些参考。

囿于水平和时间，本书难免有粗陋和有待商榷之处，望读者不吝析疑诓谬、补偏救弊。

《黑龙江法院审判参考丛书》编辑委员会

2018年2月

前 言

房屋租赁主要包括居住用房的租赁和经营用房的租赁，其中，居住用房是人们生存的基本物质条件，而经营用房则是人们从事生产经营的必要生产资料。因此，房屋租赁与国家利益、社会公共利益和广大人民群众的切身利益息息相关，亦与社会的和谐稳定、经济的平稳发展息息相关。在我国经济高速发展和住房制度改革日益深化的推动下，房屋租赁经营方式日益普遍，伴随发展产生的大量房屋租赁合同纠纷形成诉讼进入司法领域。面对各种新型的房屋租赁疑难案件，依法及时公正处理房屋租赁合同纠纷案件，切实维护各方当事人的合法权益，促进房屋租赁市场健康发展，成为摆在我们面前的重大课题。

房屋租赁领域中涉及的法律问题较为复杂。《城镇房屋租赁合同解释》施行前，审理房屋租赁合同纠纷案件的主要法律依据为《民法通则》、《合同法》、《物权法》、《担保法》等法律法规。由于相关法律规范比较原则，人民法院在审理房屋租赁合同纠纷案件中面临很多具体适用法律的难点问题。《城镇房屋租赁合同解释》的公布实施，对房屋租赁纠纷中存在的问题作了进一步明确的解释，使法律规定的实践运用价值得以充分发挥。但随着房屋租赁行业迅速发展，各种新情况、新问题不断出现，房屋租赁纠纷审判实践中仍然存在许多适用法律的难点、热点问题。这就需要我们审判人员运用司法智慧，对尚存争议的问题以及实践中不断出现的新问题进行不懈的研究和探索，在现行法律制度框架中寻找解决问题的妥善方法。

本书以房屋租赁合同纠纷案件所涉相关法律法规、司法解释为基础，针对案件审理中具体适用法律的常见、重点、疑难新型问题，以专题方式分章设节，对房屋租赁合同的效力、装饰装修及扩建问题的处理、房屋租赁合同的解除、转租纠纷的处理、所有权变动不破租赁原则以及承租人的优先购买权等纠纷类型的裁判规则进行梳理，辅以典型案例，并配以裁判思路解析和法律规范指引，以期对类案审判实践有所裨益。本书由黑龙江省高级人民法院审判委员会委员、审判监督第二庭庭长全克滨、法官助理牛国梁共同编写。

其中，全克滨承担各章节导言及所涉相关法律制度理解与适用部分的撰写，牛国梁负责具体案例筛选及裁判思路的整理，全书由全克滨修改、定稿。本书案例主要从最高人民法院，北京、上海、江苏以及黑龙江本省等有代表性省份的法院近年来审结的真实案件中精心筛选而来，其中包括最高人民法院发布的典型案例、个别省份的参考性案例以及来自《民事审判指导与参考》、《最高人民法院二审民事案件解析》、《中国法院年度案例》等权威出版物所登载的案例，案例具有广泛的选编基础，兼顾所涉专题的体系性和全面性，力求全面涵盖此类案件重点、疑难、新型问题的权威法律适用点。

本书在编写的过程中，参考和借鉴了许多已有的研究成果和相关书籍、资料，并有幸得到了最高人民法院研究室吴兆祥处长的悉心指导和审读把关。此外，本书得以问世，全赖人民法院出版社韦钦平老师、邓灿编辑的辛苦努力和大力支持，在此，一并予以致谢。由于时间仓促，水平有限，错讹遗漏之处恐在所难免，敬请司法界同仁和各位读者批评指正。

编者

2018 年 1 月

凡 例

全 称	简 称
《中华人民共和国民法通则》	《民法通则》
最高人民法院《关于审理城镇房屋租赁合同纠纷案件具体应用法律若干问题的解释》	《城镇房屋租赁合同解释》
最高人民法院《关于适用〈中华人民共和国合同法〉若干问题的解释（一）》	《合同法解释（一）》
最高人民法院《关于适用〈中华人民共和国合同法〉若干问题的解释（二）》	《合同法解释（二）》
最高人民法院《关于审理涉及国有土地使用权合同纠纷案件适用法律问题的解释》	《国有土地使用权合同解释》
最高人民法院《关于审理商品房买卖合同纠纷案件适用法律若干问题的解释》	《商品房买卖合同解释》
最高人民法院《关于适用〈中华人民共和国担保法〉若干问题的解释》	《担保法解释》

全　称	简　称
最高人民法院《关于人民法院民事执行中查封、扣押、冻结财产的规定》	《查封、扣押、冻结财产规定》
最高人民法院《关于贯彻执行〈中华人民共和国民法通则〉若干问题的意见（试行）》	《民法通则执行意见（试行）》
最高人民法院《关于人民法院民事执行中拍卖、变卖财产的规定》	《拍卖、变卖财产规定》
最高人民法院《关于适用〈中华人民共和国公司法〉若干问题的规定（三）》	《公司法解释（三）》
最高人民法院《关于审理民事案件适用诉讼时效制度若干问题的规定》	《诉讼时效规定》

目 录

第一章 房屋租赁合同的效力

第二章 装饰装修及扩建问题的处理

第三章 房屋租赁合同的解除

第六章 承租人的优先购买权

第七章　房屋租赁合同履行中的其他问题

附　录

一、法律、行政法规

二、司法解释

第一章　房屋租赁合同的效力

导 读

合同效力的认定对于促进房屋租赁市场发展，维护房屋租赁市场交易秩序稳定意义重大。合同效力，又称合同的法律效力，是指法律赋予依法成立的合同具有拘束当事人各方乃至第三人的强制力。[①] 对此，应从以下方面把握：1. 合同的效力，从根源上讲，是合同法等法律赋予合同的，由国家强制力保障的，在债务人违约时，法律依守约方的请求强制违约方实际履行或承担其他不利后果。2. 合同的效力，从所反映的意志看，是法律评价当事人各方合意的表现，是国家意志的反映；同时是当事人各方为满足其需要“寻找”法律的依据和支持，将自己的意思符合于已上升为法律的国家意志的结果。3. 合同的效力，作为法律评价当事人各方合意的表现，是复杂多样的：法律对当事人各方的合意予以肯定的评价时，发生当事人预期的法律效果；法律对当事人各方的合意予以彻底否定的评价时，发生合同无效的后果；法律对当事人各方的合意予以相对否定的评价，发生合同得以撤销或者效力待定的效果。

实践中，房屋租赁合同效力的认定是一个至关重要的问题，很多房屋租赁合同纠纷的处理都要从对合同效力进行认定开始，甚至一些房屋租赁合同纠纷的处理就是以对合同效力所做的妥当认定来作为终结的。如何就房屋租赁合同的效力作出妥当认定，是处理房屋租赁合同纠纷过程中无法回避的问题。此外，房屋租赁合同的成立和识别作为认定合同效力的前提条件，直接决定了案件的处理方向和裁判规则的应用，亦是审判实践中的重点难点问题。因此，有必要在此与合同效力问题一并作研究探讨。

① 崔建远主编：《合同法》（第四版），法律出版社2007年版，第94页。

第一节 房屋租赁合同效力认定的基本依据

合同效力属于人民法院主动审查的范围，同时合同效力认定直接影响到案件的实体处理。因此，不管当事人的诉讼请求是否提出确认合同效力，人民法院均应主动审查。从鼓励交易、促进效率、增长社会财富、保护当事人合法利益的宗旨和目的出发，《合同法》对无效合同作了严格限定，增加了效力待定合同和可撤销、可变更合同等合同情形，尽可能促成合同有效。因此，在合同效力认定问题上，应采取从宽把握原则，即不轻易认定合同无效。审判实践中要领会和贯彻这一立法精神。

在审查合同效力方面，首先应以《合同法》为确认房屋租赁合同效力的基本依据。根据《合同法》第52条规定，合同的法定无效事由有五项，分别是：（一）一方以欺诈、胁迫的手段订立合同，损害国家利益；（二）恶意串通，损害国家、集体或者第三人利益；（三）以合法形式掩盖非法目的；（四）损害社会公共利益；（五）违反法律、行政法规的强制性规定。此外，《合同法解释（一）》第4条规定："合同法实施以后，人民法院确认合同无效，应当以全国人大及其常委会制定的法律和国务院制定的行政法规为依据，不得以地方性法规、行政规章为依据。"根据上述规定，确认房屋租赁合同无效应限于《合同法》规定的五种情形，且地方性法规、行政规章不能作为认定合同效力的依据。

关于强制性规定对于合同效力的影响问题，《合同法解释（二）》第14条规定："合同法第五十二条第（五）项规定的"强制性规定"，是指效力性强制性规定。"何为"效力性强制性规定"？法学家王利明教授认为，有关法律的禁止性规定有必要在法律上区分为取缔规范和效力规范。具体讲，可以采用以下标准：第一，法律法规明确规定违反禁止性规定将导致合同无效或者不成立，该规定属于效力规范。第二，法律法规虽没有明确规定违反禁止性规定将导致合同无效或者不成立的，但违反该规定以后若使合同继续有效将损害国家利益和社会公共利益，也应当认为该规范属于效力规范。第三，法律法规虽没有明确规定违反禁止性规定将导致合同无效或者不成立的，违反该规定以后若使合同有效并不损害国家利益，而是损害当事人的利益，此种情况下该规范就不应属于效力规范，而是取缔规范。[①]

审判实务界权威观点认为，对于如何识别效力性规定，应当采用正反两个标准。在肯定性识别标准上，首先的判断标准是该强制性规定是否明确了违反的后果是合同无效，如果规定了违反的后果是导致合同无效，该规定属于效力性强制性规定。其次，法律、行政法规虽然没有规定违反将导致合同无效的，但违反该规定如使合同继续有效将损害国家利益和社会公共利益的，也应当认定该规定是效力性强制性规定。[②]

对于房屋租赁合同纠纷的处理，亦涉及效力性强制性规范的识别问题，审判实践中存在的难点主要集中在违反《消防法》、《建筑法》等法律的强制性规定是否导致房屋租赁合同无效的问题上。依据上述识别标准，上述法律中涉及的强制性规定并未明确违反的后果是否导致合同无效，而对于违反上述法律规定如使合同有效是否损害国家利益和社会公共利益，理论界和实务界的看法亦存在较大分歧。最高人民法院曾以判决方式确立了“租赁标的物未经整体验收合格，当事人订立的租赁合同依法认定无效”的裁判规则[③]，但该判决作出时，《合同法解释（二）》及《城镇房屋租赁合同解释》均未施行，且近十几年来，社会经济发展变化巨大，该裁判规则现今是否能够作为类似案件审理的指导性原则，值得进一步研究。

2009年9月1日起施行的《城镇房屋租赁合同解释》在遵循法律规定精神的基础上，采用宽严适当的原则确定合同效力，目的是在尽量维持合同效力的基础上，促进社会资源的有效利用，保障房屋租赁市场的健康发展。因此，在审理房屋租赁纠纷案件中，涉及对合同效力的认定时，应充分理解与领会法律、司法解释的对于合同效力审查的基本精神，正确审慎地认定房屋租赁合同的效力。本节将针对房屋租赁合同纠纷中涉及合同效力认定的若干裁判规则进行梳理，供实践中参考。

---

① 王利明：《合同法研究》（第一卷），中国人民大学出版社2002年版，第659页。

② 最高人民法院研究室编著：《最高人民法院关于合同法司法解释（二）理解与适用》，人民法院出版社2009年版，第112页。

③ “湘财证券有限责任公司与云南志远房地产开发有限公司房屋租赁合同纠纷上诉案”（最高人民法院［2003］民一终字第55号民事判决书）。

01. 出租房屋虽取得建设工程规划许可证，但未按照建设工程规划许可证建设的，房屋租赁合同应认定无效

【案例】

A 公司与 B 公司、C 公司房屋租赁合同纠纷案①

［案号］

（2013）鲁民一初字第 25 号

（2015）民一终字第 397 号

［基本案情］

2009 年 4 月 7 日，B 公司作为出租方（甲方），与 C 公司作为承租方（乙方），以及案外人 D 公司作为乙方担保方（丙方），签订《租赁协议》一份，主要约定：租赁标的为淄博某购物广场房产，位于中国山东省淄博市美食街东段 ×× 号。房产之详细建筑位置、使用范围以附件一规划红线图及附件二房产平面图红线圈定部分为准，淄博新天地广场现有设备、设施，详见附件三。《租赁协议》还对租期、租金、双方权利义务及违约责任等问题进行约定。

A 公司于 2009 年 6 月 17 日成立后，实际由其使用案涉房屋并交纳租金。C 公司在接收房屋后，对案涉房屋进行了多处装修、改造。2009 年 8 月，B 公司（甲方）与 A 公司（乙方）签订三份《租赁合同》，将淄博市美食街东段 ×× 号门面房租赁给 A 公司。由 A 公司将上述门面房与 ×× 号房产一起共同作商业使用。

2010 年 7 月 30 日，C 公司、A 公司与 B 公司共同给兴业银行股份有限公司淄博支行出具《关于淄博某购物广场有关事项的说明》，载明，“A 公司租金支付原因：C 公司于 2009 年 4 月 7 日与 B 公司签订淄博某购物广场租赁合同，后 C 公司于 2009 年 6 月 17 日注册成立 A 公司，为其控股股东、实际控制人，并将淄博某购物广场交由其使用，故租金由 C 公司通过 A 公司支付。”

2013 年 3 月 25 日，C 公司给 B 公司发函，以经营遭到严重困难为由，决定终止双方的租赁合同，并愿意承担相应的法律责任。2013 年 3 月 30 日，B 公司给 C 公司回函表示不同意终止履行合同。

---

① 见“淄博振华百货有限公司与新东升置业集团有限公司（原淄博东升房地产开发有限公司）房屋租赁合同纠纷二审民事判决书”，载中国裁判文书网：http：//wenshu.court.pcc，最后访问时间：2017 年 5 月 12 日。

2013年9月5日，A公司向B公司发出《解除合同通知书》，并于2013年9月10日由淄博市鲁中公证处进行了公证。通知其自2013年9月25日起解除原协议，做好交接准备工作，并于2013年9月25日办理租赁房产交接手续。如果逾期未办理，A公司将自行撤离租赁房产，并不再承担租赁房产的租金及其他费用，也不承担租赁房产的损失风险。B公司接到上述解除合同通知后于2013年9月22日回函，提出如下异议："一、我公司自2009年4月7日与C公司签订《租赁协议》后，C公司未提出过转租给A公司，我公司也未同意转租给他人。近段时间以来，也是C公司给我公司多次来函，商议租赁协议的履行、变更事宜……A公司无权对《租赁协议》向我公司提出解除。二、解除通知提出我公司没有履行《租赁协议》约定的义务，不符合客观实际。"因双方未达成一致意见，B公司拒绝接收案涉房产。

B公司提交2013年11月25日淄博市城市管理行政执法局向其发出的淄执字（2013）第10139号《城市管理行政执法责令整改通知书》，证明承租方在租赁期间违规扩建。通知书要求B公司在两个月之内整改，恢复到规划设计要求。在整改明细中载明，"在张店区美食街南侧、开元文化市场以东改扩建新天地休闲购物广场，负一层由地下停车场改为地下超市（面积约4000平方米）；一楼东侧中厅由原来一至五层挑空改为每层独立封闭，加建立柱以增加营业面积（每层面积约300平方米），每层南北两侧楼梯拆除；一楼西侧中厅由原来一至五层挑空改为每层独立封闭，加建立柱以增加营业面积（每层面积约260平方米），每层南北两侧楼梯拆除；五楼顶层由规划审批的屋顶花园改建为商场，并加建影城（两项面积为7000平方米）；一层南侧围墙、西侧围墙拆除，将原商铺改为地上停车位。"

2013年10月8日，B公司向淄博市中级人民法院提起诉讼，以C公司单方面终止协议履行，以及未取得政府相关部门的批准，对房产进行了多处改造，使房产处于不合法、不合格状态，致使房产无法完成交接为由，请求判令C公司支付违约金8737万元，D公司承担连带保证责任。淄博市中级人民法院于2013年10月14日发出（2013）淄民一初字第106号《受理案件通知书》和开庭传票，开庭日期为2013年11月26日。该案于2014年8月1日中止诉讼。A公司于2013年10月11日提起本案诉讼，一审法院于2013年11月6日立案受理。

2013年11月11日，B公司向淄博市张店区人民法院提起诉讼，以A公司不是租赁协议的承租人，无权行使解除权为由，请求确认A公司提出的解除合同无效。

B公司提交2009年9月28日其（出租方、甲方）与C公司（承租方、乙方）与C公司购物中心（乙方担保方、丙方）签订的租赁协议一份，内容为："鉴于甲、乙、丙方于2009年4月7日签订了《租赁协议》(下称原协议)。2009年6月8日，因乙方设立A公司（下称项目公司）需要，甲方、项目公司及丙方签订了以项目公司为承租方的《房屋租赁合同》(下称工商登记协议)，三方经协商一致，工商登记协议仅作为工商登记备案材料，对各方无约束力。甲方、乙方、丙方仍应按原协议享有权利、履行义务并承担责任。"

截止到2013年9月5日A公司向B公司发出《解除合同通知书》，A公司尚欠部分租金未交纳。案涉商场现已停止营业。双方未办理交接手续。

淄博市规划局于2006年1月5日为案涉房产核发淄规验字（2006）第2号《山东省建设工程竣工规划验收合格证》，载明："经审查，本建设工程竣工规划验收合格。"淄博市公安局消防分局于2006年1月25日为案涉房产出具淄公消验字（2006）第20号《建筑工程消防验收意见书》，载明："某休闲购物广场地下一层至地上四层工程消防验收合格"。

2004年3月10日，淄博市规划局向B公司颁发了关于"新天地休闲购物广场"项目的建设工程规划许可证。

2006年1月5日，淄博市规划局向B公司颁发了《建设工程竣工规划验收合格证》(淄规验字（2006）第2号)，载明："经审查，本建设工程竣工规划验收合格。"该合格证并列明建设项目名称为"某休闲购物广场"，建设规模为"44,800平方米"，附图中包括了"建设工程规划许可证2004-03-01-14号"。《建设工程规划许可证》(2004-03-01-14号）所涉的建设项目名称即为本案所涉的"某休闲购物广场"。

A公司向一审法院起诉请求：1.依法确认双方2009年4月7日签订的《租赁协议》及2009年6月签订的《租赁合同》于2013年9月25日解除。

［法院认为］

一审法院认为：2009年4月7日，B公司与C公司、D公司签订的《租赁协议》以及三份租赁合同，是双方当事人真实意思表示，不违反法律、法规的强制性规定，依法应认定为有效合同。

《城镇房屋租赁合同解释》第2条规定："出租人就未取得建设工程规划许可证或者未按照建设工程规划许可证的规定建设的房屋，与承租人订立的租赁合同无效。"但《城乡规划法》第45条第1款规定："县级以上地方人民政府城乡规划主管部门按照国务院规定对建设工程是否符合规划条件予以核实。未经核实或者经核实不符合规划条件的，建设单位不得组织竣工验收。"第64条规定："未取得建设工程规划许可证或者未按照建设工程规划许可证的规定进行建设的，由县级以上地方人民政府城乡规划主管部门责令停止建设；尚可采取改正措施消除对规划实施的影响的，限期改正，处建设工程造价百分之五以上百分之十以下的罚款；无法采取改正措施消除影响的，限期拆除，不能拆除的，没收实物或者违法收入，可以并处建设工程造价百分之十以下的罚款。”由此可见，《城镇房屋租赁合同解释》第2条规定的“未取得建设工程规划许可证或者未按照建设工程规划许可证的规定建设”导致合同无效，是指违反了城市规划实施、导致所建房屋为不合法建筑物。而本案没有证据证明案涉房屋存在违反城市规划实施的情况，或经有关政府职能部门认定为违章建筑或违法建筑。

C公司与B公司在2009年4月7日签订《租赁协议》时明确约定租赁标的为“淄博新天地购物广场房产，位于中国山东省淄博市美食街东段59号。房产之详细建筑位置、使用范围以附件一规划红线图及附件二房产平面图红线圈定部分为准。”《租赁协议》载明“附件：1、房产所在地规划红线图。2、房产平面图。3、设施（设备）清单。4、租赁标的的房产所有权证及土地使用权证。”可见，双方对租赁标的及范围在签订租赁协议时是明确的。由于案涉房产是B公司取得了建设工程规划许可证、土地使用权证等合法手续后进行建设，在出租以前，案涉房屋已经经过了竣工验收，并经淄博市规划局审查认定规划验收合格和淄博市公安局消防分局认定消防验收合格，且在此基础上依法办理了房产所有权证，根据现有的证据，没有证据证明存在“未取得建设工程规划许可证或者未按照建设工程规划许可证的规定建设”导致租赁合同无效的情形。所以，一审法院认为，案涉合同有效。

关于A公司是否具备诉讼主体资格问题，一审法院认为，2009年4月7日《租赁协议》虽然是由C公司与出租方签订，但由于该《租赁协议》签订后，C公司于2009年6月17日注册成立A公司，并作为A公司的控股股东、实际控制人，将案涉商场交由A公司使用，对此B公司是明知的，并未提出异议，租金等亦由A公司实际交纳。同时，2009年8月，B公司与A公司签订三份《租赁合同》，将案涉房产的门面房租赁给A公司，由A公司与上述《租赁协议》的标的商场一起作商业使用。在本案诉讼中，C公司亦完全同意A公司的诉讼主张。所以，对B公司关于A公司不是租赁合同的承租方，无权作为原告起诉B公司的抗辩主张，一审法院不予支持。

二审法院认为：虽然因A公司的一审诉讼请求中并不包括确认案涉《租赁协议》及《租赁合同》无效的请求，其上诉请求第一项中有关确认《租赁协议》和《租赁合同》无效的请求因此超出了一审诉讼请求的范围，A公司亦在二审庭审中表示放弃该部分上诉请求，但对于合同效力问题，系人民法院应当依法进行审查认定的内容，故仍应对案涉《租赁协议》及《租赁合同》的效力加以认定。

本案中，案涉《租赁协议》以及三份《租赁合同》，是当事人真实意思表示。B公司建造案涉房屋时，依法取得了建设工程规划许可证。但根据案涉房屋建设工程规划许可及竣工验收平面图，案涉房屋西北侧入口至西侧庭院区域为露天的入口、连廊及庭院，而《租赁协议》附件《去沿街房一层面积平面图》中显示西侧庭院则为封闭式室内大厅，两者之间存在明显差异。对此，淄博市城市管理行政执法局作出的淄执字（2013）第10,139号《城市管理行政执法责令整改通知书》认定，案涉房屋存在将东、西侧中厅由挑空改为封闭等处违规改造，其中部分违规改造与《去沿街房一层面积平面图》所显示的“西庭院为封闭式室内大厅”的状态相符。

而从当事人租赁房屋的事实看，当事人签订《租赁协议》租赁案涉房屋的目的是开设商场进行商业经营。为此，当事人在《租赁协议》中约定应当按照协议所附《去沿街房一层面积平面图》为准提供租赁房屋，故当事人对于出租方应提供的房屋状态达成了合意，提供与《去沿街房一层面积平面图》相符的房屋，是B公司应负的合同义务。而根据上述房屋平面图以及《城市管理行政执法责令整改通知书》，结合上述事实，可以认定B公司将案涉房屋交付给A公司时，已非通过竣工及规划验收时的状态，而是经过改建而成《去沿街房一层面积平面图》所示状态的事实，具有高度可能性。B公司虽然对其在交付房屋时进行了上述改建不予认可，但其提供的证据仅能证明C公司及A公司在租赁使用期间也进行了多处装修和改造，并不能证明前述违规改建均系后者所为。而且，既然B公司负有提供《去沿街房一层面积平面图》所示状态的房屋的合同义务，则与该图所示相符的改建行为的法律后果亦应由B公司承担。

综上，应认定B公司在将案涉房屋租赁给C公司时，存在未按照建设工程规划许可证的规定建设的情形。根据《城镇房屋租赁合同解释》第2条的规定，案涉《租赁合同》应认定为无效。进而，A公司请求解除《租赁协议》的诉讼请求，于法无据，应予驳回。

[裁判结果]

一审法院判决：案涉《租赁协议》以及三份《租赁合同》于2013年10月11日起解除。A公司、B公司均不服一审判决，提起上诉。

二审法院判决：案涉《租赁协议》无效。

[裁判思路]

本案主要涉及对《城镇房屋租赁合同解释》中关于违法建筑物租赁合同

无效规定的理解。根据《城镇房屋租赁合同解释》第2条、第3条规定，出租人就未取得建设工程规划许可证或者未按照建设工程规划许可证的规定建设的房屋，以及就未经批准或者未按照批准内容建设的临时建筑，与承租人订立的租赁合同无效。但在一审法庭辩论终结前取得建设工程规划许可证或者经主管部门批准建设的，人民法院应当认定有效。租赁期限超过临时建筑的使用期限，超过部分无效。但在一审法庭辩论终结前经主管部门批准延长使用期限的，人民法院应当认定延长使用期限内的租赁期间有效。此外，审判实践中还应注意以下几点：

1.“一审法庭辩论终结前”，不包括二审、再审程序中发回到一审法院审理阶段

按照最高人民法院有关合同法的司法解释规定，“一审法庭辩论终结前”是当事人补正效力的最后时点，不应当包括二审、再审发回指定一审法院重审的情形。合同无效应当是自始无效，一般而言，不存在转化为有效问题。对于房地产案件而言，许多开发经营行为是要式法律行为，须经人民政府职能部门审批后才能进行下一步开发行为。行政审批行为常常是民事行为的前提和基础，前置的开发审批程序属于行政权行使的领域，与人民法院司法权无涉，人民法院审判权无权改变或者变更行政机关的行政决定。针对许多民事案件而言，行政机关的行政决定是认定民事合同效力的前提和基础，民事合同效力取决于行政审批行为，能批下来的，合同有效，否则合同无效。例如，立项、规划、建设用地、建设工程、土地出让、房屋预售等开发环节都需要经过有批准权的政府部门审查批准后才能进行下一个环节的开发行为，这样才能促使开发行为合法化。正因如此，房地产开发经营合同的效力常常与人民政府的行政审批行为相关联。在此情况下，政府能否批准，能否取得相关权证，成为司法机关或者仲裁机构认定房地产合同有效或无效的决定性因素，这并不是其他民事合同普遍具有的常态，而是房地产案件的特征。

2.“经主管部门批准建设”的表现形式

在审判实践中，政府对规划审批的表现形式主要是建设工程规划许可证，有此证就证明政府批准了，司法部门无须再审核其他内容；没有此证，多数情况下证明未经政府审批或者政府没有批准，政府以批文形式确认“准予建设”的情形很少见，这正是行政机关依法行政的规范性办件的结果。但在个别特殊情况下，以批文形式批准“准予建设”的情形也是存在的，如《城乡规划法》颁布实施前，未实行建设工程规划许可证制度，实行有权政府部门规划审批制度；建筑物为合法建造，但权利人对合法建造的建筑物改扩建，形成新的建筑物，是否合法？有待权力部门甄别审批，在权力部门作出最终

认定前，改扩建后的建筑物准许先行使用；有权部门已将讼争房屋定性为违法建筑，政府已作出处罚决定，且按照政府规划，讼争房屋于近期拆迁，政府主管部门出文准许讼争房屋保留使用。

3. 已经被人民法院或者冲裁机构认定为无效的，不能转化为有效

因租赁合同标的物违法，违法原因消失后，转化为有效合同的前提是合同效力尚未被司法机关或者仲裁机构确定。如果法定机构已经对合同效力作出认定，即认定标的物违法的租赁合同无效，在此种情况下，不能因为取得规划权证或者有权机关批准而再次转为有效合同。原因很简单，因为有关部门作出的认定已经发生法律效力，不能逆转，当事人对人民法院或者仲裁机构有关合同效力的认定不服的，只能按照审判监督程序申请再审或者向人民法院申请撤销仲裁决定，此时，不存在合同效力转换问题。

本案中，《租赁协议》约定的案涉房屋虽取得建设工程规划许可证，但因其存在未按照建设工程规划许可证的规定建设的情形，依据《城镇房屋租赁合同解释》第 2 条规定，《租赁协议》应认定为无效合同。值得强调的是，合同效力问题系人民法院依职权审查范畴，无论当事人是否提起、增加或者放弃关于合同效力问题之诉请，人民法院均有权并应当就合同效力问题加以审查并依法予以认定。

[相关法律法规]

《城镇房屋租赁合同解释》第 2 条

02. 当事人以房屋租赁合同未按照法律、行政法规规定办理登记备案手续为由，请求确认合同无效的，不予支持

【案例】

邹某与谢某房屋租赁合同纠纷案 ①

[案号]

（2015）黔义民初字第 340 号

（2015）兴民终字第 536 号

① 见“上诉人谢思强与被上诉人邹秋华房屋租赁合同纠纷案二审民事判决书”，载中国裁判文书网：http：//wenshu.court.pcc，最后访问时间：2017 年 4 月 10 日。

[案情]

邹某（甲方）与谢某（乙方）经协商一致，于2012年12月12日签订《门面租赁合同》，合同约定邹某将案涉房屋出租给谢某使用，租期为2年，租金为48,000元/年。该合同第2条约定“合同期满后，在同等条件下，乙方有优先续租权，乙方必须在租期满提前2个月与甲方商议是否签订新租赁合同（以及支付租金）”，第8条第5项约定“合同终止后要及时搬出，否则按租赁房屋缴纳租金，并处以1000元罚款”。合同约定的租赁期限届满后，双方未对房屋续租问题达成合意，谢某也未按照合同约定交还租赁房屋。2015年1月22日，邹某诉至法院，请求判令：谢某腾退案涉房屋；支付从2014年12月17日起至房屋退还之日止的房屋租金及支付违约金1000元。谢某以2014年12月13日时，在无法联系邹某的情况下，已将商铺腾空，并且将钥匙放在商铺内，已经将房屋返还，请求驳回邹某的诉讼请求；因双方已经解除了租赁合同，根据公平原则，邹某应适当补偿谢某的装修款150,000元为由进行抗辩，但并未提起反诉。本案在一审审理过程中，谢某于2015年3月26日将案涉房屋返还邹某。

[法院认为]

一审法院认为：依法成立的合同，受法律保护，合同当事人应当按照合同约定全面履行合同义务。邹某、谢某经协商一致后签订的《门面租赁合同》，是当事人的真实意思表示，未违反法律、行政法规的强制性规定，依法成立并生效，应当受到法律保护。房屋租赁合同履行期间届满后，双方未就续租房屋事宜达成合意，谢某应当按照合同约定的期限将租赁的房屋腾空交给邹某，但谢某未按照合同约定履行交还房屋的义务，已构成违约，应当承担交还租赁房屋、赔偿损失等违约责任。对于邹某要求谢某交还房屋的诉讼请求，因谢某在案件审理过程中已经将租赁的门面交还给邹某，谢某的该义务已经履行，故该项诉讼请求依法不予支持。

双方合同到期后，谢某并未按照合同约定交还所承租的门面，虽然谢某辩称已经在2014年12月13日腾空房屋，并将钥匙放于承租的门面内并通知了邹某，但谢某作为履行义务的一方，其依法需承担义务是否履行的举证责任，现谢某并未举证予以证实腾空房屋的具体时间和通知了邹某的事实，且即使房屋已经腾空，谢某也未完成将钥匙交还邹某等交接手续，应视为谢某未完成交还房屋的义务，故对于谢某的辩称不予采信。谢某未按照合同义务返还租赁的门面，应当支付相应的使用费，但因双方签订的合同已经到期且未能就续租问题达成合意，此费用并非租金，而是谢某未按约定交还门面期间的使用费，该费用的计算参照双方签订的《门面租赁合同》中约定的租金标准48,000元/年计算，时间从合同期间届满的次日（即2014年12月17日）起计算至租赁房屋实际交付邹某之日（即2015年3月26日）止，即应由谢某给付邹某房屋使用费13,150元（48,000元/年 ÷365天 ×100天）。同时，谢某租赁房屋后，对房屋进行了装修，但双方签订的合同并未就装饰装修物的处理进行约定，且在合同期限届满后也未对装饰装修物的处理达成协议，故对于谢某要求邹某适当补偿装修损失的主张，不予支持。

对于邹某要求谢某支付1000元违约金的诉讼请求，因已经依法支持邹某要求谢某支付逾期交还房屋期间的使用费，邹某的损失已经得到弥补，且谢某已经对租赁的门面进行了装修，已经与租赁的门面形成附合的装饰装修物无法拆除，该部分利益由邹某无偿享有，故结合本案的法律事实及客观实际，兼顾双方当事人的利益，对于邹某要求谢某支付违约金的请求，不予支持。

谢某以邹某是否取得房屋租赁许可证影响本案《门面租赁合同》的效力，一审未审查该情节就认定合同有效系认定事实不清为主要理由，提起上诉。

二审法院认为：根据《合同法》第44条规定“依法成立的合同，自成立时生效。法律、行政法规规定应当办理批准、登记等手续生效的，依照其规定。”这一规定意味着，合同自成立起生效是合同生效的一般原则，法律和行政法规规定办理审批和登记手续后生效的，属于法律规定的特别情形。根据《合同法解释（一）》第4条的规定“合同法实施以后，人民法院确认合同无效，应当以全国人大及其常委会制定的法律和国务院制定的行政法规为依据，不得以地方性法规、行政规章为依据。”《城市房屋租赁管理办法》作为建设部发布的部门规章，不能作为确认合同效力的依据。而《城市房地产管理法》第54条虽然有关于房屋租赁合同应当办理登记备案手续的规定，但并未将办理登记备案手续明确规定为合同生效的条件。房屋租赁合同当事人办理登记备案后，取得《房屋租赁证》，这种《房屋租赁证》的效力仅限于证明作用，即以承租房屋进行生产经营的，《房屋租赁证》作为其经营场所合法的凭证；如果租赁房屋用于居住的，《房屋租赁证》可作为公安部门办理暂住证登记的依据之一。而不按时申报、领取《房屋租赁证》的，也只是面临“责令限期补办手续，并可处以罚款”的行政处罚，而并不涉及合同效力的负面法律评价，故根据《城镇房屋租赁合同解释》第4条第1款“当事人以房屋租赁合同未按照法律、行政法规规定办理登记备案手续为由，请求确认合同无效的，人民法院不予支持”的规定，邹某与谢某签订的《门面租赁合同》合法有效，应受到法律的保护。

［裁判结果］

一审法院判决：1. 谢某给付邹某房屋使用费13,150元；2. 驳回邹某其余诉讼请求。谢某不服一审法院判决，提起上诉。

二审法院判决：驳回上诉，维持原判。

［裁判思路］

《城市房地产管理法》规定："房屋租赁合同签订后应向房产管理部门登记备案。"《商品房屋租赁管理办法》也明确规定："房屋租赁合同订立后三十日内，房屋租赁当事人应当到租赁房屋所在地直辖市、市、县人民政府建设（房地产）主管部门办理房屋租赁登记备案。"由此，审判实践中出现合同一方当事人以房屋租赁合同未经有关部门登记备案为由，提出租赁合同无效的诉讼请求的情况。关于合同效力认定的基本依据，本节导读部分已经详细阐述，在此不作赘述。如前所述，《城市房地产管理法》中有关房屋租赁合同登记备案的内容，并没有登记后合同才能生效之规定，该条规定并不属于效力性强制性规定而仅属于管理性规范，不能作为房屋租赁合同的生效要件。《城镇房屋租赁合同解释》第4条第1款明确规定："当事人以房屋租赁合同未按照法律、行政法规规定办理登记备案手续为由，请求确认合同无效的，人民法院不予支持"，以此解决审判实践中存在的裁判不统一的问题，澄清关于将登记备案作为房屋租赁合同生效要件的错误认识。同时，该司法解释第2款规定："当事人约定以办理登记备案手续为房屋租赁合同生效条件的，从其约定。但当事人一方已经履行主要义务，对方接受的除外。"对于当事人虽然约定了以办理登记备案手续为合同生效条件，但并未履行该项约定，而又存在一方履行了合同主要义务且对方接受的情况，明确了当事人已履行合同主要义务的行为，变更了以办理登记备案手续为合同生效条件的合同约定，登记备案手续的办理也不能作为合同生效的条件考虑。

在民事审判实践中，不因房屋租赁合同未办理登记备案手续而认定合同无效，是大多数人民法院所采取的做法。在适用《城镇房屋租赁合同解释》第4条第1款的过程中，基本不至于发生歧义。唯一需要注意的问题是，本条司法解释第2款与第1款的规定所针对的情形不同，相应的法律效果也不同。第1款针对当事人未办理《城市房地产管理法》所规定的登记备案手续对合同效力的影响，其法律效果是不因此影响合同效力，即解决合同是否有效的问题。第2款针对的是当事人将房屋租赁合同效力中登记备案作为合同生效条件时对合同效力的影响，其法律效果是合同是否生效的问题。第2款并非第1款规定的例外情形，二者是对房屋租赁合同不同效力状态的规定。

在审判实践中应注意区分二者，以免发生裁判适用法律不当的情形。①

［相关法律法规］

《城市房地产管理法》第 54 条

《城镇房屋租赁合同解释》第 4 条

03. 租赁房屋未经竣工验收对合同效力的影响

【案例】

某酒店管理公司等与某实业公司等房屋租赁合同纠纷案②

［案号］

（2012）松民三（民）初字第 1644 号

（2012）沪一中民二（民）终字第 3152 号

［案情］

原告某酒店管理公司、某快捷酒店诉称：《建筑法》第 61 条第 2 款规定："建筑工程竣工验收合格后，方可交付使用；未经验收或者验收不合格的，不得交付使用。"被告某实业公司、某建材公司没有证据证明其向原告出租的房屋已通过竣工验收，因此双方签订的房屋租赁合同违反了法律的强制性规定，应为无效。故请求法院判决：1. 原、被告签订的房屋租赁合同无效；2. 被告退还租赁保证金人民币 360,000 元；3. 原告出资在租赁房屋装修装饰中未形成附合的装修装饰物由原告取回；4. 被告向原告赔偿房屋装修装饰（已形成附合）的损失 2,665,500 元；5. 被告向原告支付赔偿款 3,485,830 元。

某实业公司、某建材公司辩称：《城镇房屋租赁合同解释》第 2 条规定：出租人就未取得建筑工程规划许可证或者未按照建筑工程规划许可证的规定建设的房屋，与承租人签立的租赁合同无效。而被告出租给原告的房屋已经取得建筑工程规划许可证，且并无法律规定租赁房屋未经竣工验收的，租赁合同无效，故原告主张的合同无效的理由不成立。

---

① 最高人民法院民事审判第一庭编著：《最高人民法院关于审理城镇房屋租赁合同纠纷案件司法解释的理解与适用》，人民法院出版社 2009 年版，第 63 页。

② 见"A 管理（北京）有限公司与上海 B 实业有限公司房屋租赁合同纠纷一案二审民事判决书"，载上海市高级人民法院网：http://www.hshfy.sh.cn，最后访问时间：2017 年 6 月 5 日。

[**法院认为**]

一审法院认为：本案租赁房屋已取得建设工程规划许可证，竣工后也通过了消防验收，故案涉租赁合同应为有效。某酒店管理公司、某快捷酒店基于合同无效而提出的全部诉讼请求不能得到支持。

二审法院认为：本案的租赁房屋权属清晰，从所有权的权能看，房屋的所有权人可行使出租权。即使租赁房屋因违反法律的强制性规定，影响房屋的交付使用，也不影响房屋所有者签订的租赁合同的效力。依据《城镇房屋租赁合同解释》第 8 条规定，如系争房屋确实是有违反法律、行政法规关于房屋使用条件强制性规定情况的，承租人可以请求解除合同。据此，一审认定案涉租赁合同有效，适用法律并无不当，某酒店管理公司、某快捷酒店一审中经法院释明后仍坚持合同无效的诉请，一审依法不予支持，并无不当，二审予以维持。

[**裁判结果**]

一审法院判决：驳回某酒店管理公司、某快捷酒店的全部诉讼请求。某酒店管理公司、某快捷酒店不服一审法院判决，提起上诉。

二审法院判决：驳回上诉，维持原判。

[**裁判思路**]

审判实践中，关于租赁房屋的合法性对房屋租赁合同效力的影响问题，应把握两点原则：

第一，租赁房屋的合法性审查应以建设工程规划许可证为核心要件。标的物合法是租赁合同有效的前提，但在房屋租赁案件的审判实践中，应当如何确认标的房屋的合法性曾经是存在较大分歧的问题。因为建设工程的规划审批、施工审批、验收备案、权属登记等多个环节都属于国家管制的范围，涉及众多规范性文件的强制性条款。而事实上，有许多未能完全取得合法手续的房屋也已建成使用，并且进入了租赁市场，对此类手续不完备的房屋是否应当一概认定为违法建筑，从而将涉及此类房屋的租赁合同也认定为无效？2009 年，最高人民法院颁布了《城镇房屋租赁合同解释》，其中第 2 条规定："出租人就未取得建设工程规划许可证或未按照建设工程规划许可证的规定建设的房屋，与承租人订立的租赁合同无效。"根据该条规定，租赁房屋的合法性审查应当以是否取得建设工程规划许可证为核心要件，因为规划管理部门的规划审批反映的是国家对建设项目在区域用地布局、功能分区、交通体系中的合法性认定，在城镇区域进行建设工程都应该根据《城乡规划法》第 40 条的规定申请建设工程规划许可证，建设工程规划许可证是建设工程的"准生证"，没有取得规划许可证和未按照规划建造的建筑物均属于违法建筑。

而根据《建筑法》第61条的规定，竣工验收确实是工程交付使用的前提，但从调整对象和立法目的的角度分析，该规定是关于工程质量验收程序的管理性规定，主要目的是从建筑物安全性的角度，要求建设方在施工结束后对建筑质量进行全面检查，以确保新建工程在具备合格质量标准和可靠安全性能的前提下投入使用，并不是针对建筑物本身的合法性问题。建设方违反《建筑法》的该条规定，擅自使用未经验收的工程，应该自行承担房屋质量瑕疵的风险，但这并不影响相关租赁合同的效力。

第二，租赁房屋未经竣工验收导致无法使用时承租人有权解除合同。《合同法》第233条规定："租赁物危及承租人的安全或者健康的，即使承租人订立合同时明知该租赁物质量不合格，承租人仍然可以随时解除合同。"《城镇房屋租赁合同解释》第8条规定："因下列情形之一，导致租赁房屋无法使用，承租人请求解除合同的，人民法院应予支持：……（三）租赁房屋具有违反法律、行政法规关于房屋使用条件强制性规定情况的。"通过体系解释的法律解释方法，结合上述法律、司法解释规定，以及《城镇房屋租赁合同解释》第2条之规定，可以得出租赁房屋未经竣工验收，致使承租人无法使用的，其法律后果是承租人有权解除合同，而非租赁合同无效。首先，应区别合同的履行与合同效力问题。大多数情况下租赁房屋虽然存在违反法律、行政法规的情形，但可能仅使合同无法正常履行；而因违反的为管理性强制性规定，故租赁合同仍然是有效的，不能将合同无法履行与合同无效混为一谈。其次，承租人可因租赁房屋未经竣工验收而享有合同解除权。房屋作为一种特殊的商品，关乎人们生命的安危与社会秩序的稳定。因此，各国立法几乎都规定了出租人对租赁房屋质量负担严格产品责任之原则，我国《合同法》第233条的规定亦是基于这一考虑。而《城镇房屋租赁合同解释》第8条第3款则是对《合同法》第233条的明确与细化。违反《建筑法》第61条第2款规定，显然属于违反法律关于房屋使用条件强制性规定的情形。通过体系解释可见，对于租赁房屋未经竣工验收的，法律并无使合同无效之意，而是在维护合同效力的基础上，赋予承租人一定条件下的合同解除权。再次，承租人合同解除权的成立需满足一定的条件。租赁房屋在违反法律、行政法规关于房屋使用条件的强制性规定的情形下，承租人合同解除权成立的前提是该情形的出现导致租赁房屋无法使用。根据《合同法》第219条规定，所谓"无法使用"是指无法按照租赁房屋的约定用途使用，或者无法按照租赁房屋的性质使用。这也就是说，租赁房屋未经竣工验收情形下，只有因未经竣工验收，致使承租人"无法使用"租赁房屋，承租人才享有合同解除权。假设承租人承租房屋用于经营商店，且已办出营业执照，商店也正常经营，不存在因租赁房屋未经竣工验收而造成无法正常使用房屋的问题，则承租人不但无权因租赁房屋未经竣工验收而主张合同无效，也无权要求解除合同。

综上，我们认为，《建筑法》第61条第2款规定，建筑工程竣工经验收合格后，方可交付使用；未经验收或者验收不合格的，不得交付使用。该规定应为管理性强制性规定，而非效力性强制性规定。因此，租赁房屋未经竣工验收的，虽违反了该条规定，但并不使房屋租赁合同无效。由于“违法建筑”并非严格的法律概念，内涵外延并不清晰，故审判实践中不宜以未经竣工验收的房屋属“违法建筑”为由，认定租赁合同无效。如租赁房屋因未经竣工验收导致承租人无法使用，承租人享有合同解除权。

［相关法律法规］

《建筑法》第61条

《合同法》第233条

《合同法解释（二）》第14条

《城镇房屋租赁合同解释》第8条

04. 租赁房屋未经消防验收对合同效力的影响

【案例】

某商贸公司与狄某房屋租赁合同纠纷案[①]

［案号］

（2013）枣民五重初字第3号

（2015）鲁民一终字第258号

［案情］

2009年，某商贸公司为甲方，狄某为乙方，双方签订《房屋租赁合同》，主要约定：甲方同意将“滕州市尚都宾馆”租给乙方经营，租赁期限10年，从2010年3月1日至2020年2月28日（以交接时间为准）；租金每年190万元，付款方式：第一年260万元，第二年240万元，第三年200万元，第四年60万元，每年租金提前十日交付甲方，一次性付清全年度租金，第五年

① 见“滕州市尚都商贸有限公司与狄平山房屋租赁合同纠纷二审民事判决书”，载中国裁判文书网：http://wenshu.court.pcc，最后访问时间：2017年4月12日。

至第十年每年平均190万元，每半年提前十日交付50%，超期不付清租金，视为违约，乙方并按每天1%向甲方交付滞纳金，等等。合同签订后，狄某分别于2009年12月30日、2010年1月28日交付给某商贸公司定金20万元和租金240万元。此后，狄某将租赁房屋以滕州市鑫星宾馆的名义开始营业。

某商贸公司向法院起诉称，某商贸公司按合同约定将房屋交由狄某租赁经营，狄某仅支付了第一年的租金，拒绝缴纳第二年的租金，侵犯了某商贸公司的合法权益。故请求判令：解除双方签订的房屋租赁合同，狄某返还租赁房屋及相关租赁财产……狄某辩称，狄某一直严格按照合同约定履行合同义务，某商贸公司交付的租赁标的物不符合合同目的，其装修无法通过消防检查构成根本违约，导致狄某无法办理宾馆营业执照，合同目的无法实现。狄某依法享有单方合同解除权，并于2010年5月18日和2011年1月21日函告某商贸公司，某商贸公司也已同意解除合同，并承诺了租金返还、损失赔偿等部分解约后事宜，但一直未履行，请求驳回某商贸公司的诉讼请求。

在审理过程中，一审法院组织双方于2014年1月21日对租赁物进行了现场勘验并达成了口头交接协议，狄某已于2014年3月初将经营宾馆的物品搬出，案涉租赁房屋已交还给某商贸公司。某商贸公司未向法院提交案涉租赁房屋的消防验收合格证。

［法院认为］

一审法院认为：本案双方当事人争议的焦点问题是有效的房屋租赁合同处于非法履行状态时双方责任的承担问题。

（一）本案中某商贸公司、狄某在平等自愿的基础上签订的房屋租赁合同，系双方当事人的真实意思表示，内容不违反法律法规的强制性规定，该合同合法有效。合同签订后，狄某按约支付了定金及部分租金，某商贸公司也向狄某交付了租赁物及附属物品，狄某虽未取得宾馆营业执照，但也将租赁物以滕州市鑫星宾馆的名义对外经营，租赁合同处于非法履行状态。现双方当事人均要求解除合同，且租赁物已经返还某商贸公司，对某商贸公司要求解除双方之间的租赁合同的主张，依法予以支持。狄某作为准备从事宾馆业的承租方，有义务了解从事宾馆业的特殊要求和特别程序，租赁物在租赁合同履行过程中尤其是在办理营业执照的过程中，对案涉租赁房屋尚未取得消防验收合格证即开办宾馆所需手续尚不完备的事实是明知的，应当及时采取适当措施防止损失扩大，故狄某对于自身的损失负有不可推卸的责任。

（二）关于狄某辩称，某商贸公司交付的租赁标的物不符合合同目的，装修无法通过消防检查的根本违约行为导致狄某无法合法领取宾馆营业执照，合同目的无法实现，要求驳回某商贸公司诉讼请求的主张。一审法院认为，案涉租赁合同的租赁物为房屋，“作为宾馆”使用仅是对租赁物用途的限制说明和约定，某商贸公司将房屋及附属物品交付狄某后，即便某商贸公司对内装修无法通过消防验收存在过错，也不足以影响合同的效力，某商贸公司的行为不构成根本违约。其次，狄某接收租赁物后，虽未能办理齐备营业手续，但其事实上也一直在进行实际经营，其关于合同目的无法实现的辩称不能成立，对其上述主张依法不予支持。

二审法院认为：本案二审双方争执的焦点问题是：（一）租赁合同的效力；（二）案涉房屋消防验收的问题。

（一）关于租赁合同效力的问题。狄某上诉认为由于案涉房屋未通过消防验收，与某商贸公司签订《房屋租赁合同》应认定无效。案涉房屋的消防验收是房屋租赁合同中对租赁物无质量瑕疵的要求，与合同效力并无关系，不是认定房屋租赁合同效力的必要条件。由于双方在签订合同时也未将租赁房屋的消防验收合格作为合同的生效条件，且该合同系双方当事人在平等自愿的基础上签订的，是真实意思的表示，内容并不违反法律法规的强制性规定，因此，合同合法有效。

（二）关于案涉租赁房屋消防验收的问题。狄某主张由于案涉房屋未通过消防验收，导致无法领取宾馆的营业执照，使合同目的无法实现，因此某商贸公司的行为构成根本违约。二审法院认为，狄某作为宾馆的经营者，应当知晓与宾馆服务业相关的行政法规和行业规范，具有向当地公安消防机构申报消防安全检查的义务。狄某在办理营业执照过程中，应当发现案涉租赁房屋未取得消防验收合格证，尚不具备经营宾馆的必要条件。狄某在无法领取宾馆的营业执照的情形下，并未与某商贸公司实际解除租赁合同，也没有积极主动要求出租方针对存在的问题认真加以整改，并继续向当地公安消防机构申报消防安全检查，而是以滕州市鑫星宾馆的名义对外经营，对于合同目的不能实现应承担一定责任。某商贸公司明知狄某租赁房屋作为宾馆使用，但其提供的装修却未能通过消防部门的验收，致使狄某不能正常办理齐备宾馆经营的相关手续，存在明显过错，但不足以影响合同的效力，其行为不构成根本违约。因此，案涉房屋用于宾馆经营未取得消防验收合格证，对此双方均应承担责任。

［裁判结果］

一审法院判决：解除某商贸公司与狄某签订的房屋租赁合同……狄某不服一审判决，提起上诉。

二审法院判决：驳回上诉，维持原判。

［裁判思路］

在审判实务中，关于租赁合同效力的争议很多，其中一部分案件的当事人以合同涉及的房屋未经公安消防机构验收为理由而主张合同无效。

消防验收是指消防部门对企事业单位竣工运营时进行消防检测的合格调查，施工单位进行消防验收时需要消防局进行安全检测排查，同时需要出具电气防火检查合格证明文件，电气消防检测已被国家公安部列入消防验收强制检查的项目。公安机关消防机构对申报消防验收的建设工程，应当依照建设工程消防验收评定标准对已经消防设计审核合格的内容组织消防验收。对综合评定结论为合格的建设工程，公安机关消防机构应当出具消防验收合格意见；对综合评定结论为不合格的，应当出具消防验收不合格意见，并说明理由。

对于此类案件的处理在实务中存在不同的观点和做法。有观点认为，消防验收时房屋租赁合同中对租赁物无质量瑕疵的要求，与合同效力没有任何关系，房屋是否通过消防验收不影响房屋租赁合同效力。另有观点认为，对于按照法律要求必须经过消防验收合格才能投入使用的房屋，消防验收合格是房屋租赁合同有效的必要条件，除此之外的房屋不以消防验收为要件。

对于出租房屋经消防验收是否属于认定租赁合同有效的构成要件，《最高人民法院关于未经消防验收合格而订立的房屋租赁合同如何认定其效力的函复》曾明确：第一，出租《消防法》第 11 条规定的必须经公安消防机构验收的房屋，未经验收或验收不合格的，应当认定租赁合同无效。第二，涉及房屋不属于法律法规必须经公安消防机构验收的，不应当以该房屋未经消防验收为由而认定合同无效，除非房屋租赁合同双方当事人将租赁合同标的物经验收合格约定为合同生效的条件。第三，租赁房屋用于开设经营宾馆、饭店、商场等公众聚集场所的，向当地公安消防机构申报消防安全检查的义务人为开设该企业的经营者，但租赁标的物经消防安全验收合格，不是认定房屋租赁合同效力的必要条件。但该函复因与《城镇房屋租赁合同解释》规定有冲突而被最高人民法院于 2013 年 4 月废止。

我们认为，关于审查未经消防验收合格的房屋租赁合同效力问题，其裁判思路应与前述关于未经竣工验收的房屋租赁合同效力相一致，可以概括为：租赁房屋的合法性审查应以建设工程规划许可证为核心要件，租赁房屋未经消防验收合格导致无法使用时承租人有权解除合同，而并非导致合同无效。具体理由上文已详细阐明，不再赘述。

［相关法律法规］

《消防法》第 11、13 条

05. 经济适用住房在取得完全产权以前进行出租，租赁合同因损害社会公共利益而无效

【案例】

张某与祁某房屋租赁合同纠纷案①

［案号］

（2015）松民三（民）初字第 4164 号

（2016）沪 01 民终 5440 号

［案情］

案涉房屋登记于张某名下，根据房地产登记簿备注载明，案涉房屋为经济适用住房（有限产权），不得设定除经济适用住房贷款担保以外的抵押权，5 年内不得转让或者出租。2014 年 6 月 19 日，张某（甲方）与祁某（乙方）签订《房屋租赁合同》，约定甲方将其拥有的案涉房屋出租给乙方使用，租赁期为 5 年，自 2014 年 8 月 1 日起至 2019 年 7 月 31 日止，月租金为 1400 元。2014 年 7 月 1 日，张某（甲方）与祁某（乙方）签订《补充协议》，约定租赁期间内，乙方不得擅自转租，否则甲方有权解除合同，收回房屋，并要求乙方承担违约责任。2015 年 8 月 7 日，张某向祁某寄送告知函一份，言明祁某未经允许擅自将房屋转租，且对水费、电费、有线电视费经常逾期交付，现张某决定解除合同，限祁某于 2015 年 10 月底前办理房屋及清空屋内物品，归还房屋钥匙。祁某确认收到该告知函。2016 年 5 月 16 日，行政主管部门向张某发出《整改通知书》，载明：案涉房屋在使用过程中存在“出租”的违规违约行为，限其家庭在 2016 年 6 月 30 日之内进行整改。

2015 年 11 月 12 日，张某以祁某违法转租为由诉至法院，请求判令：1. 双方之间的房屋租赁合同关系于 2015 年 12 月 10 日解除；2. 祁某于合同解除后立即腾空并交还租赁房屋给张某，第三人徐某协助履行腾空交房义务；3. 祁某支付房屋至合同解除时，合同解除后支付占用房屋使用费至实际交还房屋之日（按照合同约定的租金标准）；4. 张某没收祁某交付的押金 1400 元。一审庭审中，张某表示撤回第 4 项诉讼请求，并同意将押金抵扣祁某欠付的相关费用。2015 年 12 月 10 日，张某申请追加实际居住人徐某为第三人。一

① 参见李兴：《经适房违规出租合同因损害社会公共利益而无效——张某与祁某经适房合同纠纷案》，载陈立斌主编：《2016 年上海市第一中级人民法院案例精选》，人民法院出版社 2017 年版，第 186~192 页。

审中，张某与祁某均向一审法院确认案涉房屋租金支付至2016年1月23日，另付押金1400元，案涉房屋由第三人徐某占有使用。

二审中，张某与祁某达成一致意见，如果二审法院认定租赁合同无效，则张某同意向祁某支付5000元的装修价值补偿款。双方同时确认，祁某在本案一审判决前已经按照合同约定标准向张某实际支付了截至2016年5月31日的房屋使用费。2016年8月5日，张某与祁某签署房屋交接协议，确认案涉房屋已于当日归还给张某，张某向祁某支付了5000元装修补偿款。

[法院认为]

一审法院认为：承租人未经出租人同意转租的，出租人可以解除合同。

二审法院认为：张某将案涉房屋出租给祁某的行为违反经适房管理规定及其在经适房买卖合同中所作的承诺，系利用公共资源谋取个人利益，损害了社会公共利益，租赁合同应属无效。祁某已实际占有使用了案涉房屋，其占有使用利益无法律依据，构成不当得利，应按照合同约定的租金标准予以返还。但张某的出租行为系利用公共资源，损害公共利益，其无权取得该部分使用费收益。二审法院另行下达决定书对该部分收益予以收缴，前期已经支付的“租金”由行政部门做后续处理。

[裁判结果]

一审法院判决：1.案涉《房屋租赁合同》及《补充协议》于2015年8月7日解除；2.祁某及徐某搬离并返还案涉房屋；3.祁某支付张某自2016年2月24日至返还房屋之日止的占有使用费（按每月1400元的标准计算）。祁某不服一审法院判决，提起上诉。

二审法院判决：1.撤销一审法院判决；2.张某与祁某签订的案涉租赁合同无效；3.驳回张某的诉讼请求。二审法院民事制裁决定：对祁某尚未支付的案涉房屋占有使用费3035元予以收缴。

[裁判思路]

本案的焦点问题是经济适用住房违规出租的租赁合同效力有何影响。

《经济适用住房管理办法》第33条规定：“个人购买的经济适用住房在取得完全产权以前不得用于出租经营。”这一规定意在维护经适房的保障属性，即给予特定困难人群实际居住的权利，不得擅自出租获利；同时又保留了有限产权人转换权属性质的空间，其完成了对公共资源投入的补偿后就能够享有完全产权，对房屋自由处分。由此可以看出，经适房建设的顶层制度设计中具有前后一致的逻辑链条与价值理念，即经适房的分配、使用状况关系公共资源的合理配置。《经济适用住房管理办法》属于国务院部门规章，其中关于经适房出租的限制性规定亦非法律的效力性禁止性规定。但是，经适房建设是国家为了解决城市低收入家庭住房困难的重要民生举措，其制度目的在于保障特定困难人群的居住权益。根据《经济适用住房管理办法》第7、8条规定，经适房建设用地是以划拨方式供应，经适房建设项目免收城市基础设施配置费等各种行政事业性收费和政府性基金。经适房项目外基础设施建设费用，亦由政府负担。因此，经适房购买人享受到的大幅低于市场标准的优惠价格正是来源于公共资源的投入。由于经适房的分配、使用状况关系公共资源的合理配置，《经济适用住房管理办法》明确规定经适房购买人不得擅自出租获利。

经适房的资格审核程序有一项重要的特征是“轮候”。《经济适用住房管理办法》第27条规定：“经审核公示通过的家庭，由市、县人民政府经济适用住房主管部门发放准予购买经济适用住房的核准通知，注明可以购买的面积标准。然后按照收入水平、住房困难程度和申请顺序等因素进行轮候。”保障性住房建设需要投入公共资源，而公共资源又是有限的，申购人群的需求大于实际供应是正常现象。因此，每一个申购成功的人员都代表了资格筛选中的优先性，而其中最主要的因素依次排序为：收入水平、住房困难程度、申请顺序。换言之，除了申购的时间先后之外，判断谁更加困难，更需要得到保障救助，是主管部门给予排队轮候人员实际配房额度的原则尺度。具体案件中，经适房购房人对外出租房屋可能有各种主观动机或客观背景，比如经适房的地点离使用人或家庭成员的上学、工作地点较远，产生了一定的交通不便问题，为了更方便的上学、工作，其选择出租获取租金，再另行就近租房居住。排除这种情形在实际诉讼中的事实举证、真伪审查问题，假定其客观存在，是否需要在个案中对合同效力认定进行差别处理?

如果将这一问题结合经适房申购中的“轮候”现象来看待，就能发现每一所经适房背后都有众多排队等候的人，在开始排队时，所有的申购人就已经默认了其是需要实际居住在房屋内的。个体的生活需求总是差别不宜，对于自有的房屋如何处置利用，他人无权干涉，但经适房的配房行为本身就关系到所有排队人的利益，一个愿意实际居住在房屋内的家庭显然比通过获取租金来满足生活需求的家庭更需要这套经适房，将房屋配给符合基本资格而且真正需要居住的家庭也是保障房制度的目的所在。《经济适用住房管理办法》第30条中规定了购房人因特殊原因确需转让经适房的，可由政府按照原价格并考虑折旧和物价水平等因素进行回购。可见，购房人即使是在取得经适房后产生了确实不适合继续居住的情形，也可以选择申请政府回购，而不是自行出租获利，因为这种行为实际上也侵害了其他轮候申购人的权利，排斥了真正需要实际居住人的配房机会，使得宝贵的保障房资源错配。因此，司法实践对于经适房出租合同的效力认定，不宜根据购房人出租的具体动机与细节原因而做区别处理。

此外，需要强调的是，认定经适房违规出租的租赁合同无效，其法律依据不能直接援引《经济适用住房管理办法》第33条，其原因在于该办法系行政规章，根据《合同法解释（一）》第4条规定，不能作为确认合同无效之依据。对此，我们认为，我国《合同法》第52条第5项规定只有违反了法律、行政法规的强制性规定方可认定无效，但有些行政规章或地方性法规在维护社会公共利益方面发挥着至关重要的功效，对于违反这些行政规章或地方性法规的放纵，极有可能导致社会管理的无序，使得社会不特定多数人的利益受到损害。因此，在进行合同效力判定时，在无法律和行政法规的效力性强制性规定时，如果行政规章、地方性法规的强制性规定涉及社会公共利益保护的，则可以以违反《合同法》第52条第（4）项即损害社会公共利益规定为依据，认定合同无效。

［**相关法律法规**］

《合同法》第52条

《经济适用住房管理办法》第33条

06. 房屋租赁合同无效的法律后果

【案例】

某社区居委会与某投资公司房屋租赁合同纠纷案[①]

［**案号**］

（2013）通中民初字第0012号

（2014）苏民终字第0081号

［**案情**］

2008年4月30日，某社区居委会与某投资公司签订房屋租赁合同及附件，约定某社区居委会将总建筑面积不低于17,612平方米的六幢毛坯房出租给某投资公司，由某投资公司自主经营或者自主分租。租赁期间自2009年1

① 见“南通市崇川区钟秀街道联合村社区居民委员会与江苏华尔达置业投资咨询有限公司房屋租赁合同纠纷二审民事判决书”，载中国裁判文书网：http://wenshu.court.pcc，最后访问时间：2017年5月10日。

月 1 日至 2018 年 12 月 31 日。2009 年 1 月 1 日前的免租期为某投资公司招商、装修和前期营业准备时间。房屋的交付时间为 2008 年 8 月 1 日。第一、第二租赁年度，租金每年 440 万元；第三至第五租赁年度，租金每年 500 万元；第六至第八租赁年度，租金每年 550 万元；第九、第十租赁年度，租金每年 605 万元。第一年的租金交付时间为在合同签订 5 日内交付 30 万元，签订房产交付确认书之日起 5 日内交付 60 万元，免租期结束前 10 日内支付 350 万元。其余租金在每个租赁年度按季交付，在每季度开始之日前 15 日内交付。某社区居委会应当对房屋进行定期保养维修，对提供的设施按照国家规定进行维保，并配合某投资公司进行装修。如因房产或管线的缺陷造成某投资公司损失的，由某社区居委会承担赔偿责任。某投资公司不得因房屋系临时建筑，无土地使用权证等主张合同无效。某投资公司对外转租房屋，应当报某社区居委会备案。合同还约定了违约责任及合同解除的相关条件。合同附件三约定房产的面积为 17,612 平方米，某投资公司负责外部装修，并负责将水电安装至房产内各楼层等内容。案涉六幢房屋均为临时建筑，其中两幢批建于 2007 年 10 月 10 日，使用时间至 2009 年 10 月 31 日。后四幢批建于 2008 年 8 月 27 日，使用时间至 2010 年 8 月 31 日。3 至 5 号楼的一层、二层和 6 号楼的 1 至 3 层于 2010 年 10 月 17 日通过消防验收。1、2 号楼于 2010 年 4 月 7 日进行消防备案，未被抽检。

2008 年 8 月 1 日，某社区居委会与某投资公司签订交付确认书。确认书载明，租赁房产已符合房产交付的技术条件（即附件三）。某投资公司接受房产后，将房产进行装修，并对外招商出租，至今已分别出租给 40 余户经营。2009 年 1 月 17 日，双方签订补充租赁协议，约定因受经济形势影响，对第一年的租金支付时间进行调整，将其中的 350 万元延期到 2009 年 7 月 1 日支付完毕。2011 年 12 月 20 日，双方再次签订补充租赁协议，约定因房屋的第三层未能通过竣工验收致使租赁总面积减少，将第二年至第十年的租金调整，每年在原有租金标准上减少 35 万元。并对因漏水、消防试水造成的损失、消防验收之后产生的罚款等由某社区居委会作出补偿共 10 万元，在某投资公司应缴的租金中抵扣。至 2012 年 12 月 31 日，某投资公司共欠租金 105 万元，自 2013 年起某投资公司未缴纳租金。

某投资公司在招商期间投入广告牌 86,086 元；装修投入 1,506,468.29 元（含墙体投入，水电安装，仓库、配电房、水泵房隔断等，即 1,483,200 元 +23,268.29 元）；认定配电房维修费用 36,000 元；2011 年 12 月 20 日前消防罚款、消防试水损失认定 10 万元；2011 年 12 月 20 日后薛某户因喷淋设备未能出水造成的损失 55,000 元，有南通市崇川区人民法院 2012 年 4 月 19 日

（2012）崇民初字第0342号民事调解书予以证明，冯某户因消防管道漏水造成的损失500元，以上两项损失均由某投资公司进行相应的赔偿。

某社区居委会诉至法院称，计算至2013年1月5日，某投资公司拖欠租金3,036,986.25元（庭审中更正为计算至2012年12月31日拖欠租金105万元）。请求法院确认双方签订的房屋租赁合同和相关补充租赁协议无效，某投资公司将租赁的房屋返还给某社区居委会；某投资公司支付某社区居委会房屋占有使用费105万元，并自2013年1月1日起按照每天15,479.45元的标准计算房屋占有使用费，某投资公司承担案件受理费及保全费。

某投资公司反诉称，某社区居委会提出合同无效，造成某投资公司重大损失。其中合同约定的租赁面积为17,612平方米，经某投资公司测算实际租赁面积为12,980平方米，因三层层高不符合要求，扣除三层的面积4632平方米。现反诉要求某社区居委会赔偿损失700万元，其中包括装修基础设施损失250万元，前期招商费用50万元，租赁面积不足部分损失400万元。

[法院认为]

一审法院认为：本案系因某社区居委会将只有两年使用期限的临时建筑出租并订立十年租赁合同引发纠纷。某社区居委会明知超过使用期限的租赁合同无效，仍然签订合同，是纠纷发生的主要原因，应负主要责任。

二审法院认为：经双方当事人确认，本案争议焦点为：一是某社区居委会是否具备房屋租赁合同的主体资格；二是本案租赁合同无效后应如何处理；三是是否应追加次承租人参加诉讼。

1. 某社区居委会是否具备房屋租赁合同的主体资格

某投资公司主张案涉房屋的所有权属于南通市某街道办事处，某社区居委会不具备房屋租赁合同的主体资格，无权请求返还房屋。某社区居委会认为其行使的是合同上的返还请求权，不是所有物返还请求权，这与某社区居委会是否为房屋所有权人无关。二审法院认为，2008年4月30日的房屋租赁合同及附件由某社区居委会与某投资公司签订，2008年8月1日某社区居委会与某投资公司签订交付确认书，某投资公司接受了房产并对外招商出租，2009年1月17日、2011年12月20日某社区居委会与某投资公司因租赁期间相关事宜分别签订补充租赁协议，期间某投资公司对于某社区居委会的主体资格从未提出过异议。某社区居委会作为该租赁合同订立及履行的主体，具有房屋租赁合同的主体资格。因本案是房屋租赁合同纠纷，某社区居委会可以依据合同关系主张返还房屋，某投资公司主张某社区居委会没有案涉房屋的所有权就无权主张返还房屋的主张不能成立，不予支持。

2. 本案租赁合同无效后如何处理

根据《城镇房屋租赁合同解释》第3条第2款规定："租赁期限超过临时建筑的使用期限，超过部分无效。但在一审法庭辩论终结前经主管部门批准延长使用期限的，人民法院应当认定延长使用期限内的租赁期间有效。"因本案涉及建筑属于临时建筑，超过临时规划许可证的范围合同无效，即合同涉及1至2号楼部分自2009年11月1日起无效，自2010年9月1日起，整个合同无效。双方对此均无异议。

根据《合同法》第58条的规定："合同无效或者被撤销后，因该合同取得的财产，应当予以返还；不能返还或者没有必要返还的，应当折价补偿。有过错的一方应当赔偿对方因此所受到的损失，双方都有过错的，应当各自承担相应的责任"。《城镇房屋租赁合同解释》第5条规定："房屋租赁合同无效，当事人请求参照合同约定的租金标准支付房屋占有使用费的，人民法院一般应予支持。当事人请求赔偿因合同无效受到的损失，人民法院依照合同法的有关规定和本司法解释第九条、第十三条、第十四条的规定处理"。房屋租赁合同无效的法律后果是返还房屋、支付房屋占有使用费、赔偿损失，关于损失部分按照双方的过错承担相应的责任。

关于双方的过错如何认定的问题。某社区居委会明知临时建筑只有两年的使用期限，临时建筑超过使用期限却没有按照《城乡规划法》第44条的规定在使用期限内自行拆除，也没有申请延长使用期限，而是与某投资公司签订了十年租赁期限的租赁合同，在使用期限届满后继续向某投资公司收取租金。诉讼过程中，在一审法庭辩论终结前也未获得主管部门批准同意延长使用期限。二审法院认为，某社区居委会一方作为出租方，依法应当在租赁期间保持租赁物符合约定的用途，其应承担主要过错责任，某投资公司作为承租人在承租案涉房屋时对于房屋属于临时建筑是明知的，也具有一定过错。

二审中，某社区居委会提交2012年10月16日的催款通知书，由张某签收。某社区居委会以此证明某投资公司拖延支付租金，某社区居委会明确提出再不付清，将向法院提起诉讼，不存在违背诚信提起诉讼的问题。某社区居委会称一审已经提交了2012年8月23日的催款通知书，因为内容差不多，所以该份证据在原审中没有提交。某投资公司对该催款通知书的真实性予以认可，但认为某社区居委会在一审中没有正当理由不提交，因此不属于新证据。该催款通知书是对某投资公司单方催要租金的函，其作出的结论性意见对某投资公司无效，且与本案没有关联性和实体影响。二审法院认为，该证据在一审期间已经形成，但是某社区居委会没有正当理由未予提交。某社区居委会作为出租方将临时建筑出租却订立了超过二年使用期限的合同，在超过二年期限之后某社区居委会明知合同无效的情况下仍继续出租，因此认定某社区居委会对于合同无效的过错程度更大。无效的合同自始没有法律约束力，本案合同从2010年9月1日起整个合同无效。某社区居委会以合同无效为由诉至一审法院是客观事实，某社区居委会上诉提出2012年某投资公司存在拖欠租金属于违约行为并不能当然减轻其对合同无效的过错责任，对于该上诉意见不予采纳。

关于案涉房屋是否应当返还的问题。因本案租赁合同涉及1至2号楼部分自2009年11月1日起无效，自2010年9月1日起整个合同无效，合同无效的法律后果是根据合同取得的财产应当返还。因某投资公司依据本案合同占有案涉房屋，一审法院判决某投资公司返还案涉六幢房屋并无不当。

关于房屋占有使用费的问题。某社区居委会上诉称租金应当参照合同约定的标准支付，不应当打折，因为重新确定标准也是要基于房屋质量等客观情况导致占有收益与约定租金标准失衡才应调整。而本案中，涉及的消防问题、层高问题已经进行了租金标准的调整，不可以再重复调整。某投资公司上诉称，按照70%比例下调租金标准其没有异议。但是计算租金的标准应当考虑减去存在层高不足的面积和实际交付比合同约定不足的面积。在标准上，因为某社区居委会存在过错，交付房屋面积、消防问题，对于2013年之前的房租也应当相应调低。二审法院认为，一审法院参照双方租赁合同约定的租金标准，结合案件具体情况进行酌情裁量，并不违反《城镇房屋租赁合同解释》第5条第1款的规定，符合无效合同的法律意义和处理原则。一审法院根据租赁合同、补充协议约定的年租金465万元计算出日租金标准12,916.66元，在此基础上酌定按照日租金12,916.66元的70%即9041.66元作为房屋占有使用费每日的计算标准。因本案租赁合同的租金标准是按照年租金确定的，交付房屋时房屋是毛坯，双方对于房屋现状都是明知的，对于面积问题、消防问题，双方在房屋交付之后多次进行过协商，达成了补充协议对房租进行调整，已经进行了处理，一审法院酌定的房屋使用费标准已经充分考虑了某社区居委会对于临时建筑超过期限仍对外出租的过错，并无不当。某投资公司已经自认2013年之前的欠付租金105万元，在二审中推翻其自认没有合法依据。因2012年12月31日之前欠付的租金双方一致确认105万元，一审法院对于2013年之前欠付的房屋占有使用费认定为105万元并无不当。

关于前期投入的问题。因租赁合同无效，根据《城镇房屋租赁合同解释》第5条第2款的规定，某投资公司有权要求某社区居委会赔偿对其造成的损失。根据某投资公司主张前期投入应为50万元，但是除了灯箱之外没有明确证据予以证明，一审法院酌定前期投入25万元作为损失，并且考虑到某投资公司已经经营了一段时间以及某社区居委会对合同无效承担主要过错责任，酌定由某社区居委会赔偿 20 万元，并无不当。

关于附合的装饰装修物的问题。根据《城镇房屋租赁合同解释》第 9 条第 2 款的规定，已形成附合的装饰装修物，出租人同意利用的，可折价归出租人所有。关于装饰装修物某社区居委会同意接受使用，应按现值折价归某社区居委会所有。某投资公司主张装饰装修损失 250 万元，但是根据其提供的证据能够证明 150 余万元，某社区居委会对此认可，其他部分某投资公司未能提供证据证明，因某投资公司不能提供相关图纸，而且装修户对房屋进行了二次装修，如何鉴定区分存在困难。因无法通过实物鉴定的方式确定现值，考虑到某投资公司已实际使用了一段时间，一审法院酌定按照某投资公司的投入数额的 70% 即 1,054,527.8 元折价归某社区居委会所有。因某社区居委会同意对附合的装饰装修物利用，不需要对装饰装修物进行拆除，也不存在按照双方的过错分担现值损失问题。根据《城镇房屋租赁合同解释》第 11 条的规定，承租人经出租人同意装饰装修，合同解除时，双方对已形成附合的装饰装修物的处理没有约定的，区分不同情况以装饰装修物残值作为计算损失的依据。某社区居委会主张应当按照某投资公司投入的装饰装修物价值根据使用年限进行摊销计算实际剩余价值是合同解除时的认定标准，而本案租赁合同无效，对于出租人同意利用的已形成附合的装饰装修物应当折价归出租人所有，某社区居委会的上诉主张没有法律依据。

关于面积减少造成的损失 400 万元的问题。某投资公司主张的该 400 万元损失是其自行估算的。面积问题双方已经在补充协议中进行了处理，面积减少造成的损失 400 万元某投资公司也没有提供任何证据予以证明，一审法院未予支持并无不当。

关于薛某户 5.5 万元赔偿问题。某社区居委会认为客观上薛某户 5.5 万元损失是由某投资公司赔偿了，但该户的火灾是发生 2011 年 12 月 20 日双方签订补充协议之前，补充协议已经"一揽子"对消防造成的损失进行了赔偿。二审中，某社区居委会提交 2011 年 4 月 16 日接处警工作登记表对此予以证明。某社区居委会称一审法院判决后到公安机关调取了该证据。某投资公司质证认为对该登记表的真实性予以认可，但该证据一审期间某社区居委会客观有能力提供而没有提供，该证据不属于新证据，从工作登记表内容看，报警人是匿名，看不出报警内容与本案争议的薛某户 5.5 万元是同一事件；且从补充协议中没有明确指称减免的 35 万元包含该项事宜；同时这份接警记录也可以说明居委会出租的房屋存在安全隐患。二审法院认为，根据薛某户的民事调解书，因喷淋设备未能出水造成的损失 5.5 万元赔偿在 2012 年 4 月 19 日确定，该损失的赔偿发生在2011年12月20日协议协议签订之后。在2011年12月20日的补充协议中也并未将该户的损失明确包括在内。出租人提供房屋依法负有瑕疵担保责任，因为喷淋头出水问题造成的损失应当由出租人即某社区居委会进行赔偿。某社区居委会提交的接处警工作登记表并不能证明其上诉观点，对于该上诉观点不予采纳。

关于项目装修、前期投入损失、房屋面积鉴定问题。关于项目装修、前期投入损失因某投资公司未能提交相应的证据证明，无法通过鉴定的方式查明，一审法院未予准许鉴定是当事人自身的原因，一审法院并无不当。关于房屋面积问题，双方交付确认书确认了房屋面积为17612平方米，某投资公司要求对房屋面积进行鉴定没有充分依据，一审法院未予准许也无不当。

3. 是否应追加次承租人参加诉讼

根据《城镇房屋租赁合同解释》第16条第2款的规定，因租赁合同产生的纠纷案件，人民法院可以通知次承租人作为第三人参加诉讼。是否追加次承租人为第三人参加诉讼视案情而定，不是必需。且本案涉及次承租人40余户，均经某社区居委会同意转租，某社区居委会于2013年10月24日向一审法院明确表态，只要某投资公司退出租赁关系，某社区居委会不会申请法院强制执行腾房。一审法院根据合同相对性先处理本案双方的关系并不违反法律规定。某投资公司关于一审法院应当追加次承租人为第三人参加诉讼的上诉主张，不予支持。

［裁判结果］

一审法院判决：1. 某社区居委会与某投资公司签订的房屋租赁合同及附件超过临时建筑使用期限的租赁期间无效；2. 某投资公司返还某社区居委会案涉租赁房屋；3. 某投资公司支付某社区居委会2013年前房屋使用费958,500元，某投资公司支付某社区居委会自2013年1月1日起的房屋使用费，按日9,041.66元计算至实际交还房屋之日止；4. 某社会居委会支付某投资公司房屋装修现值1,054,527.8元，赔偿某投资公司损失20万元。以上第3、4项判决与第2项判决同时履行，一并结算；5. 驳回某社区居委会的其他诉讼请求和某投资公司的其他反诉请求。某社区居委会、某投资公司均不服一审判决，提起上诉。

二审法院判决：驳回上诉，维持原判。

［裁判思路］

根据《合同法》第58条的规定，“合同无效或者被撤销后，因该合同取得的财产，应当予以返还；不能返还或者没有必要返还的，应当折价补偿。有过错的一方应当赔偿对方因此所受到的损失，双方都有过错的，应当各自承担相应的责任”。《城镇房屋租赁合同解释》第5条第1款规定，“房屋租赁合同无效，当事人请求参照合同约定的租金标准支付房屋占有使用费的，人民法院一般应予支持。”根据上述法律、司法解释规定，房屋租赁合同无效的法律后果是返还房屋、支付房屋占有使用费、赔偿损失，关于损失部分按照双方的过错承担相应的责任。

依照无效合同的处理原则，承租人应返还无效合同取得的财产，包括占有的房屋和实际占有房屋期间所获取的占有利益。这里需要注意的是，违法建筑租赁合同或违法临时建筑租赁合同被认定无效，如果承租人已经占有租赁房屋，仍然需要向出租人返还占有利益。依照《物权法》对占有的规定，出租人（建设者）不能取得违法建筑的所有权，但不影响其基于占有享有的占有利益。承租人取得了出租人对违法建筑享有的占有利益，应当予以返还。占有利益为无形财产，承租人只能采用折价补偿的方式返还。

从审判实践既有案例的裁判效果看，按照合同约定的租金标准确定房屋占有使用费，易于双方当事人认可，且标准明确，有利于人民法院判断掌握，可避免采用评估方式确定房屋占有使用费，加重当事人诉讼成本，延长案件审理期限的弊端。在审判实践中，适用《城镇房屋租赁合同解释》第5条第1款时需要注意，考虑到存在因房屋质量问题或其他原因影响承租人使用房屋，完全参照合同约定的租金标准可能与承租人获取的占有利益不符，因此司法解释中的“参照”不能机械掌握，应当根据案件的具体情况，将合同中约定的租金标准作为一项考量因素，以此为参照尺度进行自由裁量，而不宜简单地根据无效合同中的租金标准进行裁判。否则，可能会出现无效合同事实上按照合同有效情形处理的矛盾，违背合同无效的法律意义和处理原则。而且，裁判支付房屋使用费，也应注意是以当事人主张为前提，在当事人未主张房屋使用费的情况下，人民法院不能作出裁判，以免发生无请求裁判的程序违法的情况。本案中，某社区居委会一方作为出租方，依法应当在租赁期间保持租赁物符合约定的用途，其应承担主要过错责任，某投资公司作为承租人在承租案涉房屋时对于涉案房屋属于临时建筑是明知的，也具有一定过错。某社区居委会上诉称租金应当参照合同约定的标准支付，不应当打折，对此，二审法院认为，一审参照双方租赁合同约定的租金标准，结合案件具体情况进行酌情裁量，且酌定的房屋使用费标准已经充分考虑了某社区居委会对于临时建筑超过期限仍对外出租的过错，符合无效合同的法律意义和处理原则。

《城镇房屋租赁合同解释》第5条第2款规定：“当事人请求赔偿因合同无效受到的损失，人民法院依照合同法的有关规定和本司法解释第九条、第十三条、第十四条的规定处理。”由于房屋租赁合同存在一些较之其他合同的特殊之处，其中比较突出的就是承租人在大多情况下取得房屋的占有之后，会对房屋进行必要的装饰装修或者改、扩建。为此，《城镇房屋租赁合同解释》第9条、第13条和第14条针对不同情况分别作出了规定。就装饰装修而言，存在两种应分别处理的不同情况：其一，承租人经出租人同意对房屋的装饰装修，而装饰装修物未附合于房屋的，依据返还财产的原则，由承租人拆除装饰装修物，但不得因拆除行为而造成房屋的毁损。否则，应当恢复房屋原状或者原有的价值状态。其二，对于形成附合的装饰装修物，如果出租人同意利用，可以折价归其所有，所折价款返还给承租人；如果出租人不同意利用，则只能对装饰装修物进行拆除，由此发生的装饰装修物的价值损失，应当由双方按照过错比例承担责任。在这两种情况下，只有在出租人不同意利用附合物的情况下，才发生损失赔偿的问题。对于承租人未经出租人同意的装饰装修或者扩建，在合同无效后，承租人不得向出租人主张有关费用的返还。不仅如此，未经权利人同意对他人不动产所为的改动，实质上是对他人物权的侵害，出租人当然可以主张承租人恢复原状和赔偿由此造成的损失。但这种损失赔偿实质上是侵权损害赔偿的范畴，而非缔约过失责任的赔偿。对于承租人经出租人同意的扩建房屋的情形，在合同无效场合，分情况处理。如果办理了合法的建设手续，出租人的房屋因此而增加价值，依据合同无效的返还财产原值，这种财产的增值应当返还给承租人，即由出租人负担扩建房屋的费用。如果房屋扩建未办理合法建设手续，由于扩建是在出租人同意之下进行的，有关扩建的造价费用由双方按照过错比例负担。这种情况应属于缔约过失赔偿的范畴。①

本案中，因某社区居委会同意对已形成附合的装饰装修物进行利益，故其应按装饰装修物的现值折价返还某投资公司。某投资公司主张装饰装修损失250万元，但是根据其提供的证据仅能够证明150余万元，某社区居委会对此认可，其他部分某投资公司未能提供证据证明，因某投资公司不能提供相关图纸，而且装修户对房屋进行了二次装修，如何鉴定区分存在困难。因无法通过实物鉴定的方式确定现值，考虑到某投资公司已实际使用了一段时间，一审法院据此酌定按照某投资公司的投入数额的70%折价归某社区居委会所有，符合司法解释的相关处理原则。

［相关法律法规］

《合同法》第58条

① 最高人民法院民事审判第一庭编著：《最高人民法院关于审理城镇房屋租赁合同纠纷案件司法解释的理解与适用》，人民法院出版社2009年版，第75~76页。

《城镇房屋租赁合同解释》第 5、9、16 条

第二节　房屋租赁合同的成立与识别

合同的成立，是指订约当事人就合同的主要条款达成合意。根据合同自由原则，当事人有决定合同内容的自由。合同内容表现为合同条款，如标的、数量、价款、质量、履行期限、履行地点等。合同当事人可对合同条款作出自主的安排。基于种种原因，当事人在订立合同时常会存在缺失重要条款，如缺失数量、价款、质量、履行期限等。围绕上述缺失条款，审判实践中经常发生合同是否成立的争议，如何界定合同必备条款以及如何对缺失条款进行补充就成为解决合同成立的关键问题。此外，根据《合同法》第 10 条、第 32 条、第 215 条关于合同形式及成立时间之规定，租赁期限六个月以上的，应当采用书面形式，合同自双方当事人签字或者盖章时合同成立。因此，在房屋租赁中，租赁合同的形式要件对于合同是否成立亦有影响。

在审理合同纠纷类案件中，除合同效力问题需人民法院主动审查并作出认定外，关于合同的定性问题，同样至关重要，且往往需要伴随合同效力问题一并作出认定。根据当事人处分原则，民事案件所涉法律关系首先应当依据当事人主张的民事法律关系的性质来确定，当事人主张的法律关系的性质与人民法院根据案件事实作出的认定不一致的，人民法院应当向当事人进行释明，并根据查明的当事人之间的实际存在的法律关系的性质依法予以认定。因法律、法规及相关司法解释针对不同的合同类型设定了不同的处理规则，故合同的定性问题实际上决定了案件的处理方向和裁判规则的应用。如何对合同的性质作出准确认定，亦是处理房屋租赁合同纠纷过程中无法回避的问题。本节将针对特殊情况下房屋租赁合同的成立及定性问题进行探讨，以期对审判实践有所裨益。

07. 当事人就部分租赁期间的租金未作明确约定的，不影响房屋租赁合同的成立

【案例】

某公司与某酒店租赁合同纠纷案①

［案号］

（2014）哈民二民初字第11号

（2015）黑民终字第57号

（2016）最高法民再369号

［案情］

2003年6月11日，某公司、某大厦作为甲方与乙方某酒店签订《酒店租赁合同》，约定：某公司将案涉酒店楼整体租赁给某酒店。建筑面积为9452平方米（产权证面积），内设酒店高、中档客房、公寓套房、会议室、大、中、小餐厅、饺子城、地下娱乐健身房等综合服务场地。双方对租赁期限、用途约定为：租赁期限为20年，自2003年7月1日起到2023年6月30日止。某酒店保证承租上述房屋仅作为酒店及酒店相关项目经营用途使用。《酒店租赁合同》第2条第4款租金及租金缴纳期限和结算方式约定为：考虑乙方（某酒店）要自行投资上述装修因素，甲方（某公司）给予乙方优惠房租价格，即自2003年7月1日起至2013年6月30日前10年每年租金人民币200万元；2013年7月1日至2023年6月30日后10年期间考虑物价上涨及人民币升贬因素，双方提前两个月在2013年5月1日协商，书面签订后10年的租金价格协议作为本合同补充条款。如双方协商不一致，可由有管辖权的人民法院按国家当时公布的省物价指数和市场情况裁定后10年每年应缴租金标准，双方一致遵守……

合同签订后，双方均依约进行了履行。2013年4月22日，某公司向某酒店发出《关于重新确定酒店租赁价格的通知》，拟于某酒店重新协商确定酒店后10年租赁价格并提出调整意向，但双方未就租金调整问题达成一致。

某公司起诉至法院，请求判令：1. 解除双方签订的《酒店租赁合同》；2. 某酒店立即返还案涉房产……

---

① 见“中国烟草黑龙江进出口有限责任公司与黑龙江天植酒店管理咨询有限公司租赁合同纠纷申诉、申请民事判决书”，载中国裁判文书网：http://wenshu.court.pcc，最后访问时间：2017年5月7日。

[法院认为]

一审法院认为：某公司与某酒店签订的《酒店租赁合同》及相关的《交接协议》、《补充协议》，系双方当事人真实意思的表示，且不违反国家法律、行政法规的强制性规定，均有效。本案的争议焦点是：1. 关于后 10 年租金应否由法院裁定；2. 某公司请求解除、某酒店要求继续履行《酒店租赁合同》的诉辩主张是否成立。

关于后 10 年租金应否由法院裁定确认问题。该问题涉及以下 3 个问题：

1. 关于对《酒店租赁合同》第 2 条第 4 款的理解和履行问题。双方当事人在 2003 年 6 月 11 日签订的《酒店租赁合同》第 2 条第 4 款关于“2013 年 7 月 1 日至 2023 年 6 月 30 日后 10 年期间考虑物价上涨及人民币升贬因素，双方提前两个月在 2013 年 5 月 1 日协商，书面签订后 10 年的租金价格协议作为本合同补充条款。如双方协商不一致，可由有管辖权的人民法院按国家当时公布的省物价指数和市场情况裁定后 10 年每年应缴租金标准”的约定，具有以下两项内容：一是对后 10 年的租金需经协商后签订书面协议作为对《酒店租赁合同》的补充条款；二是协商不成则由人民法院裁定。关于第一项内容，双方虽然对后十年租金进行了协商，但因双方分歧较大，即某公司主张诉争房屋“在评估基准日 2013 年 4 月 15 日所表现的租赁价值为 1549.3 万元”，某酒店主张仍坚持按前 10 年租金标准即每年 200 万元执行，而未能就后 10 年租金达成合意。关于第二项内容，虽然双方约定了协商不成的解决办法，但该约定等同于当事人把诉争房屋后 10 年租金交由第三方，即人民法院来确定。众所周知，人民法院行使司法权具有被动性、有限性，在双方当事人均不向人民法院主张，并申请对争议房屋租金标准进行鉴定的情况下，根据《合同法》第 12 条第 1 款关于“合同内容由当事人约定……”的规定，人民法院不能强制双方缔约，同时也没有裁定向双方当事人出具租赁费标准证明的义务。因此，某酒店关于后 10 年租金应由法院裁定的抗辩理由不能得到支持。

2. 关于某酒店主张某公司已同意按前 10 年租赁标准执行的抗辩理由是否成立问题。双方在签订并履行《酒店租赁合同》10 年后，就签订后 10 年的租金条款进行了磋商。某公司书面通知某酒店以其提供的市场评估价确定后 10 年租金数额的行为、某酒店书面通知某公司按前 10 年租金标准确定后 10 年租金的行为均属要约，但要约中均未表明可以通过行为作出承诺，某酒店未举示以行为作出承诺系双方交易习惯，或已得到某公司承诺的证据，且某公司提起本次诉讼的主要理由亦是“对 2013 年 7 月 1 日以后的租金价格进行了多次协商没能达成一致”。故某酒店以某公司诉请其支付继续占用期间的租金与前10年租金标准相吻合而主张推定“某公司已经同意某酒店对租金标准保持不变”的抗辩意见无法律依据。

3. 关于本案能否按市场价确定后10年的年租金价格问题。《合同法》第61条规定：“合同生效后，当事人就质量、价款或者报酬、履行地点等内容没有约定或者约定不明确的，可以协议补充；不能达成补充协议的，按照合同有关条款或者交易习惯确定”。根据上述法律规定，双方在不能依据《酒店租赁合同》第2条第4款约定，通过协商确定后10年租金价格，并签订书面补充协议的情况下，可按照合同有关条款或者交易习惯，参照《合同法》第62条第2项关于“价款或者报酬不明确的，按照订立合同时履行地的市场价格履行；依法应当执行政府定价或者政府指导价的，按照规定履行”的规定确定。现双方就后10年的租金数额不能达成补充协议，又均不主张按上述原则确定，双方已不能按照市场价格确认后10年的租金价格。

关于某公司请求解除、某酒店要求继续履行《酒店租赁合同》的诉辩主张是否成立问题。《合同法》第212条规定：“租赁合同是出租人将租赁物交付承租人使用、收益，承租人支付租金的合同”。租金是承租人依约因使用出租人的财产而应当向出租人支付的费用，租金的约定是租赁合同的必备条款。本案中，双方当事人对后10年租赁费没有约定，且未能签订补充协议，又不愿按照市场价评估鉴定，故本案诉争房屋后10年的租赁合同因缺失租金这一必备条款而未成立。因未依法成立的合同既无需解除，也不存在履行问题，故某公司请求解除、某酒店要求继续履行《酒店租赁合同》的诉辩主张均不成立。

二审法院认为：双方对如何确定后10年租金价格约定了两种方式：一是双方于后10年租期开始前以协商方式确定每年租金价格；二是如双方协商不成，则以诉讼形式由法院裁定后10年每年租金价格。从本案双方为确定后10年租金价格的过程来看。首先，双方于本案诉讼前曾对后10年租金价格进行协商但未能形成一致意见；其次，在本案诉讼过程中，一、二审法院曾多次组织双方调解协商后10年租金价格，但因双方主张的租金价格差距过大而未能形成一致意见，且双方均未申请对后10年租金价格进行鉴定，故依据《合同法》第12条第1款第5项“合同内容由当事人约定，一般包括以下条款：……（五）价款或报酬”之规定，法院不能强制双方缔约并确定后10年租金价格。由上述内容可知，按照双方签订《酒店租赁合同》约定的两种方式均已无法确定诉争房屋后10年租金价格，亦无其他能够确定后10年租金及给付方式之约定，且依据《合同法》第212条“租赁合同是出租人将租赁物交付承租人使用、收益，承租人支付租金的合同”及第213条“租赁合同的内容包括租赁物的名称、数量、用途、租赁期限、租金及其支付期限和方式、租赁物维修等条款”之规定，租金作为租赁合同的必备条款之一，是双方订立租赁合同的前提条件，现本案双方未能就后10年租金达成合意并签订补充协议，故本案诉争房屋后10年的租赁合同因缺少租金这一必备条款之一而未成立，某酒店应向某公司返还诉争房屋。

再审认为：关于一、二审法院认定《酒店租赁合同》后10年部分合同未成立的事实和法律依据是否正确的问题。《合同法解释（二）》第1条规定：“当事人对合同是否成立存在争议，人民法院能够确定当事人名称或者姓名、标的和数量的，一般应当认定合同成立。但法律另有规定或者当事人另有约定的除外。对合同欠缺的前款规定以外的其他内容，当事人达不成协议的，人民法院依照合同法第六十一条、第六十二条、第一百二十五条等有关规定予以确定。”上述规定明确了合同的必备条款为：当事人、标的和数量。本案中，双方在合同中明确约定了租赁期间是20年，且合同的当事人、标的、数量均为特定，双方已经依约履行了10年，合同的签订是双方真实意思表示，人民法院应当依法认定合同成立。

至于一、二审法院认为双方未能就后10年的租金价格达成一致，而又未向法院申请鉴定一节，再审认为，《合同法》第61条规定：“合同生效后，当事人就质量、价款或者报酬、履行地点等内容没有约定或者约定不明确的，可以协议补充；不能达成补充协议的，按照合同有关条款或者交易习惯确定。”第62条规定：“当事人就有关合同内容约定不明确，依照本法第六十一条的规定仍不能确定的，适用下列规定：（二）价款或者报酬不明确的，按照订立合同时履行地的市场价格履行；依法应当执行政府定价或者政府指导价的，按照规定履行。”根据上述规定，双方当事人就合同主要条款未约定或约定不明而诉至人民法院的，人民法院可以依照政府定价或指导价格确定，或按照当地市场价格酌定。在一审庭审中，法官询问双方就租赁价格是否申请第三方进行评估，某酒店明确表示愿意，但一审法院对此没有回应或提出启动鉴定程序。再审认为，无论是双方合同约定还是《合同法》第61条、62条的规定，都明确法院可以按照当时市场情况确定租金，虽然法院不能强制双方缔约，但是亦有义务向当事人释明是否申请鉴定，在有一方当事人明确表示愿意申请的情况下，表明当事人有继续履行合同的意愿，法院不应再以不能强制双方缔约为由判定双方合同未成立。另外，本案中某公司的诉讼请求并非要求人民法院确定租金价格，而是请求解除合同，其未申请鉴定，并不当然导致合同价款不能确定。综上，一、二审法院以租赁合同后十年部分缺失租金条款且双方均不申请鉴定为由判定租赁合同后十年部分未成立，应予纠正。

关于某公司要求解除租赁合同的诉讼请求是否应予支持的问题。《合同法》第93条规定了当事人协商一致，可以解除合同。第94条规定了法定解除的几项事由：（一）因不可抗力致使不能实现合同目的；（二）在履行期限届满之前，当事人一方明确表示或者以自己的行为表明不履行主要债务；（三）当事人一方迟延履行主要债务，经催告后在合理期限内仍未履行；（四）当事人一方迟延履行债务或者有其他违约行为致使不能实现合同目的；（五）法律规定的其他情形。本案中，双方的租赁合同并未约定实质性的解除条款，某公司要求解除合同亦不符合上述法定解除的事由。某公司认为租金不能确定而导致其收取租金的合同目的无法实现，但该结果的产生并非因某酒店延迟履行债务或有其他违约行为，根据合同约定，双方就租金不能协商一致的责任不可归责于任何一方，且任何一方均有权诉至法院请求按照合同约定确定租金价格，即租金价格并非不能确定，某公司可以另行提起诉讼请求法院确定租金价格。在本案中，某公司要求解除合同返还房产的诉讼请求无事实与法律依据，不予支持。

［裁判结果］

一审法院判决：1. 某酒店迁出并返还案涉房屋给某公司……驳回某公司其他诉讼请求。某酒店不服一审法院判决，提起上诉。

二审法院判决：驳回上诉，维持原判。某酒店申请再审。

再审法院判决：撤销二审法院判决及一审法院判决关于某酒店迁出并返还案涉房屋的判项……驳回某公司其他诉讼请求。

［裁判思路］

本案的核心法律适用问题是关于案涉《酒店租赁合同》后10年部分合同是否成立的认定，主要涉及对《合同法》及《合同法解释（二）》中有关合同必备条款的界定以及合同条款如何补充问题的理解。

关于合同必备条款的界定问题。必备条款和非必备条款的分类标准在于决定合同的成立。必备条款是指根据合同的性质和当事人的约定所必须具备的条款，缺少这些条款将影响到合同的成立。非必备条款则指根据合同的性质在合同中不是必须具备的条款，缺少这些条款并不影响到合同的成立。对于非必备条款，根据《合同法》的相关规定，可以采用合同解释规则来填补合同漏洞，对合同条款进行补充。

根据《合同法》第12条关于合同内容之规定，合同一般包括以下条款：（一）当事人的名称或者姓名和住所；（二）标的；（三）数量；（四）质量；（五）价款或者报酬；（六）履行期限、地点和方式；（七）违约责任；（八）

解决争议的方法。具体到租赁合同，《合同法》第 213 条规定："租赁合同的内容包括租赁物的名称、数量、用途、租赁期限、租金及其支付期限和方式、租赁物维修等条款。"上述法律规定列举了合同一般情况下所包括的条款，但对于哪些条款是合同必备条款，缺失哪些条款将导致合同不能成立并未予以明确界定。从《合同法》第 61 条、第 62 条规定来看，有关质量、价款或者报酬、履行地点、履行期限、履行方式及履行费用等合同内容约定不明的情况下，均可通过一定规则予以确定，据此可以推定上述合同内容并非合同成立的必要条款，上述条款内容的缺失不能必然导致合同不能成立。对此，《合同法解释（二）》第 1 条第 1 款对合同必备条款予以进一步明确："当事人对合同是否成立存在争议，人民法院能够确定当事人名称或者姓名、标的和数量的，一般应当认定合同成立。但法律另有规定或者当事人另有约定的除外。"因此，原则上，合同成立应具备"名称或姓名、标的、数量"三个条件，而其他相关条款的缺失并不影响到合同的成立。本案中，双方在合同中明确约定了租赁期间是 20 年，合同的当事人、标的、数量均为特定，且双方已经依约履行了 10 年，依据上述规定，应当依法认定合同成立。

关于合同非必备条款的补充问题。合同条款的补充，又称合同漏洞的填补。合同漏洞是指合同当事人对合同条款没有约定或约定不明确的情形。审判实践中，人民法院应本着鼓励交易的原则，对于具备了当事人名称或者姓名、标的和数量条款的合同，应认定合同成立，而不能将《合同法》第 12 条规定的一般条款都作为合同必备条款。《合同法解释（二）》第 1 条第 2 款规定："对合同欠缺的前款规定以外的其他内容，当事人达不成协议的，人民法院依照合同法第六十一条、第六十二条、第一百二十五条等有关规定予以确定。"据此，根据《合同法》第 61 条、第 62 条、第 125 条的规定，对合同条款进行补充，应当遵循下列规定：

第一，首先由当事人协议补充。根据合同自由原则，当事人有决定合同内容的自由。对于欠缺的合同其他内容，首先应考虑当事人共同的真意，由当事人协议补充，这是贯彻意思自治原则的必然要求。

第二，不能达成补充协议的，按照合同有关条款或者交易习惯确定。按照合同有关条款来探究当事人共同的真意，应以合同文义为出发点，就合同论合同，统观合同全文，参考合同订立前后的相关来往信函，考虑到合同的目的和性质，本着诚信原则，兼顾双方当事人利益。按照交易习惯对合同条款进行补充，涉及对交易习惯的解释问题，对此应依据《合同法解释（二）》第 7 条规定进行认定。

第三，根据《合同法》第 62 条的规定进行确定，即在当事人不能达成补充协议、按照合同有关条款和交易习惯仍不能确定时，对于合同欠缺的其他内容（非必备条款）由法律直接作出推定规则，以达到补充合同条款的目的。有关质量要求、价款或者报酬、履行地点、履行期限、履行方式、履行费用等条款，均可根据《合同法》第62条规定予以补充确定。

第四，根据《合同法》第125条的规定进行确定。《合同法》第125条对如何确定当事人有争议条款的真实意思作了规定。在补充有关合同条款的过程中，如果当事人对原有的条款理解上有争议，人民法院应当按照合同所使用的词句、合同的有关条款、合同的目的、交易习惯以及诚实信用原则，确定有关条款的真实意思，进而实现有关条款的补充。

［相关法律法规］

《合同法》第12、61、62条

《合同法解释（二）》第1条

08. 房屋租赁要式合同成立的法律要件认定

要式合同自当事人签字或盖章之日起成立，当事人在未签字或盖章的情况下所作出的口头意思表示，不具有法律约束力，仅属沟通磋商的性质范畴，受合同法中诚实信用原则的规范。当事人未采用既定形式签订合同的，合同也可因双方实际履行而成立，但仅有一方履行而对方未接受的，合同不成立。

【案例】

陈某与王某房屋租赁合同纠纷案[①]

［案号］

（2012）浦民一（民）初字第7764号

（2012）沪一中民二（民）终字第2698号

［案情］

王某委托某物业公司出租案涉房屋，该公司员工彭某为经办人。2011年11月22日，彭某将一份打印（无手写内容）的《房屋租赁合同》传给王某，

① 参见杜献伟：《房屋租赁要式合同成立的法律要件认定——陈某诉王某某房屋租赁合同纠纷案》，载吴兆祥主编：《房屋买卖租赁案件裁判要点与观点》，法律出版社2016年版，第332~336页。

合同中载明：甲方（出租方）将案涉房屋出租给乙方，租赁期限为一年，自2012年1月1日起至2012年12月31日止，租金每月18,000元。第4.2条：合同租金按三个月为一期支付，第一期租金乙方应于2012年1月1日前付清，以后每期租金支付时间应为该期首月的五日前。甲方应于收到每期租金的同时签署全额租金收据给乙方。每期租金由乙方以现金形式支付或以银行划账方式付至如下甲方指定银行账户……；第5.1条：乙方应在本合同签订后三日内，自行或通过居间方向甲方支付定金计18,000元。待乙方向甲方支付租赁保证金同时，已支付的定金即转为租赁保证金；第7.3条：在甲方出售该房屋时，乙方同意放弃同等条件下的优先购买权。

王某收到合同后，填写了合同第4.2条中的户名、开户银行、账号内容以及在合同尾部的其他约定一栏中手写了“传真件有效”，并在甲方（出租人）处签名后回传给彭某。彭某收到王某签字的合同后，经与陈某协商，由彭某对合同作了二处修改，分别将合同第4.2条中的“五日”修改为“壹至五日”与合同第7.3条的“乙方同意放弃同等条件下的优先购买权”划去，并在第7.3条后面添加“在租赁期限壹年内，甲方必须征得乙方同意方可出售”内容。后陈某在修改处以及乙方（承租方）处签名。之后，彭某将修改后的合同再次传给王某，但王某未回传。2011年11月24日，陈某通过“徐某”汇入王某银行账户18,000元。2011年12月30日，陈某通过“徐某”汇入王某银行账户54,000元。

陈某诉称：2011年11月22日双方签署的《房屋租赁合同》已成立并生效，其也依约向王某指定的账户汇付了定金18,000元及三个月房租54,000元。但直至2012年2月20日，王某仍不履行交房义务，并通过中介告知陈某不再履行合同义务。据此，陈某要求判令王某返还房租54,000元，双倍返还定金36,000元，支付逾期20天未交房的逾期违约金24,000元及违约金36,000元。

王某辩称：同意退还房租54,000元及定金18,000元，不同意陈某的其余诉请。2011年11月，中介公司工作人员彭某将拟好的合同发给王某，王某在看好文本并签字后通过电传从珠海传送到中介公司。后陈某对合同进行了修改，并对原合同第7.3条作出了实质性变更，又让彭某将修改后的文本发传真给王某，王某与家人商量后认为陈某的修改妨碍了王某对外出售房屋的权利，故电话告知彭某反对陈某修改合同的意见，终止出租房屋。因双方在订立合同过程中未能达成一致意见，系争合同未成立，更谈不上履行。陈某在王某没有同意合同条款的情况下，擅自将合同中约定的定金和租金打入王某账户，该行为系无效的民事法律行为。

另证人彭某表示合同修改时，其与王某就修改内容进行了电话沟通，王某也明确表示同意。但在第二天王某打电话称不同意在合同上签字。

［法院认为］

一审法院认为：本案的争议焦点在于案涉《房屋租赁合同》是否成立。根据法律规定，租赁期限六个月以上的，应当采用书面形式。当事人采用书面形式订立合同的，自双方当事人签字或者盖章时合同成立。本案中，陈某对王某签字后合同的修改，限制了王某在租赁期限内出售房屋的权利，系对要约内容的实质性变更，属陈某对王某发出的新要约。现王某未在修改后的合同上签字，应视为王某未予承诺，故双方之间的《房屋租赁合同》并未成立。至于陈某表示其在修改合同时曾与王某沟通过，王某也口头表示同意。因法律明确规定采用合同书形式订立合同的，应自双方当事人签字时成立，即使陈某修改合同时王某口头表示同意，但在王某未在修改后的合同上签字，且合同也未实际履行的情况下，双方之间的租赁合同也不成立。现王某自愿退还陈某汇付的定金 18,000 元与租金 54,000 元，于法不悖，法院予以确认。就陈某主张王某双倍返还定金以及支付逾期未交房违约金与解约违约金的诉请，因合同并未成立，故陈某的上述诉请并无合同与法律依据，不予支持。

二审法院认为：当事人采用合同书形式订立合同的，自双方当事人签字或者盖章时合同成立。根据本案查明的事实，案涉房屋租赁合同由双方采用合同书形式订立，因陈某对王某签署的合同内容作出了实质性变更，而王某对陈某变更后的合同内容未予签字确认，故一审法院认定双方间的房屋租赁合同尚未成立，并无不当。陈某在双方合同尚未成立的情况下，单方将定金及三个月租金汇入王某账户，实属不当，陈某据此要求王某双倍返还定金、支付违约金等，缺乏法律依据，不予支持。

［裁判结果］

一审法院判决：王某退还陈某支付的定金与租金 72,000 元；驳回陈某的其余诉讼请求。陈某不服一审法院判决，提起上诉。

二审法院判决：驳回上诉，维持原判。

［裁判思路］

本案的争议焦点在于涉案合同是否成立。合同是否成立，意味着当事人是否受其约束。依法成立的合同，对当事人具有法律约束力。当事人应当按照约定履行自己的义务，不得擅自变更或者解除合同。相反，未成立的合同，则对当事人不具有法律约束力。

1. 合同形式与合同效力的关系

《合同法》第 10 条规定：“当事人订立合同，有书面形式、口头形式和其他形式。法律、行政法规规定采用书面形式的，应当采用书面形式。当事人约定采用书面形式的，应当采用书面形式。”《合同法》第32条规定：“当事人采用合同书形式订立合同的，自双方当事人签字或者盖章时合同成立。”从中可以看出，有例外的形式强制的应源于法律、行政法规的规定或当事人的约定。除此之外，合同形式与合同效力并无直接关联，只要当事人意思表示一致，合同即为成立。

2. 要式合同成立的法律要件

对于依据法律、行政法规规定或者当事人要求的形式而成立的合同，法理上又称为要式合同。从字面意思可以看出，要式合同的成立不同于一般合同，其在合同形式上有着特殊要求。对于一般合同，其成立需具备两个要件：一是缔约主体适格，即具有缔结合同民事权利能力和民事行为能力的双方或多方主体。二是缔约主体之间就合同的主要条款达成合议，即意思表示达成一致。而对于要式合同而言，除需具备上述两个要件外，还应满足法律、行政法规规定或者当事人约定的合同形式。合同法规定当事人采用合同书形式订立合同的，自双方当事人签字或者盖章时合同成立。也就是说，要式合同只有当事人在合同书上签字或者盖章，合同关系方能成立。若欠缺合同形式，即使当事人意思表示一致，合同也不能成立。

本案中，从王某、陈某的签约过程来看，双方系选择合同书的形式来订立合同的，因此，决定本案租赁合同成立的关键在于双方是否在合同书上均完成签字行为。本案合同经历了王某签署—陈某修改（电话与王某就修改内容沟通并得到王某口头同意）后签署—王某拒绝签署3个阶段，现双方的主要分歧在于陈某修改后还是否需要王某重新签字确认。这里存在的问题是，陈某的修改行为是双方一致同意对合同内容的变更还是单方对合同内容的变更？对此，我们认为，陈某的修改行为是对王某要约内容的变更，理由在于王某对于陈某的修改内容并未最终签字确认。尽管有证据显示陈某修改时王某曾就修改内容口头表示同意，但这种口头意思表示并不具有约束力，正如合同签订前磋商过程中当事人作出的口头意思表示一样，仍旧需要最终的签字确认才能具有约束力。接下来的问题是，该种变更是否属于实质性变更。根据合同法有关规定，有关合同标的、数量、质量、价款或者报酬、履行期限、履行地点和方式、违约责任和解决争议方法等的变更，是对要约内容的实质性变更。陈某的修改实质上是改变了原合同要求陈某放弃优先购买权的约定，重新保留了陈某的优先购买权，同时对王某在租赁期限内出售房屋的权利进行限制，即需征得乙方同意。出售系王某作为房屋所有权人处分房屋的一种方式，陈某作为承租人，对于王某出售房屋的限制，实质上影响了王某对租赁标的所享有的房屋所有权的形式，故陈某的修改应属对要约内容的实质性变更，其在修改后的合同上签字并将该合同传给王某，系对王某的一份新要约，而非对于王某要约内容的承诺。而王某拒绝在新要约上签字，双方租赁合同显然不能成立。

3. 履行治愈规则的适用条件

履行治愈规则是指欠缺法定或者约定形式要件的合同因当事人履行的事实而补正地使本来无效的合同成为有效合同，该规则肇始于1900年的《德国民法典》，是对合同形式强制注意弊端的纠偏。实践中，缺乏法律专业知识的当事人在订立合同时，其形式往往不符合法律规定或当事人约定，但合同本身并不损害公共利益或违背公序良俗，若对此类合同一律评价为无效，则势必影响当事人交易的积极性及交易安全与效率。履行治愈规则意味着只要根据双方嗣后所作出的履行与接受履行的意思表示即可认定合同生效。

我国《合同法》一方面打破形式主义的桎梏而改采同意主义，仅就个别合同类型基于立法政策的考量而实行形式强制，并就不同类型的形式要件规定了不同的法律效果；另一方面又考虑到严格适用形式主义规则所产生的不公平结果，而在《合同法》第36条出现一般性的履行治愈方式欠缺的规则。但由于我国《合同法》区分了合同成立与合同生效两个概念，将合同成立作为合同生效的前提条件，合同只有在依法成立下才能生效。基于此，我国《合同法》中的履行治愈规则仅是针对合同成立而非合同生效。“法律、行政法规规定或者当事人约定采用书面形式订立合同，当事人未采用书面形式但一方已经履行主要义务，对方接受的，该合同成立。”这意味着，即使双方已经实际履行，若合同内容违反了法律的强制性规定，也不是一个有效合同，而当事人双方的责任，则受诚实信用原则的规范。

从履行治愈规定可以看出，履行治愈规则强调的是双方实际履行并接受对方的履行，若其中一条不具备，则不适用履行治愈。本案中，陈某依约向王某汇付了54,000元租金及18,000元定金，该行为从租赁合同的性质来说，可视为陈某实际履行了租赁合同（支付租金）。但陈某系在明知王某不同意签署修改合同的情况下单方为之，既未在事前得到王某同意，也未在事后得到王某认可，而王某在得知这一事实后，也明确表示不予接受并要求将租金及定金返还陈某。因此，陈某汇付租金与定金的行为系单方行为，其履行行为并未得到王某的接受。事实上，王某也没有向陈某履行交房义务，双方之间的租赁合同也不能基于该付汇行为而成立。相反，若王某接受了上述租金与定金，如开具租金收条或向陈某交付了房屋钥匙，那么即使王某未在修改后的合同上签字，双方的租赁合同也因实际履行而成立。

4. 诚实信用原则

那么，对于当事人在签字或盖章前所做的口头意思表示，是否就没有规范予以约束呢？答案是否定的，合同法中的诚实信用原则为此提供了限制。诚实信用原则作为合同法的“帝王原则”，贯穿了合同签订、履行的全过程。合同签订前，当事人在磋商过程中也应遵守诚实信用原则，不应违反法律规定的先合同义务，否则应承担缔约过失责任。《合同法》第42条规定：“当事人在订立合同过程中由下列情形之一，给对方造成损失的，应当承担损害赔偿责任：（一）假借订立合同，恶意进行磋商；（二）故意隐瞒与订立合同有关的重要事实或者提供虚假情况；（三）有其他违背诚实信用原则的行为。”因此，若一方存在欺诈、隐瞒等恶意磋商行为的，如一方谎称同意另一方提出的合同条件而故意拖延签约时间的，或一方隐瞒某些影响合同成立的重大事实的，其违反的是诚实信用原则所要求的先合同义务，另一方就对方的恶意行为可主张缔约过失责任。

那么，本案中陈某能否向王某主张缔约过失责任呢？我们认为：王某并未违反合同法中的诚实信用原则，不应承担缔约过失责任。其一，主观上不存在恶意。王某既未假借订立合同恶意进行磋商，也未隐瞒重要事实或提供虚假情况，其在合同签署过程中先口头表示同意修改内容后又反悔的行为，也属正常的磋商行为。其二，未对陈某造成损失。王某在接到陈某修改后的合同后，在合理期限内尽到了通知义务，及时向陈某表达了不同意签署的意思表示。实践中，当事人在签订书面合同时，总要对合同条款进行磋商，其中不可避免会出现一方口头同意另一方提出条件后又反悔的情况。对于此，该口头同意并不能认定为一方对另一方要约的承诺，若双方最终未能在合同上签字或盖章，也未实际履行权利义务，双方合同关系并不成立。

[相关法律法规]

《合同法》第10、20、32条

09. 合同符合房屋租赁合同的一般特征，其内容体现了双方建立房屋租赁关系的意思表示，合同应定性为房屋租赁合同

【案例】

A 公司与 B 公司房屋租赁合同纠纷案[①]

［案号］

（2013）新民一初字第 10 号

（2014）民一终字第 231 号

［案情］

2010 年 3 月 20 日，B 公司与 A 公司签订《整体租赁合同》。该合同约定：B 公司将案涉商场整体出租给 A 公司，建筑面积为主楼一期整体 1~6 楼，主楼三期整体 2~7 楼，总面积约 35,000 平方米，具体面积以房地产证确定的面积为准，出租标的包括外墙广告使用权、相关面积外广场停车场。A 公司向 B 公司承诺，对所租商场的使用用途与 B 公司的经营范围相符，在 A 公司经营范围内对商场使用途径及用途进行调整的由 A 公司自行决定，B 公司不得干涉……在租赁期内，B 公司不得干扰或阻止 A 公司的合法经营活动，A 公司拥有租赁物的完整合法经营自主权……

《整体租赁合同》签订前，B 公司以其分支机构 C 购物广场名义自行经营案涉商场。《整体租赁合同》签订后，B 公司依约交付了租赁场地，A 公司依约支付了租金。2010 年 8 月 3 日，B 公司申请设立非法人分支机构 D 购物中心，同年 8 月 6 日，D 购物中心注册登记，负责人魏某，系 A 公司法定代表人。A 公司租赁经营期间，以 D 购物中心名义从事经营活动。2012 年 8 月 3 日，B 公司以公司体制发生改变为由，申请注销分支机构 D 购物中心；同年 8 月 8 日，D 购物中心被依法注销。经双方协商一致，A 公司须将 D 购物中心的经营款打入 C 购物广场农业银行账户，并共同在商业银行开设账户，作为团购销售专用账户。

2013 年 3 月 7 日，双方召开会议，形成会议纪要，主要内容为：双方一致认为按时向供应商结算货款是当务之急，商业银行账户中原有款项为团购销售款，因 B 公司已单方面转移该账户资金，B 公司承诺并保证此资金的绝

---

① 见“新疆中盛优拓商务咨询有限责任公司与新疆领先实业（集团）有限责任公司房屋租赁合同纠纷二审民事判决书”，载中国裁判文书网：http://wenshu.court.pcc，最后访问日期：2017 年 5 月 15 日。

对安全，仅用于给供应商返款之用。2013 年 3 月 10 日，B 公司向 A 公司发函称：本公司采取自我保护性临时措施将商业银行账户中的存款已暂时转存，如有损失，由本公司承担全部赔偿责任。2013 年 4 月 6 日，B 公司发函要求 A 公司将不足支付供应商的款项汇入农业银行 C 购物广场账户中。

2013 年 4 月 11 日，B 公司向 A 公司发出书面《告知函》，主要内容为：本公司 2013 年 4 月 6 日致函贵公司务必在接到该函后 3 个工作日内，将本公司不知去向、不知下落、转移挪用的全部营业款额，且是应当需要支付给供应商等单位（人）的缺额款项全部汇（存）入农行 C 购物广场账户中，巨大的缺额款数，完全是贵公司违反诚实信用原则，在履行《租赁合同》的同时实际用“C 购物广场”进行了实际经营的铁的事实，贵公司企图将其经营风险转嫁并嫁祸给本公司。鉴于发生了上述事实，本公司决定与贵公司解除终止《租赁合同》和实际用“C 购物广场”进行实际经营的行为，并要求贵公司赔偿全部损失。请贵公司在 5 日之内撤离，并恳请平稳交接，在 10 日内将转移挪用的全部营业款项汇（存）入农行 C 购物广场账户中，请贵公司立即派员来协商、处置解除终止合同的各项相关事宜。

2013 年 4 月 19 日，A 公司向 B 公司发出书面《关于立即停止一切违约及侵权行为的告知函》，主要内容为：贵公司提出解除终止合同的要求没有法律依据、合同依据和事实依据，本公司不认可不接受。近期贵公司实施的一系列行为已经对本公司构成严重的合同违约，同时也对本公司的经营构成严重侵权，贵公司将承担相应的违约责任和全部侵权赔偿责任。

2010 年 3 月 20 日双方签订的《整体租赁合同》是确定双方权利义务的唯一合法有效依据，虽然在合同开始履行后，贵公司又提出农行不允许贵公司对外租赁房屋和为了维护贵公司在本地的持续形象，要求本公司在经营中对外继续延用“C 购物广场”的名称，但在实际操作过程中，为了满足本公司租赁房屋进行自主经营的需要，先后于 2010 年 8 月 6 日成立 D 购物中心，于 2012 年 3 月 18 日成立 E 百货公司，并以此对本公司进行实际运营。自 2010 年 9 月以来，本公司一直是在严格按照该合同的约定，按时足额向贵公司交付房屋租金和物业管理费用，贵公司也都向本公司出具相关收据。以上事实表明本公司是在依法租赁贵公司房屋全面从事商业经营，并且本公司在履行与贵公司《整体租赁合同》方面没有违约。贵公司单方面采取终止合同的行为已经对本公司构成严重违约。本公司对贵公司房屋进行租赁经营，依照合同约定理应由本公司承担经营期间的全部经营责任，与贵公司无关，无需贵公司承担，本公司也无意牵连贵公司承担任何责任。在双方没有达成一致意见或没有通过司法途径最终解决之前，贵公司不得单方面剥夺或阻碍本公司对商场行使经营领导权和管理权，双方对自2013年3月6日以来由贵公司控制和转移的本公司商场全部销售款项（包括贵公司单方面销售本公司商场购物券的款项）进行核对，并全部转回我商场原经营账户中，用于商场的正常经营开支，否则本公司有理由视为贵公司已经动用了这些资金。对于因贵公司的原因导致本公司不能正常经营的现状，双方应从维护稳定大局、促进和谐的高度进行友好协商，以使问题得到切实有效的解决。2013年4月18日和4月22日，B公司公司先后发函要求A公司限期搬离。2013年4月22日，A公司向B公司书面回复，认为B公司要求解除合同不符合合同约定解除条件和法律规定的通知解除合同的情形，是无效行为。

至本案诉讼前，双方多次以书函形式表明各自关于供应商货款的支付、储值卡消费等问题的态度，始终未能达成一致。

A公司租赁经营期间，为消费者办理了储值卡消费业务。B公司发出解除合同告知函后，A公司于2013年5月关闭储值卡消费系统。此后，B公司向消费者兑换部分购物券进行消费。

2013年5月起，部分供货商起诉A公司和C购物广场，要求支付货款。部分案件已作出生效判决，判令A公司支付货款，C购物广场承担连带责任。B公司代收了2013年3月至6月期间A公司营业款和相关费用50,561,522.87元，并用于支付供应商货款和发放工人工资。

［法院认为］

一审法院认为：关于《整体租赁合同》的性质问题。B公司与A公司于2010年3月20日签订的《整体租赁合同》，系双方当事人真实意思表示，且不违反法律和行政法规的强制性规定，应认定有效。《整体租赁合同》约定，B公司将案涉商场整体出租给A公司，总面积约35,000平方米，出租标的包括外墙广告使用权、相关面积外广场停车场，A公司所租商场的使用用途与B公司的经营范围相符。从该约定看，A公司承租标的系案涉商场的经营场地，并不包含其经营权。合同履行过程中，虽然A公司以B公司设立的分支机构D购物中心名义从事经营活动，并使用原C购物广场账户，但是B公司在租赁经营期间注销了D购物中心，表明双方之间并无企业租赁的意思表示。由此可见，A公司以D购物中心名义经营只是房屋租赁经营的一种特殊形式，并不改变房屋租赁的合同性质。因此，B公司主张本案为企业租赁经营合同纠纷，其理由不能成立。本案应定性为房屋租赁合同纠纷。

二审法院认为：A公司认为，合同约定的租赁物为房屋，合同性质系房屋租赁合同；B公司则称，A公司以B公司分支机构的名义开展经营活动，合同性质为企业租赁合同。鉴于双方对合同的性质存在不同理解，因此应当按照合同约定的内容，并结合合同的实际履行情况来确认双方之间的法律关系。首先，从《整体租赁合同》约定的标的物看，合同所称的整体租赁，即B公司将面积为35,000平方米的案涉商场及外墙广告使用权、相关面积外广场停车场一并出租给A公司。但双方约定的标的物不包括B公司在案涉商场中的全部资产，即其他固定资产、流动资金、债权和工业产权。其次，从合同约定的权利义务看，A公司对标的物仅享有使用权，且房屋用途与B公司的经营范围相同，而对B公司之相关财产不享有与企业租赁合同相符的处置权利。再次，从合同履行情况看，B公司将房屋等场地交予A公司，A公司亦依约交纳了房屋租金。其间，虽然A公司以B公司所设的分支机构D购物中心名义从事经营活动，并使用原C购物广场的账户，但双方签订《整体租赁合同》之时D购物中心尚未成立，且D购物中心于2012年8月3日即被B公司申请注销。而在D购物中心被注销后，A公司继续使用租赁物开展经营活动。

由以上分析可以看出，《整体租赁合同》符合房屋租赁合同的一般特征，合同内容体现了双方建立房屋租赁关系的意思表示，该合同的性质应为房屋租赁合同。至于A公司以D购物中心名义开展的经营行为，为双方在房屋租赁合同之外形成的另一法律关系，而该法律关系并未取代双方的房屋租赁合同，从而《整体租赁合同》之房屋租赁合同性质亦没有改变。鉴此，一审法院确认本案为房屋租赁合同纠纷是正确的，故二审法院予以支持。

［**裁判结果**］

一审法院判决：1.B公司与A公司继续履行2010年3月20日双方签订的《整体租赁合同》；2. 驳回A公司要求B公司返还销售货款5050万元的诉讼请求。B公司不服一审法院判决，提起上诉。

二审法院判决：驳回上诉，维持原判。

［**裁判思路**］

准确理解与认定案涉租赁合同的性质问题，需要对租赁经营的有关概念及特征有所了解。租赁经营是所有者或出租人将生产资料出租给承租人使用并收取租金的经营方式，是企业的所有者与经营者之间通过订立合同而实现企业经营管理权的转移。租赁经营的内容有企业中的固定资产，如房屋、土地等，也包括企业生产资料的占有、使用和收益权以及对职工的管理指挥权。出租人有义务把企业交给承租人占有、使用和收益，同时有权规定企业的经营方向和目标。承租人作为企业的经营者，有对企业的经营管理权，按出租人规定的经营方向和目标完成企业的各项经济技术指标，对企业的经营管理承担全部责任。承租人需向出租人交纳租金，同时根据实际情况，也要承担相应的财政上缴或税收任务。从租赁对象看，租赁经营常涉及企业固定资产即土地、房屋的转移占有，这点与房屋租赁的特征较为相似，但二者的核心区别在于承租人是否以出租人的名义从事生产经营。

本案中，从B公司与A公司之间《整体租赁合同》约定内容看，A公司承租标的系案涉商场的经营场地，并不包含商场的经营权。合同履行过程中，虽然A公司以B公司设立的分支机构D购物中心名义从事经营活动，并使用原C购物广场账户，但是B公司在租赁经营期间注销了D购物中心，表明双方之间并无企业租赁的意思表示。由此可见，A公司以D购物中心名义经营只是房屋租赁经营的一种特殊形式，并不改变房屋租赁的合同性质。故本案应定性为房屋租赁合同纠纷，在此基础上，双方争议焦点问题的均应按照房屋租赁合同相关裁判规则进行处理。

[相关法律法规]

《合同法》第94条、第96条

10. 名为合作实为房屋租赁合同的认定

合作协议约定提供资金的当事人不承担经营风险，只以租赁或者其他形式使用房屋的，应按照《国有土地使用权合同解释》第27条的规定，认定为房屋租赁合同。

【案例】

某港务局与某商城租赁合同纠纷案

[案号]

(2014)哈民二民初字第34号

(2016)黑民终437号

[案情]

2000年7月14日，某港务局与某百货批发商场签订《合作协议》，约定：某港务局以场地、某百货批发商场以资金做投入，合作建设陶瓷仓储中心仓库；建设规模为1#建设一层砖混结构永久性仓库两座，建筑面积3000平方米，2#建设二层砖混结构永久性仓库两座，建筑面积18,000平方米，其中局部展厅为三层，建筑面积3000平方米，合作期为20年，从协议生效之日起到2021年7月30日；双方合作所建仓库，某百货批发商场拥有20年经营权和使用权，产权归某港务局独有；利益分配为双方合作所建仓库，由某百货批发商场经营管理，某百货批发商场无论盈亏，合作期前10年，按建筑面积每年每千平方米3.5万元付给某港务局收益，合作期后10年，从第11年至第20年，按建筑面积每年每千平方米3.5万元×（1+收费年与前一年相比的物价指数）标准付给某港务局收益；某港务局具有对合作所建仓库的所有权和收益权，并具有全力协助某百货批发商场做好合作仓库的前期工作的义务；某百货批发商场具有协议期内，对合作所建仓库的经营使用权，独立经营合作仓库的仓储业务，并享有收益权；违约责任为某百货批发商场向某港务局交纳的收益、装卸费和相关费用，如滞交，按日3‰向某港务局交纳滞纳金，某百货批发商场应缴收益逾期未交3个月，某港务局有权收回经营使用权。

2000年8月24日，区政府作出《立项请示的批复》，同意案涉项目立项，建设规模为占地面积18,413.6平方米，建筑面积32,440.76平方米。2000年11日30日，区政府向某港务局作出《批复》，内容为“同意你单位建立建材装饰展销中心；要按规定到有关部门办理有关手续，抓紧做好建设工作。”2001年6月14日，双方当事人签订《补充协议》，约定：某港务局同意某百货批发商场变更建设规模，增加后的建筑面积（以实际建筑面积为准），某百货批发商场享有的使用年限、租金标准仍按原协议约定的标准执行，三角地的面积除仓库占用和道路占用面积外的剩余面积租金标准为建筑面积每年每千平方米4万元。2001年6月28日，某港务局取得仓储库房及展厅的《建设用地规划许可证》，用地面积30,780平方米。2001年7月18日，某港务局、某百货批发商场共同向市政府提交《紧急报告》，报告中主要包含两项内容：一是阐述了展销中心工程于2000年10月开工及未经审批开工建设的原因；二是2001年初项目正在准备补报审批，期间向市建委、规划局等部门缴纳数十万罚金，鉴于建设资金紧张，请求市政府对建设工程前期费用给予减缓。2004年1月8日，某百货批发商场更名为某商城。2004年2月10日，区政府作出《通知》，关闭了某商城经营的陶瓷市场。

2007年9月1日，双方当事人签订《扩建协议》，约定：双方同意此次扩建库房协议为2000年7月14日签订的《合作协议》及2001年6月14日的《补充协议》的补充协议；某港务局同意某商城扩建8100平方米；某商城向某港务局支付租金每年每千平方米4.5万元，年租金为36.5万元，2011年9月1日后的年租金按每年2%的比例递增；租金缴纳日期为本协议签订之日前，以后年份租金按上打房银方式，日期为每年的9月1日前；扩建库房的全部投入由某商城承担，并负责办理相关建设审批手续及库房产权证；如某商城未能及时办理相关手续，产生的相关后果由某商城承担；某商城在承租期内拥有经营权和使用权，产权归某港务局独有。2007 年 9 月 1 日，双方当事人签订租期一年的《场地租赁协议》、《改建场地租赁协议》。2011 年 9 月 10 日，双方当事人签订一年的《场地租赁协议》。

2012 年 1 月 5 日、2013 年 1 月 4 日，双方签订《某港务局应收账款确认书》，确认某商城欠缴租金 17,355,194 元、19,561,998.46 元。由某商城盖章、法定代表人张某签字。2014 年 1 月 20 日，某商城出具《延期还款说明》，内容："我市场现在经营正处于上升时期，正在向好的方向发展，但是无力偿还 2013 年末之前所欠租金。特请某港务局领导给与理解，在我们经营好转时，会逐步偿还欠款。"

某港务局诉至法院，请求判令：1. 解除双方于 2000 年 7 月 14 日签订的《合作协议》、于 2001 年 6 月 14 日签订的《补充协议》、于 2007 年 9 月 1 日签订的《扩建协议》，同时判令某商城迁出场地；2. 某商城支付自 2001 年 10 月 1 日起至合同依法解除之日止的租金收益 22,487,681.47 元；3. 某商城支付自 2001 年 10 月 1 日起至判决生效之日止的逾期违约金 1250 万元，考虑某商城的实际偿付能力，某港务局在本案中仅主张其中的一部分，对于其余部分违约金，保留另行主张的权利。上述请求合计 34,987,681.47 元。

［**法院认为**］

一审法院认为：双方签订的《合作协议》、《补充协议》、《扩建协议》系在平等、自愿的基础上签订，不违反法律规定，合法有效。根据协议约定，某港务局履行了提供场地的义务，某商城兴建了库房并先后进行了扩建，且实际进行了经营。因某商城自 2001 年 10 月欠缴某港务局租金超过应付金额的 90%，已经构成根本违约。某港务局请求解除《合作协议》符合法律规定及合同约定。

2013 年 1 月 4 日，双方签订《某港务局应收账款确认书》，确认某商城欠缴租金 19,561,998.46 元。2014 年 1 月 20 日，某商城出具《延期还款说明》，明确表示已无力偿还 2013 年末之前所欠租金，某港务局据此请求解除合作协议并判令某商城给付尚欠租金并无不当。虽然《合作协议》约定违约金 3‰，但之后双方相继签订《补充协议》、《扩建协议》未再约定违约金问题，而《某港务局应收账款确认书》确认某商城所欠租金总额，应视为该欠款中已含有违约金，故某港务局主张自 2001 年 1 月给付违约金不当，应自 2013 年 1 月 4 日双方签订《哈尔滨某港务局应收账款确认书》之日，按照中国人民银行同期贷款利率支付逾期还款利息。

二审法院认为：双方当事人签订的《合作协议》的内容虽然包含了联合

建房、房屋租赁合同的双重性质，但某商城的真实意思表示并非与某港务局就合作进行利益分配，而是在一定期限内租赁建成后的房屋，即某商城缔约目的最终落实在对所建房屋的租赁上，通过对外分割出租案涉房屋收回其投资成本并取得相应利益。而某港务局的真实意思表示是通过预先收取租金，以完成房屋的建设并将房屋出租获取收益，其缔约目的落实在通过租赁房屋获取租金收益上。因此，联建案涉房屋仅属双方当事人获得利益的一种手段，或是其融资建设房屋的一种方式，双方签订的《合作协议》的性质应为房屋租赁合同。由于案涉房屋至今未取得《建设工程规划许可证》，根据《城镇房屋租赁合同解释》第 2 条关于“出租人就未取得建设工程规划许可证或者未按照建设工程规划许可证的规定建设的房屋，与承租人订立的租赁合同无效。但在一审法庭辩论终结前取得建设工程规划许可证或者经主管部门批准建设的，人民法院应当认定有效”的规定，应认定案涉《合作协议》及以此为基础所签订的《补充协议》、《扩建协议》无效。解决本案的关键问题在于：案涉合同无效后关于租金问题的处理原则。

案涉合同无效系案涉项目未取得《建设工程规划许可证》所致。2000 年 11 日 30 日，区政府向某港务局作出《批复》，同意建立建材装饰展销中心，到有关部门办理有关手续，抓紧做好建设工作。某港务局作为法定的建设单位，某商城作为使用人及约定的相关手续办理人，仅取得了《建设用地规划许可证》，即开工建设。在案涉工程被相关行政主管部门处罚的情况下，继续签订《补充协议》、《扩建协议》，致使案涉房屋扩建到现在的规模。现某港务局请求给付案涉房屋租金，该租金的实质应为房屋占有使用费，根据《城镇房屋租赁合同解释》第 5 条第 1 款规定：“房屋租赁合同无效，当事人请求参照合同约定的租金标准支付房屋占有使用费的，人民法院一般应予支持。”二审法院将租金标准作为一项考量因素确定支付房屋占有使用费的标准，并结合双方签订《某港务局应收账款确认书》及某商城出具《延期还款说明》等事实，即某商城已经认可其欠付租金（房屋占有使用费）的具体数额，故一审法院判决给付该款并无不当，亦符合双方当事人使用房屋并支付该数额费用的合意及心理预期。鉴于案涉诸合同均为无效合同，所约定的违约金条款亦对双方当事人不具有约束力，且无需解除，故一审法院判决解除双方当事人间的诸合同及支付违约金不当，予以纠正。此外，双方当事人已不具有履行无效合同的义务，一审法院根据某港务局的诉请，判决某商城迁出案涉场地，符合无效合同的处理原则，予以维持。

［裁判结果］

一审法院判决：1. 解除某港务局、某商城签订的《合作协议》、《补充协议》、《扩建协议》; 2. 某商城给付某港务局自2001年10月1日至2014年7月29日拖欠租金收益22,487,681.47元; 3. 某商城给付某港务局判决第2项拖欠租金收益22,487,681.47元利息损失，自2013年1月4日起至判决确认的租金收益给付之日止，按中国人民银行同期贷款利率计算; 4. 某商城迁出案涉场地。某商城不服一审法院判决，提起上诉。

二审法院判决: 1. 维持一审法院判决第4项; 2. 撤销一审法院判决第1项、第3项; 3. 变更一审判决第2项为：某商城给付某港务局自2001年10月1日至2014年7月29日的房屋占有使用费22,487,681.47元; 4. 驳回某港务局的其他诉讼请求。

［裁判思路］

本案所涉合同的性质是本案探讨的主要法律适用问题。

对于本案所涉合同的性质，实践中有三种观点。第一种观点认为，合同约定一方出地、一方出资，双方共同投资，出地方取得房屋所有权，出资方在一定期限内使用房屋，双方共享建成后房屋利益，符合共同投资、共享利润、共担风险的联合建房的法律特征，合同应定性为联合建房合同。第二种观点认为，合同虽然约定一方出地，一方出资，但所建房屋的所有权归出地方所有，出资人只取得约定期限内建成房屋的占有使用权。这一使用权的取得以其预付租金（对工程建设的投资）作为前提，这样的约定更符合一方交付房屋给对方当事人使用、收益，对方当事人给付租金并于约定使用期限届满后返还房屋的房屋租赁合同特征，合同应定性为房屋租赁合同。第三种观点认为，此类合同内容包含联合建房和房屋租赁双重法律关系。就联合建房法律关系而言，房屋建成后，土地提供者取得房屋的所有权，出资建设者占有使用房屋，利润分配完毕，联合建房合同即履行完毕，但因为双方约定以房屋租赁的方式分配利润，故房屋所有权人要保证将房屋交付出资方承租使用，并按照租赁的要求，使租赁物在承租期内满足出资方的使用。联合建房的约定虽然履行完毕，但是作为利润分配方式的房屋租赁约定还在继续履行，联合建房的约定无法吸收双方对于房屋租赁的约定，因此，合同的性质应确定为联合建房、房屋租赁合同。

我们倾向于第二种观点。认定合同性质应当探求合同当事人的意思表示和缔约目的。从合同约定内容看，某商城签订《合作协议》的真实意思表示并不是与某港务局就合作进行利益分配，而是在一定期限内租赁建成后的房屋。其缔约目的最终落实在对所建房屋的租赁上。某商城的投资建设行为，是其租赁建成后房屋的对价。因此，不论双方是否约定某商城使用建成的房屋应支付租金，某商城对建成房屋的使用都已经支付了对价。因为不分配利益，某商城当然不会承担经营风险。某港务局签约的真实意思表示是通过预先收取租金，以完成房屋的建设并将房屋出租获取收益，其缔约目的落实在通过租赁房屋获取租金收益上。提前收取承租人的租金并由承租人进行房屋建设，是其完成房屋建设的一种手段，或者说是其融资建设房屋的一种方式。租赁合同是出租人提供房屋给承租人使用、收益，承租人支付租金的合同，其本质特征是以租赁物的使用、收益和租金的收取为目的。合同缔约双方的真实意思表示符合租赁合同的法律特征。《国有土地使用权合同解释》第27条规定："合作开发房地产合同约定提供资金的当事人不承担经营风险，只以租赁或者其他形式使用房屋的，应当认定为房屋租赁合同。"

本案所涉合同约定内容符合司法解释规定情形，应当依照司法解释规定认定合同性质为房屋租赁。但本文中的合同与一般房屋租赁合同相比，具有特殊性，一是合同签订时租赁房屋尚未建成；二是承租人对租赁房屋支付的对价包括承担房屋的建设。因此，相对于一般房屋租赁合同而言，本案所涉合同中，承租人支付租赁房屋的建设资金并承担租赁房屋的建设，完成房屋建设后，双方权利义务与一般房屋租赁合同相同。实际上该类合同系对在建工程的一种经营行为。房地产开发经营方式中，商品房预售合同亦属于对在建工程的经营行为，上述两类合同均是在房屋未建成情形下，通过预收租金或者预收购房款的方式获取建设资金，以完成房屋建设。《商品房买卖合同解释》中，将开发商出售尚未建成房屋签订的合同定性为商品房预售合同，并针对预售房屋的特定规定了一系列的处理原则。按照"相同问题相同处理"的原则，对于尚未建成房屋的出租应当定性为房屋预租合同，更符合合同本身的特点，这样也便于与一般的房屋租赁合同予以区分，按照预租合同的特殊性处理纠纷。

[相关法律法规]

《国有土地使用权合同解释》第27条

《城镇房屋租赁合同解释》第2、5条

第二章　装饰装修及扩建问题的处理

导 读

租赁房屋装饰装修及扩建的处理涉及债权和物权两大领域，关涉添附制度、不当得利等民法理论，对该类案件的处理在理论界及审判实务界均应引起高度关注。《合同法》第223条规定："承租人经出租人同意，可以对租赁物进行改善或者增设他物。承租人未经出租人同意，对租赁物进行改善或者增设他物的，出租人可以要求承租人恢复原状或者赔偿损失。"

《城镇房屋租赁合同解释》第9条至第14条在此基础上，确立了处理此类纠纷的规则：承租人擅自进行装饰装修，构成侵权，承担侵权责任；承租人经同意装饰装修，区分情况使用不同的处理原则。一是对附合和未形成附合的装饰装修物分别适用不同的处理规则。未形成附合的装饰装修物，承租人作为所有权人享有处分权；已形成附合的装饰装修物区分合同无效、合同解除、合同履行期限届满情形，适用不同的处理规则。二是出租人是否对承租人的装饰装修进行补偿，如何补偿，要区分不同情况。合同无效时，出租人同意利用的装饰装修，基于不当得利对承租人进行补偿；不同意利用的，装饰装修的现值损失作为无效合同的损失，由双方按照过错承担；合同解除，由导致合同解除的违约方承担装饰装修残值损失。在双方均无过错的情形下，由双方依照公平原则分担装饰装修残值损失；需要注意的是，合同解除时，如果出租人同意利用承租人装饰装修，仍需基于不当得利对承租人予以补偿；合同履行期间届满，出租人取得附合装饰装修物无须补偿。

实践中，在房屋租赁合同纠纷中涉及装饰装修、扩建问题的不在少数，本章将就装饰装修、扩建问题在房屋租赁中产生纠纷的裁判思路进行探讨。

第一节 经出租人同意的装饰装修物的处理

近些年来，随着市场经济的发展，房地产市场的繁盛，房价的不断攀升，人口流动的频繁，进一步促进了房屋租赁市场的繁荣。随着人们对生活质量要求要来越高，对房屋装饰装修也越来越多，越来越豪华，特别是从事商业经营的酒楼、商场、宾馆等。为了给顾客提供一个良好、舒适的服务环境，往往对承租房屋进行大规模的装修及增加服务设备。然而，由于当事人在订立房屋租赁合同时对装饰装修物的处理约定不明或未作约定，加之相关的法律、法规对此缺乏明确、具体的规定，一旦发生纠纷，法院处理起来难度很大，处理结果也不尽相同。《合同法》第 223 条规定："承租人经出租人同意，可以对租赁物进行改善或者增设他物。承租人未经出租人同意，对租赁物进行改善或者增设他物的，出租人可以要求承租人恢复原状或者赔偿损失。"针对承租人经出租人同意进行装饰装修的情形，《城镇房屋租赁合同解释》以第 9 条至第 12 条 4 个条文，对处理该类纠纷适用的裁判规则进行了具体规定。本节将专门针对承租人经出租人同意进行装饰装修纠纷的裁判思路进行阐述。对此，首先应明确几个问题。

一、如何认定房屋租赁合同装饰装修范围

何为房屋租赁活动中的装饰装修？装饰装修物分别包括哪些方面？我国现有法律并无明确规定。通常房屋租赁活动中的装饰装修至少应包括两大方面，即一般的装饰装修和增设他物。从原建设部发布的《建筑装饰装修管理规定》第 2 条第 2 款"本规定所称的建筑装饰装修，是指为使建筑物、构筑物内、外空间达到一定的环境质量要求，使用装饰装修材料，对建筑物、构筑物外表和内部进行装饰处理的工程建筑活动"来看，装饰装修物是指安装、装饰在建筑物或构筑物上的装饰装修材料，它不包括在原建筑物上的改建物，也不应包括增设在建筑物或构筑物上的空调、电梯、水电、消防等设施或设备等增设物。

虽然该规定已废止，但对于我们理解一般意义上的装饰装修仍有借鉴意义。原建设部《住宅室内装饰装修管理办法》第 2 条第 2 款对装饰装修含义作了类似规定。

从《合同法》第 223 条"承租人经出租人同意，可以对租赁物进行改善

或者增设他物”的规定来看,《合同法》将“增设物”与改善租赁物的“装饰装修物”并称,《合同法》规定的“增设物”既包括在原建筑物上的改建物,也包括增设在建筑物或构筑物上的空调、电梯、水电、消防设施或设备等增设物。在司法实践中,因房屋租赁引起的装饰装修纠纷不仅包括铺设地板砖、吊设天花板、墙壁粉刷油漆等一般意义上的装饰装修,而且包括大量的承租人在租赁房屋安装空调、电梯、水电、消防设施设备等增设物。在房屋租赁合同中,承租人为了改善房屋使用功能,满足其使用需求,一般在租赁房屋后都要进行改建或者增设他物。从实践角度看,应当将这些改建物或增设的他物连同一般装饰装修物一起,作为房屋的添附物处理。因此,房屋租赁合同中承租人对房屋的装饰装修既包括一般意义上的装饰装修,也包括改建和增设他物。《城镇房屋租赁合同解释》中将租赁房屋的装饰装修物和改建、增设他物统称为“装饰装修物”,并不包括扩建。

二、如何认定租赁房屋的附合装饰装修物

在房屋租赁合同纠纷中所涉及的装饰装修物,主要是指动产和不动产的附合。按照装饰装修物与租赁房屋的结合程度有可分离(未形成附合)和不可分离(形成附合)两种状态。装饰装修物已与房屋结合在一起非毁损不可分离或者分离需花费巨大,可以认定形成附合;装饰装修物与房屋未完全结合尚未达到不可分离状态,则不能认定形成附合。如何判断装饰装修物与租赁房屋是否结合在一起而不能分离,则应按照附合规则,考虑其继续性与固定性的程度,依物理和社会经济观念来确定。一般情况下,装饰装修物与租赁房屋已形成继续性和固定性的,非毁损不能分离或分离需花费巨大,则可以认定该装饰装修物与租赁房屋形成附合。例如,承租人在租赁房屋中铺设地板砖、吊设天花板、墙壁粉刷油漆等已与房屋结合,非毁损不能分离;而承租人在租赁房屋安装空调、电梯、太阳能热水器、抽油烟机等未与房屋完全结合在一起,可以与房屋分离。

三、如何认定“经出租人同意”的装饰装修

“经出租人同意”的装饰装修,既包括签订租赁合同时,出租人明示同意承租人装饰装修,也包括签订和履行租赁合同中,出租人默示同意承租人装饰装修,即出租人知道承租人对房屋装饰装修未明确表示反对。在一般情况下,承租人租赁房屋都要按照其个人的使用目的和审美情趣进行装饰装修,以改善房屋的使用功能,使之更加符合承租人的使用要求。因此,我们认为,“经出租人同意”装饰装修并不要求一定是在签订房屋租赁合同时,出租人明

确的书面同意或者口头同意。凡是出租人知道或者应当知道承租人对房屋进行装饰装修而没有明示反对的，均应视为经出租人同意。

判断出租人知道或者应当知道承租人对房屋进行的装饰装修，应结合租赁房屋的状况、用途等案件的具体情况进行。例如，承租人租赁房屋属于毛坯房用于自住，承租人一般要对租赁房屋进行简单适当的装饰装修后才能入住；或者承租人租赁房屋用于经营商场、宾馆或者酒楼，一般都要按照不同的使用用途和目的，对房屋进行装饰装修，包括铺设地板、粉刷墙壁和适当改建、安装空调、电梯、热水器、水电管道及消防设施设备等才能用于经营活动。发生纠纷时，出租人不能以承租人未经其同意进行装饰装修抗辩。因为，出租人知道承租人若不进行必要的装饰装修，完全不能按照上述目的使用房屋，不能实现租赁合同的目的。这种情况下，可以认定出租人知道或者应当承租人的装饰装修行为。①

在出租人作出同意承租人进行装饰装修的意思表示前提下，仍有以下两点需要进一步明确：第一，出租人对承租人装饰装修的概括性同意是否包括对承租人任意装饰装修行为的授权。现实中，经常会出现出租人同意承租人对出租房屋进行装饰装修但未明确说明允许装饰装修的范围和程度。一旦事后因此发生纠纷，则双方往往会就同意装饰装修的范围和程度各执一词。对此，我们认为，应以房屋类型并结合租赁合同中双方约定的出租房屋用途作为主要判断标准。一般而言，房屋按用途可分为住宅用房屋、工业用房屋和商业用房屋等类别。如果双方未对装饰装修的工艺方法、装饰装修的面积等事先作出明确约定，则一般应认为出租人对装饰装修的同意应仅限于出租房屋的通常用途可能涉及的范围。第二，承租人在租赁期间内对租赁房屋多次进行装饰装修是否每次均要经出租人同意。现实中可能出现的情况是承租人经出租人同意进行装饰装修后，又因房屋使用目的的改变，未经出租人同意再次进行装饰装修。此时，出租人能否主张其再次装饰装修未经其同意而主张要求恢复原状或赔偿损失?

对此，我们认为，除非双方当事人对此另有约定，否则，出租人对承租人装饰装修的同意一般应该被看作是一种租赁合同期限内的概括性、持续性权利。其理由在于，其一，这是由房屋装饰装修的特点决定。房屋装饰装修的时间一般较长，其间经常可能出现返工、重做甚至装饰装修风格的整体改变。因此，现实中有时很难区分是两次装饰装修还是一次装饰装修的延续。

① 最高人民法院民事审判第一庭编著:《最高人民法院关于审理城镇房屋租赁合同纠纷案件司法解释的理解与适用》，人民法院出版社 2009 年版，第 121 页。

其二，从日常生活经验而言，既然出租人同意承租人进行装饰装修，也就意味着允许承租人基于装饰装修需要而对出租房屋进行处分。这种处分的可能后果，并不因装饰装修的次数多少而有实质区别。其三，在房屋租赁合同的很多情形中，虽然双方都未用条款明示，但从承租人缔约目的、支付的租金对价以及出租房屋的现状均可推知，对出租房屋在合同约定的房屋用途范围内进行多次装饰装修本身就是合同的默示条款。其四，对于合同履行期间较长的房屋租赁合同而言，出租人的概括同意也会给承租人合理预期，使其有理由相信约定范围内的多次装饰装修本身也在出租人概括同意的辐射范围之内。否则，出租人完全可以通过特别声明要求承租人对每一次装饰装修实现都应经其同意。需要注意的是，对“经出租人同意”中的“同意”二字解释不能无限扩大，这里的“同意”一般只能按日常生活经验理解，限定在出租房屋的通常用途可能涉及的范围。如果没有特别明示，一般不能理解为同意承租人对所租赁房屋进行改变房屋建筑主体、承重结构的装饰装修。否则，只能依据法律、司法解释有关出租人的合同解除权部分的规定处理。

根据《合同法》第223条规定的处理原则，《城镇房屋租赁合同解释》结合装饰装修的具体情况，确立了经出租人同意情形下处理此类纠纷的规则：

11. 合同无效时装饰装修物的处理

根据《城镇房屋租赁合同解释》第9条规定，在房屋租赁合同无效时，对于未形成附合的装饰装修物，出租人同意利用的，可折价归出租人所有；不同意利用的，可由承租人拆除。因拆除造成房屋毁损的，承租人应当恢复原状。对于已形成附合的装饰装修物，如出租人同意利用的，可折价归出租人所有，如出租人不同意利用的，由双方当事人按照过错分担现值损失。这实际体现了过错责任与公平原则相结合。在司法实践中，处理无效房屋租赁合同涉及的装饰装修纠纷，应根据在正常情况下出租人的需要程度和可利用价值，结合过错责任，分别不同情况，公平合理地进行处理：

1. 属出租人过错的，由出租人补偿承租人的装饰装修损失。对于未形成附合的装饰装修物，该损失包括装饰装修物折旧费用、拆除费用、恢复原状费用及承租人因租赁合同无效而受到的其他损失；对于附合装饰装修物，该损失是租赁合同无效时装饰装修物尚存在价值，即现值。

2. 属于承租人过错的，由承租人自行承担装饰装修损失，并由承租人赔偿出租人因租赁合同无效受到的其他损失。但是，对于形成附合的装饰装修，出租人同意利用的，由出租人对承租人予以适当补偿。根据当事人意思自治原则，法律不予干涉。这里所说出租人同意利用，是指出租人同意利用附合的装饰装修物。

3. 属双方共同过错的，应由双方当事人按过错责任分担装饰装修损失。

12. 合同履行期满或者解除时未形成附合的装饰装修物的处理

1. 承租人可以拆除未形成附合的装饰装修物

因房屋租赁合同期满或者合同解除时，与租赁房屋可分离的、未形成附合的装饰装修物，依照所有权归属原则，承租人可以拆除取回。在适用这一处理原则时，应当注意两点：一是未形成附合的装饰装修物由承租人拆除取回不以出租人同意为必要条件。这是因为，未形成附合的装饰装修物，其所有权仍然归承租人所有，承租人当然可以行使所有权，将装饰装修物取回。二是承租人对装饰装修物是否拆除取回具有选择权，而不是必须拆除。如果承租人选择不拆除装饰装修物，而向出租人要求补偿装饰装修费用的，一般不予支持，除非出租人同意补偿。

2. 当事人对未形成附合的装饰装修物另有约定的，应当依照意思自治原则从其约定

在房屋租赁合同中，对未形成附合的装饰装修物的归属，应当按照意思自治的原则，尊重当事人的约定，只要该约定没有损害他人利益。当事人可以在签订租赁合同时约定未形成附合的装饰装修物的归属或处理方式，并将其作为租赁合同的必备条款，也可以在事后就装饰装修物的归属进行特别约定，订立补充协议。另外，当事人就装饰装修物归属的约定，与承租人装饰装修房屋是否经过出租人同意无关，也与合同解除的原因无关，对于可拆除的装饰装修物，只要当事人之间就其归属问题达成了处理协议，且该处理协议不违背法律、行政法规的强制性规定的，就应当遵从该协议，法院不应当过多干涉。只有当事人双方对装饰装修物没有约定或者虽有约定但约定不明时，法院才适当介入当事人的纠纷，依照一定的规则去解决双方的争议。

3. 因拆除装饰装修物造成房屋毁损的，承租人应当恢复原状

在房屋租赁合同履行期满或者解除时，承租人有权拆除未形成附合的装饰装修物，但是，承租人拆除装饰装修物的行为应以未对房屋造成毁损为前提，即承租人应当尽注意义务，尽量维持房屋的完整性，如拆除确实对房屋

的破坏不可避免，承租人应当恢复原状，这是承租人应当承担的民事责任。司法解释规定承租人因拆除装饰装修物而造成房屋毁损的，承租人应当恢复原状；对于是否需要赔偿损失，则没有提及。如果出租人不要求承租人就毁坏的房屋予以恢复原状，而要求承租人赔偿损失，此种情况下，我们认为，应当支持出租人的主张。根据《合同法》第223条规定，出租人可以要求承租人恢复原状或赔偿损失。可见，出租人不要求承租人恢复原状而要求赔偿损失也是有法律依据的。对于赔偿数额的认定，应当由当事人双方进行协商，协商不成的，则应通过法院委托评估的方式予以确定。当然，如果出租人既要求承租人恢复原状又要求赔偿损失，则不予支持。

13. 合同履行期满或者解除时已形成附合的装饰装修物的处理

对于合同履行期满时已形成附合的装饰装修物的处理，《城镇房屋租赁合同解释》第12条作出规定："承租人经出租人同意装饰装修，租赁期间届满时，承租人请求出租人补偿附合装饰装修费用的，不予支持。但当事人另有约定的除外。"实践中，对该条解释的适用应注意三点：一是承租人不得主张不当得利请求出租人补偿已形成附合的装饰装修费用；二是承租人可在不损害出租人合法权益的前提下拆除并取回未形成附合的装饰装修物；三是出租人对已经形成附合的装饰装修物无权要求承租人恢复原状或赔偿损失。

对于合同解除时，如何处理剩余租赁期内装饰装修残值，应按以下规则掌握：

1. 因出租人违约导致房屋租赁合同解除时，剩余租赁期内装饰装修残值的处理

因出租人违约导致房屋租赁合同解除，致使承租人无法按照租赁合同约定的租赁期限使用房屋，也就不能完全享用附合的装饰装修价值。因此，对于承租人无法享用的剩余租赁期内附合的装饰装修价值，出租人应当承担违约责任，予以赔偿。这里需要注意的是，出租人违约并不必然导致合同解除，只有出租人的违约行为符合合同约定的解除条件，或者出租人的违约行为符合《合同法》第94条规定的法定情形，才能解除合同。出租人因违约导致合同解除，除了承担赔偿承租人剩余租赁期内装饰装修残值外，如给承租人造成其他损失的，还应承担其他违约责任。

2. 因承租人违约导致房屋租赁合同解除时，剩余租赁期内装饰装修残值

的处理

（1）因承租人违约导致合同解除，承租人请求出租人赔偿剩余租赁期内装饰装修残值损失的，不予支持。在房屋租赁合同履行期限届满前，因承租人的违约行为导致房屋租赁合同解除，承租人未能按照合同约定的履行期限使用租赁房屋，也就不能完全享用附合的装饰装修物价值。但这种情况是承租人自身违约行为造成的，对不能完全享用的附合装饰装修价值的损失只能由承租人自行承担。出租人作为守约方，没有义务对承租人的损失负责。需要注意的是，在这种情况下，如果承租人的行为给出租人造成了损失，还应当赔偿出租人的损失。

（2）出租人同意利用装饰装修的，予以适当补偿。承租人虽然因自身过错而不能继续享受剩余租赁期的装修利益，责任自负。但是，并不排除在承租人违约导致房屋租赁合同解除的情况下，出租人与承租人经协商达成一致后，由出租人对承租人予以适当的补偿。

3. 因当事人双方违约导致房屋租赁合同解除时，剩余租赁期内装饰装修残值的处理

当房屋租赁合同因出租人与承租人双方违约行为而导致解除时，出租人和承租人应当分别承担违约责任，即出租人和承租人分别按照各自的过错和违约程度承担相应的违约责任。在出租人和承租人双方违约导致合同解除情况下，如何确定出租人和承租人各自分担的自认，应注意把握两个方面：一是房屋租赁合同解除后，剩余租赁期内装饰装修物价值损失；二是对该剩余租赁期内价值损失的分担。

关于剩余租赁期内装饰装修价值损失问题，因双方违约导致合同解除的情况下，出租人和承租人均存在违约行为，而租赁合同解除后，附合于房屋的装饰装修连同房屋一起返还给出租人，客观上出租人取得附合的装饰装修而获得利益，承租人则不能再利用附合的装饰装修而受到损失。但是，出租人获得该装饰装修并不一定获得利益，只有出租人同意利用的部分，才能确定出租人获得利益。因此，在双方违约导致合同解除时，应根据出租人是否同意利用，分别确定合同剩余租赁期内装饰装修价值。出租人同意利用的，剩余租赁期内装饰装修价值应为剩余租赁期内装饰装修残值减去出租人同意补偿的部分；出租人不同意利用的，剩余租赁期内装饰装修价值就是剩余租赁期内装饰装修残值。

关于如何分担该剩余租赁期内价值损失问题，我们认为，应区分出租人是否同意利用的不同情况。对于出租人同意利用的，将剩余租赁期内装饰装修残值减去出租人同意补偿部分的剩余价值，由出租人和承租人根据各自过

错予以分担；对于出租人不同意利用的，则按剩余租赁期内装饰装修残值，由出租人与承租人按各自过错予以分担。在司法实践中，确定出租人和承租人分担责任时，应当根据双方当事人的违约行为的性质、违约事实、违约原因、主观心态等情节，综合认定双方的过错大小，尽可能做到准确、公平、合理。

4. 因不可归责于当事人双方的原因导致房屋租赁合同解除时，剩余租赁期内装饰装修残值的处理

司法实践中，不可归责于当事人双方的原因主要是但不限于不可抗力。不可抗力，是指不能预见、不能避免并不能克服的客观情况。在房屋租赁合同履行过程中，如地震导致出租房屋毁损、灭失，使得订立房屋租赁合同的目的已经不可能实现，因此，双方当事人均可以主张解除合同。因不可归责于出租人和承租人双方的原因而导致合同解除，对于合同解除后剩余租赁期内装饰装修价值的损失，按公平责任原则，由出租人和承租人共同分担。理解本规则的含义，还应注意司法解释规定的“法律另有规定的，适用其规定”。在适用公平责任分担责任时，如果法律另有规定，必须按其规定处理。

14. 房屋租赁合同虽为无效合同，但租赁期间已届满，承租人请求出租人赔偿装饰装修损失的，不予支持

【案例】

工行某支行与某烤鸭店房屋租赁合同纠纷案[①]

[案号]

(2015)通民初字第09621号

(2016)京03民终3079号

[案情]

2009年8月，工行某支行（甲方）与某烤鸭店（乙方）签订了《房屋租赁合同》，约定：“第一条、房屋基本情况。出租房屋坐落于北京市通州区马驹桥商业街158号营业办公楼，租赁面积为2700平方米；……第四条、装

① 见“北京市胜利玉林烤鸭店有限责任公司与中国工商银行股份有限公司北京通州支行房屋租赁合同纠纷二审民事判决书”，载中国裁判文书网：http://wenshu.court.pcc，最后访问时间：2017年5月20日。

修。甲方允许乙方在保证安全、不修改房屋主体结构的前提下对该房屋进行装修、装饰或添置新物，装修装饰费用由乙方承担。甲方应为房屋的装修、装饰或添置附属设施提供必要的便利和协助；第五条、租赁期限。（一）房屋的租赁期限为5年，自2009年8月1日至2014年7月31日。（二）租赁期满前3三个月，甲乙双方没有提出书面异议的，本合同自动顺延，依此类推。……第六条、租金。（一）租金标准：每年租金45万元……。"此外，该合同还约定了其他内容。上述合同签订后，双方均依约履行，直至合同期满，乙方已经支付了合同期限内的全部租金。

2014年4月10日、7月30日，工行某支行两次向某烤鸭店邮寄了《关于房屋租赁的告知函》，告知某烤鸭店在双方上述合同到期后，其不再继续出租该房屋，要求做好房屋腾退准备工作，这两次邮寄行为均经北京市潞州公证处公证，某烤鸭店认可其收到了这两份告知函。某烤鸭店主张其在收到第一份告知函后，于2014年5月，向工行某支行邮寄了一份《律师函》，告知工行某支行其愿意与工行某支行续签租赁合同，如果工行某支行坚持不续签合同，则应当对其房屋装修、装饰及附属设施进行赔偿。工行某支行表示其收到了该律师函。

一审庭审中，某烤鸭店对工行某支行对案涉房屋的所有权提出质疑，后工行某支行向一审法院提交了一份其与原通县马驹桥镇人民政府签订的《征地协议书》及原马驹桥镇人民政府出具的《证明》佐证，证明工行某支行对案涉房屋土地享有使用权，房屋产权归属工行某支行。一审庭审中，工行某支行表示案涉房屋所在地租金已经上涨，故其主张某烤鸭店应当支付的房屋占用费应当随之上涨，为此其自行委托了深圳某评估公司北京分公司对案涉房屋租金进行评估，后该评估公司出具结论，认为案涉房屋2015年10月12日的租金单价为1.5~1.6元每平方米每天，故其按照1.6元每平米每天的标准计算其主张的房屋占用费。对于该评估结论及工行某支行的计算方式，某烤鸭店予以认可，并同意按照工行某支行的主张支付房屋占用费。工行某支行主张其评估花费评估费用3万元，为此其提供了评估费发票复印件佐证。某烤鸭店主张其在承租房屋后，对房屋进行了装饰、装修和添加附属物，共计花费1085万元，但并未提供相应的证据予以佐证。工行某支行表示就本案案涉房屋未取得建设工程规划许可证。

工行某支行诉讼请求：1. 确认双方房屋租赁合同终止，某烤鸭店立即返还租赁房屋；2. 某烤鸭店向支付自2014年8月1日起至2015年3月31日的房屋占用费104.976万元（比照市场价格计算）；3. 某烤鸭店支付自2015年4月1日至其实际返还房屋之日的房屋占用费，具体数额参照市场价格计算；4. 某烤鸭店承担本案的案件受理费及评估鉴定费。某烤鸭店提出反诉，称其对房屋进行了装修、装饰共计投入 1085 万元，要求工行某支行对其装饰装修予以折价赔偿。

[法院认为]

一审法院认为：合同已经依照约定履行完毕后，合同的权利义务终止。租赁期间届满，承租人应当返还租赁物。承租人经出租人同意装饰装修，租赁期间届满时，承租人请求出租人补偿附合装饰装修费用的，不予支持。根据本案查明的事实，工行某支行与某烤鸭店之间的《房屋租赁合同》的履行期限届满，且工行某支行已经按照合同约定履行了告知不再续租的义务，则双方的合同权利义务应当于合同期限届满之日终止。承租人在合同期限届满之后未如期返还房屋，继续使用租赁物，工行某支行向其主张相应的房屋占用费，理由正当，法院予以支持，对于其主张的数额，因某烤鸭店对工行某支行主张的数额予以认可，法院亦不持异议。但工行某支行在未经双方协商的情况下便委托评估机构进行评估，该评估费用应当由其自行承担。关于某烤鸭店主张的装修、装饰费用补偿的请求，因双方合同已经履行完毕，其该项主张法院不予支持。

二审法院认为：关于某烤鸭店与工行某支行之间的《房屋租赁合同》效力问题。某烤鸭店上诉称工行某支行出租给某烤鸭店使用的位于通州区马驹桥商业街 158 号房屋属“临时建筑”，该房屋没有建筑工程规划许可证也没有经过批准，一审判决认定双方签订的租赁合同有效是错误的，经二审法院询问，工行某支行认可案涉房屋未取得建设工程规划许可证，现仅有其与原通县马驹桥镇人民政府签订的《征地协议书》及原马驹桥镇人民政府出具的《证明》，工行某支行据此欲证明工行某支行对案涉房屋土地享有使用权，房屋产权归属工行某支行。应明确的是，合同的效力问题属于法院主动审查的范围，根据《城镇房屋租赁合同解释》第 2 条之规定，出租人就未取得建设工程规划许可证或者未按照建设工程规划许可证的规定建设的房屋，与承租人订立的租赁合同无效。本案中，出租方工行某支行认可其就案涉房屋未取得建设规划许可证，故应认定 2009 年 8 月某烤鸭店与工行某支行之间的《房屋租赁合同》无效。某烤鸭店的该项上诉理由，于法有据，予以采信。一审法院关于工行某支行与某烤鸭店之间的《房屋租赁合同》的履行期限届满，双方的合同权利义务应当于合同期限届满之日终止的认定是基于合同有效的基础之上，予以纠正。但是基于合同无效的后果，某烤鸭店仍应向工行某支行返还案涉房屋。

关于某烤鸭店是否能够获得案涉房屋的装饰装修损失补偿问题。某烤鸭店的该项上诉请求亦为其在一审法院审理过程中的反诉请求，其在一、二审中的诉讼理由为因案涉房屋破烂不堪，不能正常使用，其对房屋进行了必要的维修，投入了大量的资金，故要求工行某支行对其在案涉房屋上的装修装饰和添加进行折价补偿，共计 1085 万元。一审法院依据《城镇房屋租赁合同解释》第 12 条之规定，认定承租人经出租人同意装饰装修，租赁期间届满时，承租人请求出租人补偿附合装饰装修费用的不予支持，故对某烤鸭店的反诉请求未予支持。在二审过程中，某烤鸭店以案涉房屋未取得建设规划许可证为由提出《房屋租赁合同》无效，且其该项上诉请求得到法院的认可。但即便如此，二审法院认为，《城镇房屋租赁合同解释》第 9 条关于租赁合同无效时装饰装修的处理应结合本案的实际情况，具体考虑因素包括：其一，虽然本案中的《房屋租赁合同》已被认定为无效合同，但是双方约定的履行期限已经届满，不存在剩余履行期限问题；其二，某烤鸭店系根据自己的经营需要对案涉房屋的装饰装修，属其自身为了经营需要而进行的投入；其三，某烤鸭店在其能够预见到的期限内使用了案涉房屋，其作为理性的社会人对案涉房屋的装饰装修投入与可使用时限之间的关系应是明知的。综合以上三点可以得出结论：虽然《房屋租赁合同》被认定无效，但是某烤鸭店对于案涉房屋投入的装饰装修并未受到任何的影响，其所投入的装饰装修价值已在双方的履行期内全面地得到了实现。据此二审法院认为某烤鸭店要求获得装饰装修损失补偿的上诉请求，无法得到支持。

关于某烤鸭店与工行某支行之间签订的《房屋租赁合同》到期后房屋占有使用费的标准问题。某烤鸭店不同意按照 1.6 元每平方米每天的标准计算房屋占用费，其要求依照双方签订的《房屋租赁合同》中约定的费用支付房屋占有使用费。应指出的是，合同到期后房屋占有使用费不同于因租赁合同无效而产生的占用使用费。本案中，工行某支行按照合同约定履行了告知不再续租的义务，某烤鸭店在双方合同期限届满之后未如期返还房屋反而继续使用案涉房屋，因此产生的房屋占有使用费按照该地区的市场价格计算更为合理。某烤鸭店的该项上诉请求，不予支持。

［裁判结果］

一审法院判决：1. 确认工行某支行与某烤鸭店之间的《房屋租赁合同》终止，某烤鸭店将租赁房屋腾清并返还给工行某支行；2. 某烤鸭店向工行某支行支付 2014 年 8 月 1 日至 2015 年 3 月 31 日的房屋占用使用费 1,049,760 元；3. 某烤鸭店向工行某支行支付 2015 年 4 月 1 日至其实际腾退房屋之日的房屋占用费，计算标准为每日 4320 元；4. 驳回工行某支行的其他诉讼请求；5. 驳回某烤鸭店的反诉请求。某烤鸭店不服一审法院判决，提起上诉。

二审法院判决：1. 维持一审法院判决第 2、3、4、5 项；2. 变更一审法院判决第 1 项为：工行某支行与某烤鸭店之间的《房屋租赁合同》无效，某烤鸭店将租赁房屋腾清并返还给工行某支行。

[裁判思路]

本案主要的争议焦点问题是针对某烤鸭店的反诉请求即要求折价补偿其装饰装修损失问题应如何处理。如本节前述裁判思路所示，在出租人同意的情况下，承租人装饰装修物的处理主要区分合同无效、合同履行期满及解除的不同情形分别作出处理。而在人民法院审理案件中，对合同效力的审查系依据职权进行审查。本案所涉及的问题是虽然房屋租赁合同经法院审查被认定为无效合同，但租赁合同履行期间已届满的情形下，是适用合同无效时的处理规则还是适用合同履行期满时的处理规则。虽然《城镇房屋租赁合同解释》第 9 条关于无效时经同意的装饰装修物处理之规定并未区分合同是否履行届满，但根据体系解释规则，因该司法解释第 12 条中专门针对租赁期限届满的处理规则作出规定，故可对《城镇房屋租赁合同解释》第 9 条作限缩解释，即在房屋租赁合同履行过程中产生争议，租赁合同被认定无效情况下装饰装修物的处理规则。因此，尽管《房屋租赁合同》被认定无效，但是某烤鸭店对于案涉房屋投入的装饰装修并未受到任何的影响，其所投入的装饰装修价值已在双方的履行期内全面地得到了实现。故二审法院在对租赁合同效力问题纠正一审法院认定结果的基础上维持一审法院关于装饰装修物的处理结果是正确的。

[相关法律法规]

《城镇房屋租赁合同解释》第 9、12 条

15. 因承租人违约导致房屋租赁合同解除，出租人同意利用装饰装修的，可根据当事人意思自治原则酌定补偿数额

【案例】

某建材市场与某木业公司房屋租赁合同纠纷案①

［案号］

（2014）奉民三（民）初字第604号

（2014）沪一中民二（民）终字第1605号

［案情］

诉争位于奉贤区大叶公路某房屋权利人为某商贸公司。2010年8月1日，某商贸公司与某建材市场签订《委托协议》，委托某建材市场进行经营。

2010年12月21日，某建材市场和某木业公司签订《租赁合同》，协议约定，某建材市场将上述房屋租赁给某木业公司作为家具材料市场使用，租赁物总面积为34,059.36平方米，其中第一层面积为31,216.08平方米，第二层面积为2843.28平方米。租赁期限为6年，从2011年5月1日至2017年4月30日止。2011年1月1日起至2011年4月30日为免租期。第一层2011年5月1日起至2012年4月30日止租金为7,866,452元；2012年5月1日起至2013年4月30日止租金为7,866,452元；2013年5月1日起至2014年4月30日止租金为8,653,097元；2014年5月1日起至2015年4月30日止租金为9,518,407元…。第二层2011年5月1日起至2012年4月30日止租金为614,148元；2012年5月1日起至2013年4月30日止租金为614,148元；2013年5月1日起至2015年4月30日止租金为675,563元；2014年5月1日起至2015年4月30日止租金为743,120元…。租金支付方式约定为，合同签订当日某木业公司支付某建材市场2,000,000元作为定金；于2011年1月20日之前支付4,000,000元；于2011年2月28日之前支付第一年剩余租金2,480,600元。某建材市场收到第一年全部租金之日起将租赁物交付于某木业公司；某木业公司应于每年4月15日之前支付当年全部租金。某木业公司逾期支付租金，应向某建材市场支付滞纳金，滞纳金金额为拖欠天数乘以欠缴租金总额的千分之三，逾期支付租金达30天，某建材市场有权解除该合同并

① 见“上海奉贤建材市场经营管理有限公司等房屋租赁合同纠纷一案二审民事判决书”，载中国裁判文书网：http://wenshu.court.pcc，最后访问时间：2017年5月10日。

没收押金。

合同签订后，某建材市场按约履行了交房的义务。某木业公司也先后支付了5,000,000元租金。其后，某木业公司对系争租赁房屋自行装修后进行招租。2011年3月30日，双方又签订《补充协议》，补充协议将租赁期限延长至10年。

2012年9月23日和2013年2月27日，某建材市场两次向某木业公司发出催款函，要求某木业公司支付拖欠的租金及押金，但均未果。2013年4月16日，某建材市场向某木业公司发出《律师函》，认为某木业公司长期拖欠租金构成违约，告知某木业公司解除租赁合同，限期搬离租赁厂房。该律师函于次日投递并签收。

审理中，某建材市场表示，在调解的前提下同意对某木业公司装修费用适当承担，金额不超15,000,000元，该款在租金或使用费中抵扣；对于某木业公司招租的承租户同意按照某木业公司与承租户之间约定承担相应义务。

2014年1月27日，某建材市场向法院起诉，诉请判令：1.确认双方所签订的《租赁合同》及《补充协议》于2013年4月16日解除；2.某木业公司支付某建材市场租金12,301,200元；3.某木业公司支付某建材市场截止某木业公司支付租金之日止的滞纳金6,436,391.24元（按银行同期贷款利率的4倍，暂计算至2013年12月27日）；4.某木业公司支付截止搬离之日止的场地占有使用费6,219,108元（暂计至2013年12月27日止）；5.某木业公司立即搬离租赁房屋；6.诉讼费由某木业公司承担。

某木业公司反诉请求判令：某建材市场支付装修损失暂定10,000,000元。

［法院认为］

一审法院认为：租赁合同是出租人将租赁物交付承租人使用、收益，承租人支付租金的合同。本案双方签订的《租赁合同》和《补充协议》，是双方当事人的真实意思表示，合法有效。对于系争房屋工业用途的性质，并不影响合同效力，且该租赁房屋等经有关部门批准同意用于市场经营并已办理了营业执照，故对某木业公司认为合同无效的意见不予认可。

按照合同约定，某木业公司有先支付租金的义务，但某木业公司自起租日起至今，仅支付了合计5,000,000元的租金，其后一直拖欠租金未支付，某木业公司的行为已经构成违约，某建材市场在催讨未果情况下，于2013年4月16日发出解除双方的租赁合同的律师函，一审法院认为，某建材市场按照法律规定和合同约定提出解除合同，与法无悖，予以认可，一审法院确认2013年4月17日某木业公司收到上述律师函之日合同解除。合同解除后，尚未履行的，终止履行；已经履行的，根据履行情况和合同性质，当事人可以要求恢复原状、采取其他补救措施、并有权要求赔偿损失。

对于某建材市场主张要求某木业公司搬离租赁房屋并支付拖欠的租金和占有使用费及滞纳金的请求，与法无悖，一审法院亦予以认可。某木业公司拖欠某建材市场至合同解除之日止的租金为11,635,917元，从合同解除之日至2014年4月30日止占有使用费为9,653,943元；某建材市场对于滞纳金的请求远远低于合同的约定，一审法院亦予以支持。鉴于合同的解除是由于某木业公司违约造成，故对于其主张要求某建材市场赔偿装修损失的请求依法不应予以支持，但鉴于某建材市场有同意在15,000,000元内予以补偿的意见，一审法院对该意见予以认可。

二审法院认为：某木业公司与某建材市场签订的《租赁合同》、《补充协议》系当事人的真实意思表示，内容未违反强制性法律规定，双方由此建立的房屋租赁合同关系依法应为有效。

有效合同依法约束当事人全面履行。本案合同履行中，因承租人某木业公司长期拖欠租金，出租人某建材市场经催告后通知解约，该部程序于法有据，一审据之确认合同解除应予维持。某木业公司上诉所谓法院未查清何者违约在先等，在一、二审未提交任何证据佐证某建材市场违约事宜，不能采信。

关于本案解约后承租人装修、添附物损失是否需经司法评估。本案解约系某木业公司违约导致某建材市场行使法定解约权形成，根据《城镇房屋租赁合同解释》第11条第2项“因承租人违约导致合同解除，承租人请求出租人赔偿剩余租赁期内装饰装修残值损失的，不予支持。但出租人同意利用的，应在利用价值范围内予以适当补偿”的规定，本案装修等损失原则上应由解约过错方的上诉人自担，不存在精确确定其金额之程序必要。

需要指出的是，某建材市场一审提出了在调解基础上愿意支付补偿款1500万元，一审法院将之作为补偿标准判予某木业公司，考虑到某建材市场未最终提出上诉，可视为当事人自愿补偿项目；另查某木业公司一审反诉主张的解约赔偿（暂定）1000万元，即使就一审法院判定与之金额对比，对某木业公司的补偿应该认为属合理、充分范畴，应予维持。

［裁判结果］

一审法院判决：1. 确认某建材市场和某木业公司于2010年12月21日和2011年3月30日签订的《租赁合同》和《补充协议》于2013年4月17日解除；2. 某木业公司搬离租赁房屋；3. 某木业公司支付某建材市场至2013年4月16日的租金11,635,917元；4. 某木业公司支付某建材市场占有使用费（其中2013年4月17日至2014年4月30日止的使用费为9,653,943元，自2014

年 5 月 1 日起至实际搬离日止按年使用费 10,261,527 元计算)；5. 某木业公司支付某建材市场滞纳金 6,436,391.24 元；6. 某建材市场一次性补偿某木业公司装修损失 15,000,000 元。某木业公司以一审法院未查清何者违约在先，违约责任如何承担，合同解除，其在承租房屋的装修、添附物未经司法评估，损失无法认定为由，提起上诉，请求撤销一审法院判决，发回重审。

二审法院判决：驳回上诉，维持原判。

[裁判思路]

根据《城镇房屋租赁合同解释》第 11 条第 2 项规定，因承租人违约导致合同解除，承租人不得要求出租人赔偿剩余租赁期内装饰装修残值损失，但出租人同意利用装饰装修物残值的，应在利用价值范围内予以适当补偿。根据上述解释规定精神，因承租人违约导致房屋租赁合同解除的，应由其自行承担损失，否则即等于违约行为受到了保护，守约行为受到制裁。如果承租人给出租人造成了损失，其不仅无权向出租人索要损失，还要赔偿出租人的损失。虽然承租人因自身过错而不能继续享受剩余租赁期的装修利益，责任自负，但如果出租人同意利用承租人装饰装修的，其应当在利用装饰装修物的价值范围内给予承租人适当的补偿，以体现当事人意思自治原则。

本案中，某木业公司自起租日起，仅支付了合计 5,000,000 元的租金，其后一直拖欠租金未支付，其行为已经构成违约，某建材市场在催讨未果情况下，于 2013 年 4 月 16 日发出解除双方的租赁合同的律师函，其单方解除租赁合同的行为符合法律规定和合同约定，法院据此确认 2013 年 4 月 17 日某木业公司收到律师函之日合同解除正确。因合同的解除系由某木业公司违约造成，故对于其主张要求某建材市场赔偿装修损失的请求依法不应予以支持。

因某建材市场同意利用装饰装修物，故其应在利用价值范围内予以适当补偿，一审法院据此在某建材市场同意在 15,000,000 元内予以补偿意见的基础上，判决给予补偿，符合当事人意思自治和处分自由原则。

[相关法律法规]

《城镇房屋租赁合同解释》第 11 条

第二节 未经出租人同意的附合装饰装修物的处理

在房屋租赁合同纠纷案件中，经常会涉及装饰装修物如何处理的问题。前面我们已经分别按合同无效、合同解除以及合同履行期间届满等不同情形分别讨论了装饰装修物的处理方式。但上述讨论都局限于一个大的前提，即承租人进行装饰装修、扩建虽然可能会给租赁房屋造成客观损害，但因承租人的行为符合出租人的意愿，故其主观上不存在故意或过失，不符合侵权构成要件，不构成侵权。

除此之外，现实中广泛存在着的另一种情形却是承租人进行装饰装修、扩建的行为并未取得出租人的同意。对此情形，理论和实务界主流观点都认为构成侵犯出租人的房屋财产权。关于此种情形下相关费用及责任的承担，《城镇房屋租赁合同解释》第13条作出如下规定："承租人未经出租人同意装饰装修或者扩建发生的费用，由承租人负担。出租人请求承租人恢复原状或者赔偿损失的，人民法院应予支持。"虽然本条只原则规定了承租人未经出租人同意进行装饰装修、扩建的法律后果，但根据《城镇房屋租赁合同解释》关于承租人在经出租人同意进行装饰装修的前提下，几种合同形态中的装饰装修物的处理方式之规定，从体系解释角度分析，本条司法解释就其适用范围而言，应涵括了合同无效、被撤销、解除、合同履行期间届满等多种可能纠纷类型。本节分别分析说明。

16. 房屋租赁合同无效、被撤销情形中附合装饰装修物的处理

合同如因法律的否定性评价而无效或者被撤销，但并非意味着不产生任何效力，合同无效或者被撤销后仍会产生赔偿损失等法律效果。

我国《合同法》第58条规定："合同无效或者被撤销后，因该合同取得的财产，应当予以返还；不能返还或者没有必要返还的，应当折价补偿。有过错的一方应当赔偿对方因此所受到的损失，双方都有过错的，应当各自承担相应的责任。"由该条可知，在我国目前尚未明确承认物权行为独立性的情况下，返还财产请求权的性质属于物权性质的物上请求权。只有在原物不存

在的情形下，才转变为债权性质的不当得利返还。这里的返还财产是以恢复原状为原则，以损害赔偿为例外。具体到房屋租赁合同中，当合同无效或被撤销时，出租人有权依据该条要求承租人将房屋返还，也即要求承租人将房屋恢复原状。这意味着承租人有义务将装饰装修物、扩建物拆除后返还房屋出租人。至于在拆除过程中给出租人造成损失，自应承担相应的侵权赔偿责任。根据过失自担原则，承租人因未经出租人同意进行装饰装修及扩建，存在主观上的过错，应自行负担装饰装修、扩建费用及相关拆除费用。

17. 房屋租赁合同解除情形中附合装饰装修物的处理

我国《合同法》第97条规定："合同解除后，尚未履行的，终止履行；已经履行的，根据履行情况和合同性质，当事人可以要求恢复原状、采取其他补救措施，并有权要求赔偿损失。"事实上，未经承租人同意的装饰装修、扩建行为，虽非导致合同解除的根本原因，但无疑该行为已经构成违约，出租人仍可适用《合同法》第97条要求其恢复原状、赔偿损失。也就是说，该条所指恢复原状、赔偿损失并非单指导致合同解除的违约行为，还应包括合同履行中，导致另一方固有利益损失的违约行为。

值得注意的是，在出租人违约导致的合同解除中，虽然承租人未经出租人同意的装饰装修、扩建行为构成违约，但出租人也存在违约，而且其违约直接导致合同解除。相较而言，出租人的违约行为更为严重。由此，即便出租人依据《合同法》第97条向承租人主张恢复原状、赔偿损失，后者也可以双方均有违约行为为由作为减轻赔偿责任的抗辩，这也符合《合同法》第120条"当事人双方都违反合同的，应当各自承担相应的责任"的规定。至于承租人违约导致合同解除的情形，则出租人不仅可依据《城镇房屋租赁合同解释》第13条规定，要求承租人恢复原状或者赔偿损失，也可同时要求适用《合同法》第97条赔偿因合同解除带来的履行利益和信赖利益的损失。最后，在双方合意解除情形中，如双方对合同解除后装饰装修、扩建费用的承担有约定的，则应按照约定处理。

18. 合同履行期间届满时附合装饰装修物的处理

一般而言，合同履行期间届满，意味着双方权利义务的终止。从租赁合同的目的为使用收益租赁物而非转让其所有权的基本特性可知，承租人负有到期向出租人返还租赁物的义务。所以，我国《合同法》第235条明确规定："租赁期间届满，承租人应当返还租赁物。返还的租赁物应当符合按照约定或者租赁物的性质使用后的状态。"在承租人未经出租人同意，对租赁房屋进行装饰装修、扩建后，该租赁房屋已与双方约定或按租赁房屋的性质使用后的状态不一致。显然，这已与租赁合同本身的目的相违背。因此，如有他物附着而妨碍标的物通常使用收益时，作为返还义务的内容，必须撤走后恢复原状。也就是说，承租人有义务将租赁房屋恢复到按租赁房屋的性质使用后的状态之后再返还给出租人，如果承租人不履行其义务，出租人可要求其恢复原状、赔偿损失。

在审判实务中，有如下问题值得注意：

1. 出租人除可以违约为由请求承租人恢复原状或者赔偿损失外，还可以侵权为由提起与违约同样的请求

在合同解除、合同履行期间届满等合同状态中，如承租人未经出租人同意对租赁房屋进行装饰装修、扩建都可能构成违约行为，出租人对此都可主张其承担恢复原状、赔偿损失等违约责任。但从另一方面而言，承租人未经出租人同意进行上述行为，如造成出租人的房屋损坏则同时构成侵权。由此，出租人的同一行为，既构成违约又符合侵权行为的要件时，即发生违约责任与侵权责任的竞合。但债权人不能双重请求，只能任选其一，以防其通过双重索赔获得不当得利。这一点也为我国《合同法》第122条所确认。在房屋租赁合同纠纷中，如因装饰装修、扩建产生请求权竞合时，根据意思自治原则，也应允许当事人自行权衡利弊，选择违约损害赔偿请求权或侵权损害赔偿请求权作为其请求权基础。而且，为充分保护债权人合法权益，应允许其在特定情形下，变更其请求权。所以，债权人依据《合同法》第122条的规定向人民法院起诉时作出选择后又在法律规定的期限内变更诉讼请求的，人民法院应当准许。

2. 恢复原状、赔偿损失等责任方式在具体案件中应区分不同情形适用

在司法实务中，当承租人未经出租人同意对租赁房屋进行装饰装修、扩建时，当事人双方基于各种考虑，往往会在诉讼中就恢复原状、赔偿损失的适用存在较大争议。为此，因区分不同情况予以处理：

第一，出租人不能既主张恢复原状又要求赔偿损失。在装饰装修、扩建纠纷中，经常出现出租人同时向承租人主张恢复原状和赔偿损失的情形。对此，我们认为，不能支持承租人的该项主张。首先，从文意解释而言，"恢复原状或者赔偿损失"是选择结构，即法院只能支持上述两者之一的请求。其

次，对于责任承担方式的适用情形而言，“恢复原状”针对的情形是能够通过拆除租赁房屋上的装饰装修、扩建材料，从而使房屋恢复原有用途的情形，而“赔偿损失”则是作为“恢复原状”不能时的一种替代责任承担方式。其所解决的是恢复房屋原状已无可能或出租人自行负担恢复原状费用的损失，两者的适用都是为了填补出租人房屋的损失，故不能重复适用。最后，针对出租人因装饰装修、扩建给房屋自身造成损失的情形，不宜将其扩大解释为与装饰装修、扩建相关的一切损失。

第二，出租人不能主张违约金后又主张恢复原状或赔偿损失。现实中，房屋租赁合同经常有“未经出租人同意，承租人不得对房屋进行装饰装修、改建，如违反要支付若干违约金”之类的约定。当承租人违反上述约定时，出租人在请求支付违约金的同时，还可能会要求承租人承担恢复原状或赔偿损失的责任。这种做法欠妥。首先，违约金一般是当事人双方预先估计的损害赔偿总额，也称损害赔偿额的预先锁定。违约方支付违约金就相当于恢复原状的替代。如果支持其违约金请求的同时，还支持其恢复原状的请求，则构成双重履行，不当加重承租人负担。其次，出租人选择请求支付违约金即意味着其选择违约损害赔偿请求权，根据违约责任与侵权责任竞合基本理论和我国《合同法》第 122 条规定，出租人不能同时再请求承租人承担侵权责任。最后即便事先约定的违约金不足以补偿装饰装修、扩建造成的损失，也可根据《合同法》第 114 条第 2 款的规定，请求人民法院予以增加。

3. 未经出租人同意的装饰装修、扩建形成的装饰装修物、扩建物的处理

一般而言，承租人经出租人同意的装饰装修、扩建如果不易拆除或拆除不经济即构成动产与不动产的附合。对此，可依据民法中的添附制度由不动产所有人取得该动产的所有权。但在未经出租人同意的装饰装修、扩建情形下，是否按添附制度处理则有异议。实践中既构成侵权又符合添附要件的情形，是指装饰装修、扩建对房屋造成了损害，又不能完好拆除或拆除成本高昂的情形。

此时，应细分两种情形分析：第一，出租人愿意接受该装饰装修物、扩建物的，自应由其基于添附获得该物所有权；第二，出租人不愿意接受该装饰装修物、扩建物的，则按侵权处理，出租人有权要求承租人恢复原状或赔偿损失。此时，已无添附制度适用之可能。

对此，还可能引申出一个问题：出租人因添附取得装饰装修物、扩建物的所有权后，承租人能否主张不当得利返还？我们认为，不构成不当得利。理由在于：首先，装饰装修、扩建通常是与个人审美情趣和偏好相关的，具有很强的主观性，对承租人有益的装饰装修、扩建未必对出租人有益。其次，

按行业惯例，装饰装修物、扩建物的价值在租赁合同期间内一般都已消耗完毕，其剩余物基本已无价值可言。最后，承租人未经出租人同意即进行装饰装修、扩建说明其有主观恶意，构成侵权。根据恶意当事人不受法律保护之原则，承租人也不得主张不当得利返还。也正是基于此点，《城镇房屋租赁合同解释》第13条明确规定："承租人未经出租人同意装饰装修或者扩建发生的费用，由承租人负担"，从而间接排除了承租人主张不当得利的适用。①

19. 承租人未经出租人同意在装修租赁房屋过程中改变房屋结构，出租人请求恢复原状的，应予支持

【案例】

李某与刘某房屋租赁合同纠纷案②

［案号］

（2014）熟虞民初字第0587号

（2015）苏中民终字第01609号

［案情］

2013年3月11日，李某（甲方）与刘某（乙方）签订《房屋租赁协议》一份，主要内容为：乙方向甲方租用衡山路某门面房一间，乙方每年缴纳租金35,000元。自租用之日起一切费用（水电费、电话费、有线电视费）及相关费用由乙方负担，但乙方须在承租房屋时向甲方预付水电费、电话费及设备押金2000元。乙方不得擅自改变房屋的结构和用途，乙方因故意或过失造成租用房屋和配套设备的毁坏，乙方负有恢复房屋原样或赔偿甲方经济损失的责任。租期5年，2013年3月11日到2014年4月11日房费已付。本协议自签字、付款之日起生效，甲、乙双方如任何一方反悔，需赔偿另一方一个月的月租金。刘某于2013年3月份支付了李某第一年租金35,000元和押金2000元，于2014年3月份支付了李某第二年租金35,000元。

常熟市虞山镇衡山路某房屋登记所有权人为李某和崔某，房屋所有权证

① 最高人民法院民事审判第一庭编著：《最高人民法院关于审理城镇房屋租赁合同纠纷案件司法解释的理解与适用》，人民法院出版社2009年版，第176页。

② 见"李清臣与刘帅帅房屋租赁合同纠纷二审民事判决书"，载中国裁判文书网：http://wenshu.court.pcc，最后访问时间：2017年5月10日。

载明建筑面积为42.39平方米。本案审理过程中，崔某称其与李某系夫妻关系，诉争房屋房屋系二人共有，李某与刘某签订本案房屋租赁合同其知情，有关房屋租赁事宜由李某出面进行处理。

一审过程中，法院对案涉房屋进行了现场勘查，承租房屋位于常熟市衡泰国际花园小区的西大门北侧，西大门北侧和南侧均为与本案租赁房屋相同结构的商铺，这些商铺基本都做了隔断，将商铺隔为上下二层。本案租赁房屋为开设饭店使用，内隔为上下二层，有木楼梯上下，下层为大厅，上层为3个包间。刘某举示了常物业公司收款收据一份，收据开具时间是2013年3月10日，交款单位为衡泰衡山路176商铺，收款事由为装修服务费，金额43元，该收据背面由李某出具的收到衡山路176号租金5000元的收条，时间是2013年3月11日。

李某诉称，刘某擅自改变了租赁房屋原有结构，将房屋隔断为上下两层。根据租赁协议，刘某不得擅自改造房屋结构，如擅自改变房屋结构的，负有恢复房屋原状和赔偿损失的责任。请求法院判令刘某恢复租赁房屋原状，并赔偿李某一个月的租金3000元。

［法院认为］

一审法院认为：李某、刘某之间的房屋租赁合同合法有效，租赁合同约定的租赁期限为五年，即自2013年3月11日至2018年3月10日，现仍在租赁期限内。双方租赁合同中约定，承租方不得擅自改造房屋的结构和用途，承租方因故意或过失造成租用房屋和配套设备的毁坏，承租方负有恢复房屋原样或赔偿出租方经济损失的责任。承租房屋后，在承租房屋内进行了装修，包括做隔断将承租房屋分为上下二层，以增大使用空间，用于开设家常菜馆。租赁房屋为5.5米左右高度的商铺，经一审法院现场勘查，租赁房屋周边的相同结构的商铺都采用了中间隔断的方式将房屋分为上下二层以增大使用空间。刘某提供的收据以及李某居住地即为租赁房屋所在小区的事实，可以证实李某对刘某进行装修隔断是明知的，刘某的装修行为也并未破坏租赁房屋本身的结构。因此，李某要求刘某恢复租赁房屋原状，并赔偿原审原告一个月的租金3000元的诉讼请求，缺乏事实依据和法律依据，不予支持。

二审法院认为：虽然案涉房屋周边的相同结构的商铺都采用了中间隔断的方式将房屋分为上下以增大空间，但附近商铺的使用状况与本案属于不同的法律关系，不能作为本案的参考，并不能证实刘某采用中间隔断的方式经过李某的同意。李某居住地即为租赁房屋所在的小区以及装修服务费收据背面有收租金内容，也不能作为证实李某同意刘某将房屋隔断为上下两层的依据。根据《城镇房屋租赁合同解释》第13条规定，承租人未经承租人同意装饰装修或者扩建发生的费用，由承租人负担。出租人请求承租人回复原状或者赔偿损失的，人民法院应予支持。故李某要求刘某恢复房屋原状的主张，符合法律规定，予以支持。因刘某并未提供其损失依据，故其要求赔偿损失没有事实依据，不予支持。

［裁判结果］

一审法院判决：驳回李某的诉讼请求。李某不服一审法院判决，提起上诉。

二审法院判决：撤销一审法院判决；刘某将其租赁的位于衡山路某门面房恢复原状；驳回李某其他诉讼请求。

［裁判思路］

承租人未经出租人同意或超出合同约定用途的合理范围，擅自进行装修，且实施的添附行为造成出租人财产形态的改变，损害房屋的完整性，构成了对财产所有人所有权的侵害，依照《合同法》第 223 条及《城镇房屋租赁合同解释》第 13 条之规定，承租人应承担恢复原状或赔偿损失的责任。

本案处理的焦点问题是如何认定是否经出租人同意，该事实的认定直接决定案件的法律适用及处理结果。出租人同意既可以明示方式，如在合同中明确体现，也可以通过默示方式表达。本案中，刘某抗辩其对房屋结构进行改变行为经李某同意的主要依据是载有李某收取租金收条的装修服务费收据以及李某本身居住于租赁房屋所在小区。首先，双方合同中约定“承租方不得擅自改变房屋的结构和用途”，而装修行为本身并不等同于改变房屋结构和用途。其次，李某虽居住于租赁房屋所在同一小区，但并不能直接推导出李某对刘某改变租赁房屋结构事实知情。综上，一审法院的事实认定有误，直接导致了案件的实体结果处理错误，二审法院对此予以纠正是正确的。

［相关法律法规］

《合同法》第 223 条

《城镇房屋租赁合同解释》第 13 条

第三节　房屋扩建费用的处理

随着城市化进程的日益加快，房屋租赁的形式、目的出现日益多样化的趋势。房屋承租人为实现自身租赁目的可能会对租赁房屋进行扩建，由此引发出租人与承租人之间的纠纷。这种纠纷往往表现为两种形式：一是当事人就扩建费用承担问题单独起诉；二是当事人在装饰装修费用承担中列入了扩建费用一并起诉。

对于房屋扩建的性质，实践中看法不一，有观点认为房屋扩建与房屋装饰装修一样，属于民法上的添附行为，扩建形成的有用物应由房屋所有权人取得所有权。承租人因此支付的费用应按不当得利原则由受益人返还给承租人。还有观点认为扩建行为应区分有无合法建设手续处理，如果办理了合法建设手续，则该扩建形成的建筑物所有权最终将归所有权人，如果扩建未办理合法建设手续则意味着该扩建将被拆除，由此产生的费用则应区分合同双方当事人有无过错进行处理。

事实上，租赁房屋扩建行为的法律处理也是一个物权法和债权法交织的复杂问题。在物权法的范畴，扩建涉及物权法上的所有权取得、所有权完全行使等诸多问题，而在债权法领域，则因扩建费用的支出，又可能涉及不当得利返还的问题。如果再加上房屋租赁合同无效、解除与未取得合法建设手续的扩建行为本身的错综关系，所有这些都会使租赁房屋扩建纠纷的法律处理变得异常复杂，也使得各地法院对有关扩建的费用承担出现上述认定不一致的现象。

虽然司法实践中就房屋扩建费用的承担、扩建导致房屋增值部分的归属等问题理解不一，但多数意见都认为：承租人经出租人同意在其房屋上进行扩建的行为，本质上仍属于在他人财产上进行添附的行为。依据动产附合于不动产的基本法理可知，该行为一方面导致承租人相关扩建费用的支出，造成其损失；另一方面则使出租人取得扩建物的所有权而受有利益。比照不当得利要件可知，出租人的受益行为一般可构成不当得利。但值得注意的是，这里的添附与一般装饰装修形成的添附有所不同。房屋的扩建牵涉到相邻人乃至社会公共利益，必须经过有关部门的审批，方为合法。而判断合法与否的主要标志就是相关建设手续是否办理齐备。如果该扩建行为不能取得合法建设手续，即意味着该扩建建筑为非法建筑，面临被拆除的风险。此时，出租人也会因扩建物的拆除而无法受益。也就是说，该种情形不符合不当得利的构成要件，承租人一般不能主张不当得利要求返还扩建费用。

不过，现实生活中也存在扩建物无法取得合法建设手续是出租人、承租人双方均有过错导致的情形。对此，如果片面强调出租人扩建物被拆除而未受益，不构成不当得利，则难免会造成对承租人事实上的不公。另外，扩建后的房屋一般都会增值，但增值部分是否均由出租人取得，也应区分扩建有无合法建设手续而定。如果扩建物因非法被拆除，自无增值部分可言。反言之，即便扩建物取得合法手续，是否就能直接推出扩建后的房屋增值均由扩建行为所致，应归承租人所有，这也值得推敲。由上可知，房屋扩建问题与房屋装饰装修问题既有相同之处也有明显区别。

因本章第二节对承租人擅自装饰装修、扩建费用的处理已一并进行阐述，故本节仅针对承租人经出租人同意扩建，双方对扩建费用的处理没有约定的情形下，房屋扩建费用应如何处理进行阐述。

20. 承租人经出租人同意扩建，双方对扩建费用的处理没有约定，且扩建未办理合法建设手续时扩建费用的处理

【案例】

A公司与B公司房屋租赁合同纠纷案[①]

［案号］

（2011）奉民三（民）初字第638号

（2012）沪一中民二（民）终字第157号

［案情］

2010年1月21日，A公司与B公司签订了《厂房租赁合同》一份，由B公司租赁A公司位于上海市奉贤区柘林镇某厂房，承租的建筑面积5800平方米和空地面积5000平方米；租期为5年，自2010年3月15日始至2015年3月14日止；厂房年租金为人民币（下同）920,000元，租赁保证金为76,600元；合同约定，B公司不得随意破坏厂房，如需改变厂房内部结构或设置对厂房结构影响的设备，需征得A公司书面同意后，方可进行；合同期限届满或合同履行期内合同提前解除，B公司在租赁期间的装潢、出资添置的设备、增建的建筑物等的处理，由B公司在不损坏厂房结构的前提下自行拆除、搬迁，不能拆除、搬迁的，A公司同意不拆除搬迁的，无偿归A公司所有、处置。B公司拆除、搬迁必须回复双方交接日原样。在合同其他事项中双方约定，A公司允许B公司搭建临时建筑，允许在车间搭建行车，允许必要的改建。合同签订后，A公司按约交付了上述厂房，B公司支付了半年的租金46万元和押金76,600元。

2010年3月30日，双方签订了《关于厂房补充协议》一份，约定：A公

① 见“中驰公司与名江公司房屋租赁合同纠纷上诉案”，载北大法宝：http://www.pkulaw.cn，最后访问时间：2017年5月16日。

司同意房租从2010年4月1日起支付，B公司同意租赁发电机代替发电；A公司支付办公室防水处理费用，费用在下次交纳房租中扣除；A公司支付电话线和网络设施基础费用（具体费用以电信局发票为准），费用在下次交纳房租中扣除，A公司在厂房周围绿化带填满土。之后B公司对办公楼部分进行装修，在车间安装了两部行车，搭建了车棚等。同时，B公司对租赁厂房内5000平方米的空地浇筑水泥进行硬化。

2010年5月3日，上海市奉贤区规划和土地管理局向B公司发出《当场拆除违法建筑决定书》和《询问通知书》，认为B公司于2010年4月30日在奉贤区柘林镇某厂房，未经规划和土地管理部门批准，擅自建造水泥场地约5280平方米违法，责令立即停止建设并自行拆除。2010年5月7日，上海市规划和国土资源管理局也向B公司发出《责令停止土地违法行为通知书》，责令立即停止土地违法行为，但之后B公司未停止施工。

2010年9月，A公司向B公司催讨后半年租金时，由于B公司未支付，A公司遂诉至法院，要求判令：1.B公司立即支付租金46万元（后变更为至搬离日止的使用费）；2.B公司支付逾期滞纳金（从2010年9月16日开始至实际支付日止按千分之五计算）；3.诉讼费由B公司承担。B公司则提出反诉，要求判令：1.A公司返还房屋租金20万元；2.将租赁合同约定的厂房年租金调整为25万元（后撤回）；3.A公司向B公司支付相关费用共计411,410元（起重厂房空地浇筑水泥混凝土费用390,800元，办公室防水处理费13,110元，安装电话和网络费用7500元）。

［法院认为］

一审法院认为：本案争议的焦点为：1.本案合同效力问题；2.押金和使用费及滞纳金处理问题；3.添附物和扩建项目问题的处理。

首先，对于合同的效力问题。本案中，A公司与B公司在2010年1月21日签订《厂房租赁合同》时，诉争厂房未取得建设工程规划许可证，且至今也未办理好相关手续。按照法律规定，出租人就未取得建设工程规划许可证或者未按照建设工程规划许可证的规定建设的房屋，与承租人订立的租赁合同无效。故一审法院认定A公司与B公司签订的《厂房租赁合同》无效。

其次，对于押金和使用费问题。合同无效，A公司基于合同收取的押金应予返还，A公司要求参照合同约定的租金标准支付房屋使用费，应予支持。鉴于双方补充协议中对租金起算日期调整为2010年4月1日，故B公司尚欠使用费的起算日期为2010年10月1日起。对于B公司称双方合同的租金约定中包括空地使用费在内，由于空地无法使用，故要求退还20万元租金的说法，一审法院认为，虽双方合同中约定了B公司可使用5000平方米的空地，但在合同关于租金的约定中，仅有“厂房年租金为920,000元”的约定，并没有空地使用费方面的说法，故B公司认为已支付租金中包括空地使用费的说法缺乏事实和法律依据，对B公司要求返还租金20万的请求不予支持。对于A公司提出的按合同约定要求B公司支付滞纳金的请求，因A公司以无效合同的约定请求支付滞纳金于法无据，亦不予支持。

最后，关于添附物和扩建项目问题。就添附物和扩建方面，双方争议焦点之一为B公司有哪些添附物和扩建项目。就B公司对办公室进行防水处理，安装电话、网络以及在车间安装了行车和对空地进行了硬化等方面，双方无异议。而对办公楼的装修、车间的电力改造和搭建钢结构车棚双方存在争议。其中在办公楼装修方面，B公司认为，装修均由其进行，而A公司认为，办公楼在交付B公司前已进行了装修，B公司仅对办公楼三层的总经理室和贵宾室重新进行了装修。一审法院认为，上述办公楼的装修应由B公司承担举证责任，虽B公司提供了发票及销货清单等证据，但该证据从内容、时间上与评估报告内容及B公司所称的办公楼装修事实无法对应，经释明后，B公司也未能进一步举证，故根据现有证据，对办公楼三层的总经理室和贵宾室外的办公楼装修由B公司完成的说法难以确认，B公司有证据后可对该部分另行主张。车间电力方面，B公司认为由其投资，而A公司称电力设施原已存在，B公司仅为审查需要铺设了电缆。从评估报告内容看，B公司所称的电力改造主要投资在电缆线上，该部分应与行车一样是属于未行车附合的添附，可拆除，其余属于形成符合的添附，价值21,381元。对于钢结构车棚，A公司不清楚是否存在，也表明其出租前不存在该车棚。在法院委托评估过程中，租赁场地内存在该钢结构车棚，故一审法院认定该钢结构车棚是B公司扩建项目。

争议焦点之二为添附和扩建是否经出租人即A公司同意。本案中，双方合同中有“A公司允许B公司搭建临时建筑，允许在车间搭建行车，允许必要的改建”的约定，而上述添附和扩建是属于双方合同约定范围内的搭建和改建项目，可认定B公司的添附和扩建经A公司同意。

争议焦点之三为对于添附物的处理。对于办公室的防水处理和安装电话、网络的费用的处理，双方在补充协议有约定。根据约定，该部分属于A公司同意利用的部分，费用由A公司承担，故一审法院对B公司要求A公司承担办公室防水处理费13,110元和安装电话、网络费7500元的请求予以支持。其余添附和扩建，A公司均不同意利用，对于出租人不同意利用的添附，应从添附性质以及双方的过错情况等因素考虑。其中对于未形成附合添附予以拆除，已形成附合的添附由双方各自按照导致合同无效的过错分担现值损失。

本案中，未形成附合的添附物有行车和电力改造后中的电缆部分，应由B公司予以拆除。办公楼三层和除电缆外的电力改造为已形成附合的装饰装修物，其中总经理室和贵宾室装修的现值分别为104,246元和47,537元，除电缆外的电力改造的附合物价值21,381元。该部分损失由双方各自按照导致合同无效的过错分担。本案中A公司将没有相关建设手续的厂房用于出租，而B公司未经审核即与A公司签订租赁合同，双方均有过错，但主要责任在A公司，上述损失由A公司承担70%的主要责任。

争议焦点之四为扩建的处理。本案中涉及的钢结构车棚和空地浇筑水泥为扩建项目，B公司要求A公司承担该费用，而A公司认为，B公司在浇筑水泥地时，即被行政部门处罚，要求停止建设，当时仅完成10%左右工程量，其后B公司继续施工，由B公司自行承担。一审法院认为，钢结构车棚和水泥地的浇筑项目A公司是同意的，而B公司建设中未办理合法的建设手续，对于该扩建造价费用由双方按照过错分担。本案中，B公司在浇筑水泥场地的施工期间（2010年5月3日）已被行政部门要求停止建设，从B公司提供的证据看仅完成的工程量为总工程量的31.6%即123,492.8元，在行政部门作出处罚后，B公司仍在没有取得合法建设手续情况下继续施工，对于其扩大的损失部分应由其自行承担。对于钢结构车棚和行政处罚前B公司完成的水泥地浇筑的工程，双方均有过错，对于上述费用由双方各半承担。

二审法院认为：鉴于双方的合同明确约定厂房年度租金为920,000元，因此B公司以空地无法使用为由而要求按每年740,000元标准支付使用费的上诉请求，不予支持。本案中，A公司将没有相关合法手续的厂房用于出租，而B公司未经审核即与A公司签订租赁合同，因此，至合同无效的主要过错责任在于A公司一方。一审所确定的A公司对于钢结构车棚及水泥地浇筑损失应承担的责任比例有失妥当，对此予以纠正。对于3层总经理室和贵宾室外的办公楼装修，双方各执一词。一审中B公司出示发票联、销货清单等证明其进行了相应装修；A公司认为其向B公司交付前已对办公楼进行装修，但表示没有依据可提供。因此，相比较而言，B公司的主张更具可信度。同时，B公司主张的装修内容中，灯具、地毯等为可移动物品，B公司可自行拆除，不应由A公司作出补偿，并且发票联等反映的装修内容与一审已支持内容有部分重合，为避免讼累，酌定A公司补偿B公司2万元。

［裁判结果］

一审法院判决：1. 确认A公司与B公司于2010年1月21日签订的《厂房租赁合同》无效；2.B公司支付A公司使用费（使用费的计算方式：自2010年10月1日起至搬离日止，按年使用费人民币920,000元计算）；3.A公司返还B公司保证金人民币76,600元；4.A公司支付B公司办公室防水处理费人民币13,110元和安装电话、网络费人民币7500元；5.A公司赔偿B公司添附和扩建损失人民币254,796.1元；6.驳回A公司、B公司的其余诉讼请求。B公司不服一审法院判决，提起上诉。

二审法院判决：维持一审法院判决第1、2、3、4、6项；二、变更一审法院判决第5项为：A公司赔偿B公司添附和扩建损失人民币328,226.66元。

［裁判思路］

一般而言，办理合法建设手续需要出租人和承租人的互相配合。原因在于，申请办理合法建设手续即《建设工程规划许可证》的主体只能是建设单位，即房屋的出租人。而具体扩建方案的制定和实施则由承租人负责。这意味着扩建部分未取得《建设工程规划许可证》既有可能是出租人拖延提出申请或出租房屋、土地的证明材料不齐备甚至出租房屋本身为违法建筑导致也即本案情形，也有可能是承租人的扩建工程设计方案、扩建面积等不符合规划条件导致。由此细化现实情况中扩建部分未取得《建设工程规划许可证》的原因，可能有出租人过错、承租人过错、出租人和承租人均有过错以及双方均无过错等多种情形。

针对上述不同原因，扩建费用承担应根据过错情况按下列原则处理：第一，在单纯出租人存在过错情形，承租人的扩建费用损失应由出租人承担；第二，在单纯承租人存在过错情形，其扩建费用损失由其自担；第三，在双方均有过错情形，则扩建费用损失由出租人、承租人按照过错承担；第四，在双方均无过错情形，则按公平原则，由出租人、承租人合理分担。本案即属于上述第三种情形，A公司作为办理合法建设手续的法定主体，B公司作为扩建行为的实施者，双方对于未办理合法建设手续均有过错，对于扩建费用应共同承担。值得注意的是，共同承担并不意味着对半承担，具体的承担比例还应根据双方的过错程度进行判断。

本案中，因租赁标的物本身即属于违法建筑，其扩建行为必然无法办理合法建设手续，该原因系导致扩建不能办理合法建设手续的根本原因。二审法院正是基于此，将“没有相关合法建设手续的厂房用于出租”与“未经审核即签订租赁合同”的过错程度加以区分，据此认定一审判决关于双方应承担的责任比例有失妥当，并予以改判。

［相关法律法规］

《城镇房屋租赁合同解释》第14条

［引申思考］

关于租赁合同期间届满和租赁合同解除时扩建费用的处理

《城镇房屋租赁合同解释》第 14 条对于适用的合同类型并未有所限定，也即合同无效、合同解除等都可适用。但鉴于合同解除类型的多样性，我们对合同解除特别是法定解除时的扩建费用承担应作细化处理。

首先，对房屋租赁合同法定解除后，有关扩建费用的承担，可参照《城镇房屋租赁合同解释》第 11 条有关装饰装修的规定处理。具体而言，分下列几种情形讨论：

第一，因出租人违约导致合同解除情形。此时，如果该扩建部分办理合法建设手续的，扩建部分最终将归出租人所有。出租人因房屋增值享有受益，本就应支付对价，更何况合同被解除时因为其违约所导致，故由其负担扩建费用理所应当。如果未办理合法建设手续，则情况较复杂。当未办理合法建设手续的原因亦是出租人单方过错所导致，则由出租人承担扩建费用自无异议。当未办理合法建设手续的原因是因承租人单方过错所致或其有部分过错时，则当承租人主张出租人承担扩建费用时，出租人可以承租人有过错为由进行相应抗辩。至于出租人的违约行为则可通过《合同法》第 97 条进行处理。

第二，因承租人违约导致合同解除情形。此时，如果该扩建部分办理合法建设手续的，则出租人仍应基于受益而负担相关扩建费用，但出租人可以承租人违约为由，请求减少扩建费用的负担；如果该扩建部分未办理合法建设手续的，则出租人可以承租人违约、自己并无受益等为由，主张不承担相关扩建费用。

第三，因当事人双方违约导致合同解除情形。根据《合同法》第 120 条“当事人双方都违反合同的，应当各自承担相应的责任”的规定可知，如果该扩建部分已经办理合法建设手续，出租人仍应承担相关扩建费用，但可以承租方有违约行为为由主张适当减少费用的负担。如果该扩建部分未办理合法建设手续，扩建费用仍应首先在双方当事人之间按过错承担。但此时，应在具体费用负担比例上，适当考虑双方的违约程度。

第四，因不可归责于当事人双方的原因导致合同解除情形。在本情形中，双方当事人对租赁合同的解除均无违约行为，不存在违约责任影响扩建费用承担的问题，故可适用《城镇房屋租赁合同解释》第 14 条规定解决扩建费用承担问题。①

---

① 最高人民法院民事审判第一庭编著：《最高人民法院关于审理城镇房屋租赁合同纠纷案件司法解释的理解与适用》，人民法院出版社 2009 年版，第 188~189 页。

21. 如何确定扩建造价费用的计算标准

明确扩建造价费用的承担者后，另一个实践中存在较大争议的问题就是如何计算扩建造价费用。扩建造价费用计算的常用方法主要有：（1）支出费用年度分摊法，是指将支出费用在合同约定的租赁期限内平均分摊，然后只计算纠纷产生到租赁合同届满期间的剩余价值作为扩建费用。（2）工程造价费用支出法，即以扩建时承租人实际支付的工程造价费用作为扩建费用。（3）现存价值审计鉴定法，即对纠纷发生时的扩建物价值进行工程造价审计鉴定，然后得出扩建费用。

关于第一种方法，因为扩建物自身物理属性在租赁期间一般并无太大损耗，故其价值非但未有减少而且反过来可能增加房屋价值。故按该方法计算将过分保护出租人利益，从而会导致对承租人的不公。关于第二种方法，该方法以扩建时的工程全部造价支出费用作为计算扩建费用依据，所谓工程全部造价，由建筑工程费、设备购置费、安装工程费、其他工程费用四个部分组成。该方法虽简便易行，但该计价未考虑租赁合同期满后扩建部分的实际价值。事实上，承租人为自己目的而进行扩建，其对扩建部分已通过租赁合同期间内的使用而享有收益。如合同期满后，仍允许其以扩建时实际支出费用要求出租人承担，则未免对出租人有失公允。关于第三种方法，该方法因便于操作而成为目前审判实践中最常用的方法。所谓现存鉴定价值，是指通过审计对现存扩建部分根据市场价格及折旧等因素得出的实物固定价值。一般而言，扩建部分的现存价值小于扩建时的价值。但考虑到建设工程的造价随市场行情变动较大，故现存价值亦有可能高于扩建时的价值。此时，如果允许承租人以现存价值作为要求出租人承担扩建费用的依据则会造成双方利益的不平衡。

可见，上述方法都各有其利弊。基于平衡双方当事人利益，便于司法实务操作的考量，在扩建造价费用的计算方法上，以采用第二种方法，即工程造价费用支出法为宜。

第三章　房屋租赁合同的解除

导 读

合同解除，是指合同有效成立后，没有履行或完全履行前，当约定的或法定的解除条件具备时，因享有解除权一方的意思表示，使合同关系除法律另有规定者外溯及地消灭。[①]解除权，是指合同当事人可以解除合同的权利，它的行使能发生合同解除的法律后果。解除权属于形成权，合同解除仅凭解除权人单方的解除合同的意思表示即可，不需要对方当事人的同意。

合同的解除通常具有下列特点：（1）合同的解除发生于合同成立之后、履行完毕之前。虽然当事人应当按照合同享受权利和承担义务，使合同目的得到正常实现，但由于种种原因，合同得不到正常履行在所难免，应当允许当事人通过合同解除的方式提前终止合同关系，以适应形势变化的需要。（2）合同的解除必须具有解除的事由，合同解除的事由既有当事人意定的事由，又有法定的事由；既有单方解除的事由，又有双方协商解除的事由。（3）合同的解除必须通过解除行为而实现，按照当事人约定或者法律规定，当事人一方享有解除权的，可以通过其单方行使解除权而解除；需由当事人双方协商解除合同的，当事人以协议的方式解除合同；当事人对解除合同达不成协议的，也可以通过法院或者仲裁机构的裁决解除合同。（4）合同的解除产生终止合同的效力并溯及地消灭合同。

合同的解除有协议解除、约定解除和法定解除三种形式。其中协议解除又称双方解除，由于实质上是双方当事人以一个新合同解除了旧合同，因此双方当事人就解除旧合同达成合意时便达到了解除原合同的效果而无需采取其他方式。对此，一般情况下不会形成诉讼，除非由于一方的意思表示不真实而由其提出的撤销之诉，该诉在性质上属形成之诉，与合同解除无直接关系。因此，在实践中相关的纠纷案例并不多见。约定解除和法定解除均属于单方解除范畴。约定解除是指双方当事人通过约定的方式解除合同。《合同法》第93条第2款规定："当事人可以约定一方解除合同的条件。解除合同的条件成就时，解除权人可以解除合同。"法定解除。符合法律规定的解除条

---

① 崔建远主编：《合同法》(第四版)，法律出版社2007年版，第231页。

件而解除合同的就是法定解除。其特点是由法律直接规定解除的条件，它和协议解除最大的不同在于法定解除权成就时，当事人可以直接行使解除权，不必征得对方同意，通知对方即可。基于主体的特殊性，在房屋租赁合同纠纷中，涉及合同解除问题时，主要的难点是关于合同法定解除权的运用，即何种情况下，出租人或承租人依法享有房屋租赁合同的解除权，其中涵盖了若干裁判规则。本章将就房屋租赁合同的解除权行使规则及违约责任承担问题进行探讨，以期对司法实践有所裨益。

第一节　房屋租赁合同解除权的行使

一、出租人法定解除权的类型化

根据法律、法规及相关司法解释规定，通过归纳，我们将出租人拥有法定解除权的情形予以类型化，供参考：

1. 因不可抗力解除

《合同法》第 94 条第 1 项因不可抗力致使不能实现合同目的，当事人可以解除合同；《城市房屋租赁管理办法》第 12 条第 2 项规定，因不可抗力致使合同不能继续履行的，当事人可以解除合同。因此，出租人可以不可抗力为由解除合同。

2. 承租人擅自变动建筑主体和承重结构或者扩建而解除

《城镇房屋租赁合同解释》第 7 条规定："承租人擅自变动房屋建筑主体和承重结构或者扩建，在出租人要求的合理期限内仍不予恢复原状，出租人请求解除合同并要求赔偿损失的，人民法院依照合同法第二百一十九条的规定处理。"承租人擅自变动房屋建筑主体和承重结构，必然对房屋造成严重损害，同时也严重损害房屋价值，侵害出租人重大物权利益。故此种情况下，应赋予出租人依法享有房屋租赁合同的解除权。

3. 承租人未经出租人同意转租而解除

依据是《合同法》第 224 条和《城镇房屋租赁合同解释》第 16 条。

4. 承租人未付租金或迟延支付租金而解除

根据《合同法》第 227 条规定，承租人无正当理由未支付或者迟延支付租金的，出租人可以要求承租人在合同期限内支付。承租人逾期不支付的，出租人可以解除合同。

5. 承租人未按照租赁房屋的性质使用租赁房屋，并造成房屋损失而解除

根据《合同法》第219条规定，承租人未按照约定的方法或者租赁物的性质使用租赁物，致使租赁物受到损失的，出租人可以解除合同并要求赔偿损失。上文提到的第二中情形也属于该种类型，但是承租人未按照租赁房屋性质使用租赁房屋，并造成房屋损失，不只有承租人擅自变更主体和承重结构或者扩建一种情况，还包括其他情形。如承租人利用租赁房屋进行非法活动，危害公共利益，也属于未按照租赁物的性质使用租赁房屋的情况。根据《关于审理建筑物区分所有权纠纷案件的解释》第10条规定，承租人未经出租人和其他有利害关系的业主同意，不得擅自将租赁的住宅变为经营性用房。此种情形下，出租人也可以依据《合同法》第219条解除租赁合同。

6. 对于不定期租赁出租人随时可以解除

《合同法》第232条规定："当事人对租赁期限没有约定或者约定不明确，依照本法第六十一条规定仍不能确定的，视为不定期租赁。当事人可以随时解除合同，但出租人解除合同应当在合理期限之前通知承租人。"此处的"随时"并非毫无限制，应遵循诚实信用原则，根据具体情况确定。

二、承租人法定解除权的类型化

为了方便审判实践应用，经梳理法律法规、司法解释后，我们对承租人法定解除权的的类型予以归纳整理：

1. 因不可抗力而解除

相关依据同上文出租人因不可抗力而解除情形。

2. 出租人拒不交付租赁房屋而解除

根据《合同法》第216条规定，出租人应当按照约定将租赁物交付承租人。如果出租人不按照约定交付房屋，经承租人催告在合理期限内仍不交付房屋的，承租人可以依据《合同法》第94条第3项之规定行使合同解除权。

3. 因租赁房屋部分或全部毁损、灭失而解除

根据《合同法》第231条规定，因不可归责于承租人的事由致使租赁物部分或全部毁损、灭失的，承租人可以要求减少租金或者不支付租金；因租赁物部分或全部毁损、灭失，致使合同目的不能实现的，承租人可以解除合同。该条规定是租赁物发生意外风险时的处理，当意外风险导致合同目的不能实现时，承租人拥有当然的解除权。

4. 对于不定期租赁承租人随时可以解除合同

根据《合同法》第232条规定，当事人对租赁期限没有约定或者约定不明确，依照《合同法》第61条规定仍不能确定的，视为不定期租赁。当事人

可以随时解除合同，但出租人解除合同应当在合理期限之前通知承租人。这里需注意，对于不定期租赁承租人和出租人都有随时解除权，但承租人和出租人随时解除权是有区别的，承租人向出租人发出合同解除通知，合同解除随即生效，而出租人解除合同时必须在合理期限内通知承租人，经过该合理期限合同才能解除。

5. 租赁房屋危及承租人安全或健康时的随时解除权

根据《合同法》第233条规定，租赁物危及承租人安全或健康的，即使承租人订立合同时明知该租赁物质量不合格，承租人仍然可以随时解除合同。法律之所以作此规定，是从保障人的生命安全这一最高利益出发，不问承租人有无过错，只要存在租赁物危及人身安全的情况，便赋予其合同解除权。

6. 司法机关或者行政机关依法查封租赁房屋导致承租人不能使用而解除

根据《城镇房屋租赁合同解释》第8条第1项规定，租赁房屋被司法机关或者行政机关依法查封导致租赁房屋无法使用，承租人请求解除合同的，人民法院应予支持。这里需要结合"所有权变动不破租赁"原则的适用来掌握。如查封先于租赁，则租赁不得对抗因强制执行导致所有权变动后的房屋买受人，该种情形下承租人无法继续使用租赁房屋的，可以行使合同解除权；如查封前已经出租的房屋，根据"所有权变动不破租赁"原则，即使被查封的房屋被拍卖，仍不影响承租人的租赁期，承租人有权继续使用租赁房屋。

7. 权属有争议导致承租人不能使用而解除

根据《城镇房屋租赁合同解释》第8条第2项规定，租赁房屋因权属有争议导致租赁房屋无法使用，承租人请求解除合同的，人民法院应予支持。

8. 不符合《建筑法》、《消防法》等法律关于房屋使用条件的强制性规定并导致承租人不能使用而解除

根据《城镇房屋租赁合同解释》第8条第3项规定，租赁房屋具有违反法律、行政法规关于房屋使用条件强制性规定情况，导致租赁房屋无法使用，承租人请求解除合同的，人民法院应予支持。相关强制性规定如《建筑法》第61条第2款，《消防法》第13条第2款、第15条第2款等。本书第一章关于房屋租赁合同效力认定部分已经对未经竣工验收及未经消防验收的租赁合同效力认定进行阐述，对于不构成合同无效的，承租人可依法行使合同解除权。

9. 一房数租之有效合同不能实际履行而解除

根据《城镇房屋租赁合同解释》第6条第2款规定，虽然房屋租赁合同有效，但不能取得租赁房屋的承租人请求解除合同、赔偿损失的，依照合同法的有关规定处理。

三、解除权的行使方式

实践中行使解除权的方式有两种：

1. 通知解除。解除权是形成权，在此种情形下，通知到达对方当事人即产生合同解除的法律效果。如果一方当事人有异议，可以向法院提起诉讼，请求确认解除合同的效力。该诉讼性质属确认之诉，法院审理此类诉讼应围绕解除权人是否享有单方解除权及行使的程序是否适当，如通过审理查明“解除权人”享有解除权并依法定程序正确行使单方解除权，即可判决解除权人行使解除权适当、合同已解除，否则应判决合同未被依法解除仍由双方当事人继续履行。在这里有一点一定要注意，如果法院通过判决确认了合同解除有效，合同解除的时间仍是通知到达的时间，而不是法院判决的时间。

2. 诉讼解除。此时法院属于判决解除合同。法院判决解除与法院判决确认解除合同的法理基础不同，前者由法院直接解除有效的合同，这是法院行使裁判权的表现，除非法律明确的限制，在民事诉讼中法院有权依当事人的请求作变更，而后者是法院对已经解除的合同判断是否有效的确认。在实践中，有解除权的当事人通知对方解除合同后，对是否通知了对方，要从证据角度予以证明存在着一定障碍，往往需要对方的配合才能保全通知的证据；并且通知对方后，对方一般均会提出异议，使合同解除的效力待定；而且合同解除后的责任确定需要得到对方的认可与履行。基于上述原因，除非在解除方占有上述相关方面优势的情况下，一般来说，解除方都要通过诉讼方式来最终达到解除合同的目的。但是，法院行使国家裁判权，判决解除合同的前提是当事人的变更之诉（即解除合同之诉）而非确认之诉。

四、合同解除异议权的行使

《合同法》赋予合同一方享有解除权的同时，赋予合同另一方异议权。《合同法》第96条第1款规定：“当事人一方依照本法第九十三条第二款、第九十四条的规定主张解除合同的，应当通知对方。合同自通知到达对方时解除。对方有异议的，可以请求人民法院或者仲裁机构确认解除合同的效力。”关于合同解除的异议期间，《合同法解释（二）》第24条作出规定：“当事人对合同法第九十六条、第九十九条规定的合同解除或者债务抵销虽有异议，但在约定的异议期限届满后才提出异议并向人民法院起诉的，人民法院不予支持；当事人没有约定异议期间，在解除合同或者债务抵销通知到达之日起三个月以后才向人民法院起诉的，人民法院不予支持。”根据上述司法解释规定，在约定解除权时，事先约定异议权的行使期间，异议期间届满相对方没有表示异议的，相对方的异议权消灭。解除权人也可以在行使解除权时提出合理的异议期间，如果对方表示同意，即可视为对异议期间作出了约定。在双方没有事先约定异议期间，事后也无法就异议期间达成协议时，异议期间应为三个月，在解除合同的通知达到之日起三个月以后才向人民法院起诉的，人民法院不予支持。

22. 应当以违约行为是否阻碍了租赁合同目的的实现为尺度来衡量欠付违约金行为的程度和其是否导致合同解除

【案例】

A 公司与 B 公司房屋租赁合同纠纷案①

［案号］

（2016）沪 0115 民初 51236 号

（2017）沪 01 民终 11663 号

［案情］

2013 年 5 月 30 日，A 公司与 B 公司签订《房屋租赁合同》。合同载明，租赁标的物是位于上海市浦东新区 XX 路 XX 号的整体建筑。租赁物楼层为二十四层，建筑面积合计为 16144 平方米，其中主楼建筑面积为 13963 平方米，辅楼 2181 平方米，酒店土地面积 2943 平方米。租赁物作为汉庭全季酒店及酒店相关配套经营使用。租赁期限共计 20 年，每年按 365 天计，每个自然月为一个租赁月，每三个租赁月为一个租赁季度。自租赁物交付的次日起的 60 日作为 B 公司的清场期。清场期结束后的次日起的八个月内为乙方的装修期。装修期结束次日起开始计算租金，装修期间免收租金，但于此期间因 B 公司施工发生的实际水、电、煤气、垃圾清运及物业管理费用等以及其他所有实际发生的费用均由 B 公司自行承担。自租赁物交付的次日起，前三个租赁年度采用固定租赁费用方式计算，租金为 600 万元每年。自第四个租赁年度开始，租金每三年环比递增 5%。租金每季支付一次，租赁费用采取先付后用的方式进行。A 公司按季提前十五日向 B 公司开具符合财税政策规定的发票，B

① 见“上海锦丽华酒店管理有限公司诉上海邦策投资管理有限公司房屋租赁合同纠纷一案二审民事判决书”，载中国裁判文书网：http://wenshu.court.pcc，最后访问时间：2018 年 1 月 18 日。

公司应于每季十日提前将该季租金汇入甲方指定账户。有下列情形之一，A公司有权选择提前终止合同，并有权追索B公司的违约责任，要求B公司承担相当于当年租赁物6个月租金，B公司出资的装修装饰物及添置的附属设施设备，无偿归A公司所有，还没收履约保证金，并有权要求B公司赔偿其遭受的其他损失：逾期支付租金三个月（以上），经催告后十五日内仍未付款的；B公司原因造成房屋主体结构损坏危及房屋安全使用的；B公司违反合同中必须遵守或履行的条款、义务及其他规定，并在A公司发出通知后十五日内未予纠正的；根据合同约定其他应解除合同的条款。A公司依据上述情形提前终止合同时，应提前一个月书面通知B公司。B公司逾期支付租金及其他应付费用的，每逾期一日，按当季应付租金的千分之一支付违约金。如果守约方依法可解除合同而未解除的，守约方可以迟延履行合同的所有合同义务，直至对方的违约事实消除。

合同开始履行后，2016年5月27日，A公司向B公司出具《追缴违约金的函告》称，B公司从未按时足额支付租金，应缴付违约金47.85万元，具体如下：1.2015年6月1日至2015年8月31日的租赁费用150万元，应于2015年6月16日前支付，实际分三次支付，2015年6月15日支付50万元，7月23日支付50万元，9月9日支付50万元，逾期86天。2.2015年9月1日至2015年11月30日的租赁费用150万元，应于2015年9月12日前支付，实际分两次支付，2015年10月26日支付50万元，12月2日支付100万元，逾期82天。3.2015年12月1日至2016年2月29日的租赁费用150万元，应于2015年11月21日前支付，实际分三次支付。2015年12月23日支付50万元，2016年2月1日支付50万元，2016年2月25日支付50万元，逾期97天。4.2016年3月1日至5月31日的租赁费用150万元，应于2016年2月22日前支付，实际于2016年4月15日支付150万元，逾期54天。

2016年7月7日，A公司向B公司发出解除房屋租赁合同的通知，并要求B公司立即返还租赁房屋，支付违约金。7月10日，B公司回函称，A公司要求解除合同缺乏依据，要求继续履行合同；2015年12月18日起至今，A公司对辅楼采取不予供电配合、禁止施工等一系列违约行为已经损害B公司合法权益，应当立即排除妨碍。

经法院查明，关于争议部分的租金支付情况：1.2015年6月1日至2015年8月31日的租赁费用150万元，B公司于2015年6月15日支付50万元，7月23日支付50万元，9月9日支付50万元。2.2015年9月1日至2015年11月30日的租赁费用150万元，B公司于2015年10月26日支付50万元，

12月2日支付100万元。3.2015年12月1日至2016年2月29日的租赁费用150万元，B公司于2015年12月23日支付50万元，2016年2月1日支付50万元，2016年2月25日支付50万元。4.2016年3月1日至5月31日的租赁费用150万元，B公司于2016年4月15日支付150万元。5.2016年6月1日至8月31日的租赁费用150万元，B公司于2016年6月1日支付150万元。针对上述付款，A公司开具了相应的租金发票给B公司。

本案审理中，双方关于“B公司应于每季十日前提前将该季租金汇入A公司指定账户”的理解有争议。A公司主张应于每个季度的前一个月的10日前支付租金；B公司则主张应于每个季度开始后的第一个月的10日前支付租金。

A公司向一审法院起诉请求：1.解除双方之间的《房屋租赁合同》；2.B公司返还租赁房屋；3.B公司支付A公司违约金300万元；4.B公司支付逾期支付租金的违约金478,500元；5.B公司补交免租期的租金340万元；6.B公司按照租金标准的双倍支付解除后占用租赁房屋的使用费（从2016年7月9日至B公司返还租赁房屋之日止，按照100万元每月的标准计算，即双倍租金标准）；7.B公司支付A公司律师费30万元。B公司向一审法院提起反诉请求：要求A公司承担律师费30万元。

［法院认为］

一审法院认为：A公司称B公司逾期支付租金，根据合同约定应支付违约金，而B公司并未支付违约金。合同约定，B公司应按季支付租金，但合同履行过程中，有数个季度B公司是按月支付租金，A公司并未提出异议。可见，当时双方以实际履行行为调整了约定的租金支付方式。A公司是在B公司重新按季支付租金后，才发函提出异议，主张支付之前逾期支付的违约金。B公司对逾期的天数及违约金的数额有异议，并非拒不支付。B公司虽有逾期，但A公司要求解除合同，依据不足，不予支持。此外，双方租赁合同约定的租赁面积16144平方米，租赁物达24层，租赁期间长达20年，现该合同仅履行了4年左右，B公司作为承租人对租赁物投入巨大，作为双方理应首先考虑维护合同的稳定性，积极、妥善地协商解决合同履行中出现的争议问题。综上，A公司主张的解约理由不成立，其关于解除合同、交还租赁物、支付解约违约金、补交装修期租金、支付房屋使用费、律师费的诉讼请求，均不予支持。

关于逾期支付租金的违约金，双方对于合同中租金付款时间“B公司应于每季十日前提前将该季租金汇入A公司指定账户”的理解发生争议，一审法院认为，该条款明确租金应提前支付，同时结合合同约定“租金每季支付一次，租赁费用采取先付后租的方式进行”的约定，可知，双方约定租金支付方式为先付后用，租金应提前支付，故A公司关于租金应在每季度的首月的10天前支付租金的理解，更为符合合同文义，一审法院予以确认。B公司与A公司虽曾通过履行行为将租金支付方式调整为按月支付租金，但未能做到先付后用，存在逾期支付租金。2016年4月，B公司重新按季支付租金后，支付租金仍有逾期。B公司逾期支付租金，给A公司造成了损失。A公司主张逾期付款违约金，依约有据，予以支持，但A公司主张金额过高，法院酌情调整为47,000元。

本案合同履行过程中，B公司存在逾期支付租金等瑕疵履行的情况，B公司也有过错，其要求A公司承担律师费，缺乏依据，不予支持。

二审法院认为：双方当事人就案涉整体建筑所签订的《房屋租赁合同》系双方当事人真实意思表示，内容于法不悖，合法有效，双方均应恪守。本案的争议为A公司是否具有合同解除权。为此，A公司从约定解除权及法定解除权两个方面进行了主张。其中，对于约定解除权，双方主要的争议焦点在于B公司是否构成租金违约金的逾期支付。

按照双方合同约定，B公司应于每季度十日前支付该季租金，虽然双方对此约定的理解尚有争议，但从实际履行情况来看，B公司在之前的数个季度中均系按月向A公司支付租金，A公司对此直至B公司开始按季支付租金前，并未提出过异议，故应视A公司对B公司变更履行租金期限的认可。至于A公司关于违约金的主张，系A公司在B公司按季支付租金之后才开始主张，B公司对违约金的数额提出异议属于双方就合同履行过程中产生纠纷后的协商，并非对合同主要义务的拒绝履行或有意违反，且双方在合同中关于逾期支付的解约条件系针对租金，而非违约金。故A公司以此为由行使合同解除权，缺乏依据，不予支持。至于A公司另主张的法定解除权，基本与其在约定解除权中的主张的事实及理由雷同，二审法院对其主张行使法定解除权亦无法认同，于此不再赘述。一审根据本案租赁合同履行的实际情况，从维护经济关系稳定及保护承租人利益的角度出发，认定A公司主张的解约理由不能成立，于法有据，予以支持。

［裁判结果］

一审法院判决：1.B公司支付A公司逾期支付租金的违约金47,000元；2.驳回A公司的其余诉讼请求；3.驳回B公司的全部反诉诉请。A公司不服一审判决，提起上诉。

二审法院判决：驳回上诉，维持原判。

［裁判思路］

《合同法》最为重要的基本精神或价值目标即鼓励合同交易，增进社会财富。市场交易越频繁，市场经济越能充分发展，社会财富越能迅速增加。因此，不适当的宣告合同解除，不仅增加交易成本、阻碍经济发展，而且不利于对当事人意志的尊重，甚至会导致当事人对交易法的信仰危机。故而，为保障交易顺利进行，维护契约的稳定性，应严格依照《合同法》有关合同约定解除和法定解除之规定，妥善地对是否构成合同解除进行认定。

本案中，双方在合同中关于逾期支付的解约条件系针对租金，而非违约金。按照双方合同约定，B公司应按季支付租金，但合同履行过程中，有数个季度B公司是按月支付租金，对此，A公司并未提出异议，且至本案争议产生时，A公司并不存在欠付租金情形，故A公司虽存在逾期支付租金行为，但不符合案涉合同关于约定解除的条件。对于逾期支付租金的违约金，B公司并非拒不支付，而是对逾期的天数及违约金的数额有异议，该异议属于双方就合同履行过程中产生纠纷后的协商，并非对合同主要义务的拒绝履行或有意违反。因此，无论是约定解除还是法定解除角度，A公司主张解除合同的理由均不能成立。

[相关法律法规]

《合同法》第8、60、107、114、125条

[引申思考]

关于因欠付租金导致房屋租赁合同解除的认定

在房屋租赁合同纠纷案件中，承租人欠付租金是经常出现的情形。该类合同一般履行期限较长，结合房地产市场的变化，在一定情况下，出租人会以承租人欠付租金为由，主张解除已有的租赁合同。关于欠付租金的比例、数额及期限达到何种程度，可以作为解除合同的事由，现行的法律法规及司法解释没有明确的规定，实践中的做法也不尽一致。对此，应当以《合同法》的规定作为原则，即识别违约行为是否阻碍了租赁合同目的的实现，并依此作为尺度去衡量违约行为的程度和合同是否解除。

23. 承租人未经出租人同意变动房屋承重结构并进行扩建，经出租人要求在合理期限内仍不予恢复原状的，出租人有权请求解除合同

【案例】

杜某等与黄某甲等房屋租赁合同纠纷案[①]

［案号］

（2013）防民初字第652号

（2014）防市民一终字第539号

［案情］

2007年7月6日，杜某（作为甲方）与黄某甲（作为乙方）签订《房屋租赁合同》，约定孙某甲、杜某、孙某乙、孙某丙（以下简称杜某等）将位于防城港市防城区防城镇山海大道（原防城镇站北路）的宅基地、房屋一栋［其中门牌号××号为孙某甲和杜某所有、88号产权人为孙某丁（已故，现88号产权由孙某甲继承）、90号为孙某丙所有、92号为孙某乙所有］出租给黄某甲、温某、黄某乙（以下简称黄某甲等）经营使用，每月租金为3000元，租赁期为10年，从2007年10月1日至2017年10月1日。《租赁合同》第一条约定“乙方在使用该经营场地如需改变其原结构时，须与甲方商量并经其同意”以及第四条约定“在租赁期间，乙方确需改动房屋结构必须经甲方同意方可施工，因乙方使用不当造成房屋损坏要修复给甲方”。合同签订后，黄某甲以其母亲温某的名义注册防城宝蓝咖啡厅，并将租赁房屋用于经营咖啡生意，故对该房屋进行第一次装修。因出国留学，黄某甲于2011年2月21日起委托温某管理租赁房屋及咖啡厅生意。由于经营所需，黄某甲等于2011年8月进行第二次装修，除对租赁房屋进行了内、外墙及地面装修外，还对房屋进行了更深层次的装修。杜某等知悉黄某甲等上述装修行为时多次要求其修复，但黄某甲等只修复了部分，剩余部分拒不修复。因双方对应修复部分协商不成，杜某等于2011年9月22日诉至法院。在涉诉期间，黄某甲等仍有拆除、加建行为。杜某等遂于2011年10月19日申请法院保全黄某甲等改变租赁房屋结构、损坏房屋的证据，法院于2011年10月24日下发通

① 见“孙观伟、杜志梅等与黄昱棋、温俊华房屋租赁合同纠纷二审民事判决书”，载中国裁判文书网：http://wenshu.court.pcc，最后访问时间：2017年5月11日。

知封存租赁房屋。

本案在审理过程中，一审法院于2012年3月15日召集双方对该房屋进行实地勘验，双方对黄某甲等装修行为确认如下：1. 地面一层：增开一楼大门；在阳台增建卫生间；加建铁梯、铁棚和冷食台；在厨房打孔建烟囱和排风扇。2. 地面二层：在阳台加建卫生间；拆除部分墙体；加宽阳台出入门。3. 地上三层：加建有四间房子，将预留的主柱钢筋割掉，加建卫生间、冲凉房地板；在阳台开钻洞孔。4. 地下层：在地下室楼面钻孔十多次；由于黄某甲等加建建筑行为导致孙某乙房屋地下室三条横梁爆裂及其他小横梁和板面爆裂。在重新审理过程中，杜某等于2014年2月10日向一审法院申请对涉案房屋进行检测鉴定。该院根据杜某等申请，依法委托A公估有限公司进行检测鉴定。2014年4月15日，A公司作出《公估报告书》，结论为：因装修造成损坏而需要修复及部分拆除费用为61,500元。

［**法院认为**］

一审法院认为：本案《租赁合同》虽以杜某和黄某甲的名义签订，但从查明的事实看，出租房屋的产权人包括孙某甲、杜某、孙某乙、孙某丙；而承租房屋的目是黄某甲用于经营咖啡厅，并以温某的名义办理个体工商户营业执照，温某、黄某乙安排和管理装修事项，黄某甲、温某、黄某乙均已参加咖啡厅的经营管理。因此，杜某和黄某甲事实上是接受各自家庭成员的委托并且包括自己的利益而签订合同。根据《合同法》第403条"受托人以自己的名义与第三人订立合同时，第三人不知道受托人与委托人之间的代理关系的，受托人因第三人的原因对委托人不履行义务，受托人应当向委托人披露第三人，委托人因此可以行使受托人对第三人的权利，但第三人与受托人订立合同时如果知道该委托人就不会订立合同的除外。受托人因委托人的原因对第三人不履行义务，受托人应当向第三人披露委托人，第三人因此可以选择受托人或者委托人作为相对人主张其权利，但第三人不得变更选定的相对人"的规定，杜某、黄某甲既是租赁合同的当事人，事实上也分别代表了孙某甲、孙某乙、孙某丙和温某、黄某乙签订该合同。在本案诉讼中披露委托人后，孙某甲、孙某乙、孙某丙可以和杜某共同行使合同出租人的权利；温某、黄某乙可以和黄某甲共同行使承租人的权利。杜某作为其与孙某甲、孙某乙、孙某丙的代表与黄某甲签订的《租赁合同》是双方真实意思表示，其内容没有违反国家相关法律规定，为合法、有效的合同。双方当事人均应遵守合同之约定。合同签订后，杜某等依约将房屋交给黄某甲等使用，履行了合同约定的义务，黄某甲等也应当按合同约定使用承租的房屋。根据《租赁合同》第一条"……乙方在使用该经营场地如需改变其原结构时，须与甲方商量并经其同意；乙方在使用该经营场地进行装饰场店使用经营，装潢装饰要符合建筑设计要求”和第四条“在租赁期内，乙方确需改动房屋建筑结构必须要甲方同意方可施工。因乙方使用不当造成房屋损坏要修复给甲方”的约定，黄某甲等在使用承租房屋时可对房屋进行必要的装修，但如需改变承租房屋的原结构时须征得杜某等同意，造成房屋损坏的要进行修复。而黄某甲等在装修承租房屋时，在未经杜某等同意的情况下擅自增开一楼大门、加建建筑物（卫生间、铁梯、冷食台等）、拆除房屋墙体，钻孔等，并经杜某等多次要求修复但至今仍未完全修复，导致承租房屋结构发生变化。黄某甲等的装修行为超出了一般性装修的范围，而涉及到建筑结构柱、梁和承重墙等主体的变动。此类主体和承重结构的变动，理应由黄某甲等先提出设计方案，由杜某等确认同意后方可施工。黄某甲等抗辩称其增建卫生间、开设门窗均已电话告知孙某甲并征得其同意，因黄某甲等未提供任何证据证实其主张，其抗辩理由不成立，不予支持。依照《建筑法》第 49 条“涉及建筑主体和承重结构变动的装修工程，建设单位应当在施工前委托原设计单位或者具有相应资质条件的设计单位提出设计方案；没有设计方案的，不得施工”的规定，黄某甲等在装修时，并未取得有资质的设计单位提出设计方案或者取得相关房屋安全鉴定机构的安全评估报告，且未报经杜某等同意就施工的行为违反了法律法规的相关规定以及合同的约定，事实上已经对房屋造成损坏，也违背了承租人应对房屋进行善意使用和管理的原则，已构成违约，应承担相应的违约责任。根据《合同法》第 219 条“承租人未按约定的方法或者租赁物的性质使用租赁物，致使租赁物受到损失的，出租人可以解除合同并要求赔偿损失”和《城镇房屋租赁合同解释》第 7 条“承租人擅自变动房屋建筑主体和承重结构或者扩建，在出租人要求的合理期限内仍不予恢复原状，出租人请求解除合同并要求赔偿损失的，人民法院依照合同法第二百一十九条的规定处理”的规定，杜某等请求解除杜某与黄某甲于 2007 年 7 月 6 日签订的《租赁合同》、并要求黄某甲等恢复房屋原状及返还房屋的请求有理有据，予以支持。黄某甲等应将案涉房屋腾退给杜某等。恢复房屋原状所需要费用，根据 A 公司作出《公估报告书》结论，因装修造成损坏而需要修复及部分拆除费用为 61,500 元，应由黄某甲等承担责任。

二审法院认为：关于黄某甲等的装修行为是否涉及承租房屋的主体或承重结构的变动，以及是否存在扩建行为的问题。一审法院于 2012 年 3 月 15 日召集双方对该房屋进行实地勘验，双方对上诉人的系列装修行为予以确认。《公估报告书》鉴定结论为：“1.……2. 承租方对该房屋的装修，未改变房屋的建筑结构，但确有改变该房屋的部分承重结构的情况，并造成局部的损害；

3. 在装修项目中属于扩建范畴的主要有：依附阳台而建的钢结构楼梯和雨棚；阳台封闭形成的卫生间和杂物间；屋面增建四间员工用房。”据此可以认定，黄某甲等的装修行为涉及承租房屋部分承重结构的变动，并存在扩建行为。

关于杜某等诉请解除《租赁合同》有无事实和法律依据的问题。《租赁合同》是双方的真实意思表示，双方当事人均应按合同之约定行使合同权利和遵守合同义务。杜某等在合同签订后，依约将房屋交付使用，履行了合同约定的义务，黄某甲等也应当按合同约定合理使用承租的房屋。黄某甲等作为承租人，在使用承租房屋时有权依约对租赁房屋进行必要的装修，使之符合经营需要。但其对案涉房屋的装修行为涉及承重结构变动，其在未征得被上诉人的同意就施工，构成违约，其施工前未取得由有相应资质的设计单位提出的设计方案，亦违反了《建筑法》第 49 条：“涉及建筑主体和承重结构变动的装修工程，建设单位应当在施工前委托原设计单位或者具有相应资质条件的设计单位提出设计方案；没有设计方案的，不得施工”的规定。由于黄某甲等对案涉房屋的装修行为已经超过了合理使用的范围，存在改变该房屋的部分承重结构和扩建行为，对房屋造成局部的损害。其在收到杜某等的停止装修、对房屋进行修复的通知后，应当及时停止其有损房屋结构的装修行为，并按照杜某等要求对房屋进行修复。但其仍继续施工，违反了合同约定，也违背了承租人应对房屋进行善意使用和管理的原则，已构成违约，应承担相应的违约责任。根据《合同法》第 219 条，“承租人未按约定的方法或者租赁物的性质使用租赁物，致使租赁物受到损失的，出租人可以解除合同并要求赔偿损失”和《城镇房屋租赁合同解释》第 7 条，“承租人擅自变动房屋建筑主体和承重结构或者扩建，在出租人要求的合理期限内仍不予恢复原状，出租人请求解除合同并要求赔偿损失的，人民法院依照合同法第二百一十九条的规定处理”的规定，杜某等诉请解除《租赁合同》有事实和法律依据，予以支持。

关于一审判决黄某甲等支付 61,500 元恢复房屋原状费用是否超过杜某等诉讼请求的问题。杜某等一审诉讼请求第 2 项为：判令黄某甲等立即恢复租赁房屋原状，将房屋交还。且在一审举证期限内亦未明确表示将诉讼请求变更为“请求上诉人支付恢复房屋原状的费用”。而《公估报告书》中“因装修造成损坏而需部分拆除和修复”并不等同于恢复原状，案涉房屋拆除及修复的工程费用与恢复原状的费用并不完全一致。故一审法院在杜某等没有主张的情况下，根据《公估报告书》中关于案涉房屋拆除及修复的工程费用的鉴定结论，径直判决黄某甲等支付恢复租赁房屋原状的费用 61,500 元，已超杜某等诉讼请求范围，属实体处理不当，予以纠正。

［裁判结果］

一审法院判决：1. 解除杜某与黄某甲于 2007 年 7 月 6 日签订的《租赁合同》；2. 黄某甲等腾退租赁的房屋；3. 黄某甲等支付 61,500 元恢复房屋原状费用给杜某等。黄某甲等不服一审法院判决，提起上诉。

二审法院判决：1. 维持一审法院判决第 1、2 项；2. 变更一审法院判决第 3 项为：黄某甲等对承租房屋恢复原状。

［裁判思路］

《城镇房屋租赁合同解释》第 7 条明确规定了承租人擅自变动房屋建筑主体和承重结构或者扩建，在出租人要求的合理期限内仍不予恢复原状，出租人有权依照《合同法》第 219 条规定解除合同并要求赔偿损失。审判实践中，需要把握以下几个方面：

1. 关于“房屋建筑主体和承重结构”的理解

房屋建筑主体和承重结构是指在建筑中，由若干构件连接而成的能承受作用的平面或空间体系。[①] 主体和承重结构要具备足够的强度、刚度、稳定性，用以承重建筑物上的各种荷载，建筑物主体和承重结构可以由一种或者多种材料构成。建筑物主体和承重结构是建筑物工程的重要部分，因此保证建筑物的主体结构工程质量是非常重要的，在建筑物合理使用寿命内，必须确保主体结构的质量，不得擅自变动房屋建筑主体和承重结构，否则可能对人身和财产安全构成威胁。因此，《建设工程质量管理条例》第 15 条第 2 款规定：“房屋建筑使用者在装修过程中，不得擅自变动房屋建筑主体和承重结构。”该款是专门对房屋使用者在装修过程中行为的禁止性规定。房屋建筑使用者，当然也包括房屋承租人，在进行装修过程中，承租人不得擅自变动房屋建筑主体和承重结构，如拆除隔墙，窗洞改门洞等，都是不允许的，至于哪些部位是承重结构，以及装修中应注意的其他事项，在房地产开发企业提供给用户的《住宅使用说明书》中作了说明。当然，承租人租赁房屋后，为满足使用功能和美观的需要，对房屋进行必要的装修作业是可以的。但该装修仅限于一般的装修工程，只是对小型、轻型材料、构件和非承重结构进行拆除和安装，不得涉及建筑主体和承重结构的变动。为了制裁房屋使用者擅自变动房屋建筑主体和承重结构的行为，《建设工程质量管理条例》第 69 条规定：“房屋建筑使用者在装修过程中擅自变动房屋建筑主体和承重结构的，

① 最高人民法院民事审判第一庭编著：《最高人民法院建设工程施工合同司法解释的理解与适用》，人民法院出版社 2004 年版，第 133 页。

责令改正，处5万元以上10万元以下的罚款。”①

2. 关于对“扩建”的理解

所谓扩建，是指在原有基础上加以扩充的建设项目；包括扩大原有产品生产能力、增加新的产品生产能力以及为取得新的效益和使用功能而新建主要生产场所或工程的建设活动；对于建筑工程，扩建主要是指在原有基础上加高加层（需重新建造基础的工程属于新建项目）。在城市规划区内扩建建筑物，必须首先向房产管理部门提出申请，在获得扩建批准文件后，再持有关批准文件向城市规划行政主管部门提出申请，由城市规划行政主管部门根据城市规划设计要求，核发工程规划许可证。建设单位和个人只有在取得建设工程和其他有关批准文件后，方可申请办理开工手续。因此，未经出租人同意并办理相关建设批准手续的扩建，扩建后的必然为违章建筑，亦必然给出租人的房屋造成损害。《合同法》第219条规定：“承租人未按照约定的方法或者租赁物的性质使用租赁物，致使租赁物受到损失的，出租人可以解除合同并要求赔偿损失。”上述法律从保护出租人重大物权利益角度，赋予出租人在房屋价值受到损害情况下享有合同解除权。

3. 关于对“合理期限内仍不予恢复原状”的理解

出租人作为房屋所有权人，当房屋因承租人擅自改变主体和承重结构或扩建受到损害时，有权要求承租人恢复原状。我们应当注意到，承租人对租赁房屋造成损害，出租人基于物权保护原状随时有权要求承租人恢复原状，不受合理期限的限制。但是当出租人行使解除权时，必须首先在“合理期限”内要求承租人恢复原状，承租人在此合理期限内不予恢复的，出租人方可行使解除权。

本案中，经鉴定结论确定案涉房屋承租人在装修过程中确有改变该房屋的部分承重结构及扩建的情况，并造成有局部的损害，且出租人在多次要求恢复原状的情况下，承租人依旧未完全予以恢复，因此，根据《合同法》第219条以及《城镇房屋租赁合同解释》第7条之规定，出租人有权解除房屋租赁合同。

［相关法律法规］

《合同法》第219条

《城镇房屋租赁合同解释》第7条

---

① 最高人民法院民事审判第一庭编著：《最高人民法院关于审理城镇房屋租赁合同纠纷案件司法解释的理解与适用》，人民法院出版社2009年版，第99页。

24. 租赁房屋存在危及承租人安全或者健康的质量问题，即使承租人订立合同时对此系明知，承租人仍然有权随时解除合同

【案例】

任某与朱某房屋租赁合同纠纷案①

［案号］

（2015）溧民初字第635号

（2015）常民终字第1665号

［案情］

2011年4月8日，任某、朱某双方签订一份《租房协议》，约定由朱某将位于溧阳市溧城镇人民路×号2楼西侧的营业房（约270平方米）出租给任某，租赁期限为5年，自2011年4月8日起至2016年4月7日止，租金为每年5万元整，任某于2014年3月7日向朱某支付了2014年4月8日至2016年4月7日的房屋租金90,000元，余10,000元未付（2014年之前的房租已经结清）。任某租用该房屋用于经营保安公司，后发现房屋有渗水现象，便数次通知朱某维修，朱某亦对此进行了几次维修，但渗水现象仍不能杜绝。2015年2月26日，任某委托代理人王某向朱某发出律师函，称因房屋出现严重渗漏问题，存在影响承租人生命、财产安全的隐患，任某决定解除双方之间的租赁合同，并要求朱某于2015年4月7日接收房屋并退还多余的租金。朱某于2015年3月1日收到该律师函。2015年3月，任某从租赁房屋搬出。后任某诉至法院，称其从朱某处租赁的房屋有严重渗水现象，影响使用，对任某的财产造成损失，任某已通知朱某解除了房屋租赁合同，朱某并未依法提出异议，故请求判令退还任某最后一年房屋租金40,000元（自2015年4月8日至2016年4月7日）。

一审审理中，任某明确其诉讼请求的依据是任某以发律师函的方式于2015年2月26日通知朱某单方解除了双方之间的租赁合同，单方解除合同的理由是租赁房屋渗水，存在影响承租人生命、财产安全的隐患。朱某则表示，双方签订协议之时，朱某已向任某说明房屋年限较长，存在外墙渗水现象，

---

① 见“任锡生与朱其平房屋租赁合同纠纷二审民事判决书”，载中国裁判文书网：http://wenshu.court.pcc，最后访问时间：2017年10月9日。

并建议任某在外墙搭建一个遮阳棚，实际上任某也已经搭建了，说明任某对此是明知的。且任某向朱某提出渗水事宜后朱某也派人进行了维修；房屋虽有渗水事宜，但不影响正常使用，也没有造成任某实际财产损失；根据协议约定，合同解除的条件只有双方协商一致或者出现了不可抗拒的因素，本案中没有出现符合约定的合同解除条件的情形或法定解除合同的情形。综上，任某应当继续履行合同并支付剩余的10,000元租金。

经法院组织双方到讼争房屋现场进行查看，发现房屋确实存在因渗水导致的外墙剥落、发霉现象，其中3个房间出现此种现象较为严重。双方均表示该房屋渗水问题一直存在，也进行过多次维修，但至今未能彻底解决。

[法院认为]

一审法院认为：房屋出租人有保证租赁房屋质量合格的义务，在房屋出现影响使用的质量问题时，出租人对此负有维修义务。租赁房屋若存在虽经维修但仍严重影响使用的质量问题，甚至导致合同目的不能实现或可能危及承租人安全或健康的，即使承租人订立合同时明知该租赁物质量不合格，承租人仍可以随时解除租赁合同。讼争房屋存在严重的渗水问题，且经过多次维修仍不得杜绝，法院曾组织双方至现场查看，发现多个房间墙面存在大面积的剥落、发霉情况，朱某自己也承认渗水现象无法根治，要求任某继续居住在讼争房屋内是不合理的；朱某认为任某明知房屋有渗水现象仍选择订立租赁合同便应坚持将合同履行完毕，这种想法既不符合相关法律规定，亦对任某不公平。鉴于本案讼争房屋的实际情况，法院确认任某于2015年2月4日向朱某做出解除合同的意思表示的效力，并认定双方之间的租赁合同于2015年3月1日（通知到达朱某时间）解除。双方之间的租赁合同既已解除，任某要求朱某退还已支付但并未实际发生的2015年4月8日至2016年4月7日的租金亦属合理。虽然朱某至今未接收房屋，但任某已履行通知义务并给予朱某一定的准备期，由此造成的租赁物空置期间租金损失应由朱某自行承担。

二审法院认为：本案的争议焦点在于，任某是否享有单方解除房屋租赁合同的法定权利。根据《合同法》第233条规定，租赁物危及承租人的安全或者健康的，即使承租人订立合同时明知该租赁物质量不合格，承租人仍然可以随时解除合同。就本案而言，任某在一审起诉时已经提交了租赁房屋内部渗漏情况的照片。该照片可以反映出房屋存在严重的渗漏问题，可能影响房屋中电器的正常安全使用以及承租人的安全和健康。在此情况下，即便任某在签订房屋租赁合同时已经明知该房屋存在一定程度的漏水现象而仍然选择租赁该房屋，也不会影响其法定解除权的享有和行使。一审对房屋进行现场勘查，目的在于核实任某一审时提交房屋照片的真实性以及房屋漏水情况的严重程度，并非单纯依据现场勘查时房屋的状况判断是否会危及承租人的安全或健康。故一审根据已经查明的事实认定任某享有解除合同的法定权利并无不当。

[裁判结果]

一审法院判决：朱某于判决生效之日起10日内接收溧阳市溧城镇人民路×号2楼西侧营业房的房屋，并向任某返还租金40,000万元。朱某不服一审法院判决，提起上诉。

二审法院判决：驳回上诉，维持原判。

[裁判思路]

《合同法》第94条规定了合同一方当事人单方解除合同的五种情形。《合同法》第233条规定，租赁物危及承租人的安全或者健康的，即使承租人订立合同时明知该租赁物质量不合格，承租人仍然可以随时解除合同。结合本案相关情节，双方签订协议之时，朱某已向任某说明房屋年限较长，存在外墙渗水现象，并建议任某在外墙搭建一个遮阳棚，实际上任某也已经搭建了，说明任某对此是明知的；任某提供了租赁房屋的相关照片，从中可以看出渗水、漏水情况较为严重，法院组织双方到现场进行勘察，发现房屋有大面积潮湿、发霉、墙面脱落的情形，更是确认了任某照片中反映的内容；且朱某自己亦承认房屋漏水渗水情形一直存在，虽经多次维修始终无法根治，由此可认定，该房屋存在较为严重的质量问题，可能影响房屋中电器的正常安全使用以及承租人的身心健康。故任某有权解除租赁合同。值得注意的是，本案是法院依法确认承租人单方解除房屋租赁合同有效，故合同解除的时间仍是出租人的通知到达承租人的时间，而不是法院判决的时间。

[相关法律法规]

《合同法》第233条

25. 承租人擅自变更租赁用途及经营范围，出租人有权依据合同约定行使合同解除权

【案例】

A 公司与 B 公司房屋租赁合同纠纷案[①]

[案号]

（2015）大民初字第 4125 号

（2016）京 02 民终 624 号

[案情]

2013 年 8 月 26 日，B 公司（甲方）与 A 公司（乙方）签订《租赁合同》，约定：甲方拥有某商业中心的建筑物所有权，甲方向乙方出租的商业用房位于建筑物地下一层南区部分，总建筑面积即计租面积约为 11600 平方米；另对于乙方自行装修的位于建筑物地下一层南区部分场地（总计约为 1100 平方米的物业），甲方同意乙方无偿使用该场地。乙方承租租赁物业从事商业店铺经营活动，乙方使用租赁物业的经营范围限于商品零售及批发，乙方保证在租赁物业租赁期内，未经甲方事先书面同意，不得擅自变更租赁用途及经营范围，否则甲方可以单方解除合同，乙方承担相关违约、赔偿责任。租赁期限为 2014 年 1 月 1 日至 2017 年 12 月 31 日。2014 年 1 月 1 日至 2014 年 12 月 31 日的租金为 10,460,900 元；2015 年 1 月 1 日至 2015 年 12 月 31 日的租金为 12,154,500 元。乙方无正当理由不按约定支付租金等费用的，未达到单方解除本合同条件的，乙方每日按当期月租金的 0.3% 向甲方支付违约金，乙方不按约定支付租金等费用的超过 30 天，甲方有权单方解除本合同。双方当事人并就其他事项进行了约定。

2015 年 1 月 13 日，B 公司向 A 公司发出解约通知书，载明：因贵司存在“擅自变更约定的租赁用途及经营范围”和“不按约定支付租金等费用的超过 30 天”违约行为，特通知贵司解除租赁合同，并要求贵司于 2015 年 2 月 15 日前将租赁物业返还原状后交还我司。同日，A 公司向 B 公司支付了滞纳金 170,000 元。

A 公司诉至法院，请求继续履行双方于 2013 年 8 月 26 日签订的《租赁

---

① 见“北京羽亨羽奥服装小商品市场有限公司与北京金色时枫房地产开发有限公司房屋租赁合同纠纷二审民事判决书”，载中国裁判文书网：http://wenshu.court.pcc，最后访问时间：2018 年 1 月 18 日。

合同》；B公司赔偿经济损失8,752,764.85元。

诉讼中，A公司表示2014年6月，其在承租场地增设儿童游乐场，经营面积约200平方米，其经营儿童游乐项目的状态一直存在，且事先与B公司口头沟通过，事后B公司也应当可以看到，在长达半年的时间里B公司都没有要求A公司整改，这就是默认、同意了A公司经营儿童游乐项目的行为。B公司表示A公司在经营儿童游乐项目之前没有经过其同意，不认可A公司所述的其默认、同意A公司经营儿童游乐项目的行为。双方当事人表示案涉租赁场地于2015年3月23日出现停水停电，之后又恢复了，长时间的停水停电发生在2015年下半年，现案涉租赁场地已由B公司停水停电、封场。

［法院认为］

一审法院认为：B公司与A公司签订的租赁合同，系双方当事人真实意思表示，不违反法律、行政法规的强制性规定，合法有效。A公司在租赁案涉场所过程中，超越经营范围经营，违反了合同约定，B公司行使解除权，符合法律规定，合法有效，双方之间的租赁合同因B公司行使单方解除权而解除，在双方合同已经解除的情况下，A公司要求继续履行涉案租赁合同，没有法律依据，不予支持。合同解除系A公司自身过错所导致，故其要求赔偿经济损失，没有法律依据，不予支持。

二审法院认为：B公司与A公司签订的租赁合同系双方当事人的真实意思表示，不违反法律、行政法规的强制性规定，合法有效，对双方当事人具有法律约束力。合同履行中B公司主张A公司存在违约行为，通知A公司解除合同。A公司不同意解除合同，起诉要求继续履行。诉讼中，双方当事人对于A公司经营儿童游乐项目是否构成违约，B公司是否违约以及合同是否解除发生争议。

关于A公司经营儿童游乐项目是否构成违约一节，双方都认可该项目超出了租赁合同所限定的经营范围。A公司主张双方通过行为就A公司经营儿童游乐项目、变更经营范围达成一致意见。B公司对A公司的上述主张不予认可。二审法院认为，虽然按照A公司所述，其于2014年6月开始经营儿童游乐项目，此后B公司两次收取A公司交纳租金并开具发票，均未对A公司经营儿童游乐项目提出异议，但是，双方合同约定，乙方保证在租赁物业租赁期内，未经甲方事先书面同意，不得擅自变更约定的租赁用途及经营范围，因此，如果A公司变更经营范围，应当事先经过B公司书面同意，这说明双方对于变更经营范围一事是审慎的，需要B公司作出明确同意的意思表示，现在A公司变更经营范围没有事先经过B公司的书面同意，A公司亦没有证据证明B公司以其他方式同意其变更经营范围或者于事后对变更经营范围一事予以追认，故在此情况下，A公司所述的B公司在A公司变更经营范围之后两次收取租金、开具发票，在7个月的时间内未就变更经营范围提出异议的情节并不足以作为认定B公司同意A公司变更经营范围的充分依据。

A公司上诉另主张其儿童经营项目仅占整体租赁面积不足1.6%，不构成租赁合同条款的实质性、根本性变更。二审法院认为，双方租赁合同约定，租赁用途：乙方承租租赁物业从事商业店铺经营活动，乙方使用租赁物业的经营范围限于商品零售及批发；乙方保证在租赁物业租赁期内，未经甲方事先书面同意，不得擅自变更本合同书第二条约定的租赁用途及经营范围，否则甲方可以单方解除本合同书。结合“经营范围限于商品零售及批发”以及“未经甲方事先书面同意，不得擅自变更租赁用途及经营范围”进行理解，可以认定双方在签订租赁合同时对于A公司的经营范围作出了明确的限定，未经B公司事先书面同意，A公司只能在合同限定范围之内从事经营项目，故擅自从事合同限定范围之外的经营项目，不论该经营项目面积的大小，也不论该经营项目所占整体租赁面积的比例大小，在性质上均属于合同所禁止的“擅自变更经营范围”的行为，均构成违约。且即便按照A公司所述，其经营儿童项目面积约200平方米，该面积在客观上亦具有一定的规模，故在认定经营儿童项目是否构成违约的问题上，该面积亦并非属于可以忽略不计的情节，故二审法院对于A公司关于其儿童经营项目占整体租赁面积不足1.6%，不构成租赁合同条款的实质性、根本性变更的主张不予采纳。故B公司向A公司发函，以A公司“擅自变更约定的租赁用途及经营范围”为由要求解除合同，具有合同和法律依据，且B公司解除合同的意思表示于2015年1月13日送达A公司，故二审法院认定双方租赁合同于2015年1月13日解除，A公司上诉要求继续履行合同，与合同已经合法解除的事实不符，对其该项请求不予支持。

关于A公司上诉主张B公司收取2015年上半年租金后不断干扰A公司正常经营秩序，使租赁场地长期不能满足适用状态，构成违约一节，二审法院认为，双方合同已于2015年1月13日解除，A公司提供的现有证据不足以证明B公司在合同解除之前存在干扰A公司正常经营秩序、使租赁场地不能满足适用状态的事实，故对于A公司的该上诉主张不予采信。

［裁判结果］

一审法院判决：驳回A公司的诉讼请求。A公司不服一审判决，提起上诉。

二审法院判决：驳回上诉，维持原判。

[**裁判思路**]

判定合同是否具备解除条件的基本规则是，有约定从约定，无约定从法定。根据契约自由和意思自治原则，合同双方当事人可以约定相应的解除事由，当约定的合同解除事由出现时，解除权人即可依照法定程序，即通知方式行使合同解除权。《合同法》第93条第2款规定："当事人可以约定一方解除合同的条件。解除合同的条件成就时，解除权人可以解除合同。"本案中，案涉租赁合同对承租人对租赁房屋的用途作有明确约定，即A公司使用租赁物业的经营范围限于商品零售及批发，并且对该限制性约定的除外条件予以明确，即需经B公司书面同意，否则不得擅自变更租赁用途及经营范围。因此，A公司所主张的双方已通过履行行为就A公司经营儿童游乐项目、变更经营范围达成一致意见，因缺少B公司书面同意，并不符合双方之间合同约定，故A公司的主张不能成立。关于A公司所主张的其儿童经营项目仅占整体租赁面积不足1.6%，不构成租赁合同条款的实质性、根本性变更，则涉及到合同约定解除与法定解除之区分。在是否构成合同法定解除的判断上，根本违约是其中重要一项评判依据，也即在双方当事人没有另行约定的情况下，对合同条款的一般性违反，不必然导致合同解除的法律后果。但需要强调的是，如双方当事人已就合同某一条款的违反明确约定作为解除事由，则无需再考量对该条款的违反是否构成根本违约，即约定优先于法定。因此，本案中，A公司擅自从事合同限定范围之外的经营项目，不论该经营项目面积的大小，也不论该经营项目所占整体租赁面积的比例大小，在性质上均属于合同所禁止的且被约定作为解除事由"擅自变更经营范围"的行为，故B公司有权依据合同约定，依法行使合同解除权。

[**相关法律法规**]

《合同法》第93、96条

26. 租赁双方对续租期限约定不明确的，应视为不定期租赁关系，当事人在租赁期限届满后可以通知解除合同

【案例】

A 公司与 B 公司房屋租赁合同纠纷案[①]

[案号]

（2016）渝 0111 民初 2554 号

（2016）渝 01 民终 5618 号

[案情]

A 公司与 B 公司于 2010 年 7 月 19 日签订《房屋租赁合同》，约定 B 公司将其所有的坐落于重庆市大足区北环二路东段 82 号“大足六顺花园”负一层市场部分（面积为 3500 平方米）出租给 A 公司，租赁期限自 2010 年 10 月 1 日至 2015 年 9 月 30 日，共计五年；租金及付款方式约定为：前两年的租金为 200,000 元 / 年，从第三年起每年递增 10% 的租金；付款方式，在本合同生效之日，A 公司向 B 公司一次性支付第一年租金 200,000 元，今后的租金在每年 9 月份支付下一年的租金。双方对交房期限、房屋用途、维修养护责任、房屋租赁期间的有关费用、违约责任等其他事项进行了约定。2011 年 8 月 7 日，双方又签订《房屋租赁补充合同》，该合同未对租赁期限进行约定，约定共五条：其中第一条为该房屋用途为家具销售商场；第二条付款方式为最后 2015 年 10 月 1 日至 2016 年 9 月 30 日 600,000 元租金，今后的租金在每年 9 月份支付下一年租金；第三条对装修和改变房屋结构约定为 A 公司不得随意损坏房屋设施，如需改变房屋的内部结构和装修或设置对房屋结构影响的设备，需先征得 B 公司书面同意，投资由 A 公司自理。退租时，A 公司在该租赁房屋内的装修不得拆除。归 B 公司所有；第四条对化粪池的使用进行了约定；第五条房屋渗漏维修由 A 公司负责。A 公司缴纳了从 2015 年 10 月 1 日至 2016 年 3 月底的房屋租赁费 300,000 元。

A 公司在使用租赁房屋过程中，因该房屋漏水、渗水情况严重影响家具卖场气氛，该租赁房屋经 A 公司多次维修仍无效，A 公司于 2016 年 1 月 22 日通知 B 公司，要求解除双方于 2010 年 7 月 19 日签订的《房屋租赁合同》

---

① 见“重庆雅弘家私有限公司与重庆市六顺房地产开发有限公司房屋租赁合同纠纷二审民事判决书”，载中国裁判文书网：http://wenshu.court.pcc，最后访问时间：2018 年 1 月 18 日。

和2011年8月7日签订的《房屋租赁补充合同》，并要求将租赁房屋在2016年3月31日前退还给B公司，又告知B公司，并不再支付2016年4月1日至2016年9月30日期间的租金。B公司于2016年1月28日回函称：B公司严格按双方之间合同约定履行义务，但A公司未依约支付租金，B公司已向人民法院起诉要求你司履行合同，支付租金。A公司于2016年1月22日来函要求解除合同，但解除合同需经双方协商一致，合同在解除前依然有效，双方均应严格履行。

A公司于2016年3月23日向公证处提出保全证据申请，公证处当即派出公证员于2016年3月23日十时整在A公司的工作人员龙某的带领下，对案涉租赁房屋进行了查勘，并制作了《工作记录》和光盘各一份，《工作记录》对该商场的现状记录如下："一、整个商场未摆放家具，经营的物品已全部撤离；二、经营场地内部分墙体有明显霉变、水渍现象，部分墙体与地面的接触处有积水"。

A公司于2016年3月23日前已将租赁房屋里的相关家具全部撤出，于2016年3月29日通过邮政特快向B公司邮寄通知，要求B公司于2016年3月31日前领回租赁房屋，并作说明：若B公司逾期未收回租赁房屋，造成损失及毁损与A公司无关。B公司于2016年3月30日签收该通知，至本案诉讼时B公司仍未验收租赁房屋和领回租赁房屋。

A公司向一审法院起诉请求：1.解除双方之间《房屋租赁合同》及《房屋租赁补充合同》；2.B公司赔偿A公司损失100,000元。

［法院认为］

一审法院认为：A公司与B公司签订房屋租赁合同系双方真实意思表示，双方均应当按照合同约定履行各自的义务。但本案的争议焦点在于双方所签订的《房屋租赁合同》和《房屋租赁补充合同》是否应予解除以及B公司是否应赔偿A公司100,000元的损失。首先，双方于2010年7月19日签订的《房屋租赁合同》约定了租赁期限，即自2010年10月1日至2015年9月30日，共计五年，该租赁合同对租赁房屋的基本情况、用途、期限、付款方式、维修养护责任等进行了约定，该份《房屋租赁合同》为约定了租赁期限的合同；后双方又于2011年8月7日签订了《房屋租赁补充合同》，该份补充合同仅约定了租赁房屋的用途、租金的支付方式和期限以及对该租赁房屋的装修和改变房屋结构进行了约定，未对租赁期限进行约定，该份《房屋租赁补充合同》应为不定期租赁合同；后A公司在使用租赁房屋的过程中，因该租赁房屋漏水、渗水情况严重，经A公司多次维修无效，导致无法实现A公司的合同目的，A公司于2016年1月22日书面通知B公司，要求解除双方之间签订的《房屋租赁合同》和《房屋租赁补充合同》，A 公司的解除合同通知书符合《合同法》第 94 条第 1 款第 1 项的规定“因不可抗力致使不能实现合同目的”；又符合《合同法》第 96 条的规定“当事人一方依照本法第九十三条第二款、第九十四条的规定主张解除合同的，应当通知对方。合同自通知到达对方时解除。对方有异议的，可以请求人民法院或者仲裁机构确认解除合同的效力。法律、行政法规规定解除合同应当办理批准、登记等手续的，依照其规定”。综上，一审法院认为案涉《房屋租赁合同》和《房屋租赁补充合同》从 2016 年 4 月 1 日起予以解除。B 公司向 A 公司回函及在庭审中辩解称解除合同需经双方协商一致，合同在解除前依然有效，双方均应严格履行，一审法院认为本案属于不可抗力引起 A 公司无法继续履行合同，本案适用《合同法》第 94 条第 1 款第 1 项和第 96 的规定，故 B 公司的回函内容和辩解理由，一审法院不予支持。其次，双方之间《房屋租赁合同》第 15 条中已约定，因不可抗力原因导致该房屋毁损和造成损失的，双方互不承担责任；本案中，A 公司即使有损失，也属于不可抗力引起的损失；据此，对 A 公司的该项诉讼请求不予支持。

二审法院认为：关于案涉租赁合同关系为定期还是不定期的问题，虽然双方于 2010 年 7 月 19 日签订的《房屋租赁合同》明确约定了租赁期限和租金标准，但 2011 年 8 月 7 日签订的《房屋租赁补充合同》中未再明确约定租赁期限，双方在补充合同第二条约定的“最后 2015 年 10 月 1 日至 2016 年 9 月 30 日是 60 万租金”，二审法院认为该项约定更侧重于是对 2010 年 7 月 19 日租赁合同所约定租赁期限届满后的租金标准的重新约定，再结合该条后一句话“今后在每年 9 月份支付下一年度租金”的约定，双方补充合同第二条可理解为“双方在五年租赁期限届满后的租金标准为每年 60 万元，如 A 公司要继续租赁则应在每年 9 月份支付下一年度租金”，因此二审法院认为补充合同中双方之间关于 2015 年 10 月 1 日之后的租赁期限约定并不明确。按照《合同法》的相关规定，租赁双方对租赁期限约定不明确的，应视为不定期租赁合同关系，当事人可以提前通知随时解除合同。现 A 公司已提前书面通知 B 公司解除合同，二审法院对此予以确认。

[裁判结果]

一审法院判决：1. 自 2016 年 4 月 1 日起，解除 A 公司、B 公司于 2010 年 7 月 19 日签订《房屋租赁合同》和于 2011 年 8 月 7 日签订《房屋租赁补充合同》；2. 驳回 A 公司的其他诉讼请求。B 公司不服一审判决，提起上诉。

二审法院判决：驳回上诉，维持原判。

［裁判思路］

本案的焦点问题为A公司主张合同解除的请求能否成立以及如何正确认定合同解除的依据。本案中，一、二审法院虽均支持A公司解除合同的主张，但依据却有所不同。其中，一审法院认定案涉租赁合同解除的依据是《合同法》第94条第1款第1项规定的“因不可抗力致使不能实现合同目的”，而二审法院系以《合同法》第232条关于租期不明时的处理作为认定案涉租赁合同解除的依据。本案中，双方当事人先后签订了《房屋租赁合同》和《房屋租赁补充合同》，其中，《房屋租赁合同》对租期作有约定，即自2010年10月1日至2015年9月30日，共计五年，而在《房屋租赁补充合同》中，双方对租期并未另作约定。根据《合同法》第232条规定，当事人对租赁期限没有约定或者约定不明确的，视为不定期租赁，当事人可以随时解除合同，但出租人解除合同应当在合理期限之前通知承租人。A公司作为承租人，且仍就合同解除事宜提前通知B公司，故应以其通知中确定的时间作为合同解除的时间。故二审法院在对案涉租赁合同解除依据予以调整论述的前提下，维持一审法院判决结果的处理是正确的。

［相关法律法规］

《合同法》第94、96、232条

第二节　合同解除后的租赁物返还及违约责任承担

租赁合同为继续性合同，在合同存续期间，承租人以支付租金为对价而对租赁物使用、收益。合同消灭之后，租金虽有返还可能，承租人之使用、收益却不可能返还。因此租赁合同的消灭只能向将来发生，而不能溯及既往；其消灭之效果只能从产生终止原因之时起，向将来发生效力。[①] 在本章第一节中，主要针对房屋租赁合同当事人解除权行使问题进行探讨，即房屋租赁合同能否解除问题，而本节主要研究的问题，是房屋租赁合同解除后的财产返还及相关责任问题。

《合同法》第97条规定：“合同解除后，尚未履行的，终止履行；已经履行的，根据履行情况和合同性质，当事人可以要求恢复原状、采取其他补救措施，并有权要求赔偿损失。”租赁合同终止后，承租人负有返还租赁物的义

① 崔建远：《合同法学》，法律出版社2015年版，第384页。

务。逾期返还，承租人应负担租赁物占有使用费。据此，房屋租赁合同纠纷案件中，在合同解除后，主要涉及租赁房屋的返还、恢复原状及损害赔偿问题。本节将就房屋租赁合同解除后，租赁房屋返还的标准及相关违约责任的承担问题进行探讨。

27. 出租人与承租人对租赁合同的解除均有过错的，应分别按照各自的过错程度承担相应的责任

【案例】

某国资公司与张某租赁合同纠纷案[①]

［案号］

（2012）姑苏民五初字第0074号

（2013）苏中民终字第1647号

［案情］

苏州市娄江新村50幢（3–6层）建筑面积991.88平方米房屋，系国有房产，产权于1998年8月登记在某国资公司名下；土地使用权于2011年6月办理至某国资公司名下，土地使用权类型为划拨，土地用途为住宅。

2009年11月25日，苏州市某区国资办（甲方）、某国资公司（乙方）、张某（丙方）签订合作意向书，约定丙方拍买乙方名下娄门路318号房屋中沿莫邪路3–6层住宅1901.76平方米、向甲方承租娄门路318号1层、2层4349.58平方米、向乙方承租娄门路318号房屋中沿娄门路、莫邪路转角3–6层991.88平方米、向甲方承租娄门路318号地下室3016.91平方米，并约定三方在两个月内订立正式合同。

2010年1月29日，某国资公司（甲方）与张某（乙方）签订房屋租赁合同书1份，乙方向甲方承租苏州市娄门路318号（娄江新村50幢）、莫邪路转角3–6层，房产总建筑面积991.88平方米，租赁期限15年，自2010年2月1日起至2025年1月31日止；甲方同意给予乙方8个月的免租期（2010年2月1日至2010年9月30日）供乙方装修，乙方无需承担上述期间的租

① 见“张京与苏州市平江区集体（国有）资产经营公司租赁合同纠纷二审民事判决书”，载中国裁判文书网：http://wenshu.court.pcc，最后访问时间：2018年1月18日。

金，因乙方违约解除或因违约被解除合同，乙方应按首年租金标准计算并支付上述期间对应的房屋使用费；租金以 20 元 / 平方米 / 月为标准测算年租金，基础年租金确定为 238,051 元（即前三年每年租金，租金从 8 个月免租期结束后开始计算），第四年起每三年递增 5%，合同签约后在免租期结束前即 2010 年 9 月 15 日前须支付租金 59,512.75 元，先付后用，其中 2010 年 10 月至 2013 年 9 月的租金在每年的 3 月 15 日、6 月 15 日、9 月 15 日、12 月 15 日前支付，首次支付时间为 2010 年 9 月 15 日；乙方迟延付款达 30 日，按乙方逾期付款规定处理。合同第 15 条约定，乙方自行经营酒店或商务楼，不得整体转租，如需改变用途需向甲方书面报告并征得甲方同意后方可实施。第 17 条约定，乙方不得随意改变、损坏房屋结构和设施。乙方如需对租赁物改建、修缮、装修的，应当事先将改建、修缮、装修的所有设计、图纸和施工方案必须报送消防部门审核，在经过消防部门及有关设计部门审查和甲方同意后方可按房屋建设程序施工。第 26 条约定，乙方办理消防、环保、工商、特行、卫生、税务等相关营业手续时，甲方应在能力范围内协助办理并配合提供相关有效文件资料，如果因甲方原因致使乙方无法办理相关手续，无法继续履行合同的，甲方除承担违约责任外，还应折价装修费用一次性支付给乙方。第 28 条约定，乙方在本合同签订之日起免租期内应完成对租赁场所所有消防设施的增补、改造和修缮，使之满足消防安全需要，并通过消防部门的合格验收，一切费用乙方承担。第 48 条约定，如果因甲方非正当原因致使合同无法履行，甲方应付乙方违约金，违约金以剩余租期内应交租金总额的 1 比 1.2 计算，但不超过合同总租金的 20%；如果因乙方非正当原因致使合同无法履行，乙方应付甲方违约金，违约金以剩余租期内应交租金总额的 1 比 1.2 计算，但不超过合同总租金的 20%。第 49 条约定，乙方逾期支付应支付的租金，自逾期之日起每日按应交付租金的 1‰向甲方支付违约金，但违约金累计不超过 3 个月的租金，乙方如拖欠租金达 30 天以上，甲方有权收回房屋并追究乙方违约责任。

2010 年 1 月 20 日，张某与某装饰公司签订酒店装饰装潢工程承包合同，约定由某装饰公司承包娄门路 318 号酒店装饰装潢工程，自 2010 年 1 月 25 日起施工，至 2010 年 7 月 25 日竣工，约定地下 1 层及地上 1 层至 2 层造价 800 万元，地上第 3 层至 6 层造价为 2,584,558.41 元。2010 年 11 月 5 日，张某与某酒店管理公司签订酒店委托管理合同，委托服务期自 2010 年 11 月 10 日至 2015 年 11 月 15 日。

2010 年 5 月 28 日，苏州市某区国有资产监督管理局向苏州市某区消防大队报告称：娄门路 318-4 号是娄门路 318 号的一部分，该处房屋及土地均属于区属国有资产，房屋建筑面积991.88平方米、土地分摊面积289.1平方米，土地用途为城镇混合住宅用地；娄门路318号原先租赁给某医院使用，在某医院搬离后该局积极招商，通过认真比选，同时考虑区域经济整体和长远的发展，经报请相关领导同意，最终选择某酒店管理公司开设商务酒店，娄门路318-4号也作为商务酒店的一部分；该局将督促某酒店管理公司严格按照消防要求进行酒店改造，请贵单位在消防审批等方面予以指导的支持。原苏州市某区政府于2010年5月31日在该报告下方盖章并注明“请区消防大队予以支持和指导，并按要求验收。”

2010年11月4日，某酒店管理公司在娄门路318号的1-2层房屋开设，3-6层因未能办理消防手续，故未作酒店经营，张某亦未按约向某国资公司支付3-6层的房屋租金。2011年7月，某国资公司向张某发出律师函，要求张某支付2010年10月1日至2011年9月30日的租金238,051元及合同押金50,000元。

一审审理过程中，当事人双方对解除租赁合同均无异议，一审法院多次向张某进行法律释明，为减少损失扩大，告知其有必要先行返还租赁房屋，但张某于2012年9月18日明确表示不同意交接。一审法院于2013年4月9日对现场进行了勘查，发现6层有人在办公；5层共4个房间，其中1个房间作为员工宿舍使用，其它房间未发现有客人；3、4层均未发现有客人。

某国资公司向一审法院起诉请求：1. 解除某国资公司、张某于2010年1月29日签订的房屋租赁合同；2. 张某支付2010年10月1日起至2011年9月30日的租金238,051元，并支付自逾期之日起按每天千分之一计算的逾期付款违约金53,561元，合计291,612元。诉讼中，某国资公司增加诉讼请求，要求张某支付2010年2月1日至2010年9月30日的租金158,700.67元，支付2011年10月1日至2012年9月30日止的租金238,051元，支付2012年10月1日起至实际腾房之日止按年租金238,051元计算的租金。

张某提出反诉，请求判令某国资公司支付违约金750,649元，赔偿装修费用2,506,004元，合计3,256,653元。诉讼中，张某变更装修费用的赔偿金额为1,710,772.56元。某国资公司则认为承租方未与其签订租赁合同之前就已经与他人签订装修合同并施工，在施工过程中未将设计施工方案报送任何部门及出租方审核，因此导致的装修损失应当由其自行承担，某国资公司不同意利用。

［法院认为］

一审法院认为：某国资公司与张某于2010年1月29日签订的房屋租赁合同书成立、有效。本案所涉娄江新村50幢3-6层房屋的土地性质系住宅用途，某国资公司将房屋出租给张某进行商业使用（酒店或商务楼），必将改变土地的原有用途。《城乡规划法》第 43 条规定，建设单位应当按照规划条件进行建设；确需变更的，必须向城市、县人民政府城乡规划主管部门提出申请。根据 2009 年 5 月 1 日施行的原公安部《建设工程消防监督管理规定》第 15 条关于建设单位申请消防设计审核应当提供的材料的规定，参照苏公消防（2012）14 号《关于建设工程消防监督管理工作有关事项的通知》关于“改建工程改变原规划确定的用途或者住宅改变为经营性用房的，申请消防设计审核或设计备案抽查时，应提供城乡规划主管部门批准的证明文件”的规定，本案中某国资公司出租房屋的土地性质为住宅，在未办理相关批准手续前无法用于开设酒店或商务楼。现某国资公司主张解除租赁合同，张某认为开设酒店的租赁目的无法实现而同意解除合同，故一审法院准许解除合同。合同解除后，张某应及时将租赁房屋返还给某国资公司。

根据《合同法》第 216 条的规定，出租人应当按照约定将租赁物交付承租人，并在租赁期间保持租赁物符合约定的用途，即出租人的主给付义务是使承租人在租赁期间内能够对于租赁物为合于合同目的的使用和收益。现某国资公司提供的房屋实际无法用于开设酒店或商务楼，故对于某国资公司主张的 2010 年 10 月 1 日起按合同约定应由张某向其支付的租金，可以适当降低，一审法院酌情确定为约定租金的 60%。在本案一审审理过程中，虽然双方当事人均同意解除租赁合同，但张某经一审法院释明拒绝先行返还房屋以避免损失扩大，故自一审法院向其释明之日 2012 年 9 月 18 日起再给予其 1 个月的搬迁期限，之后扩大的损失应当由张某张某自行负担。因此，对于某国资公司主张的租金，自 2010 年 10 月 1 日起至 2012 年 10 月 17 日止，按年租金 238,051 元的 60% 计算，认定为 292,188 元；自 2012 年 10 月 18 日起张某张某应按合同约定的年租金 238,051 元的标准向某国资公司支付租金（包括合同解除后的使用费）。关于某国资公司主张的 2010 年 2 月 1 日至 2010 年 9 月 30 日期间的租金，因上述期间系租赁合同约定给予承租方进行装修的免租期，承租方无需承担期间的租金，而本案租赁合同最终解除系因承租方合同目的无法实现，并非张某单方违约所致，故对于某国资公司要求张某承担上述期间租金 158,700.67 元的请求，一审法院不予支持。

双方之间的租赁合同解除后，对已形成附合的装饰装修物在剩余租赁期内的残值损失，应根据各自的过错承担相应的责任。张某在某国资公司仅出示房屋所有权证、尚未办理土地使用证的情况下，未尽注意义务去了解租赁房屋的使用性质，签约后又未将装修的设计、图纸和施工方案报送消防部门审核同意，其基于对相关部门招商项目的盲信，未经消防部门审核同意即行施工，其对因合同目的不能实现而导致最终租赁合同的解除以及所造成的装修损失应承担主要责任；某国资公司明知出租房屋土地系住宅用途，未办理相关变更手续之前，该房屋不能用于商业性质，其仍然出租给张某并约定用于酒店或商务楼，其明知张某开设酒店或商务楼必然会进行装修而对张某的装修行为予以默示，视为其同意装修，其对本案租赁合同最终解除及张某的装修损失负有次要责任。一审法院根据张某的申请委托造价师价格事务所对装修费用进行鉴定，造价师价格事务所于 2012 年 11 月 28 日出具鉴定结论书，装修费用为 1,710,772.56 元，一审法院对该鉴定结论予以认定。鉴定结论确定的金额为装修的造价，装修残值则应根据剩余租赁年限予以确定。双方之间的租赁期限自 2010 年 2 月 1 日起至 2025 年 1 月 31 日止（共 180 个月），其中 2010 年 2 月 1 日至 9 月 30 日为装修的免租期（共 8 个月），该租赁期限不计算在装修费用的摊销期内。因此，租赁合同解除后装修残值损失的计算方式为：1,710,772.56 元 ÷ 172 个月 × 合同解除之日至 2025 年 1 月 31 日租赁期满的剩余租赁期限（单位：月），该损失根据双方的过错由某国资公司承担其中的 40%，其余损失由张某自行负担。张某要求按鉴定结论金额赔偿其装修损失 1,710,772.56 元，缺乏法律依据，一审法院难以支持。

关于某国资公司与张某各自主张的违约金，因本案中导致租赁合同解除系双方原因所致，而非单方违约造成合同解除，故对于双方各自主张的违约金，一审法院均不予支持。

二审法院认为：双方于 2010 年 1 月 29 日签署的《房屋租赁合同书》成立、内容合法有效且已经发生法律效力，双方的权利义务关系首先取决于房屋租赁合同具体条款的约定。但是，《房屋租赁合同书》关于经营范围的条款（第 3 条、第 27 条）为空白，没有对房屋是否用于经营酒店的明确约定。对此，张某认为，合同第 15 条关于“租赁期间，乙方自行经营酒店或者商务楼，不得整体转租”的可以视为经营范围的约定。但是，此条的主旨在于禁止承租人擅自将房屋转租，而非双方约定经营范围。该条的“自行经营”的字面意思无法被理解为双方就张某在此处经营酒店或者商务楼达成了一致意思。双方于 2009 年 11 月 25 日签署的《合作意向书》中，也没有写明房屋用于何种经营项目。纵使按照最有利于张某的方式对《房屋租赁合同书》的相关条款加以解释，即认为其第 15 条可以填补第 3 条和第 27 条关于经营范围约定的空白，则根据合同第 3 条和第 27 条的其余内容，此二条款对张某擅自变更经营范围作出了限制，而并非某国资公司对系争房屋用于特定的经营范围作出了承诺或保证。简言之，《房屋租赁合同书》本身并无约定某国资公司向张某承担房屋能用于经营酒店的担保义务。

张某认为《房屋租赁合同书》已经明确约定双方的经营范围包括了经营酒店，据此主张根据《合同法》第216条关于出租人应当在租赁期内保证租赁物符合约定的用途的规定，无论房屋租赁合同本身是否明确约定，某国资公司都应当承担房屋能用于经营酒店默示保证责任。《合同法》第216条的规定是指租赁物在物理性质和法律权利上的符合约定的用途，房屋在物理性质上是否合适经营酒店并非本案双方当事人所争议的问题。房屋所有权自1998年就登记在某国资公司名下，也并无瑕疵。但是，房屋的土地性质为划拨，而且土地使用权证直到2011年6月才变更登记到某国资公司名下，这是一种权利瑕疵。土地利用类型会对建筑在其上的房屋的经营范围产生影响，这一点，某国资公司作为一家资产管理公司应当明了。根据《房屋租赁合同书》第22条关于房屋状况明确告知义务的约定和《合同法》第6条确立的合同诚信原则，某国资公司未在合同签署前和签署时将与本案系争房屋有关的土地利用类型和土地证尚未办理到己方名下的事宜明确告知张某，显有不妥。张某若认为合同之目的是经营酒店，则张某意欲承租房屋并经营酒店，应当对相关土地法律法规有必要的了解和认识。因此，对房屋不能用于经营酒店，双方都有一定的责任。一审判决认定导致合同解除是双方原因所致，而不是某一单方违约所致，相关认定并无不当。一审判决根据双方在履约过程中的过错，对房屋租金下调至合同约定租金的60%，相关裁量并无失当。

根据《合同法》第93条第1款之规定，合同协议解除是指双方就解除合同本身达成了一致。本案中双方都无意继续履行合同，因此双方对解除合同的意思一致。此节事实并不影响导致合同因无法履行而解除的违约责任及相关损失的判定，相关部分前已述及。故张某关于某国资公司单方违约导致合同解除的上诉主张，以及认为张某不应承担一审释明后扩大损失的主张，二审法院均不能予以支持。

关于张某所谓不缴纳租金是行使《合同法》第67条合同履行抗辩权的观点，二审法院认为，房屋租赁合同本身并无约定某国资公司向张某承担保证房屋能用于经营酒店的义务，故所谓合同履行抗辩权行使的前提不存在。但考虑到某国资公司对房屋无法用于经营酒店有一定的责任，一审判决已对租金酌定打六折处理。

张某对一审判决主文第3项关于装修残值按照双方过错分担的判项提出了上诉，认为应当根据双方的租赁合同条款来处理装修残值，而不应适用《城镇房屋租赁合同解释》第11条来处理。但其列举的《房屋租赁合同书》第22条和第48条都不是双方对装修问题的约定。《房屋租赁合同书》第26条第2款对消防、环保等经营所需的审批事项的报批义务主体进行了约定，张某有向相关部门申报审批的义务，而某国资公司承担的是协助义务。在消防报批的问题发生后，某国资公司联系其主管部门向消防大队发出第45号文，请求在消防审批方面给予指导和支持。这是一种协助上诉人履行消防报批义务的行为。某国资公司已经履行了自己的协助义务，系争房屋不能通过消防审批的原因不是“因甲方原因致使乙方无法办理相关手续”，而是因为缺少苏公消防（2012）14号文件所规定的变更土地性质后的规划许可证明文件。双方确对装修残值分摊进行了约定，但是该条约定载明的条件在本案的纠纷中并不满足，本案中不具备适用该条约定的前提。所以一审法院就残值根据《城镇房屋租赁合同解释》第11条来裁判，适用法律正确。装修损失的产生与消防报批不能通过和房屋不能用于经营酒店有直接关系。张某在租赁合同签署之前，也就是双方对消防审批申报的义务主体尚未确定以前就签署了酒店装潢合同，这是导致装修损失发生的重要原因。如果张某在装修前就将相关手续报给消防部门，消防明确不能通过，则装修损失是可以避免的，故张某对装修损失的发生负有责任。如前所述，双方对房屋无法用于经营酒店都有一定责任，故一审法院与租金下调比例同样的比例对装修损失加以分摊，并无不妥。

一审判决对房屋租金下调至约定租金的60%，并未超过订立合同时任何一方能够合理预见的违约损失，所以张某应当承担租金损失和一审释明后的扩大损失。

［裁判结果］

一审法院判决：1. 某国资公司与张某于2010年1月29日签订的房屋租赁合同书于判决生效之日解除，张某搬离并将租赁房屋返还某国资公司；2. 张某支付某国资公司自2010年10月1日起至2012年10月17日止的租金292,188元，并按年租金238,051元的标准向某国资公司支付自2012年10月18日起至搬离之日止的租金；3. 某国资公司向张某赔偿剩余租赁期内装修残值损失的40%；4. 驳回某国资公司的其他诉讼请求；5. 驳回张某的其他诉讼请求。张某不服一审判决，提起上诉。

二审法院判决：驳回上诉，维持原判。

［裁判思路］

本案某国资公司诉请解除案涉租赁合同，对此张某不存在异议，双方争议的焦点为合同解除后的法律后果，即本案争议的租金以及装饰装修损失的承担问题。

第一，关于因案涉租赁合同目的无法实现而导致解除的过错责任问题。双方争议在于某国资公司是否有向张某承担租赁房屋能用于经营酒店的合同义务，这涉及到对合同条款的分析和理解。首先，案涉合同关于经营范围的条款为空白，没有对房屋是否用于经营酒店的明确约定。其次，案涉合同中关于“租赁期间，乙方自行经营酒店或者商务楼，不得整体转租”的约定其主旨在于禁止承租人擅自将房屋转租，而非双方约定经营范围，“自行经营”的字面意思无法被理解为双方就租赁标的限于经营酒店或者商务楼达成合意。因此，案涉合同本身并无约定某国资公司向张某承担房屋能用于经营酒店的担保义务。但由此并不能完全否定某国资公司在合同签订及履行过程中存在过错。因案涉房屋的土地性质为划拨，土地使用权证直到 2011 年 6 月才变更登记到某国资公司名下，且土地利用类型势必会对建筑在其上的房屋的经营范围产生影响，故案涉房屋事实上存在权利瑕疵。对此，某国资公司未在合同签署前和签署时将与案涉房屋有关的土地利用类型和土地证尚未办理到己方名下的事宜明确告知张某，存在过错。而张某作为酒店经营者，亦应对经营所涉相关法律法规有所认识，故张某对其合同目的无法实现最终导致解除亦存有过错。一、二审法院在裁判论理中对于导致合同解除是双方原因所致，而不是某一单方违约所致均作有明确论述，符合相关法律规定及本案实际情况。关于扩大损失部分，根据《合同法》第 119 条关于减损规则之规定，当事人一方违约后，对方应当采取适当措施防止损失的扩大；没有采取适当措施致使损失扩大的，不得就扩大的损失要求赔偿。根据立法精神，该规则同样适用于双方违约情形。本案中，因张某经营酒店之合同目的无法实现，在诉讼中，双方虽均同意解除租赁合同，但经法院释明后，张某仍拒绝先行返还房屋以避免损失扩大，故自一审法院向其释明的搬迁期限起，之后扩大的损失应当由张某自行负担。

第二，关于装饰装修的损失承担问题。根据《城镇房屋租赁合同解释》第 11 条合同解除时装饰装修物处理之规定，首先，当事人事前有约定或事后达成合意的，按双方协议结果处理。如没有约定或不能达成一致意见的，当房屋租赁合同因承租人与出租人双方违约行为而导致解除时，承租人和出租人应当分别承担违约责任，即出租人和承租人分别按照各自的过错和违约程度承担相应的损失。如出租人同意利用该装饰装修的，则应在剩余租赁期限内装饰装修残值减去出租人同意利用并补偿的部分后，由双方按过错程度承担相应损失。本案中，双方当事人对于合同解除均有过错，且某国资公司明确表示不同意利用，在此情况下，一审法院依据鉴定得出的装饰装修残值，结合双方过错程度进行裁量后，并适用《城镇房屋租赁合同解释》第 11 条来裁判，适用法律正确。张某虽主张应当根据双方的租赁合同条款来处理装修残值，但案涉合同中关于对装修残值分摊进行的约定，其适用的前提条件在本案的纠纷中并不具备，故其主张不能成立。

［相关法律法规］

《合同法》第93、97、119、120、216条

《城镇房屋租赁合同解释》第11条

28. 租赁合同解除时，关于合同中约定的“入场费”性质及返还标准的确定

【案例】

顾某与罗某房屋租赁合同纠纷案①

［案号］

（2016）川0107民初57号

（2016）川01民终4141号

［案情］

2015年1月2日，罗某与顾某签订《房屋租赁契约》，约定：顾某承租罗某的位于武侯区大华街×号附×号的房屋，租期从2015年1月3日至2020年1月2日；顾某需向罗某支付入场费250,000元。顾某向罗某支付入场费250,000元，支付房屋租金至2015年12月31日。《房屋租赁契约》第一条载明：“……以上租金均按半年一付，由乙方（顾某）提前1个月付给甲方（罗某）。如乙方拖欠租金达1个月以上，甲方可单方终止合同，收回出租房，并收取乙方违约金20,000元……”；备注载明：“本商铺原则上不能经营餐饮，乙方做面馆在不影响周围邻居的情况下，并办理了营业执照，甲方可认可，如因政府行为导致乙方不能经营（有政府的书面通知），甲方按使用天数收取乙方房租……”。罗某于2016年1月3日，在物业管理公司的见证下收回案涉房屋。

顾某诉至一审法院，请求判令：1. 确认《房屋租赁契约》于2015年10月9日解除；2. 罗某向顾某退还租赁入场费211,507元；3. 罗某向顾某退还2015年10月11日至2016年1月3日的租金59,651.76元；4. 罗某向顾某赔偿装饰

① 见“罗彬与顾俊川房屋租赁合同纠纷二审民事判决书”，载中国裁判文书网：http://wenshu.court.pcc，最后访问时间：2018年1月18日。

装修损失 39,098 元。

[法院认为]

一审法院认为：罗某与顾某形成的房屋租赁合同法律关系是各方当事人的真实意思表示，不违反法律、行政法规的强制性规定，应属合法有效。

关于《房屋租赁契约》解除的问题。根据《房屋租赁契约》的约定，案涉房屋原则上不能经营餐饮，顾某未按照《房屋租赁契约》的约定使用案涉房屋属于违约行为。鉴于顾某已将案涉房屋装修为中餐馆，顾某无法继续按现状使用案涉房屋，而改变案涉房屋现状继续履行合同又将给顾某带来沉重的履约成本，履行后果不符合合同订立的目的。故顾某向罗某发出《房屋租赁契约解除通知书》，罗某在收到该通知书后的法定期限内未提起合同解除异议之诉。顾某要求确认《房屋租赁契约》于 2015 年 10 月 9 日解除的诉请，符合法律规定，一审法院予以支持。

关于入场费的问题。《房屋租赁契约》所对应的入场费系转让费的性质。该费用的产生系商业活动中常见的现象，对于该费用的对应价值考察一般应注意出租商铺是否经出租人装修、转让行为中是否对应已有营业的市场份额、知名度、客户群体等无形资产情况。就本案查明的事实来看，案涉商铺在出租给顾某之前，未进行相关的经营，没有明显的稳定客户群体及知名度。故顾某要求罗某退还部分租赁入场费，即 211,507 元的诉请，符合查明事实，一审法院予以支持。

关于 2015 年 10 月 11 日至 2016 年 1 月 3 日租金和装修装饰损失的问题。《房屋租赁契约》虽于 2015 年 10 月 9 日解除，但该解除的结果系由顾某违约造成，且顾某作为承租人负有向罗某返还房屋的义务。顾某举示的证据不足以证明向罗某主动履行了返还案涉房屋的义务。且就罗某举示的证据来看，罗某系于 2016 年 1 月 3 日收回案涉房屋，故 2015 年 10 月 11 日至 2016 年 1 月 3 日的房屋占用使用费应由顾某承担。故顾某要求罗某退还 2015 年 10 月 11 日至 2016 年 1 月 3 日的租金 59,651.76 元的诉请，不符合查明事实及法律规定，一审法院不予支持。同理，顾某违约导致《房屋租赁契约》解除，应承担自行承担相应的装修损失。故顾某要求罗某赔偿装饰装修损失 39,098 元的诉请，不符合法律规定，一审法院不予支持。罗某因顾某的违约行为造成的损失，可另案起诉主张。

二审法院认为：根据双方当事人的诉辩意见及一审判决，本案争议焦点在两个方面。

关于合同解除时间的确认。罗某称顾某是租赁合同的违约方，无权单方解约，而罗某作为守约方，于 2016 年 1 月 3 日收回房屋才是行使合同解除权，合同应于此时被解除。二审法院认为，双方签订租赁合同后，本应诚实履行。我国《合同法》赋予了当事人合同约定或法定解除权。凡行使法定解除权，原则上为守约方，违约方无权单方解除合同。就本案而言，一审法院认为双方合同解除时间为2015年10月9日，系以顾某于2015年10月9日提出解除合同后，罗某收到通知未在法定期限内提出异议之诉为由，并适用《合同法》第96条作出如此裁判。二审法院认为，《合同法》第96条规定适用的情形系当事人一方依约定或法定解除条件主张解除合同，而本案顾某行使的解除权并非约定，且因单方违约使合同履行受到阻碍，其无权行使《合同法》第94条规定的法定解除权。一审判决将顾某错误行使解除权发出的解除合同通知时间判定为合同解除时间，违反法律规定，认定错误，应予纠正。因顾某违约，罗某于2016年1月3日收回房屋，相当于解除合同，至此双方租赁合同关系方为解除。故顾某应支付罗某房屋租金止于2016年1月3日。一审法院将2015年10月11日至2016年1月3日期间的租金定为房屋占用使用费并由顾某承担，虽然性质认定错误，但结果并无不妥。

关于入场费的退还问题。在租赁关系中，法律并未禁止约定入场费，故双方约定的由出租方罗某收取入场费应合法有效。但关于入场费的性质，法律并无规定。本案中，根据双方约定，"甲方收取乙方入场费250,000元（大写：贰拾伍万元整），合同期内，乙方拥有该门面的使用权及转让权"，表明入场费是乙方使用、转让门面的经济成本。同时，在因政府行为导致乙方不能经营的情形下，甲方按使用天数收取乙方房租；而在计付房租时，是按入场费和租金之和收取。从文义和目的解释讲，入场费含有门面使用费的性质，该性质与租金一致。因此，是否该退或退多少，在符合约定情形下，通过审查双方租赁关系存续时间即可判定。就本案而言，由于政府主管部门要求承租方顾某限期整改，顾某在无法达到政府要求下出现违约行为，作为出租方的罗某解除双方合同，有权收取在合同解除之前的房屋使用费，其中含有入场费部分和租金部分。因合同不再履行，出租方已收取的入场费剩余部分即应退还给承租人。一审法院将2015年10月9日以后的入场费判决罗某退还不当，应扣除至2016年1月3日期间的费用，只需退还20万元。罗某上诉时主张全部不退还入场费与合同中约定的入场费用途、法律规定不符，其意见不能完全成立。

［裁判结果］

一审法院判决：1. 确认顾某与罗某于2015年1月2日签订的《房屋租赁契约》于2015年10月9日解除；2. 罗某向顾某返还租赁入场费211,507元；3. 驳回顾某的其他诉讼请求。罗某不服一审判决，提起上诉。

二审法院判决：1. 维持一审判决第 3 项；2. 变更一审判决第 1 项为确认顾某与罗某于 2015 年 1 月 2 日签订的《房屋租赁契约》于 2016 年 1 月 3 日解除；3. 变更一审判决第 2 项为罗某向顾某返还租赁入场费 200,000 元。

［**裁判思路**］

承租人为与出租人建立租赁关系而交纳入场费，由于租赁合同中双方未明确约定入场费的构成及用途，收取入场费作为现实中特定行业经营模式，对此，目前并无法律及行政法规的效力性禁止性规定。如果租赁合同被认定无效，除非出租人能证明其收取的费用已实际用于合同的履行，否则其应退还该费用，并按照双方过错程度赔偿对方的损失。但对于合法有效的租赁合同，在租赁合同到期终止或因一方违约行为致使合同提前解除后，承租人请求返还相应入场费用的，该如何处理，相关法律及司法解释亦无明确规定。我们认为，当事人依法享有自愿订立合同的权利，任何单位和个人不得非法干预。依照合同自由的原则，关于入场费的约定只要不违反法律、行政法规的强制性规定，就对缔约双方具有约束力。承租人为与出租人建立租赁合同关系而支付入场费，在租赁合同关系建立后，承租人已取得了其支付的费用的相应对价。因此，租赁合同因到期终止后，承租人主张要求退还“入场费”的，人民法院不应予以支持。但是，租赁合同因一方违约而提前解除的，根据《合同法》第 97 条关于合同解除的效力之规定，人民法院应依据公平原则及诚实信用的原则，结合租赁合同实际履行情况以及双方当事人各自过错等因素，根据承租人未履行的租赁合同期间占租赁合同全部期限的比例计算应退还“入场费”的数额。当然，如果租赁双方当事人对于“入场费”的处理另有具体约定的，则应从其约定处理。本案中，由于政府主管部门要求承租方顾某限期整改，顾某在无法达到政府要求下出现违约行为，作为出租方的罗某解除双方合同，有权收取在合同解除之前的房屋使用费，其中含有入场费部分和租金部分。但因合同不再履行，出租方已收取的入场费剩余部分即应退还给承租人。

［**相关法律法规**］

《合同法》第 94、97 条

29. 房屋租赁合同解除后，对无法提供产权证明的租赁标的，出租人仍有权要求实际使用人予以返还

【案例】

陈某与 A 公司、B 公司排除妨害纠纷案①

［案号］

（2014）浦民一（民）初字第 31769 号

（2015）沪一中民二（民）终字第 1324 号

［案情］

案涉房屋为陈某所有。2012 年 3 月 14 日，陈某与 B 公司签订《租赁合同》，约定陈某将案涉房屋及后院出租给 B 公司，租期自 2012 年 1 月 1 日至 2016 年 3 月 1 日止；经陈某书面同意，B 公司可将房屋转租。合同签订后，B 公司将房屋的二、三层转租给案外人某医院。2013 年 7 月 22 日，B 公司与 A 公司签订《转让经营协议书》，约定 B 公司将其业务转让给 A 公司经营，转让后的租金由 A 公司支付给陈某。随后，B 公司依约将案涉房屋一层和后院交给 A 公司。此后，A 公司向陈某支付了 2013 年 9 月至 2014 年 9 月的租金。2014 年 6 月，陈某与某医院另行达成租赁协议。

2014 年 3 月 4 日，某仲裁委员会裁决解除陈某与 B 公司的上述房屋租赁合同。2014 年 9 月 11 日，A 公司向法院提出申请撤销上述仲裁裁决，该申请被驳回。

2014 年 4 月，A 公司法定代表人李某与陈某商谈过案涉房屋的租赁事宜。2014 年 6 月 17 日，A 公司以邮政特快专递向陈某寄送了两份合同，该邮件被陈某退回。2014 年 7 月 18 日，陈某的委托代理人向李某寄送了律师函，要求 A 公司搬离并返还案涉房屋。

2014 年 8 月，陈某诉至法院，请求判令 A 公司返还案涉房屋一层及后院。

［法院认为］

一审法院认为：案涉房屋的租赁关系已于仲裁裁决生效之日起解除。B 公司向 A 公司转租房屋未经陈某同意，且《转让经营协议书》仅约定 A 公司有直接向陈某支付租金的义务，并未约定 A 公司全面承接 B 公司的租赁合同

---

① 见“陈文秀排除妨害纠纷一案二审民事判决书”，载中国裁判文书网：http://wenshu.court.pcc，最后访问时间：2017 年 6 月 5 日。

权利义务。而陈某与B公司之间的租赁合同已通过生效仲裁裁决予以解除，故案涉房屋的租赁关系已解除。陈某与A公司并未另行成立租赁合同。A公司向陈某支付租金的行为应属A公司履行与B公司在转让协议中关于租金由A公司支付的义务。A公司寄送的合同被陈某所拒收，证明陈某并无与A公司订立租赁合同的意思表示。A公司实际使用了案涉房屋的一层及后院，但陈某提供的房地产权证上仅载明陈某为案涉房屋的权利人，并未包含后院，且陈某无法提供后院的产权证明。因此，陈某主张基于后院的物权要求A公司迁出并无依据。

二审法院认为：一审法院关于陈某未与A公司建立租赁关系、A公司应当搬离并返还案涉房屋一层的认定，二审法院予以认可。但就案涉房屋后院的认定，二审法院认为，虽然陈某的房屋产权证范围并不包括案涉房屋后院，但该后院系陈某与B公司租赁合同约定的租赁标的物，B公司也是基于陈某的交付而实际使用案涉房屋后院，之后转由A公司实际使用，故在B公司与陈某之间的租赁合同已解除、租赁期间亦已届满的情况下，实际占用人应基于当时的交付而将案涉房屋后院返还给陈某。

[裁判结果]

一审法院判决：1.A公司返还陈某案涉房屋一层；2.驳回陈某的其余诉讼请求。陈某、A公司均不服一审判决，提起上诉。

二审法院判决：1.撤销一审判决；2.A公司返还陈某案涉房屋一层及后院。

[裁判思路]

本案的主要争议焦点在于：A公司是否应当向陈某返还案涉房屋的后院。《物权法》第245条规定："占有的不动产或者动产被侵占，占有人有权请求返还原物；对妨害占有的行为，占有人有权请求排除妨害或者消除危险；因侵占或者妨害造成损害的，占有人有权请求损害赔偿。占有人返还原物的请求权，自侵占发生之日起一年内未行使的，该请求权消灭。"本案中，陈某作为案涉房屋后院的原占有人并无争议。A公司主张其基于与B公司之间的合同关系，享有占有案涉房屋后院的债权进而实际占有该后院。但在陈某与B公司间的租赁合同解除、租期也事实上届满、而A公司又未能和陈某订立新的租赁合同的情况下，A公司未能就继续占有案涉房屋后院提供任何依据。因此，可以认定A公司的行为构成侵占，并直接导致原占有人陈某丧失了对案涉房屋后院的占有。2014年3月，仲裁裁决解除陈某与B公司的租赁合同，2014年8月，陈某提起诉讼，要求A公司返还占有的案涉房屋及后院，故陈某主张占有物返还请求权尚未经过除斥期间。A公司拒绝返还案涉房屋后院的理由为陈某无法证明其对案涉房屋后院享有物权。一审法院对陈某该项诉讼未予支持的理由也是如此。然而，陈某可以依据《物权法》245条规定，仅基于其占有事实行使占有物返还请求权。因此，二审法院改判A公司向陈某返还案涉房屋后院，支持陈某的占有物返还请求权是正确的。

[相关法律法规]

《物权法》第245条

30. 承租人欠付租金构成根本违约，出租人在履行租赁合同中亦存在违约行为，可适当减轻承租人的违约责任

【案例】

某拍卖公司与某物业公司房屋租赁合同纠纷案①

[案号]

（2015）朝民初字第01792号

（2015）三中民终字第07216号

[案情]

2014年2月28日，某拍卖公司、某物业公司签订《租赁合同》，由某拍卖公司承租某物业公司500平方米房屋作为办公场所，租赁期为2014年5月1日至2019年4月30日，月租金69,958元，保证金209,874元，装修押金5万元，租金押三付三，每3个月支付一次，应于付款月相对应日前7天支付下一次租金。若出租方违约导致合同无法履行的，其需退还承租方已付但未使用的租金及押金，并赔偿承租方两个月房租作为违约金。若承租方逾期十五日未支付租金的，出租人有权解除合同，装修残值不予补偿亦无须退还承租方交付的保证金，不足弥补损失的应补偿相应损失。合同签订后，某物业公司向某拍卖公司交付了房屋，某拍卖公司向某物业公司支付了保证金209,874元、装修押金5万元及3个月的租金，并对案涉房屋进行了装修，装修总耗费80余万元。

2014年4月中旬，案涉房屋所在大厦一层租户在大厦外立面悬挂“狼爱上羊”字牌，其中“羊”字部分笔画覆盖在案涉房屋北面最东侧办公室的玻

---

① 见“中诚鼎立国际拍卖（北京）有限公司与北京卓明物业管理有限公司房屋租赁合同纠纷二审民事判决书”，载中国裁判文书网：http://wenshu.court.pcc，最后访问时间：2017年6月10日。

璃窗外。某拍卖公司以该字牌严重影响其办公环境为由，于同年4月29日、6月11日和10月29日3次向某物业公司发函要求在指定日期内解决该问题，并于后两次函件中表示若逾期未解决将拒付租金，但某物业公司均以字牌系第三人悬挂为由未积极予以解决。某拍卖公司因此未再向某物业公司支付租金。

同年7月15日与11月11日，某物业公司向某拍卖公司发函催交租金。2014年11月3日及当月14日，某物业公司对案涉房屋采取断电措施，并于当月28日将案涉房屋上锁。12月17日，某物业公司向某拍卖公司送达《解除租赁合同通知书》。12月10日及当月25日某拍卖公司自案涉房屋取出部分办公用品。

某拍卖公司诉至法院，请求判令：1.解除租赁合同；2.某物业公司返还装修押金5万元；3.某物业公司赔偿装修损失821,477元、违约金139,916元。某物业公司以某拍卖公司拒不支付租金构成严重违约为由，反诉请求：1.某拍卖公司支付欠付租金349,790元，并支付滞纳金26,234元（以349,790元为本金，按日0.5%计算，计算15日）；2.某拍卖公司赔偿违约金489,706元。

［法院认为］

一审法院认为：某拍卖公司以楼体外侧悬挂的“羊”字字牌影响其公司形象为由拒绝履行支付租金的合同主要义务属于违约，应对合同解除承担违约责任，但考虑到案涉房屋楼体外立面状况与承租该房屋时确有一定变更，故对租金标准予以酌减，具体金额由法院综合承租人实际使用案涉房屋的时间及租金标准在抵扣押金后确认。因某拍卖公司构成违约，对其要求某物业公司赔偿装修损失及违约金的诉讼请求不予支持。对某物业公司依据合同要求某拍卖公司支付违约金的反诉请求，因有事实和法律依据，故予以支持。

二审法院认为：承租方经催讨后仍怠于履行支付2014年8月后的3个月房租的合同主要义务，构成违约，是主要过错方，应承担相应的民事责任。出租方虽履行了交付房屋的主要合同义务，但案外人悬挂于窗外的餐饮招牌不仅遮挡房屋视线，还致人心里感到压抑不适，可认定出租方交付的租赁物不规范，影响了承租方租赁房屋目的的实现。某物业公司作为悬挂物设置者的出租方与物业管理方对此不作为，可认定其未履行合同义务附随义务其行为有过错，亦应对合同解除承担过错责任。可减少承租方支付的违约金，并由双方分责负担装修损失。

［裁判结果］

一审法院判决：1.解除双方签订的《租赁合同》；2.某拍卖公司支付某物业公司房屋租金41,974.8元；3.某拍卖公司支付某物业公司违约金139,916

元；4. 某物业公司返还某拍卖公司装修押金 50,000 元；5. 驳回某拍卖公司的其他诉讼请求；6. 驳回某物业公司的其他反诉请求。

二审法院判决：1. 维持一审判决第 1 项、第 2 项、第 4 项、第 6 项；2. 撤销一审判决第 5 项；3. 变更一审判决第 3 项为某拍卖公司支付某物业公司违约金 83,950 元；4. 某物业公司向某拍卖公司支付装修损失 173,820 元；5. 驳回某拍卖公司的其他诉讼请求。

［裁判思路］

本案中，双方签订了房屋租赁合同，承租方租赁房屋的目的为办公使用，既作为内部日常事务处理的场所，又作为外部接待、洽商和展示的场所。对房屋的使用包括对房屋内部空间的设置、划分、组合、装饰等物理功能的使用，也包括采光、通风、眺望等以及通过这些使用所带给使用人的安全与愉悦等心理功能，还包括通过房屋的内外装饰在外部接待、洽商过程中所展示出来的形象功能，这些构成了房屋的综合使用价值。案涉房屋虽在交付时功能完全，符合使用目的，但在履行过程中，因“狼爱上羊”招牌有一部分位于某拍卖公司董事长办公室玻璃窗户外，致房屋内视线受遮挡并易致人心里不适；承租人作为从事拍卖工作的商业机构，需在董事长办公室开展一定的接待与洽商业务，该招牌亦可能对公司形象产生不良影响，故可认定被悬挂招牌后的房屋的使用目的受到了影响。

尽管合同签订后，出租人向承租人交付了符合条件的房屋，但在合同签订后，第三人即在房屋外立面悬挂了招牌，影响了房屋的使用，而出租人负有在租赁期间保持租赁物符合约定用途的义务。在承租方提出解决该问题的请求后，出租方本应积极协调解决该问题，且其作为第三人的出租方和物业管理方，亦有履行该义务的能力和条件，出租人不履行该义务构成违约。

本案中，承租人的主要义务为按约支付租金，尽管在履行过程中，案涉房屋出现了不符合使用目的的情形，承租人可以相应要求减少租金，但承租人一次拒不交付租金属怠于履行主要合同义务的行为，为主要的过错方，应承担主要的违约责任。而出租人因第三人的行为构成违约，亦应承担相应的违约责任。一审法院未认定出租人的违约责任，只是考虑到案涉房屋楼体外立面状况与某拍卖公司承租该房屋时确有一定变更，据此对租金标准予以酌减，并依据合同约定对装修残值不予补偿。鉴于合同履行过程中出租人亦存在违约的情形、承租人违约事出有因，承租人一直在催促出租人解决字牌问题，合同尚处于履行初期而承租人装修损失较大等因素，二审法院认为一审法院判决承租人承担的责任过重，故进一步减轻承租人的违约责任，并由出租方适当负担装修损失。

［相关法律法规］

《合同法》第93、97、107、113条

31. 出租人违约提前解除合同后应对承租人转租的差价损失承担赔偿责任

【案例】

徐某与陆某甲、孙某房屋租赁合同纠纷案[①]

［案号］

（2013）徐民四（民）初字第465号

（2013）沪一中民二（民）终字第1482号

［案情］

案涉房屋登记于陆某乙名下。孙某、陆某甲系陆某乙妻女。徐某自2003年起即与陆某乙就案涉房屋建立租赁关系。2005年8月20日，徐某与陆某乙再次签订《房屋租赁合同》，约定由徐某承租案涉房屋，月租金5500元，保证金5500元，租期自2006年8月1日起至2010年7月30日止。2005年11月3日，陆某乙出具收条确认收到徐某押金共计5500元。2008年1月17日，徐某与陆某乙又签订《租赁合同》，由徐某承租案涉房屋，租期自2010年8月1日至2012年7月30日止，月租金6000元，押金不变；若需提前终止本合同，必须提前一个月通知对方和中介方，等对方同意后方可办理退房手续，如无故违约则向对方支付违约金6000元；补充条款约定徐某转租期间如产生债权债务由徐某负责解决。2008年7月10日，陆某乙在徐某持有的租赁合同原件右上部留白处签字署名，同意租赁时间延期至2015年5月10日止。2011年4月9日，陆某乙死亡。2012年7月11日，陆某甲、孙某委托律师致函徐某，函称陆某甲、孙某作为陆某乙的妻女继承租赁合同出租方的权利义务，租赁合同期限于2012年7月30日届满，限徐某在2012年7月30日前将租赁房屋恢复租赁前原状，搬离租赁房屋。徐某曾提供合同复印件给陆某甲、孙某，告知陆某乙同意延长租期，但遭陆某甲、孙某的否定。2012年

① 参见庞闻淙、蒋辉霞、朱瑞：《出租人违约提前解除合同后对承租人转租差价损失的赔偿责任——陆某甲、孙某诉徐某房屋租赁合同纠纷上诉案》，载陈立斌主编：《2013年上海市第一中级人民法院案例精选》，人民法院出版社2014年版，第185~192页。

8月14日，陆某甲、孙某强行收回了案涉房屋。

徐某租赁案涉房屋期间，将房屋分隔成3部分转租他人，具体情况如下：（1）2009年11月28日，徐某与某甲签订租赁合同，徐某将案涉房屋中的16平方米出租给某甲，租期自2009年12月18日其至2012年12月18日止，月租金4500元。2012年7月15日，徐某与某乙签订租赁合同，将该16平方米房屋出租，租期自2013年1月1日起至2015年4月1日止，月租金7000元。（2）2010年2月5日，徐某与某丙签订租赁合同，将案涉房屋中38平方米出租给某丙，租期自2010年2月23日起至2013年2月22日止，月租金1900元。2012年7月1日，徐某与某丙续签合同，租期自2013年2月23日其至2015年2月23日止，月租金2500元。（3）2012年4月17日，徐某与某丁签订租赁合同，徐某将案涉房屋中20平方米出租给某丁，租期自2012年4月15日起至2015年4月14日止，第一年月租金6500元，第二年起月租金7000元，第三年起月租金7500元。

陆某甲、孙某将案涉房屋分两部分出租他人，具体情况如下：（1）2012年7月31日，陆某甲与某丁签订租赁合同，陆某甲将案涉房屋西南间18.5平方米出租给某丁，租期自2012年8月1日起至2015年7月31日止，第一年月租金6000元，第二年起月租金6600元，第三年起月租金7200元（注：某丁向陆某甲承租的部位与其向徐某承租部位相同）。（2）2012年8月18日，陆某甲与某戊签订租赁合同，陆某甲将案涉房屋中65平方米出租某戊，租期自2012年9月1日起至2015年8月31日止，其中自2012年8月18日起至2012年8月31日为免租期，第一年月租金9500元，第二年起月租金1万元，第三年起月租金10500元。

2012年9月，徐某诉至法院，请求判令：1. 徐某与陆某乙签订的租赁合同解除；2. 陆某甲、孙某向徐某赔偿损失326,999元；3. 陆某甲、孙某归还租房押金5500元。

一审庭审中，陆某甲、孙某对徐某持有的合同上租期延期至2015年5月10日的陆某乙的签名真实性有异议，故一审法院就陆某乙的签订笔迹委托司法鉴定，结论为该签名是陆某乙本人书写。陆某甲、孙某对该结论无异议。

［法院认为］

一审法院认为：徐某与陆某乙签订的租赁合同合法有效。陆某乙死亡后，陆某甲、孙某作为原出租人的继承人承继了租赁合同项下的权利义务，并实际履行，应当受合同条款的约束。经陆某乙同意，合同租期延长至2015年5月10日，而非原来的2012年7月30日，故徐某在2012年8月14日被强行收回案涉房屋，与合同约定不符，对于因此给徐某造成的损失应予赔偿，损失赔偿额应当等于因违约所造成的损失，包括合同履行后的可得利益。因此，应以租金差额作为可得利益来确定损失数额。徐某与某乙、某丙、某丁的合同到期日分别为2015年4月1日、2015年2月23日、2015年4月14日，该3个期限距徐某的租期到期日2015年5月10日均较近，故徐某在与某乙、某丙、某丁的合同到期后再次出租他人的可能性很低，现又无法确定某乙、某丙、某丁在到期后会延长租期至2015年5月10日，故一审法院认为以三个合同的到期日为限计算租金差额为宜。鉴于徐某现在已无需履行其原本作为出租人的义务，而可得利益是假设徐某仍作为出租人出租房屋给他人可获得之利益，因此在确定陆某甲、孙某赔偿徐某损失数额时不应忽略徐某本应履行而现无需履行的义务，由于该义务无法量化，故一审法院结合实际情况酌情减少赔偿数额，陆某甲、孙某赔偿徐某损失数额应为徐某可得利益（租金差额）的90%。因陆某甲、孙某已将房屋出租他人，与徐某的租赁合同已无法实际履行，故徐某请求解除合同的诉请应予支持。现没有证据证明陆某乙或陆某甲、孙某退还了押金5500元，故合同解除后，该押金陆某甲、孙某理应退还徐某。

二审法院认为：根据一审笔迹鉴定的结论，案涉房屋原出租人陆某乙确已书面同意将其与徐某的租赁期限延长至2015年5月10日，由此，陆某甲、孙某作为合同权利义务的承继者，其提前解除租赁合同的行为已构成违约，现双方的争议焦点，实际在于对徐某损失范围的认定。二审法院认为，因徐某与案外人之间的转租关系原本已经存在，故陆某甲、孙某对案涉租赁合同解除对徐某造成的租金差额损失应有一定的预期，且该损失数额明显高于合同约定的6000元，故陆某甲、孙某主张仅支付6000元违约金并不足以弥补徐某的实际损失。但与此同时，徐某在转租期限均要至2015年后届满，其间存在着诸多的不确定因素，其在合同被解除的情况下本身也负有相应的减损义务，据此，综合考虑本案的实际情况，二审法院酌情调整陆某甲、孙某赔偿徐某损失100,000元。至于押金问题，根据本案查明的事实，陆某乙确实收取了徐某5500元保证金，而陆某甲、孙某并无证据证明该笔款项曾经返还，现双方租赁关系既已解除，陆某甲、孙某理应予以返还。

［裁判结果］

一审法院判决：1.解除徐某与陆某乙就案涉房屋签订的《租赁合同》；2.陆某甲、孙某赔偿徐某损失274,649.4元；3.陆某甲、孙某返还徐某押金5500元。双方当事人均不服一审判决，提起上诉。

二审法院判决：维持一审法院判决第1、3项；变更一审法院判决第2项为：陆某甲、孙某赔偿徐某损失100,000元。

［裁判思路］

本案中，陆某甲、孙某承继了原出租人陆某乙的合同权利义务，其无故提前解除租赁合同，属于违约行为，应当承担相应的违约责任。根据法律规定，如果双方在合同中约定的违约金不足以弥补守约方的损失，则守约方有权要求违约方赔偿扣除违约金之外的实际损失。因此，本案虽然租赁合同中约定了出租方无故提前解除合同情况下应支付的违约金，但如果承租方的损失高于违约金数额，仍可要求出租方进行赔偿。对于赔偿的范围，根据《合同法》第 113 条规定，当事人一方不履行合同义务或者履行合同义务不符合约定，给对方造成损失的，损失赔偿额应相当于因违约所造成的损失，包括合同履行后可以获得的利益。

本案的特殊之处在于，承租人缔约的目的不是自己使用租赁房屋，而是通过将房屋转租，赚取转租差价，虽然承租人可得利益的获取不仅需要履行租赁合同，还需要通过提高租金进行转租完成，但承租人的转租合同是业已存在并处于实际履行之中的，承租人的转租差价收益是可计算而不是模糊的。本案因出租人单方违约提前解除合同，将导致承租人数额较高的可得利益损失。自租赁合同解除至转租合同到期之日内的转租差价损失，承租人是否有权要求出租人全部赔偿？这涉及可得利益赔偿的限制条件，具体到本案就是要考量承租人的转租差价损失是否为出租人所预见，是否具有合理的确定性，承租人是否已尽到减损义务，以及出租人违约的恶意程度和得益情况等。

本案中，不论租赁合同签订人陆某乙在订立合同之时对徐某赚取转租差价的行为是否知情，其合同权利义务承继人陆某甲、孙某在要求徐某搬离并强行收回房屋之时，徐某进行转租的事实早已存在，陆某甲、孙某对提前解除合同造成徐某的转租差价损失应有一定的预期。然而，陆某甲、孙某在强行收回房屋的同时，即以徐某转租租金相差无几的租金标准将房屋另行出租，获取了本应归属于徐某的租金收益。可见，陆某甲、孙某违约恶意明显，应对徐某转租差价收益部分的损失进行赔偿。《合同法》第 119 条规定："当事人一方违约后，对方应当采取适当措施防止损失的扩大；没有采取适当措施致使损失扩大的，不得就扩大的损失要求赔偿。"该条规定体现了违约损害赔偿的另一重要规则，即"减损规则"。本案中，2012 年 7 月 11 日，陆某甲、孙某即委托律师致函徐某，明确表示不愿继续出租给徐某，并要求徐某在同年 7 月 30 日前搬离租赁房屋。然后，徐某在收到该函，明知陆某甲、孙某有意收回房屋的情况下，不但没有主动减少损失，反而于 2012 年 7 月 15 日与某乙签订租赁合同，将 16 平方米房屋出租给某乙，租期自 2013 年 1 月 1 日至 2015 年 4 月 1 日。同样，徐某在已与陆某甲、孙某就收回房屋事宜发生争执的情况下，仍与原次承租人某丙续签合同，将原有租期截至2013年2月23日止、且尚有近8个月时间才到期的合同，主动延长租期至2015年2月23日。显然，徐某的上述行为存在明知租赁合同无法继续履行，而故意重新签订或续签转租合同以扩大损失、获取更多赔偿的嫌疑，违反了“减损义务”，因此，其无权就扩大的损失要求赔偿。尽管陆某甲、孙某违约提前解除合同时，徐某与案外人的转租关系业已存在，但徐某要求陆某甲、孙某赔偿其自合同解除到转租合同租期截至日的全部转租差价损失，缺乏充分的理由。因为转租合同尚需近三年才履行完毕，而转租合同的履行在未来较长时间客观上同样存在诸多不确定的风险因素，如果要求出租人将承租人依据转租合同完全适当履行而可获得的转租差价收益，一次性、提前、全部支付给承租人，显然过分加重了出租人的负担，有失公允。

本案一审法院判决违约提前解除合同的出租人赔偿承租人90%的转租差价损失，共计27万余元，仅考虑到承租人在合同正常履行过程中的应尽义务并据此对赔偿数额作出调整，但忽视了违约损害赔偿范围的认定上应有的其他限制条件。二审法院综合考虑违约损害完全赔偿原则，限制赔偿范围的可预见性规则、减损规则、确定性规则，以及出租人违约的恶意程度及得益情况等，在此基础上酌情认定出租人应赔偿承租人损失10万元，使当事人之间的利益得到平衡。

［相关法律法规］

《合同法》第113、119条

32. 承租人因逾期支付租金致租赁合同解除，出租人可依照合同约定，同时主张逾期付款违约金和解除合同违约金

【案例】

A公司与B公司房屋租赁合同纠纷案[①]

［案号］

（2016）沪0105民初4786号

---

① 见“舜元控股集团有限公司诉上海昊禧资产管理中心（有限合伙）房屋租赁合同纠纷一案二审民事判决书”，载中国裁判文书网：http://wenshu.court.pcc，最后访问时间：2017年6月15日。

（2016）沪01民终8092号

［案情］

2014年3月，A公司、B公司签订《房屋租赁合同》，约定：由B公司承租案涉房屋，月租金62,523.28元，租期自2014年3月16日至2016年3月15日止；B公司应于每月20日前向A公司支付下月租金，逾期支付的，每逾期一日，则B公司须按逾期支付部分租金的1%支付违约金；B公司逾期不支付租金累计超过一个月的，逾期不支付物业费、电费、车位租赁费及其他费用，经催告后仍不支付的，且上述任一项累计超过一个月的，A公司可书面通知B公司解除合同，并要求对方按月租金的三倍支付违约金。

合同签订后，因B公司未在2015年12月20日之前支付2016年1月的租金，A公司分别于2015年12月29日、2016年1月4日向B公司发送催款函，要求B公司履行付款义务，否则将采取断水、断电等措施。2016年1月28日，因B公司迟迟不履行付款义务，A公司向B公司发送律师函，要求解除双方的租赁合同。B公司于次日收到该函，但未理会。2016年2月3日，A公司对案涉房屋采取停水、停电措施。

2016年7月20日，A公司诉至法院，请求判令：1.双方之间租赁合同于2016年2月3日解除，B公司立即搬离案涉房屋；2.B公司向A公司支付欠付租金66,634.4元（自2016年1月1日至2月2日）及逾期付款违约金（自2015年12月21日至实际履行之日，每日按逾期付款部分的千分之一计算）；3.B公司向A公司支付拖欠的物业管理费、电费、维修费、房屋恢复原状费用、房屋占有使用费，共计247,641.79元；4.B公司向A公司支付合同终止后的违约金187,569.84元。

［法院认为］

一审法院认为：B公司未按约定支付租金构成违约，A公司可以依据合同约定行使解除权，A公司以B公司收到违约通知后4日（即2016年2月3日）为合同解除日并无不当，予以准许。经审理查明，B公司未能及时搬离案涉房屋系因A公司之原因，房屋恢复原状费用并无证据证明，因此B公司应支付拖欠的租金、物业管理费、电费、维修费，A公司主张的房屋恢复原状费用及占有使用费，不予支持。关于解除合同的违约金，A公司根据合同主张三个月的租金，考虑到B公司的违约程度及双方的实际履行情况、A公司的实际损失，酌情调整为B公司向A公司赔付两个月的租金即125,046.56元。关于逾期付款违约金，因A公司已主张解除合同的违约金，而B公司的违约金仅由拖欠租金一个违约行为导致。鉴于已支持A公司获赔解约违约金的诉请，A公司同时主张获赔逾期付款违约金有重复之嫌，故不予支持。

二审法院认为：双方签订的租赁合同对于逾期付款违约金及解除合同违约金有不同的约定，A公司同时主张两种违约金，符合合同约定。同时，本案合同解除系由B公司拖欠租金的一个违约行为引起，故自合同解除之日起不应再计算逾期付款违约金。

［裁判结果］

一审法院判决：1.房屋租赁合同于2016年2月3日解除，B公司搬离案涉房屋；2.B公司支付欠付租金66,634.4元；3.B公司支付欠付的物业管理费、电费、维修费共计11,345元；4.B公司支付解除合同的违约金125,046.56元；5.驳回A公司的其余诉讼请求；6.A公司可用B公司缴付的租赁保证金215,082元抵扣上述费用，剩余部分应立即返回B公司。A公司不服一审法院判决，提起上诉。

二审法院判决：1.维持一审法院判决1至6项；B公司支付逾期付款违约金（以62,523.28元为本金，自2015年12月21日起计算至2016年2月2日，每日按千分之一计算；以4,111.12元为本金，自2016年1月21日起计算至2016年2月2日，每日按千分之一计算。

［裁判思路］

我们认为，房屋租赁合同中同时约定逾期付款违约金和解除合同违约金，在违约方仅有逾期付款一个违约行为，且因此致使合同被解除时，逾期付款违约金和解除合同违约金应当同时适用。逾期付款违约金和解除合同违约金择一支持，不利于保护当事人意思自治。首先，合同同时约定两种违约金，并不当然应择一适用，且同时适用并不违反法律、行政法规的强制性规定。其次，根据《合同法》第114条第3款规定，当事人就迟延履行约定违约金的，违约方支付违约金后，还应当履行债务。若合同未能继续履行，则会产生新的请求权，即解除合同违约金请求权，故两项请求权指向的对象不同，不影响同时主张。可见，逾期付款违约金和解除合同违约金旨在弥补守约方的不同损失，前者为弥补守约方未能占有资金的损失，后者为弥补守约方履行利益和可能利益的损失。二者均可适用。

关于两项违约金的支付标准，我们认为，通常情况下，自逾期付款之日至合同实际解除前违约方应承担逾期付款违约金，而自合同解除当日起，违约方承担的则是解除合同违约金。但若守约方恶意拖延行使合同解除权，企图因此多收取逾期付款违约金的，则应根据诚实信用原则，将逾期付款违约金计算至合同约定的解除条件成就之日的前一日。合同约定逾期付款达到一定期限后，守约方有权解除合同。这意味着，逾期付款严重影响了合同的继续履行，违约方仅仅支付按日计算的逾期付款违约金难以弥补守约方的损失，守约方转而以尽快解除合同、获得解除合同违约金来弥补损失。因此，若合同解除后，违约方因一个违约行为同时承担两个违约责任，客观上加重了违约方的负担。实践中，确有守约方在合同解除条件成就后，怠于行使合同解除权，直至除斥期间即将届满才主张解除合同，以此获取更多的逾期付款违约金。对此，基于诚实信用的民法基本原则，可以认定合同解除条件成就之日为计算逾期违约金期间的截止时间，以平衡双方利益。

[相关法律法规]

《合同法》第 97、107、114 条

第四章　转租纠纷的处理

导　读

租赁关系的本质在于承租人以支付租金为对价，换取对租赁物的使用权和收益权，将房屋转租也可视为承租人对租赁物交换价值进行收益的方式，尤其在我国改革开放以来，社会经济发展迅速，城市空间与人口规模的矛盾日益尖锐，在房屋价格不断攀升的情况下，房屋租赁市场有着极大的发展空间，转租也就成为了房地产市场活动的常见形式。

所谓转租，是指承租人在承租他人之物后作为出租人，将租赁物出租给次承租人，承租人与次承租人形成新的租赁关系，但承租人仍然依据其与出租人的租赁合同承担相应的权利义务。[①] 其基本特征可以概括为：（1）出租人与承租人之间的法律关系不因转租行为而发生变化；（2）承租人将租赁物出租给次承租人的目的是为了取得经济利益，如果将租赁物无偿供第三人使用则不是转租。

《合同法》第224条规定："承租人经出租人同意，可以将租赁物转租给第三人。承租人转租的，承租人与出租人之间的租赁合同继续有效，第三人对租赁物造成损失的，承租人应当赔偿损失。承租人未经出租人同意转租的，出租人可以解除合同。"从该规定来看，我国合同法对于转租系采取限制主义立法模式，一方面从物尽其用的角度出发，态度是支持转租；另一方面，对转租加以限制，即要求承租人行使转租权应以出租人同意为前提条件。由于转租问题相对比较复杂，涉及两个租赁合同，即房屋租赁合同与房屋转租合同；三个法律关系，即出租人与承租人、承租人与次承租人、出租人与次承租人之间的关系；此外，审判实践中对法律关系的定性还涉及到对转租和租赁权转让的区分，因此在探讨具体裁判规则之前，有必要对有关法律关系进行分析：

（一）转租下的各方主体之间的法律关系

1.承租人与次承租人的关系。二者由转租合同产生的权利义务关系，适

---

① 最高人民法院民事审判第一庭编著：《最高人民法院关于审理城镇房屋租赁合同纠纷案件司法解释的理解与适用》，人民法院出版社2009年版，第190页。

用合同法中有关租赁关系的规定，但次承租人是否有权对租赁物再转租？从理论上看，依照契约自由及转租的法理，应予肯定。另外，承租人是否依转租合同对租赁物负有修缮义务？相对次承租人而言，承租人处于“出租人”的地位，按法理应承担租赁物的修缮义务。但因次承租人使用收益租赁物的程度与范围均不得逾越承租人的租赁权，而出租人对租赁物的修缮义务并未免除，故承租人修缮义务实际上转嫁于出租人，此修缮义务合乎租赁物的使用收益状态即可。如果出租人未在法定期限内履行租赁物的修缮义务，次承租人无权直接要求出租人履行，但可请求承租人进行修缮，承租人不得拒绝，其履行后，可向出租人追偿。

2. 承租人与出租人的关系。转租后，原租赁合同继续有效，承租人与出租人的关系不受影响。承租人未给付租金或有其他违约行为时，出租人可解除与承租人订立的租赁合同，无须通知次承租人，也无须对次承租人为终止之意思表示。原租赁合同终止时，出租人可基于物权追及效力对次承租人直接请求返还租赁物。对于承租人因转租而未占有租赁物的情况，出租人无法基于物权直接请求其返还，因为承租人现实上不占有该物，不能成为物上请求权的相对人。但出租人可基于合同权利（债权）请求承租人返还租赁物，并将实际占有租赁物的次承租人列为第三人，以主张其权利。因出租人或承租人之过错致租赁合同解除，租赁物被出租人收回，造成次承租人损害的，次承租人可依转租合同要求承租人赔偿，承租人赔偿后，认为系出租人之过错造成，可向出租人追偿。对于因次承租人原因对租赁物造成的损害，承租人是否承担赔偿责任？在原租赁关系中，承租人负契约上善良管理人的保管义务，出租人可依债权向承租人请求损害赔偿，承租人赔偿损失后，可以转租人身份依转租合同向次承租人求偿。但承租人与次承租人承担的并非连带责任，而是基于两个不同法律关系产生的责任。同样，对于次承租人因保管不善致租赁物毁损、灭失的，或未经出租人同意，对租赁物进行改善、添附的或次承租人违约损害出租人利益的，承租人应依原租赁合同先行承担民事责任，后再依转租合同向次承租人追偿。

3. 出租人与次承租人的关系。转租之承诺，导致转租合同成立。但出租人与次承租人之间并不产生合同关系，根据转租的性质，除由债务承担或其他特别约定外，基于转租并不当然发生出租人与次承租人间的直接权利义务关系，如次承租人已尽通知、保管义务，则等于承租人尽其义务，可使承租人免其责任。次承租人对出租人并无交付租金之义务，出租人也无权请求次承租人给付租金。但因承租人不履行租金给付义务，将导致出租人终止原租赁合同，使次承租人利益遭受重大危险，为保护其利益，次承租人应有权代位清偿租金，以保证合同存续。在租赁关系存续期间，因出租人与次承租人不存在直接权利义务关系，出租人欲出卖租赁物时，即使承租人放弃优先购买权，次承租人仍不享有该项权利。租赁期间，出租人将租赁物出卖给他人，依所有权变动不破租赁原则，原租赁关系对买受人继续有效，则转租协议亦为有效。

（二）转租与租赁权的转让

审判实践中在对法律关系定性时应区分转租和租赁权的转让，此两种法律行为的类似之处在于均应经出租人同意方为合法。我国《合同法》明确规定经出租人同意的，承租人可以转租；而租赁权的转让其实质为租赁债权债务的概括转让，租赁权的受让人须承受法律和原租赁合同对承租人的义务要求，依照《合同法》的规定也应当经合同相对方即出租人的同意。二者的区别在于：首先，就法律关系的实质而言，转租是在出租人与承租人的租赁关系基础上，承租人通过其租赁权为次承租人再度设定新的租赁权，从而在承租人和次承租人之间就租赁物成立新的租赁关系；而在租赁权的转让中，承租人在转让租赁权之后则退出原租赁关系，租赁权的受让人与出租人之间按原租赁关系继续履行。其次，就租赁权的来源而言，次承租人租赁权的取得属设定的取得，而受让人租赁权的取得属移转的取得。再次，在转租中，次承租人可以请求承租人对租赁物承担维修义务，而在租赁权转让的情形下，受让人无权请求原承租人对租赁物进行修缮。[①] 最后，转租的情形下，租赁合同与转租合同约定的租金标准、租金支付方式、租赁期限以及对租赁物使用的限制等内容均可有所不同（但转租合同约定的租赁期限不得超过租赁合同中的租赁期限）；而在租赁权的转让中，受让人承接原承租人在租赁合同中的地位，原租赁合同的约定对租赁权受让人产生约束力。

司法实践中，因转租产生的纠纷逐渐成为审理房屋租赁合同纠纷案件的热点与难点问题，本章将以《合同法》及《城镇房屋租赁合同解释》相关规定为基础，就转租制度的若干问题及裁判规则进行阐述，以期对实践有所裨益。

---

① 史尚宽：《债法各论》，中国政法大学出版社 2000 年版，第 183 页。

第一节　未经出租人同意转租的法律后果

转租，作为一种配置资源、提高资源利用效率的行为，普遍而频繁地出现在经济生活当中。无论是经过出租人同意还是未经出租人同意的转租，都将产生三方当事人：出租人、承租人、次承租人，租赁关系也只存在于出租人与承租人之间以及承租人与次承租人之间。一般认为，出租人与次承租人之间并无合同关系，根据合同相对性的原则，出租人不得要求次承租人履行租金支付义务，有关违约损害赔偿也仅得向承租人主张。一般情况下，经过出租人同意的转租法律后果比较简单，处理起来也相对容易，而在未经同意转租的情形下，则容易产生争议，法律关系相对比较复杂，实践中对这类纠纷也比较难以处理。

一、承租人擅自转租下的转租合同效力问题

《城镇房屋租赁合同解释》第 16 条规定；"出租人知道或者应当知道承租人转租，但在六个月内未提出异议，其以承租人未经同意为由请求解除合同或者认定转租合同无效的，人民法院不予支持。"对此，有观点认为，未经出租人同意的转租破坏了原有的出租人与承租人的信任关系，减弱了出租人对于出租房屋的控制，因此原则上承租人未经出租人同意其转租行为无效。《城镇房屋租赁合同解释》出台前，上海、江苏、深圳等省、市法院在审判实践中多认为是否经出租人同意不影响转租合同的效力。①《城镇房屋租赁合同解释》出台后，该司法解释第 16 条也没有采用针对前面两类无效合同的行文方式直接宣示此类合同无效，而是从侧面规定如超过 6 个月异议期的则不再支持确认无效或解除合同的诉讼请求。最高人民法院民一庭负责人在答记者问

---

① 如《上海市高级人民法院关于处理房屋租赁纠纷若干法律适用问题的解答（一）》（沪高法民一［2005］4 号）第 4 条规定："在没有其他无效原因存在的情况下，未经出租人同意的房屋转租合同有效。租赁合同属于确立债权、债务关系的合同，而不是以产生物权变动效果为目的的合同。出租人对租赁物是否享有所有权、处分权，不是租赁合同必须考虑的内容。租赁合同的内容是出租人将租赁物交由承租人占有、使用，承租人支付相应的租金。承租人将依照合同取得的对租赁物的占有、使用权转移给次承租人享有，并不构成对租赁物的处分。《合同法》第二百二十四条第二款规定：'承租人未经出租人同意转租的，出租人可以解除合同'。可见，对于承租人未经出租人同意转租的，合同法给出租人设定的救济途径是可以解除原租赁合同，而非宣告转租合同无效。"

时提出，未经出租人同意的转租合同属于无效合同。对此，我们认为，此处的无效应指相对无效，如出租人未提出请求，人民法院不宜主动认定转租合同无效。主要理由如下：

1. 转租行为属负担行为，不是无权处分制度规范的对象。鉴于立法者对《合同法》第51条中所称的“处分”的含义未予明确，案件的处理仍依赖于法官对“处分”概念的理解和解释。基于前述认识，通过区分转租与租赁权的转让则可判定转租行为的性质。次承租人的租赁权虽基于承租人的租赁权产生，但并非是次承租人受让承租人在租赁合同中的租赁权，就租赁权的来源而言，次承租人租赁权的取得属设定的取得，而受让人租赁权的取得属移转的取得。因租赁权在本质上属债权，而处分行为则是转让权利的行为，因而租赁权的转让属于对债权的处分行为，但转租则系由承租人在租赁物上为次承租人设定新的租赁权，在承租人与次承租人之间产生新的租赁债权债务关系，承租人仍保留其原有的租赁权而不涉及物权或债权的移转，因此当属负担行为。民法理论认为，处分行为效力的发生以处分人有权处分为要件，对于处分行为，无处分权而处分权利标的物的，即为无权处分；对于负担行为，则不以处分人有权处分为必要。[①] 鉴于转租是在承租人与次承租人之间发生新的债权债务关系的法律行为，并非直接产生权利变动的后果，故而不是无权处分制度规范的对象。

2. 未经出租人同意的转租不属于《合同法》第52条所列的无效事由。与其他同采限制主义立法模式国家直接设定“不得转租”的禁止性规范有所不同，《合同法》第224条所采用的授权性规范的模式，在解释上难以将该条关于“经出租人同意”的规定作为评价非法转租合同效力的依据。除此之外，也没有其他的法律、行政法规强制规定转租必须经出租人同意，既然立法上并没有强制性地否定擅自转租合同的效力，而是规定承租人经出租人同意可以转租，实践中也不宜加以不必要的司法干涉，代替出租人的意志径自认定转租绝对无效。

3.《城镇房屋租赁合同解释》第16条仅列出出租人主张转租合同无效的情形，我们理解这并非只是列举或例举，其中隐含的意义在于司法解释认为仅有出租人方可主张转租无效。并且，出租人主张转租无效还受到了“在六个月内提出异议”的前提条件限制。可见，司法解释并未直接宣示未经出租人同意的转租合同绝对无效，仅在已于异议期内提出过异议的出租人请求确认无效时，方可认定转租行为无效，故如出租人未提出请求，不宜主动认定

---

① 王泽鉴：《民法概要》（第二版），北京大学出版社2011年版，第71页。

转租合同无效。

二、承租人擅自转租，出租人行使解除权对转租合同的影响

根据《合同法》第 224 条第 2 款规定，未经出租人同意转租的，出租人可以解除其与承租人之间的租赁合同，也可以不解除。出租人不解除的，转租关系仍然存续，不会受到影响，而如果出租人行使解除权，一方面，其可以依据物权请求权要求返还租赁物；另一方面，由于合同的解除，承租人丧失租赁权，转租合同也就因其赖以存在的基础不复存在而不得不终止。此时，对于次承租人而言，由于其与出租人之间并无直接的租赁关系，自然不得请求出租人承担违约责任。而对与其存在租赁关系的承租人能否请求损害赔偿，则要看其是否为善意。如果次承租人为善意，即其与承租人订立合同之时不知道也不应当知道承租人未经出租人同意转租，为保护善意第三人的利益，应由承租人承担相应的赔偿责任；如果次承租人为恶意，即其与承租人订立合同之时知道或应当知道承租人未取得出租人的同意，那么这种风险在其订立合同时是可以预见的，此时自无要求承租人承担赔偿责任之理。

三、承租人擅自转租，是否构成侵权行为

有的法院在审理此类案件时，认为承租人在未征得出租人同意的情况下，将他人之物擅自转租，侵犯了出租人的所有权，从而将这些案件作为侵权案件处理。这种观点并不完全正确。当出租人为租赁物的所有权人时，其将租赁物出租是以收取租金为对价将租赁物交予他人占有、使用的，收益权转由承租人行使。转租合同中的权利义务内容并不突破租赁合同约定的范围。因此，认为转租侵害了出租人的所有权，依据略显不足。当然，如果在转租过程中，因次承租人或其他人的行为造成租赁物损坏的，应当构成对出租人所有权的侵害，应承担相应的侵权责任。

四、承租人擅自转租，其向次承租人收取租金是否构成不当得利

这一点在理论上颇有争议。有学者认为，因承租人无权通过转租而获取利益，因而对于承租人获得的在扣除租金后剩下的部分，可作为不当得利向出租人返还。也有学者认为不构成不当得利。对此问题的答案是否定的。因为，既然出租人与承租人之间存在合法的租赁关系，出租人也已以租金为对价将租赁物交予他人占有、使用、收益，其收益已经确定而不能再对租赁物进行使用、收益。而至于承租人向次承租人收取的租金，只是其使用、收益的变相形式，无论其收取多少，出租人的租金并不因此而受到损害，因此不

能因为承租人因转租而获益就认为损害了出租人的利益。至于对次承租人而言，承租人收取租金并非没有法律依据，自然也不存在使其受损的情形。因此，承租人收取租金并非没有法律依据，同时又不存在损害他人利益的情形，这并不符合不当得利的构成要件。[①]

五、关于出租人同意转租的推定

《合同法》第224条第2款规定："承租人未经出租人同意转租的，出租人可以解除合同。"为督促当事人及时保护合法权益，维护交易的稳定性，《城镇房屋租赁合同解释》第16条第1款将出租人知道或者应当知道承租人转租，但在六个月内未提出异议的，推定为出租人同意转租。关于"六个月"的性质，应当理解为除斥期间，不适用诉讼时效关于中断与中止、延长的规定。这六个月是出租人行使合同解除权和主张转租合同无效的权利期间，因此，将其定位于除斥期间更为准确。

六、承租人未经同意部分转租房屋，出租人是否有权解除合同或者确认转租合同无效

实践中经常遇到承租人未经出租人同意部分转租房屋，其法律效果如何？虽然《合同法》第224条规定承租人擅自转租的，出租人可以解除合同，但对于承租人将租赁房屋的一部分进行转租，出租人能否行使解除权，法律法规并无明确规定。在司法实践中，法院判决的尺度不一，有些情况下甚至以部分转租是否构成根本违约作为分析依据，由法官在案件审理中根据个案情况自由裁量。根本违约是指一方当事人违约而使相对人的主要利益不能得到满足，亦即合同目的不能实现，受损害方可以采取解除合同的违约补救措施。《合同法》第94条就根本违约的情况作出列举式的规定，并赋予了当事人可以解除合同的权利。

我们认为，在承租人擅自部分转租房屋的情况下，出租人的解除权不应以《合同法》第94条为限，法院判断出租人是否享有解除权不应仅以构成根本违约为依据。当承租人擅自转租时，《合同法》第224条已经直接赋予了出租人法定解除权，出租人可以直接依据该条解除租赁合同。退一步讲，转租是否构成根本违约也不应仅从擅自转租的面积上去判断，而是要看转租行为是否妨害出租人充分行使物权。部分转租不仅直接破坏了出租人对承租人的

---

① 最高人民法院民事审判第一庭编著：《最高人民法院关于审理城镇房屋租赁合同纠纷案件司法解释的理解与适用》，人民法院出版社2009年版，第221页。

信任，而且可能导致次承租人因转租合同或事实租赁关系衍生相关的权利，包括对租赁物的使用、收益权等，造成多层次的对租赁物的占有关系，增加了出租人要求次承租人返还租赁物的困难，最终妨害了出租人对租赁物的所有权的行使。因此，在承租人擅自部分转租房屋的情况下，应当肯定出租人享有法定解除合同或者确认转租合同无效的权利。当然，出租人行使该权利仍须以在法定期限内提出异议为前提条件。

七、关于次承租人的诉讼地位

出租人未经承租人同意而将房屋转租，从合同的相对性来看，完全形成两个互相独立的合同，即出租合同与转租合同。出租人与次承租人之间并不发生直接的联系，但是，由于出租人的出租房屋行为与承租人的转租房屋行为处分的是同一标的物，因此两者之间难免互相影响。因此，在出租人与承租人就转租问题产生纠纷的案件中，次承租人应具有第三人的诉讼地位。因租赁合同解除而产生的纠纷，如果出租人未将次承租人作为被告的，考虑到判决生效后的执行问题以及保护次承租人利益的需要，原则上应追加次承租人作为第三人参与诉讼。如果次承租人人数过多，且各方的利益也不同，可根据情况需要，由当事人另行诉讼。需要强调的是，人民法院是要根据案件的具体情况，通知次承租人作为第三人参加诉讼，是“可以”，而非“应当”。

如承租人与次承租人就合同效力或合同解除产生争议的，是否需要追加出租人为合同当事人？对此，我们认为，出租人与承租人、承租人与次承租人之间是两个不同的合同关系，原则上不必追加出租人为第三人。另外，如出租人意欲解除租赁合同，则关系转租合同的处理，承租人对出租人已主张解除租赁合同的事实负举证责任。若出租人已另案诉讼要求与承租人解除租赁合同的，则转租合同纠纷应当等待另案的处理结果。

33. 承租人擅自转租房屋，出租人在法定期限内提出异议，并请求解除租赁合同的，应予支持

【案例】

A 公司与 B 公司、C 公司房屋租赁合同纠纷案[①]

［案号］

（2014）鄂蔡甸民二初字第 00038 号

（2014）鄂武汉中民终字第 00571 号

［案情］

2012 年 6 月 1 日，B 公司为承租 A 公司所有的位于武汉市蔡甸区蔡甸街某村厂房仓库，双方签订《厂房租赁协议》，约定 B 公司承租 A 公司面积为 1220 平方米的厂房、面积为 330 平方米仓库、面积为 420 平方米的其它部分，合计 1970 平方米，按 6.5 元 / ㎡价格，租金为 12,805 元 / 月；按先付后用原则，每季度支付一次，每次提前 15 天支付；现有厂房改建须经 A 公司同意；可进行场地搭建、铺路，费用由 B 公司自理，B 公司退租其自建设施不得损毁，A 公司不予补偿；退租时须保持房屋现有状况，平日房屋维护费用 B 公司自理；本合同签订之日，B 公司需支付 10,000 元保证金，合同终止双方结清租金、电费及不当损失后退还；启租日为 2012 年 7 月 1 日；合同终止：因 B 公司责任提前一个月，非因不可抗力因素 A 公司 5 年不得终止合同（除国家、政府征用及拆迁外，A 公司在 5 年内不得终止合同）；合同有效期自 2012 年 7 月 1 日起至 2017 年 6 月 30 日止。合同签订后，B 公司向 A 公司支付保证金 10,000 元，并对租赁物进行了窗户更换、电线电缆更新以及厂房隔断等行为。

2012 年 6 月 9 日，B 公司与案外人丁某签订《租赁合同》，约定丁某承租面积为 140 平方米厂房西北角，租赁价格 6.5 元 / ㎡，租金为 910 元 / 月；丁某支付保证金 4000 元；除国家、政府征用及拆迁外，B 公司在 5 年内不得终止合同。2013 年 5 月 3 日，B 公司与 C 公司签订《厂屋房租赁合同》，约定 C 公司承租面积为 630 平方米的厂房，面积为 225 平方米的其他部分，合计 855 平方米，租赁价格 9 元 / ㎡，租金为 7695 元 / 月；C 公司支付 B 公司 6000

---

① 见"武汉博旺玻璃钢环保设备有限公司与武汉洁利日化有限责任公司房屋租赁合同纠纷一案二审民事判决书"，载中国裁判文书网：http://wenshu.court.pcc，最后访问时间：2017 年 6 月 15 日。

元保证金；除国家、政府征用及拆迁外，B公司在4年内不得终止合同；合同有效期自2013年5月5日起至2017年5月4日止。同年5月5日，B公司与案外人陈某签订《厂屋房租赁合同》，约定陈某租赁面积107平方米的厂房，租赁价格9元/㎡，租金963元/月；陈俊支付4000元保证金；除国家、政府征用及拆迁外，B公司在4年内不得终止合同；合同有效期自2013年5月5日至2017年5月4日止。

2013年5月20日，A公司法定代表人闫某到厂里收取当月电费时，发现B公司将部分租赁物出租给C公司。同年10月16日，A公司向C公司发送《郑重声明》，主要内容为现有武汉市蔡甸区蔡甸街某村委会南侧厂房权属A公司所有，现正式通知在厂内租赁的各单位负责人，之前和B公司所签订的厂房租赁合同均属无效合同，如果各单位愿在我公司所属厂地继续承租，必须和A公司重新签订厂房租赁合同，否则我公司将有权驱离。我公司郑重声明，如果各承租单位继续向C公司续交房租，由此产生的经济损失及纠纷由各单位自行承担，我公司概不负责。同年10月30日，A公司向C公司发送《告知》，主要内容为贵公司现租赁使用的厂房为A公司拥有完全产权，贵公司与B公司签署的《厂房租赁合同》，是B公司擅自转租第三方的行为，属无效合同，现我公司依据《合同法》决定与B公司解除《厂房租赁协议》，贵公司若愿继续承租，请在2013年11月5日与我公司签订合同，否则贵公司即请迁离。同日，A公司向B公司发送《关于终止〈厂房租赁合同〉的决定》，主要内容为贵公司在承租期间未告知我公司即将所承租的大部分房屋转租给多个第三方，待我公司知晓后多次与你公司协商。1.将详情通报给我公司，便于统一管理；2.改变厂区混乱状态。但你公司却搪塞、隐瞒拒与我公司商谈，为此，依据《合同法》第224条规定，决定依法与你公司解除《厂房租赁协议》，依据协议第七条之规定，本合同截止日为2013年11月1日，为方便你公司交接，具体安排如下：2013年11月15日前继续提供生产、生活之基本条件；11月16日后仅提供搬迁条件，本月不收取房租，须据实缴纳水电卫生费，搬迁完毕将相关账款、保证金结清。次日，B公司收悉。同年11月2日，双方进行了协商。同月8日，B公司向A公司发送《关于单方终止厂房租赁合同决定的回复》，主要内容为B公司（乙方）于2012年6月1日与A公司（甲方）签订厂房租赁协议，租期为5年。协议约定：甲方在5年内除政府征地拆迁及人力不可抗拒的因素外，甲方不得单方终止协议。经双方协商，基本统一两套方案：方案一，甲方将乙方分租出去的厂房收回，由甲方重新签订合同，对乙方维修厂房的费用予以适当考虑；方案二，甲方11月30日前终止与乙方签订的租赁合同，对乙方厂房的费用予以考虑（暂不谈其他费用)。本月4日，双方就此事电话沟通，甲方采纳第一套方案，但不承担乙方厂房维修费用。如果谈费用，就采用第二套方案，执行关于终止《厂房租赁合同》的决定，适当考虑费用。乙方同意采纳第一套方案，将分租部分交甲方管理，但必须具备两个条件：第一，将乙方分租部分协商稳妥，甲方承担厂房维修费用；第二，由甲乙双方重新办理分租单位和个人继续合作的合同。同月12日，A公司向B公司发送《律师函》，要求B公司接到函后一周内与A公司就转租一事进一步协商，否则将依法向法院起诉，解除与B公司的租赁合同。双方协商未果。B公司已按租金标准向A公司支付至2014年3月的费用。

2013年12月，A公司诉至法院，请求判令：依法解除与B公司签订的《厂房租赁协议》，由B公司腾退租赁厂房。

现C公司未从租赁厂房中搬离，案外人丁某已将租赁厂房予以腾退，陈某尚有少量物品堆放。诉讼中，A公司表明案外人的腾退由其自行负责。在二审诉讼过程中，B公司陈述其已缴纳2014年第二季度的租金并提交了由A公司的法定代表人闫某出具的收条，该收条载明：今收到B公司交来38,415元，系2014年第二季度（本年4月1日至6月30日）房租，对此，A公司表示予以认可。至二审法院审理过程中，案涉厂房仍由B公司占有使用。

[法院认为]

一审法院认为：A公司与B公司签订的《厂房租赁协议》系双方当事人的真实意思表示，不违反法律、行政法规的强制性规定，合法有效，双方均应按照合同约定履行各自义务，B公司向A公司支付保证金及租金后，A公司按合同约定将租赁物交付给B公司。B公司提供的证据不足以证明其将部分租赁物转租C公司及案外人A公司事先知情。A公司于2013年5月20日得知B公司将部分租赁物转租给C公司后，于同年10月16日、10月30日向C公司发送《郑重声明》、《告知》，均表明C公司与B公司签订的租赁合同是未经A公司同意擅自转租第三方的行为，属无效合同，A公司并于2013年10月30日向B公司发送《关于终止〈厂房租赁合同〉的决定》，要求解除与B公司签订的《厂房租赁协议》。根据《城镇房屋租赁合同解释》第16条第1款“出租人知道或者应当知道承租人转租，但在六个月内未提出异议，其以承租人未经同意为由解除合同或者认定转租合同无效的，人民法院不予支持”之规定，A公司在法定期限内已向B公司及C公司均提出了异议。《厂房租赁协议》约定“除国家、政府征用及拆迁外A公司5年内不能终止合同”应为双方不违反合同约定及法律规定的前提下的合同解除权，现B公司未经A公司同意将租赁物转租他人，根据《合同法》第224条第2款“承租人未经出租人同意转租的，出租人可以解除合同”；第 96 条第 1 款“当事人一方依照本法第 93 条第 2 款、第 94 条的规定主张解除合同的，应当通知对方。合同自通知到达对方时解除，对方有异议的，可以请求人民法院或者仲裁机构确认解除合同的效力”之规定，A 公司与 B 公司之间签订的《厂房租赁协议》于 A 公司通知 B 公司合同截止日 2013 年 11 月 1 日解除。B 公司应腾退其租赁 A 公司位于武汉市蔡甸区蔡甸街某村的厂房，转租给 C 公司的部分由 C 公司腾退。B 公司对保证金的退还及厂房维修的损失可另行主张权利。

二审法院认为：A 公司于 2013 年 10 月 30 日向 B 公司发出《关于终止〈厂房租赁合同〉的决定》后，虽与 B 公司有函件往来，也有当面协商，目的是为了解决纠纷，且双方未能达成一致意见。对于 B 公司向 A 公司缴纳 2014 年 1 月至 6 月的租金，因为案涉厂房一直由 B 公司占有使用，A 公司出于自身经济利益的考虑，收取了 B 公司缴纳的房屋占用费，符合常理，但该行为并不足以表明双方已达成继续履行合同的一致意见。《城镇房屋租赁合同解释》第 16 条第 1 款“出租人知道或者应当知道承租人转租，但在六个月内未提出异议，其以承租人未经同意为由解除合同或者认定转租合同无效的，人民法院不予支持”之规定，该六个月期间是除斥期间，是出租人行使合同解除权和主张转租合同无效的权利期间，A 公司在 2013 年 5 月 20 日发现 B 公司的转租行为后，于 2013 年 10 月 30 日向 B 公司发出了《关于终止〈厂房租赁合同〉的决定》，A 公司行使合同解除权并未超过该除斥期间，故 B 公司的上诉理由均不能成立。

[裁判结果]

一审法院判决：1.A 公司与 B 公司之间签订的《厂房租赁协议》于 2013 年 11 月 1 日解除；2.B 公司腾退其租赁 A 公司位于武汉市蔡甸区蔡甸街某村的厂房，其中转租给 C 公司的部分由 C 公司腾退。B 公司不服一审法院判决，提起上诉。

二审法院判决：驳回上诉，维持原判。

[裁判思路]

本案有以下几个焦点问题需要探讨：

1. 关于《厂房租赁协议》约定“除国家、政府征用及拆迁外 A 公司 5 年内不能终止合同”的理解，是否如 B 公司所认为的可视为转租免责的约定。首先，该内容系《厂房租赁协议》关于合同终止项下之约定，5 年内不能终止合同与双方约定的合同有效期自 2012 年 7 月 1 日起至 2017 年 6 月 30 日止相吻合，故应当理解为，在双方约定的合同履行期内，A 公司不得单方解除租赁合同。但不能由此得出在 B 公司违反法律规定或合同约定情况下，A 公司放弃权利主张的意思表示。对此，B 公司的主张不能得到支持。

2.A 公司在向 B 公司发出《关于终止〈厂房租赁合同〉的决定》后，与 B 公司之间的函件往来及收取租金的行为，能否视为以其后来的行为变更了其“终止合同”的决定。根据《合同法》第 96 条关于解除权行使之规定，当事人一方依据《合同法》第 94 条规定主张解除合同，应当通知对方，合同自通知到达对方时解除。对方有异议的，可以请求人民法院或者仲裁机构确认解除合同的效力。本案中，A 公司在《关于终止〈厂房租赁合同〉的决定》中，已明确其解除合同的意思表示，而 B 公司虽有异议，但并未请求法院或仲裁机构确认合同效力，故双方之间合同已实际解除。而后双方虽有函件往来，但目的是为了解决合同解除后的后续问题，且双方未能达成一致意见，A 公司亦未表达撤回解除或继续履行合同的意思表示。对于 A 公司收取“租金”并出具收据行为，因为案涉厂房一直由 B 公司占有使用，A 公司出于自身经济利益的考虑，收取了 B 公司缴纳的房屋占用费，符合常理，仅以收取“租金”和收据中的表述并不足以表明双方已达成继续履行合同的一致意见。

3. 出租人提出异议的方式是否以起诉为限。本案中，A 公司法定代表人闫某于 2013 年 5 月 20 日到厂里收取当月电费时，发现 B 公司擅自转租行为，虽于 10 月 30 日时向 B 公司发出《关于终止〈厂房租赁合同〉的决定》，但于同年 12 月方诉至法院请求解除合同，是否超过了 6 个月的异议期。我们认为，出租人提出异议的方式不以提起诉讼为限。首先，关于合同解除权的行使，《合同法》第 96 条明确赋予了当事人在解除条件成就时单方通知解除的权利，故针对承租人擅自转租行为，出租人有权以通知方式解除合同。其次，《城镇房屋租赁合同解释》第 16 条规定中亦未就出租人提出异议的方式加以限制，而是将是否提出异议作为是否支持出租人主张解除合同或者认定转租合同无效的条件。就本案而言，一、二审就租赁合同解除时间的认定，亦是以 A 公司通知解除作为认定标准，而非以判决作出时作为合同解除的时间。因此，不能就此对出租人提出异议的方式作限缩解释。

[相关法律法规]

《合同法》第 224 条

《城镇房屋租赁合同解释》第 16 条

34. 承租人未经同意转租房屋，享有请求解除合同或者认定转租合同无效的主体为出租人而非次承租人

【案例】

蒋某与袁某、某宾馆房屋租赁合同纠纷案[①]

[案号]

（2013）亭民初字第 4826 号

（2014）盐民终字第 1409 号

[案情]

2013 年 1 月 31 日，袁某与某宾馆签订宾馆沐浴部租赁合同，约定：袁某承租某宾馆沐浴部，租期至 2017 年 10 月 14 日；承租人擅自转租或变相转租给他人经营的，出租方有权解除本合同。同年 5 月，蒋某、袁某签订宾馆沐浴部转租协议一份，约定：袁某自愿将某宾馆沐浴部转租给蒋某经营；某宾馆沐浴部内的动产权属和装修转让给蒋某，动产清单以双方签字确认为准，动产转让价格为 18 万元；袁某保证所转让某宾馆沐浴部内的动产享有独立、完整的产权，如因产权引起纠纷，均由袁某处理，如因纠纷导致蒋某损失均由袁某承担；协议约定的总费用为 21 万元，其中 20 万元由蒋某于签订协议之日起 3 日内转入袁某实名账户"农行卡：62XXXXXXXXXXXX"，余款 1 万元如本协议执行后无任何争议，由蒋某于 2014 年 11 月 15 日之前转入上述账户；本协议一方违约，应承担相对方的直接损失及 3 万元违约金。上述转租协议签订后，蒋某进场经营。同年 10 月 21 日，蒋某向某宾馆发出征询函，其主要内容为："本人于 2013 年 5 月从袁某处转租宾馆沐浴部，现得知你公司在出租给袁某时约定不得擅自转租，现本人与袁某的转租协议违反了该约定，故向你公司出具征询函，征求你公司对袁某与本人的转租协议的意见，请你公司在接函后 5 日内书面回复，逾期，本人则认为你公司不同意转租。"后某宾馆未予答复，蒋某遂于同年 11 月 18 日诉至一审法院，请求判决：解除蒋某、袁某签订的转租协议；袁某返还蒋某已支付的转让费 21 万元、违约金 3 万元及赔偿蒋某因合同无法履行的可期待利益损失 8 万元；由袁某承担诉讼费用。某宾馆的注册地址为盐城市亭湖区开放大道 93 号，与转租浴室在

---

① 见"蒋晓燕与袁茂琴房屋租赁合同纠纷二审民事判决书"，载中国裁判文书网：http://wenshu.court.pcc，最后访问时间：2017 年 5 月 30 日。

同一地址，法院通知某宾馆参加诉讼后，其公司的法务人员曾电话与法院联系称，公司不愿出庭应诉。

［法院认为］

一审法院认为：蒋某、袁某签订的某宾馆沐浴部转租协议系双方当事人的真实意思表示，且不违背《合同法》的规定，属有效。关于蒋某是否享有合同解除权问题。合同的解除权有法定解除权和约定解除权之分，本案合同履行期间，袁某已按合同约定履行了自己的全部义务，蒋某无证据证明袁某存在违约的事实，且转租协议未经出租人的同意并不是合同解除的法定条件，双方在签订合同时对此也未进行约定，而事实上出租人的注册地址与所出租房屋在同一地点，现转租行为的发生已超过6个月，应当推定出租人对转租行为是无异议的，故蒋某要求解除转租合同无事实和法律依据，依法不能支持。关于蒋某要求返还转让费21万元、支付违约金3万元的诉讼请求能否成立的问题。蒋某诉称的转让费实为转租费用，鉴于蒋某要求解除合同的诉讼请求未获支持，其要求返还转让费21万元的诉讼请求不能成立。蒋某未能举证证明袁某存在违约，故蒋某要求袁某支付违约金3万元亦不能成立。关于蒋某要求袁某赔偿可期待利益损失8万元的诉讼请求能否成立的问题。由于蒋某未能举证证明袁某违约，且袁某已将沐浴部实际交付蒋某，某宾馆亦未提出异议，不存在合同无法履行，故蒋某要求袁某赔偿合同无法履行的可期待利益损失8万元的诉讼请求不能成立。

二审法院认为：本案的争议焦点是蒋某是否具有转租协议的解除权。根据《城镇房屋租赁合同解释》第16规定，出租人知道或者应当知道承租人转租，但在六个月内未提出异议，其以承租人未经同意为由请求解除合同或者认定转租合同无效的，人民法院不予支持。该条文明确了解除权的行使主体系出租人。本案中，某宾馆与袁某在签订的租赁合同中约定了若承租人擅自转租则出租人有权解除合同，该合同条款对某宾馆与袁某具有约束力，某宾馆对该合同具有解除权。蒋某与袁某在达成转租合意后签订了转租协议，该协议不存在合同解除的法定或约定条件，某宾馆在收到征询函后亦未明确提出异议，故蒋某要求解除转租协议无事实和法律依据，不予支持。由于蒋某要求解除案涉转租协议无依据，且又未能提供证据证明袁某存在违约事实，故其要求袁某返还转让费并支付3万元违约金和可期待利益损失8万元的上诉理由亦不能成立，亦不予支持。

［裁判结果］

一审法院判决：驳回蒋某的诉讼请求，蒋某不服一审法院判决，提起上诉。

二审法院判决：驳回上诉，维持原判。

［**裁判思路**］

本案的核心法律适用问题是承租人未经同意转租房屋，次承租人知晓后，是否可以此理由请求解除转租合同。我们认为，此种情况下，次承租人不得请求解除转租合同，亦无权确认转租合同无效。首先，从《合同法》第224条及《城镇房屋租赁合同解释》第16条表述来看，无论是租赁合同解除还是转租合同无效的请求主体均为出租人，且从立法目的来看，上述规定都旨在于保护出租人的利益，而非次承租人。其次，从合同的法定解除角度来看，转租合同未经出租人的同意亦不是合同解除的法定条件。最后，从本案实际情况来看，某宾馆在收到征询函后未予答复，且在法院通知其参加诉讼后，其明确表示不愿出庭应诉，据此可视为某宾馆对袁某的转租行为未提出异议。因此，一、二审法院对蒋某的诉请不予支持是正确的。值得注意的是，即便是由出租人行使权利，根据《城镇房屋租赁合同解释》第16条规定，其只能选择解除与承租人之间的租赁合同或者选择请求确认转租合同无效，而基于合同相对性原则，其并不享有请求解除转租合同的权利。

［**相关法律法规**］

《合同法》第224条

《城镇房屋租赁合同解释》第16条

35. 出租人知道或应当知道承租人转租，但在六个月内未提出异议的，不影响其主张除解除合同以外的其他违约责任

【案例】

孙某与高某房屋租赁合同纠纷案[①]

［**案号**］

（2015）沙民三初字第485号

（2015）乌中民四终字第1046号

① 见“孙学亮与高雨佳房屋租赁合同纠纷二审民事判决书”，载中国裁判文书网：http://wenshu.court.pcc，最后访问时间：2017年6月18日。

[**案情**]

2010年3月3日，孙某（甲方）与高某（乙方）签订《租房合同书》一份，约定甲方将其住房一套（位于乌鲁木齐市西北路×号，现为揽秀园西街××号）租赁给乙方，租期5年，从2010年10月1日起至2015年10月31日止，租金每月3750元，年租金45,000元；乙方先交押金10,000元，届时再交房屋租金；乙方必须在每年的9月10日前一次性交清全年租金，否则甲方有权收回住房，乙方向甲方支付违约金2000元；租期内乙方不得将房屋转租给他人经营非法生意等等。合同签订后，孙某将房屋交付给了高某，高某对房屋进行了改造，双方开始按约履行租房合同。2012年9月1日，孙某与高某针对租赁房屋又签订《租房合同》一份，将原租房合同每年租金变更为50,000元，租期5年变更为2012年10月31日起至2017年10月31日止，并约定2016年11月1日孙某可根据市场行情增加2017年房租费等等。2014年3月17日，孙某（甲方）与高某（乙方）针对租赁房屋再次签订《房屋租赁合同》一份，约定租期5年，自2014年10月31日至2019年10月31日，前3年每年租金为60,000元，后2年每年租金为70,000元，每年9月10日前支付下一年度租金，不可拖欠房租；押金10,000元，在租赁期满乙方不再承租时，甲方全数退还，若乙方违约，甲方可从押金中扣除；租赁的房屋不能擅自转租、转让他人使用，若乙方需要转让此房屋，应提前通知甲方，在征得甲方同意后方可转让等等。高某租赁房屋后一直用于经营饭店。

2012年8月22日，高某与马某签订《房屋租赁合同》一份，约定高某将揽秀园西街××号一间15平方米的门面出租给马某，租期2年，自2012年8月22日至2014年8月21日，第一年租金42,000元，次年租金45,000元等等。2014年8月22日，租期届满后，高某又与马某续签《租赁合同》一份，租赁期限自2014年8月22日至2015年8月21日，年租金50,000元等等。马某租赁房屋后一直与刘某合伙开办美甲店进行经营，美甲店登记业主为刘某。刘某在申请开办美甲店过程中，租赁房屋所在的乌鲁木齐市沙依巴克区孔雀社区在向孙某核实相关租赁信息后出具《证明》一份，内容为："兹有我社区辖区房屋西北路×号孙某门面房租赁给刘某作为商铺，该同志房屋原门牌号是西北路×号×号楼1单元101室（门面），现门牌号变更为揽秀西街××号，现需申请办理相关工商营业执照一事，特此证明"。该美甲店与高某经营的饭店均系独立的房屋，有各自的门面。

[**法院认为**]

一审法院认为：孙某与高某于2014年3月17日签订的《房屋租赁合同》系双方真实意思表示，不违反法律、行政法规强制性规定，合法有效，双方均应按约履行。在合同履行中，高某在租赁孙某房屋期间将部分房屋转租给案外人马某的事实存在，因孙某与高某2014年3月17日签订的《房屋租赁合同》系双方在2010年租赁房屋后重新签订，在该合同签订前，高某已将租赁房屋中的部分房屋转租给马某，马某亦陈述其已使用转租房屋近4年，在这期间，孙某多次到租赁房屋现场与高某签订合同及收取租金，对租赁房屋现场使用情况应该知晓，且高某使用租赁房屋用于开办饭店，而马某将转租房屋用于经营美甲，经营项目存在明显差异，两间门面亦为独立门面，同时从2011年刘某在办理美甲店经营手续中，租赁房屋所在的孔雀社区是在向孙某核实租赁事宜后对转租的房屋出具了证明，综合以上情况，一审法院认定孙某对高某将部分房屋转租给马某使用的事实在2011年至2012年间转租行为发生时即应当知晓，其至本案2015年3月提起诉讼期间，未对高某的转租行为提出过异议，已超过6个月，依据《城镇房屋租赁合同解释》第16条第1款“出租人知道或者应当知道承租人转租，但在六个月内未提出异议，其以承租人未经同意为由请求解除合同或者认定转租合同无效的，人民法院不予支持”之规定，本案中孙某以高某未经其同意转租房屋为由要求解除房屋租赁合同的诉讼请求不能成立，不予支持。因孙某与高某之间房屋租赁合同尚未解除，孙某要求高某返还租赁房屋的诉讼请求亦不能成立，亦不予支持。孙某称其于2014年11月才知道高某转租房屋的意见，不予采纳。关于高某是否存在违约问题，因高某在租赁房屋过程中存在转租情形，且租赁合同亦明确约定不允许转租，故高某存在转租的违约行为，其应承担违约责任，依据孙某、高某租赁合同中关于“乙方（即高某）违约，甲方（即孙某）可从押金中扣除”的约定，同时结合高某实际违约情况，一审法院酌情按双方约定的10,000元押金数额认定为高某应承担的违约金数额，故对孙某主张违约金10,000元的诉讼请求予以支持。高某辩称其不存在违约行为、不应承担违约责任的意见不能成立，不予采纳。

二审法院认可一审法院裁判意见。

[裁判结果]

一审法院判决：1. 驳回孙某要求解除其与高某于2014年3月17日签订的《房屋租赁合同》的诉讼请求；2. 驳回孙某要求高某返还租赁房屋的诉讼请求；3. 高某给付孙某违约金10,000元。孙某不服一审法院判决，提起上诉。

二审法院判决：驳回上诉，维持原判。

[裁判思路]

《合同法》第107条规定：“当事人一方不履行合同义务或者履行合同义务不符合约定的，应当承担继续履行、采取补救措施或者赔偿损失等违约责任。”根据该规定，在合同履行过程中，因一方当事人违约，另一方当事人有权根据违约事实，向对方主张相应的违约责任。在我国《合同法》中，合同的权利义务终止与违约责任属不同的制度范畴，二者之间不存在必然的因果关系，即合同解除不必然涉及违约责任，而违约方承担违约责任亦不以合同解除作为前提条件。因此，在具体案件中，判断合同是否解除与当事人是否承担违约责任的标准亦不相同。根据法律及司法解释规定，因承租人擅自转租，出租人欲行使合同解除权，须以在法定期限内就转租事实提出异议为前提条件，否则其主张不能得到支持。而就承租人擅自转租事实，出租人是否有权主张其他违约责任，还应以双方之间合同约定为基础。本案中，孙某与高某之间房屋租赁合同中明确约定了高某于承租期间不得转租，并约定“乙方（即高某）违约，甲方（即孙某）可从押金中扣除”，可见，双方合同中就高某违约应承担相应的经济赔偿责任作有约定，故法院根据高某违约事实，酌情判令高某在不超过押金范围内向孙某承担赔偿责任，符合双方订立合同时的真实意思表示。

［相关法律法规］

《合同法》第 107 条

《城镇房屋租赁合同解释》第 16 条

36. 出租人对承租人某一次转租行为予以同意或默许，不能视为对合同履行期内承租人的所有转租行为予以概括性同意

【案例】

A 公司与 B 公司、C 公司房屋租赁合同纠纷案[①]

［案号］

（2014）深罗法民三初字第 357 号

（2014）深中法房终字第 1518 号

［案情］

案涉房产位于某大厦第 11 层，房产用途为商业、办公，房屋建筑面积

① 见“深圳市中建大康物业管理有限公司与深圳市鼎丰泰投资有限公司房屋租赁合同纠纷二审民事判决书”，载中国裁判文书网：http://wenshu.court.pcc，最后访问时间：2017 年 6 月 20 日。

1021.3平方米，原产权人为C公司。1992年12月7日，C公司与A公司签订《租赁合同》；1992年12月11日，C公司与A公司签订《租赁补充合同》。上述租赁合同及补充合同约定：C公司将本身拥有的案涉房产出租与A公司；租赁期限为大厦满限使用期全期租赁，即C公司从大厦最后竣工之日起将出租楼层交付给A公司使用至按照政府有关规定大厦所占用的土地使用期满由公家收回大厦房地产权之日止；《租赁合同》第三条约定，A公司承租大厦楼层只能作为本单位相关内部企业使用，不得转租，不得擅自改变房屋的使用功能。

2007年1月26日，B公司通过拍卖方式取得案涉房产的产权。2007年8月21日，B公司取得案涉房产的《房地产证》，房产建筑面积1021.3平方米。2008年，A公司起诉B公司，要求确认A公司与C公司在1992年12月7日签订的《租赁合同》以及1992年12月11日签订的《租赁补充合同》有效。该案终审判决确认案涉房产自1992年12月7日至2019年10月1日的租赁合同有效，自2019年10月2日至2043年1月7日无效。因A公司称已将案涉房产的租金一次性全部支付给了C公司，B公司作为房产现产权人曾以C公司作为被告向法院提起不当得利诉讼并获判决支持，但因C公司无可执行财产目前该案尚未执行终结。

A公司承租案涉房产之后，存在一系列转租行为。2006年4月1日，A公司分别与深圳某房地产公司、深圳市某物业公司、某集团有限公司签订租赁合同，租赁面积分别为500平方米、425.5平方米、168平方米，租赁期限均为自2006年4月1日至2011年3月31日。在前述A公司起诉B公司要求确认A公司与C公司签订的《租赁合同》及《租赁补充合同》有效的诉讼中，原产权人C公司认可A公司转租于深圳某房地产公司、深圳市某物业公司、某集团有限公司之行为。但B公司取得案涉房产产权之后，A公司未经B公司同意继续将部分案涉房产转租：1.2012年7月12日，A公司与深圳某消防器材公司签订租赁合同，转租面积为240平方米，转租期限自2012年6月1日至2013年5月31日；2.2012年9月17日，A公司与深圳市某投资公司签订转租合同，转租面积60平方米，转租期限自2012年8月1日至2013年7月31日；3.2012年9月17日，A公司与深圳市某货运代理公司签订转租合同，转租面积60平方米，转租期限自2012年8月1日至2013年7月31日；4.2012年8月28日，A公司与秦某签订转租合同，转租面积110平方米，转租期限自2012年8月10日至2013年7月9日；5.2012年8月9日，A公司与深圳某科技公司签订转租合同，转租面积56平方米，转租期限自2012年8月1日至2013年7月31日；6.2012年7月12日，A公司与深圳市某贸易有限公司签订转租合同，转租面积 228 平方米，转租期限自 2012 年 7 月 10 日至 2014 年 7 月 9 日……12.2013 年 11 月 5 日，A 公司与深圳某旅行社签订转租合同，转租面积 228 平方米，转租期限自 2013 年 11 月 10 日至 2014 年 7 月 9 日。上述 4~12 项的租赁合同经房屋租赁管理部门备案登记。B 公司在庭审中表示，其于 2014 年 1 月 2 日到租赁备案登记部门查询才发现 A 公司在 2012 年之后存在新的转租之事实。

2014 年 1 月 20 日，B 公司以 A 公司非法转租为由，向 A 公司发出《解除房屋租赁合同通知书》，要求解除《租赁合同》及相关补充协议，并要求 A 公司收到通知书 5 日内将案涉房产交还 B 公司。A 公司于 2014 年 1 月 21 日收到该通知。2014 年 1 月 23 日，A 公司向 B 公司发出《关于对〈解除房屋租赁合同通知书〉的回复函》，表示 B 公司无权单方面解除《租赁合同》，B 公司发来的通知书是无效的。2014 年 1 月 24 日，B 公司收到 A 公司的复函。2014 年 1 月 27 日，B 公司向 A 公司发出《关于要求返还某大厦第 11 层房屋的通知书》，要求 A 公司于 2014 年 1 月 31 日前搬离案涉房产并将房产交还 B 公司，逾期，A 公司应从 2014 年 1 月 27 日起按市场租金价格的双倍支付房屋使用费至实际搬离房产之日止。A 公司于 2014 年 1 月 28 日收到该搬离通知书。

A 公司诉至法院，请求判令：依法确认 B 公司出具的《解除房屋租赁合同通知书》和《关于要求返还某大厦第 11 层房屋的通知书》无效。

[法院认为]

一审法院认为：已有生效判决已认定 A 公司与 C 公司的租赁合同在 1992 年 12 月 7 日至 2019 年 10 月 1 日期间有效，该判决具有确定力和既判力，予以确认。B 公司作为案涉房产现产权人，继受了租赁合同项下 C 公司的权利与义务，取得租赁合同出租人的地位。《租赁合同》明确约定，A 公司承租大厦楼层只能作为本单位相关内部企业使用，不得转租，不得擅自改变房屋的使用功能。A 公司在案涉房产的产权人于 2007 年变更为 B 公司之后，未经 B 公司同意将案涉房产转租，该行为构成违约。我国《合同法》第 224 条规定，承租人未经出租人同意转租的，出租人可以解除合同；《合同法》第 96 条规定，当事人主张解除合同的，应当通知对方，合同自通知到达对方时解除。因此，B 公司于 2014 年 1 月 20 日向 A 公司发出《解除房屋租赁合同通知书》要求解除《租赁合同》及相关补充协议，具有事实依据和法律依据，《租赁合同》及相关补充协议自通知到达 A 公司之日即 2014 年 1 月 21 日时解除。租赁合同解除后，A 公司应将案涉房产及时退还 B 公司，因此 B 公司向 A 公司发出《关于要求返还某大厦第 11 层房屋的通知》要求 A 公司返还案涉房产依据充分；至于A公司未按通知要求的期限搬离案涉房产之后的房屋使用费问题，应由当事人另寻法律途径解决。虽然A公司于2006年4月1日将案涉房产转租于深圳某房地产公司、深圳市某物业公司、某集团有限公司三公司，且该转租行为得到案涉房产当时的产权人C公司的同意，但在租赁合同明确约定A公司不得转租的情况下，在B公司取得案涉房产的产权之后，A公司如需转租应首先经得B公司同意，A公司在2012年之后的系列转租行为未经得B公司同意，构成违约，A公司关于其转租无需经得B公司同意的诉讼主张，不予采纳。案涉租赁合同虽被曾经生效判决确认有效，但在A公司2012年之后存在新的违约转租事实的情况下，B公司仍可依法行使法定解除权解除租赁合同，A公司关于租赁合同已经生效请求判决确认有效、B公司无权单方解除租赁合同的诉讼主张，不予采纳。B公司并非是转租合同的当事人，其在庭审中称其于2014年1月2日到租赁备案登记部门查询才发现A公司在2012年之后存在转租事实，A公司对此亦未提交其他相反证据予以反驳，A公司关于B公司知道2012年之后的转租事实超出6个月未提出异议的诉讼主张，不予采纳。

二审法院认为：关于案涉房产原产权人C公司同意A公司转租的效力能否及于新产权人B公司的问题。案涉《租赁合同》第三条明确约定，A公司承租案涉房产只能作为本单位相关内部企业使用，不得转租，不得擅自改变房屋的使用功能。即合同已明确约定案涉房产只限于A公司自用，在此情形下，依据《合同法》第224条第1款之规定，A公司转租必须经出租人同意方能突破合同限制性约定而不构成违约。案涉房产原产权人C公司虽在此前诉讼中认可A公司将案涉房产转租给深圳某房地产公司等三家公司的行为，并未明确认可A公司可将案涉房产转租给任何不确定的第三方，进而解除对A公司不得转租的限制。C公司同意转租给深圳某房地产公司等三家公司的行为不足以证明A公司已与C公司达成一致变更了案涉《租赁合同》第三条约定。另，C公司在本案所陈述的其一直同意A公司转租，亦只是对已发生的转租关系的认可，不能必然得出双方已协商一致变更案涉《租赁合同》第三条的约定的结论，更不能以此免除A公司嗣后转租应征得出租人同意的义务。A公司提出实际履行的案涉《租赁合同》是可以转租的上诉理由，缺乏事实依据，不予采纳。同理，C公司在前诉中的认可只能证明其同意A公司将案涉房产转租给深圳某房地产公司等三家公司，不具有证明C公司对A公司嗣后可能会发生的转租行为予以概括性的同意的证明力，A公司主张C公司已概括性同意其转租的上诉理由，缺乏事实依据，不予采纳。据此，二审法院确认C公司同意A公司将案涉房产转租给深圳某房地产公司等三家公司的行为效力只限于该次转租行为，效力不能及于整个《租赁合同》的履行。在A公司与深圳某房地产公司等三家公司的转租期限届满后，A公司若将案涉房产再行转租，应重新获得出租人同意，否则将构成违约。

关于B公司能否以A公司转租为由解除案涉租赁合同关系的问题。如前所述，A公司若将案涉房产转租应经出租人同意，B公司于2007年8月21日取得案涉房产产权后，已成为案涉租赁合同关系的出租人，A公司转租即应获得B公司的同意。根据本案查明事实，A公司最新成立的转租关系是在2013年11月5日，B公司于2014年1月20日以A公司擅自转租为由通知解除合同，未超出《城镇房屋租赁合同解释》第16条第1款规定的六个月异议期，符合《合同法》第224条第2款的规定，B公司发出的《解除房屋租赁合同通知书》产生解除案涉《租赁合同》及《租赁补充合同》的效力，A公司要求确认上述《解除房屋租赁合同通知书》无效的上诉请求，有悖法律规定，不予支持。合同解除权是合同守约方可自由行使的权利，即使A公司在2012年开始即存在转租的违约行为，但B公司是否因A公司该违约行为行使合同解除权，或B公司容忍该违约行为以使合同继续履行，均属作为守约方B公司的自由选择权利，B公司依此只丧失针对2012年所成立转租关系的合同解除权，而该权利的丧失不能及于A公司在2013年7月10日后陆续新成立的转租关系，B公司对A公司于2013年7月10日后新成立的转租关系，仍可在异议期限内行使合同解除权。A公司以其早于2012年即开始存在转租为由主张B公司应当知道其转租而未在6个月内提出异议，B公司丧失合同解除权的上诉理由，与其最新成立的转租关系系在2013年11月5日的事实相悖，不予采纳。

审查B公司合同解除权是否成立的基础在于A公司是否存在未经作为案涉房产产权人的B公司同意擅自转租的违约行为，而不在于A公司转租的行为是否给B公司造成损失，A公司提出其转租行为未给B公司造成任何损失的上诉理由，与本案的审理无关，不予采纳。

[裁判结果]

一审法院判决：驳回A公司的诉讼请求。A公司不服一审法院判决，提起上诉。

二审法院判决：驳回上诉，维持原判。

[裁判思路]

根据所有权权能的范围和内涵，租赁合同中承租人依法享有的是租赁物的使用权，而转租权属于所有权权能中的收益权范畴。承租人是否在合同期内始终享有转租权，必须由出租人与承租人进行明确约定，在双方未明确约定情况下，承租人每发生一次转租行为之前，均必须征得出租人的同意，否则，承租人的转租行为就构成违约，出租人依法享有租赁合同的解除权。具体到本案，在2007年1月26日B公司成为案涉房产产权人之前，虽然C公司认可A公司将案涉房产转租与深圳某房地产公司等三家公司的行为，但双方并未对租赁合同中关于不得擅自转租之约定进行变更，根据租赁合同约定，A公司仍不享有转租权。因此，A公司每一次将涉案房产进行转租，均应征求产权人的意见并获得同意。否则，即构成违约。鉴于A公司在2013年7~11月仍存在擅自转租的违约行为，故B公司在2014年1月20日发出解除合同通知并未超过六个月的期限。对此，二审法院在裁判观点中就B公司未超过法定期间提出异议的理由予以补充论述，完善了一审法院的裁判观点。此外，值得强调的是，承租人擅自转租，出租人行使合同解除权不以是否造成损失为前提，不能以此作为审查解除权是否成立的标准。

[相关法律法规]

《合同法》第224条

《城镇房屋租赁合同解释》第16条

第二节　转租合同的期限

租期是由双方当事人协商确定的合同重要条件之一。通常，土地、房屋、建筑物等不动产的租期具有长期性的特点。依照《合同法》第214条的规定，租赁合同期满，可以续订，但房屋租赁合同约定的租赁期限，不得超过20年，超过的部分，即使有约定，该超期约定也无效。双方在合同中未约定租期的，为不定期租赁。对于不定期租赁，任何一方当事人都有权依照自己的意思随时解除合同，但在解除合同之前，应预先通知对方，给其必要的准备时间。对于不定期租赁合同，不存在剩余租赁期限的问题，承租人当然可以转租。房屋租赁合同签订的形式对于租赁期间也有影响。房屋租赁合同的期限为6个月以上的，应订立书面合同；未采用书面合同的租赁，视为不定期租赁。[①]

关于经出租人同意的转租合同的期限，《城镇房屋租赁合同解释》第15

① 最高人民法院民事审判第一庭编著：《最高人民法院关于审理城镇房屋租赁合同纠纷案件司法解释的理解与适用》，人民法院出版社2009年版，第201页。

条规定："承租人经出租人同意将租赁房屋转租给第三人时，转租期限超过承租人剩余租赁期限的，人民法院应当认定超过部分的约定无效。但出租人与承租人另有约定的除外。"承租人将房屋转租，依据的是其与出租人订立的房屋出租合同，其权源也是依据该房屋出租合同享有的对房屋租赁期内的占有和使用权。因此，转租合同具有一定的依附性。如果转租合同约定的租赁期限超出了承租人的剩余租赁期限，而租赁合同约定的履行期限又届满，承租人就丧失了对于该房屋进行处分的合法权源，当然该行为应归于无效。但是同时也应考虑到当事人的意思自治，如果出租人与承租人在订立合同时就已约定，承租人可以使用房屋超过剩余租赁期限，就不应否定该超期转租之效力。

37. 承租人经出租人同意转租房屋，超过承租人剩余租赁期限的转租期间无效

【案例】

桑某与张某房屋租赁合同纠纷案①

［案号］

（2014）中民初字第1288号

（2014）大民二终字第00967号

［案情］

2012年6月1日，沈阳军区某训练基地与张某签订《军队房地产租赁合同》，合同约定沈阳军区某训练基地将大连市中山区解放路×××号房屋（坐落号：沈辽字第××××号，建筑面积280平方米）出租给张某使用，租赁用途为餐厅、宿舍，租期自2012年6月1日至2014年5月31日。2013年2月1日，桑某与张某签订《房屋租赁合同》，合同约定张某将大连市中山区解放路×××号房屋（建筑面积280平方米）出租给桑某使用，用于旅店经营，租期自2013年2月7日至2016年2月6日，共36个月。合同中第三条约定，……甲乙双方合同终止，甲方（张某）归还乙方（桑某）定金，乙

① 见"桑某某与张某房屋租赁合同纠纷二审民事判决书"，载中国裁判文书网：http://wenshu.court.pcc，最后访问时间：2017年6月20日。

方如有违约，甲方有权没收定金……。合同签订后，张某将房屋交付桑某使用，桑某向张某缴纳了定金 2 万元，并支付了 2013 年 2 月至 2014 年 2 月的租金 22 万元。2012 年 12 月 10 日，沈阳军区某训练基地出具证明，同意张某将案涉房屋转租给桑某使用。经查，桑某系大连市中山区某旅店业主，该旅店成立于 2013 年 4 月 25 日，桑某在办理个体工商户注册登记时向大连市中山区工商局提供了沈阳军区某训练基地与张某签订的《军队房地产租赁合同》，双方当事人均认可案涉房屋自 2014 年 5 月 31 日至今一直由桑某占有使用并继续经营。

桑某诉至法院，请求判决确认其与张某签订的《房屋租赁合同》超出张某与沈阳军区某训练基地所签订的《军队房地产租赁合同》的租期 2014 年 5 月 31 日之后的租期无效；判令张某双倍返还定金 4 万元；判令张某赔偿桑某装修损失 30 万元。

二审法院审理过程中，沈阳军区某训练基地出具的证明载明：我部位于中山区解放路 ××× 号房屋，建筑面积 280 平方米，隶属部队产权……。现出租给桑某使用（用于旅馆），租赁期为三年（2014 年 6 月 1 日至 2017 年 5 月 30 日）。

［法院认为］

一审法院认为：桑某与张某签订的《房屋租赁合同》的租赁期限虽然超过了张某与案外人沈阳军区某训练基地签订的《军队房地产租赁合同》的租期，但超出部分是否无效还需待房屋产权人是否与张某续签《军队房地产租赁合同》而定，现桑某仍正常经营使用案涉房屋，其所称的损失并未实际发生，桑某亦未有证据证明沈阳军区某训练基地对案涉《房屋租赁合同》提出异议、要求桑某腾退房屋，故桑某起诉没有事实及法律依据，其诉讼主张，一审法院不予支持。

二审法院认为：根据《城镇房屋租赁合同解释》第 15 条之规定，承租人经出租人同意将租赁房屋转租给第三人时，转租期限超过承租人剩余租赁期限的，人民法院应当认定超过部分的约定无效。但出租人与承租人另有约定的除外。本案中，依据已查明的事实，由于张某与沈阳军区某训练基地签订的房屋租赁合同所约定的租期为 2012 年 6 月 1 日至 2014 年 5 月 31 日，而张某经沈阳军区某训练基地同意而于 2013 年 2 月 1 日将案涉房屋转租给桑某的。案涉房屋租赁合同约定租期为 2013 年 2 月 7 日至 2016 年 2 月 6 日，即案涉房屋租赁合同租期中 2014 年 6 月 1 日至 2016 年 2 月 6 日的转租期限超出张某与沈阳军区某训练基地之间租赁合同的剩余期限，而张某并未提供充分证据以证明沈阳军区某训练基地与张某对此另有约定，因此案涉房屋租赁合同租期中2014年6月1日至2016年2月6日的转租期限依法应认定为无效。因案涉房屋租赁合同自2013年2月7日至2014年5月31日止的租赁期限已届满且该租赁合同已约定合同终止后，张某向桑某返还2万元定金，而张某未提供充分证据以证明桑某在合同履行期间存在违约行为，故桑某要求张某返还2万元定金的主张，有事实和法律依据。据此，一审判决驳回桑某的全部诉讼请求，有欠妥当，应予纠正，桑某的诉讼请求中合理部分，予以支持。

关于桑某上诉请求张某双倍返还定金共计4万元以及赔偿装修残值30万元一节，根据《担保法解释》第120条第1款，因当事人一方迟延履行或者其他违约行为，致使合同目的不能实现，可以适用定金罚则。但法律另有规定或者当事人另有约定的除外。如前所述，由于案涉房屋租赁合同2014年5月31日以后租期被认定为无效系因转租期限违反法律效力性强制性规定，而且桑某并未提供充分客观证据以证明其使用案涉房屋经营旅店的合同目的不能实现。因此，本案不存在适用定金罚则的法定条件。又由于尽管此部分转租期限无效，但是桑某与沈阳军区某训练基地签订了租期为2014年6月1日至2017年5月30日的租赁合同，不仅已超出案涉房屋租赁合同的截止租期2016年2月6日，而且桑某亦认可其自2014年5月31日至今一直占有使用案涉房屋并继续正常经营，也就是说，桑某对于案涉房屋装修价值在2014年6月1日至2017年2月6日仍然得以利用，没有因案涉房屋租赁合同自2014年6月1日至2016年2月6日止的租赁期限被依法认定无效而产生实际损失。因此，桑某要求张某赔偿装修残值30万元，亦无充分事实和法律依据。据此，桑某的此项上诉请求，无充分事实和法律依据，不予支持。

［**裁判结果**］

一审法院判决：驳回桑某的诉讼请求。桑某不服一审法院判决，提起上诉。

二审法院判决：1. 撤销一审法院判决；2. 张某与桑某于2013年2月1日签订的房屋租赁合同自2014年6月1日至2016年2月6日止租期无效；3. 张某向桑某返还定金2万元。

［**裁判思路**］

本案一、二审关于超过承租人剩余租赁期限的转租期间效力认定存在不同的观点，二者的差异实质上在于对《城镇房屋租赁合同解释》第15条“但出租人与承租人另有约定的除外”的理解。我们认为，对于承租人超期转租行为，无论是承租人事先在租赁合同中关于转租期间另有约定，还是事后取得出租人的认可，认定该超期转租效力的时间节点应截止到一审法庭辩论终结前，也即在法院针对该效力问题作审查判断时，该效力所依赖的基础事实应为确定状态。因此，一审法院关于超出部分是否无效还需待出租人与承租人是否续签合同而定的观点不能成立。对此，二审法院予以纠正是正确的。

［**相关法律法规**］

《城镇房屋租赁合同解释》第15条

《担保法解释》第120条

38. 超过承租人剩余租赁期限的转租期间并非绝对无效，承租人可通过一定行为弥补该效力瑕疵

1. 承租人嗣后取得了房屋的所有权，承租人的超期转租行为应为有效

例如出租人将房屋出租给承租人，后承租人又将房屋转租于次承租人，且转租期限超过承租人剩余租赁期限，但在房屋租赁合同履行期间，出租人将房屋出卖给承租人，并办理所有权变更手续。现实生活中经常会出现承租人购买出租人房屋的情形，尤其是在承租人优先购买权制度保护下，该种现象变得更加普遍，此时是否仍要困守承租人超期转租的期间无效之规定？我们认为，此时不能将超期转租认定为无效。原因在于承租人已成为房屋的所有权人，有权对于房屋进行包括租赁在内的处分，虽然承租人在将房屋转租时存在着权利瑕疵，但是由于承租人嗣后取得了房屋的所有权，无疑已经补正了该瑕疵，因此，其超期转租行为应为有效。

2. 承租人嗣后取得了出租人的认可，该超期转租行为应为有效

此种情况与上述承租人取得租赁房屋所有权的情形相类似。尽管承租人在将房屋转租给次承租人时，存在着权利瑕疵，但是由于承租人嗣后取得出租人的同意，无疑已经补正了该瑕疵，此种情况下，应当视为司法解释中“但出租人与承租人另有约定的除外”情形，也即另有约定，既可以是事前约定，也可以是事后协商一致。因此，此种情形下的超期转租仍为有效。

3. 承租人与出租人续约，将原租赁期延长，超期转租行为应为有效

此种情形与出租人嗣后认可超期转租的行为以及承租人取得出租房屋所有权的行为亦相类似，尽管承租人在转租时存在权利瑕疵，但是承租人通过与出租人续约的行为，补正了其在转租房屋时存在的权利瑕疵。因此，此种情况也应当视为出租人与承租人另有约定，承租人可以超过剩余租赁期限将房屋转租的情形。

第三节　房屋租赁合同终止对次承租人的影响

按照合同相对性原则，次承租人与出租人之间不存在法律关系。在经出租人同意转租的情况下，出租人与承租人之间的租赁合同与承租人与次承租人之间转租合同本是两个独立的合同，应当各自履行。但是，由于两个合同关系的关联性，租赁合同的履行也必然影响转租合同的履行，特别是在租赁合同面临终止情形下，作为次承租人所享有的权利及应承担的义务亦是审判实务中的重点及难点问题。

一、次承租人代位清偿权对出租人解除权的限制

《合同法》第 227 条规定：“承租人无正当理由未支付或者迟延支付租金的，出租人可以要求承租人在合理期限内支付。承租人逾期不支付的，出租人可以解除合同。”在经出租人同意的转租情形下，租赁房屋的实际占有使用人为次承租人，由次承租人向承租人支付租金，再由承租人向出租人支付租金。如果因承租人的原因没有向出租人及时交纳租金，出租人的主要合同目的便无法实现，其可以依据《合同法》第 227 条规定要求解除租赁合同。此时，转租合同失去基础而无法继续履行，而无过错的次承租人利益难以得到保护。对此，《城镇房屋租赁合同解释》第 17 条规定：“因承租人拖欠租金，出租人请求解除合同时，次承租人请求代承租人支付欠付的租金和违约金以抗辩出租人合同解除权的，人民法院应予支持。但转租合同无效的除外。次承租人代为支付的租金和违约金超过其应付的租金数额，可以折抵租金或者向承租人追偿。”该条规定赋予了次承租人对出租人解除合同的抗辩权和对承租人的追偿权。

1. 合同解除的抗辩权

抗辩权是一种消极防御的权利，当出租人行使解除权时，次承租人抗辩权的行使，可以对抗出租人的解除权。应当注意，次承租人行使解除抗辩权还应满足三个条件：第一，转租合同是合法有效的，否则次承租人不具备对出租人行使抗辩权的正当性基础。第二，次承租人应以完全清偿作为抗辩基础，即次承租人代位清偿应当包括承租人拖欠的租金及违约金。次承租人只有将该金额完全代位清偿，才可以达到抗辩效果。值得强调的是，在承租人部分转租的情形下，次承租人清偿租金的范围不能仅限于自己承租的部分，

而应以承租人所欠出租人的全部租金作为清偿范围。第三，抗辩权的重要特征就在于防御性，在出租人没有行使合同解除权之时，次承租人不能行使代为清偿内容的抗辩权，出租人行使合同解除权是次承租人行使解除抗辩权的前提条件。

2. 次承租人的追偿权

次承租人代承租人支付租金与违约金后，对承租人即享有追偿权。依据合同的相对性原理，按照合同约定支付租金的义务主体是承租人，如果承租人未按时支付租金，支付违约金的主体也是承租人。次承租人对于出租人本无此义务，为维护转租合同的稳定性，司法解释赋予次承租人代位清偿权，但次承租人行使该权利并非无偿，次承租人作为第三人清偿可以取得两项权利：一个为其对于承租人的追偿权，一个为对于其支付的租金和违约金可以和转租合同中其应支付的租金相折抵。次承租人可以选择行使。从实务来讲，一般次承租人选择后者的可能性比较大。因为承租人拖欠租金，其支付能力本身就值得怀疑，而次承租人将其代承租人支付的租金和违约金直接抵消其转租合同的租金，对其来讲更为便捷和切合实际。

审判实务中，以下问题还需值得注意：

第一，由于出租人并未直接与次承租人形成租赁关系，根据合同相对性原则，次承租人只能向转租人主张违约责任或损害赔偿责任，而不能直接要求出租人承担责任。

第二，租赁合同因承租人未依约给付租金而致合同被解除的（租赁合同已解除为前提），则转租合同将因此而处于履行不能状态。但原租赁合同与转租合同毕竟是两个相互独立的合同，原出租人并非转租合同的当事人，不能强迫出租人继续履行转租合同的义务。因此，除非出租人与次承租人就继续履行合同达成一致意见。否则，次承租人要求继续履行合同的主张人民法院不能支持。

第三，关于租赁合同解除而产生的纠纷，次承租人作为案件的第三人，一般情况下属于无独立请求权的第三人，不具有诉讼被告的地位，因此无论其提出什么主张，都不能构成反诉。但出于解决纠纷的考虑，如果次承租人提出此类主张的，可以在其另行提起诉讼后，将该诉讼与原租赁合同解除纠纷合并审理。同时，另行诉讼属于新的诉讼，人民法院应当收取诉讼费用。

第四，关于因承租人违约行为导致出租人解除租赁合同的，出租人依照与承租人之间的合同，享有要求其返还租赁物的权利。出租人与承租人之间合同的解除，必然导致次承租人不享有以租赁权对抗出租人物的请求权的权利。因此，出租人可以依照物的请求权要求次承租人返还租赁物。

二、房屋租赁合同无效、履行期限届满或者解除，次承租人逾期腾房的处理

《城镇房屋租赁合同解释》第18条规定："房屋租赁合同无效、履行期限届满或者解除，出租人请求负有腾房义务的次承租人支付逾期腾房占有使用费的，人民法院应予支持。"根据该条规定，房屋租赁合同因合同无效、履行期限届满或者解除终止履行后，承租人应当将房屋返还出租人，实际占有房屋的次承租人负有腾房义务。该次承租人逾期腾房的，构成不当得利，次承租人应当支付房屋使用费。承租人应在租赁期间届满时向出租人返还租赁物，这是租赁合同中承租人的一项基本义务。同样，在转租情形下，次承租人应于房屋租赁关系终止时向承租人返还租赁房屋，再由承租人返还租赁房屋。次承租人本身并不承担向出租人直接返还租赁房屋的义务，但是由于房屋租赁关系的存在是承租人占有、使用（包括转租）租赁房屋的合法依据，也是次承租人占有、使用租赁房屋的合法依据，如果房屋租赁关系终止，则承租人占有租赁房屋的合法依据就不存在，承租人应当在租赁关系终止时返还租赁房屋。次承租人在房屋租赁关系终止时，即不再拥有占有、使用租赁房屋的合法依据，形成了对出租人所有的租赁房屋的无权占有。此时，出租人可基于所有权要求次承租人返还租赁房屋并可向其主张逾期腾房的占有使用费。

39. 出租人因承租人拖欠租金请求解除合同的，次承租人有权代位清偿以行使合同解除抗辩权

【案例】

某工会与某房地产公司、彭某等房屋租赁合同纠纷案[①]

［案号］

（2014）黔钟民商初字第12号

（2015）黔六中民商终字第19号

① 见"六盘水市总工会与六盘水大众房地产开发有限公司及原审第三人六盘水时代假日酒店有限公司等房屋租赁合同纠纷二审民事判决书"，载中国裁判文书网：http://wenshu.court.pcc，最后访问时间：2017年6月30日。

［案情］

2006 年 7 月 19 日，某工会作为甲方与某房地产公司（乙方）签订了一份《商场租赁合同》，将其所有的位于六盘水市钟山区钟山中路 ×× 号临街商场整体出租给某房地产公司。其中第四条约定“甲方出租给乙方的临街商场为框架结构，共三层，不含楼顶层面，建筑面积 3006 平方米”；第五条约定：“甲方出租给乙方的商场，租期为 20 年，从 2007 年 3 月 1 日起至 2028 年 2 月 28 日止”；第六条约定：“甲方出租给乙方的商场，第一年租金 90 万元，每第五年始按商定的比例递增。计算方式为：2007 年 3 月 1 日起至 2012 年 2 月 28 日止年租金为人民币 90 万元；2012 年 3 月 1 日起至 2017 年 2 月 28 日止年租金 1,035,000 元；2017 年 3 月 1 日起至 2022 年 2 月 28 日止年租金 1,242,000 元；2022 年 3 月 1 日起至 2028 年 2 月 28 日止年租金 1,552,500 元”；第七条约定：“甲方出租给乙方的商场，租金按季度交付。交付方式为：第一个季度租金在签订合同当日一次性交付，以后在每季度始十五日前一次性交付”；第八条约定：“乙方所租商场，可以转租给他人分散经营。转租期限不得超过本合同的有效期限。乙方与第三人签订的转租合同，必须接受甲方在租期方面的监督，并在签订转租合同后 5 日内将合同复印件送甲方备案。乙方所租商场，未经甲方书面同意不得整体转租给第三人。乙方与他人合伙经营或委托他人代管，须将合伙人或代理人的个人资料（以甲方要求为准）及合伙、委托有关资料（以甲方要求为准）交甲方备案”；第九条约定：“乙方在签订本合同的同时，须向甲方一次性交付风险保证金 10 万元。风险保证金不计利息”；第十条约定：“如乙方在本合同期内违约或有关其他拖欠款项，甲方有权从乙方风险保证金中扣除乙方应承担的罚金、违约金、赔偿金和其他拖欠款项等”；第十一条约定：“甲方出租的商场的使用权从 2006 年 7 月 1 日起属于乙方，乙方是自己使用或分散转租给他人使用由乙方决定，甲方不得干涉”，第二十六条约定“任何一方违约均应向对方支付年租金总额 5% 的违约金。... 甲乙双方任何一方违约，对方除有权追究违约方的违约责任外，有权决定是否解除合同”。合同签订后，某工会将房屋交给某房地产公司使用。

2007 年 2 月 1 日，某房地产公司将承租房屋 1 楼约 700 平方米商业用房出租给彭某，并签订《房屋租赁合同》一份，约定使用期为 20 年，从 2007 年 3 月 1 日起至 2028 年 2 月 28 日止，并对租金、经营条件、维修等进行了约定。

2007 年 8 月 27 日，某房地产公司（甲方）与某酒店（乙方）签订《房屋使用协议》一份，约定：甲方提供的房屋坐落于六盘水市钟山中路 ×× 号，包括 1~23 楼约 24,900 平方米商业用房以及大楼西面临街 2、3 楼约 2100 平方米商业用房，共计27,000平方米；该房屋由乙方自行使用，用途不限，但不得影响甲方正常工作、生活；房屋使用时间自2007年8月28日始，到2028年2月28日止；甲方按乙方年经营收入的5%收取管理费；支付方式：按年支付，每年始15日内将当年管理费汇入甲方指定账户”。2009年4月20日，双方又签订补充协议一份，约定：为了方便乙方酒店客人，根据双方2007年8月27日签订的《房屋使用协议》达成如下补充协议：甲方向乙方额外提供钟山中路××号一楼沿街面、侧面各约7平方米共14平方米的房屋用于安装ATM机和设置火车票代售点，该房屋的使用期限与原合同期限一致。

2010年7月1日某酒店（甲方）与某银行（乙方）签订《场地租赁合同》一份，约定乙方承租甲方酒店一楼（茶室大厅），面积7平方米，用于安装ATM机。租赁期限从2010年7月1日起至2016年7月1日止，共计6年，每年租金2万元。2011年11月7日，彭某（甲方）又将其租来的房屋中的一间门面转租给郑某（乙方），并签订了《门面租赁合同》约定甲方出租给乙方的门面位于贵州省六盘水市钟山中路××号，该门面建筑面积约400平方米；租赁期限为：2011年12月1日至2021年11月30日止，租赁期为10年，并对租金等进行了约定。2013年1月1日，某酒店（甲方）与某旅行社（乙方）签订《房屋租赁合同》一份，约定甲方将位于某酒店旁的房屋租赁给乙方用于销售火车票代售；合同为每年一签，每年租金为19,530元。2013年4月22日彭某（甲方）又将其租来的房屋其中一间门面转租给某商贸公司（乙方），约定租赁期约为四年零九个月，从2013年4月20日起至2018年1月19日止，还约定了租金及付款方式等内容。

期间，因某房地产公司未按合同约定的期限支付租金，某工会分别于2012年1月18日和10月24日向某房地产公司发出《催交商场租金通知书》，但某房地产公司仍未及时支付，故某工会公司诉至一审法院。

某房地产公司在租赁期间支付租金情况为：2007年3月1日至2007年12月31日应交租金75万元，实交租金225,000元，尚欠525,000元；2008年应交租金90万元，实交租金525,000元（其中有10万元系风险保证金），尚欠租金475,000元；2009年至2011年度每年应交90万元，三年应交租金270万元，均交清；2012年度应交租金1,012,500元，未交；2013年度应交租金1,035,000元，未交。共欠租金3,047,500元；2014年3月至2015年2月28日，应交租金1,035,000元，2014年5月4日某房地产公司向某工会交付租金20万元，此后未再付租金，某房地产公司共计欠付租金3,882,500元。

一审过程中，次承租人彭某于2014年11月13日代某房地产公司将欠付的租金及违约金共计4,119,125元交付至一审法院账户上，但某工会拒绝领取。

［法院认为］

法院生效裁判认为：某工会主张案涉转租合同无效的理由主要是某房地产公司的转租行为违反了双方签订的《商场租赁合同》第八条，依照双方合同第八条约定“乙方所租商场，可以转租给他人分散经营。转租期限不得超过本合同的有效期限。乙方与第三人签订的转租合同，必须接受甲方在租期方面的监督，并在签订转租合同后5日内将合同复印件送甲方备案”，从该条约定看，某房地产公司承租商场后，可以分散转租给他人，但并未约定转租行为应经某工会登记备案才生效等内容，案涉《商场租赁合同》及转租合同亦无法定无效的情形，故某工会主张转租合同和协议无效的请求及理由不能成立，不予支持。对某工会主张因某房地产公司与某酒店、彭某签订的租赁合同无效前提下产生的某酒店与彭某、某银行等签订的合同及协议属次合同，应予全部撤销的上诉请求亦不予支持。

本案某房地产公司欠缴租金，依照双方签订的《商场租赁合同》第二十六条的约定，甲乙双方任何一方违约，对方除有权追究违约方的违约责任外，有权决定是否解除合同。某房地产公司欠缴租金已经构成违约，某工会依约可以行使解除权。但本案诉讼过程中，次承租人彭某同意代承租人支付租金并已经将某房地产公司欠付的租金和违约金全部交至一审法院，依照《城镇房屋租赁合同解释》第17条规定“因承租人拖欠租金，出租人请求解除合同时，次承租人请求代承租人支付欠付的租金和违约金以抗辩出租人解除权的，人民法院应予支持。但转租合同无效的除外；次承租人代为支付的租金超出其应付的租金数额，可以折抵租金或者向承租人追偿”，一审法院依据该条规定对某工会请求解除合同的诉请不予支持，并未违反法律规定，故二审法院对某工会请求解除案涉租赁合同的上诉请求亦不予支持。

［裁判结果］

一审法院判决：1. 由某房地产公司支付某工会拖欠租金3,882,500元及违约金236,625元（租金及违约金均算至2014年12月31日止，因第三人彭某已代为将此款支付到一审法院帐户，由某工会于判决生效后自行到一审法院领取）；2. 驳回某工会的其他诉讼请求。某工会不服一审法院判决，提起上诉。

二审法院判决：驳回上诉，维持原判。

［裁判思路］

本案主要涉及两方面法律适用问题：第一，转租合同未经出租人备案，是否导致合同无效；第二，次承租人对出租人合同解除权的抗辩是否成立。

首先，根据《合同法》第224条及《城镇房屋租赁合同解释》第16条规定，承租人未经出租人同意转租，出租人有权在法定期限内请求解除租赁合同或者确认转租合同无效。本案中，某工会与某房地产公司之间的《商场租赁合同》中已明确约定“乙方所租商场，可以转租给他人分散经营。转租期限不得超过本合同的有效期限……”，因此本案不存在承租人未经出租人同意擅自转租房屋的事实。至于某工会主张某房地产公司转租应经其备案，否则转租无效的观点，我们认为，无论是房屋租赁合同还是转租合同效力问题，均应依照《合同法》及相关司法解释的规定严格、审慎进行认定。一方面，法律、行政法规并无转租情形下，转租合同必须报出租人备案，否则无效之规定。另一方面，参照《城镇房屋租赁合同解释》第4条规定，房屋租赁合同未经行政主管部门备案登记，亦不作为合同效力的认定依据，且从双方《商场租赁合同》来看，合同中亦未约定备案作为转租合同生效的必要条件。因此，不能以此解读为转租必须经出租方备案方产生法律效力。

其次，根据《城镇房屋租赁合同解释》第17条规定，因承租人拖欠租金产生的纠纷，次承租人可以代偿请求权抗辩出租人的合同解除权。本案一审过程中，彭某作为次承租人，已主张要求代某房地产公司清偿欠付租金及违约金，并已将款项交付至一审法院，根据司法解释规定，此时出租人的合同解除权将不能得到支持。值得注意的是，次承租人的合同解除抗辩权的行使范围是有限的，即只能在租赁合同尚未解除的情形下行使，如房屋租赁合同已经解除，如出租人以通知方式行使合同解除权，承租人在法定除斥期间未提异议，则次承租人的抗辩权行使已无实际意义。除非出租人与次承租人就继续履行合同达成一致意见，也即成立新的租赁合同关系，否则，次承租人要求继续履行合同的主张不能得到支持。

[相关法律法规]

《合同法》第227条

《城镇房屋租赁合同解释》第17条

40. 房屋租赁合同解除致转租合同无法履行，在出租人未主张的情况下，承租人无权向次承租人主张逾期腾房占有使用费

【案例】

黄某与唐某房屋租赁合同纠纷案[①]

［案号］

（2010）浦民一（民）初字第 34198 号

（2011）沪一中民二（民）终字第 1325 号

（2012）沪一中民二（民）再终字第 14 号

［案情］

2002 年，黄某自某房管所租赁案涉房屋，租期 2 年。到期后黄某仍继续使用该房屋。2007 年 12 月 20 日，黄某与唐某签订租赁协议，将案涉房屋转租给唐某使用至 2012 年，租金每年 1.8 万元。唐某支付了 2008、2009 年度的租金。2009 年 6 月，某房管所诉至法院，要求判令唐某立即搬出案涉房屋，并确认某房管所与黄某的租赁关系于 2008 年 12 月 31 日终止。该案生效判决：1. 确认某房管所与某黄之间的租赁关系于 2009 年 5 月 31 日解除；2. 黄某与唐某于判决生效之日起 20 日内将案涉房屋返还某房管所；3. 某房管所在收回房屋两个月内维持收回原状。2010 年 3 月，唐某诉至法院，要求黄某支付装修费用和经营损失等，法院经审理后部分支持唐某诉请，双方均未上诉。2010 年 10 月，唐某搬离案涉房屋。同年 11 月，黄某诉至法院，认为其与唐某之间的转租关系在唐某返还房屋之后才解除，故唐某应向其支付自 2010 年 1 月 1 日起至 2010 年 9 月底的租金。唐某认为双方之间的转租合同已于 2009 年 5 月 31 日解除，要求驳回黄某的全部诉讼请求。

［法院认为］

一审法院认为：前案已判令唐某和黄某应在该判决生效之日起 20 日内将案涉房屋返还给某房管所，因此，黄某与唐某之间的转租合同实际解除日期应为该判决生效之日起第二十一日，即 2010 年 3 月 13 日。合同解除以前，黄某作为出租人有权依据转租合同向唐某收取租金；合同解除以后，因双方均负有向某房管所交还房屋的法律义务，由黄某向唐某收取逾期占用的使用

---

① 见“唐某某与黄某某房屋租赁合同纠纷案二审民事判决书”，载上海市高级人民法院网：http://www.hshfy.sh.cn，最后访问时间：2017 年 7 月 12 日。

费并无法律依据。因此，黄某诉请中要求唐某支付自2010年1月1日起至2010年3月13日止的租金，应予支持。

二审法院认为：唐某系基于其与黄某间的租赁协议而占有使用案涉房屋，根据合同相对性原则，唐某在向黄某租赁使用案涉房屋后，应履行承租人的义务，向黄某支付租金。至于黄某与某房管所之间租赁合同解除以后的后果处理，可由黄某与某房管所之间进行结算，并非必须与本案一并处理，故一审法院判决并无不当。

检察机关抗诉认为：原审法院判决认定事实错误致判决有误。在某房管所诉请唐某排除妨害案中，已确认某房管所与黄某之间的租赁关系自2009年5月31日解除。故黄某与唐某之间的转租合同依法应于2009年5月31日解除，黄某无权向唐某主张2010年1月到3月13日租金。

再审认为：在黄某与某房管所的租赁合同依法解除后，黄某已丧失了对案涉房屋占有、使用、收益的权利，其与唐某的转租合同已丧失继续履行的基础，应当随之解除。虽然唐某在原租赁合同与转租合同解除后，仍实际占有使用了案涉房屋，应支付相应的使用费，但根据《城镇房屋租赁合同解释》第18条"房屋租赁合同无效、履行期限届满或者解除，出租人请求负有腾房义务的次承租人支付逾期腾房占有使用费的，人民法院应予支持"的规定来看，有权收取占有使用费的是出租人，即某房管所，并非黄某，且从目前情况来看，房管所并未向黄某或唐某主张房屋使用费，因此黄某根据其与唐某间的转租合同向唐某收取费用并无事实或法律依据。综上，检察机关的抗诉意见成立。

[裁判结果]

一审法院判决：1. 唐某支付黄某自2010年1月1日起至2010年3月13日止的租金；2. 驳回黄某其余诉讼请求。黄某不服一审法院判决，提起上诉。

二审法院判决：驳回上诉，维持原判。

再审判决：撤销一、二审法院判决，驳回黄某全部诉讼请求。

[裁判思路]

虽然转租合同是以原租赁合同为基础的独立合同，但承租人转租是以其对租赁房屋享有使用权为基础的，转租合同的存在须以租赁合同的存在为前提，如果租赁合同终止，承租人对租赁房屋的用益物权消灭，转租的权利基础丧失，转租合同亦因丧失存在基础，无法继续履行而终止。本案中，在生效判决已确认黄某与某房管所之间的租赁合同依法解除后，黄某已丧失了对案涉房屋占有、使用、收益的权利，无法继续成为案涉房屋转租合同关系的适格主体，其与唐某的转租合同已丧失继续履行的基础，自然应当随之解除。

因此，黄某与唐某之间的房屋租赁关系随着黄某与某房管所之间租赁关系的解除而同时解除。虽然唐某在原租赁合同与转租合同解除后，仍实际占有使用案涉房屋，应支付相应的对价，但由于某房管所已明确表示其只要求收回房屋，并未在排除妨害纠纷案中向黄某或唐某主张其他费用，故黄某仍依其与唐某间的租赁合同向唐某收取逾期占用的使用费并无法律依据。

[相关法律法规]

《城镇房屋租赁合同解释》第18条

41. 出租人与承租人之间就逾期腾房违约责任之约定对次承租人不具有约束力

【案例】

某银行与龚某、马某房屋租赁合同纠纷案①

[案号]

(2013)深福法民三初字第1833号

(2014)深中法房终字第880号

[案情]

某银行一直委托案外人某物业公司代理出租相关物业，包含案涉房产（案涉房产建筑面积120.98平方米）。某物业公司自2004年9月开始，并于2008年9月、2011年9月三次与龚某签订房产租赁合同（后两次延续第一次租赁合同），最后一次即2011年9月签订的租赁合同约定：案涉房产月租15,727元（每平方米130元），每月10日前交付租金；租赁期限自2011年9月1日至2012年8月31日止；租赁保证金36,294元，若龚某到期未办理完退房手续、拖欠费用或违反合同约定，不予返还租赁保证金；租赁期间，龚某不得将租赁房屋全部或部分转租他人；龚某拖欠租金达30天或拖欠某银行损失各项费用达3万元以上……或擅自将租赁房屋转租第三人的，某银行可就因此造成的损失向龚某请求损害赔偿、不予退还租赁保证金；合同终止后，龚某应于3日内迁离并返还租赁房屋，同时结清应当由龚某承担的各项费用

① 见“马么二力与中国工商银行股份有限公司深圳市分行，龚贵全房屋租赁合同纠纷二审民事判决书”，载中国裁判文书网：http://wenshu.court.pcc，最后访问时间：2017年7月2日。

并办理有关移交手续，龚某逾期不迁离或不返还租赁房屋的，某银行有权收回租赁房屋，并就逾期部分向龚某收取相当于双倍租金的赔偿金；龚某若拖欠租金应向某银行支付每日千分之三的滞纳金。租赁合同办理了租赁备案手续。租赁合同签订后，某银行按约交房，龚某交付了租赁保证金36,294元。

2010年8月10日，龚某将案涉房产中的50平方米自用，将其余70.98平方米在未经某银行同意的情况下转租给案外人张某用于经营拉面店。2011年8月30日，张某经龚某同意将拉面店的经营权转让给马某，马某与张某签订了《协议》并支付了50万元经营权受让费。2011年9月28日，马某就拉面店与龚某签订了《承包经营合同书》，约定马某承租拉面店期限是2011年9月1日至2012年8月31日，每月承包金13,200元（约每平方米186元）。《承包经营合同书》第10条约定，乙方（马某）须准时向甲方（龚某）支付约承包金，如有拖欠，甲方每日按承包金的千分之五加收滞纳金。马某承租案涉房产中的70.98平方米后，将该部分面积划为两部分，其中一部分自用经营拉面店，另一部分给他人经营照相馆，马某收取照相馆相应租金，70.98平方米的租金由马某按月交龚某。

2012年5月10日，某物业公司向龚某发出一份《通知》，告知其合同到期后不再续租，要求龚某到期退还承租的物业并结清相关费用。

龚某与某物业公司签订租赁合同后，按约支付租金，但自2012年6月起，龚某停止支付租金，至2012年8月31日合同期限届满，龚某共拖欠6、7、8三个月的租金47,181元（15,727元／月 ×3），龚某称以租赁保证金抵销拖欠的租金，马某使用的70.98平方米租金已向龚某交至2012年7月底。租赁合同到期后，龚某于2012年9月1日将自用的50平方米交付给某银行；照相馆2012年9月停止营业，但钥匙马某未交付；至庭审时，拉面店仍在营业。马某认为其受让该房产有经营权受让费50万元及装修费等损失，应得到补偿，故不愿返还。某银行遂起诉至法院，请求判令：1.龚某、马某立即将案涉房产返还给某银行；2.龚某、马某向某银行支付拖欠租金47,181元（2012年6、7、8三个月的租金）；3.龚某、马某向某银行支付合同期内拖欠租金的滞纳金36,801.18元（以47,181元为基数按每日千分之三的标准自2012年8月10日起暂计至2013年3月31日，实际计至给付时止）；4.龚某、马某向某银行支付侵占案涉房产期间的双倍租金220,178元（按每月31,454元的标准，自2012年9月1日起暂计至2013年3月31日，实际计至返还房屋时止）。

［法院认为］

一审法院认为：某银行委托某物业公司代理出租案涉房产，依据《合同法》第403条第1款的规定，当龚某不履行合同义务时，委托人某银行可以行使受托人某物业公司对龚某的权利。龚某抗辩与其签订租赁合同的相对方是某物业公司，龚某与某银行在法律上没有关联，本案适格的原告是某物业公司，其理由不能成立。

2012年8月31日龚某承租的案涉房产租期届满，龚某应按合同约定于租赁期届满后3日内将承租房屋（共120.98平方米）返还给某银行，但龚某仅将其自用的50平方米按时返还，仍有70.98平方米至庭审时未返还，构成违约，龚某应按约定承担返还该部分房屋并赔偿某银行损失的责任。租赁合同约定，龚某逾期不返还租赁房屋，某银行有权向其收取相当于双倍租金的赔偿金。故某银行请求龚某支付逾期返还房屋期间的双倍租金，符合合同约定，予以支持。关于双倍租金的计算方式，应按每月18,454.8元（逾期未返还部分的面积70.98平方米×130元/平方米/月×2）的标准，自2012年9月1日起计算至实际返还之日止。某银行请求按全部房产面积120.98平方米计算双倍租金，不予支持。

龚某在租赁期限内自2012年6月起欠缴租金，亦构成违约，应承担继续支付租金、赔偿损失的违约责任。某银行请求龚某支付2012年6月至2012年8月31日（租期届满）期间拖欠的租金47,181元（15,727元/月×3），符合合同约定，予以支持。龚某主张以租赁保证金抵销部分拖欠的租金，因龚某到期未全部完成退房手续、且某银行不同意租赁保证金抵销所欠租金，故保证金在本案中不能做抵销租金处理。

关于某银行请求迟付租金的滞纳金。租赁合同约定，拖欠租金应按日千分之三的标准支付滞纳金，某银行据此要求按上述标准自2012年8月10日起以47,181元为基数支付滞纳金至实际给付之日，龚某认为该滞纳金标准约定过高，请求予以减少。关于滞纳金的标准，一审法院认为，滞纳金属于违约金范畴，《合同法》第114条规定，约定的违约金过分高于造成的损失的，当事人可以要求人民法院予以适当减少。本案某银行因拖欠租金的行为造成的损失，除租金利息损失外，没有证据证明还有其他损失，合同约定的日千分之三标准显然过高，一审法院将滞纳金标准调整为日万分之五。另，按合同约定及通常理解，滞纳金应自每月应交但未交租金之日起计算，某银行请求自最后一期应交租金之日即2012年8月10日起计算，降低了请求数额，是对自身民事权利的处分，一审法院予以照准。龚某应自2012年8月10日起以47,181元为基数按每日万分之五的标准支付滞纳金至还清款之日。

关于马某的责任承担问题。一审法院认为，马某作为案涉房产70.98平方米的实际使用人，应在其实际使用的范围内对龚某的债务承担连带责任。具体责任如下：1. 租赁合同期限届满至庭审时，马某未将其使用的70.98平方米返还龚某，龚某无法交付某银行，故应连带承担逾期腾房占有使用费（双倍租金）；2. 马某使用的70.98平方米已经向龚某交纳租金至2012年7月底，只拖欠8月份的租金未支付，故马某应对8月租金中9,227.40元（70.98平方米×130元/平方米）及迟延交付8月租金（限70.98平方米）的滞纳金与龚某承担连带清偿责任。马某主张向案外人张某支付的50万元拉面店经营权受让费及花费的相关装修费，要求某银行、龚某、张某补偿。一审法院认为，马某主张的上述补偿费用系另一层法律关系，且未提起反诉，不属本案审理范围。马某还辩称某银行已于2012年9月实际收回了照相馆用房，即使要支付2012年9月以后的占用费，也应该按马某实际使用面积收取，但并未提交照相馆已由某银行收回的证据，某银行亦不认可已收回，故马某仍应对照相馆部分的案涉房产承担责任。

二审法院认为：本案为租赁合同纠纷，其中某银行为出租人，龚某为承租人，马某为次承租人。某银行与龚某签订的租赁合同已经于2012年8月31日期满，根据合同约定和法律规定，某银行有权收回租赁房屋。马某与龚某签订租赁合同及占有使用案涉租赁房屋是以龚某与某银行间的租赁合同为前提的，现龚某与某银行间的租赁合同期满，马某与龚某的租赁合同无论租赁期间长短，该合同均失去了存在的基础，某银行作为案涉租赁房屋的所有权人有权要求作为次承租人的马某返还租赁物。况且，本案中马某与龚某签订的租赁合同同样于2012年8月31日期满，马某已缺乏继续占有使用租赁房屋的合同依据和法律依据。因此，马某认为无需返还案涉房屋的主张，不予支持。马某同时认为其承租面积中作为照相馆的部分已由某银行收回无需再返还，但其未提供相应证据证明其主张事实，因此对该抗辩不予采纳。

龚某与某银行间的租赁合同期满后，龚某未及时交还房屋，根据双方合同约定，龚某逾期应按双倍租金标准向某银行支付赔偿金。虽然龚某未能交还的部分是因马某实际使用导致，某银行作为案涉租赁房屋的所有权人也有权要求马某返还非法占有期间的不当得利，但因某银行与马某之间并无直接的合同关系，某银行与龚某之间就逾期赔偿标准的约定并不能直接约束马某，一审法院判决马某对龚某依据合同负担的双倍租金承担连带责任缺乏法律依据，予以纠正。但马某在合同期满后继续占有使用案涉租赁房屋属于不当得利，应当以支付占有使用费的形式将不当得利返还给某银行，考虑到马某与龚某之间的《承包经营合同书》对逾期返还的租金标准并未明确约定，而某银行也未举证马某获得了《承包经营合同书》约定租金对应的使用价值外更大的不当利益，二审法院以《承包经营合同书》原约定的租金标准每月13,200元作为马某应向某银行承担的不当得利的标准，马某应在该标准范围内对龚某的租金债务承担连带责任。同理，马某未向龚某支付 2012 年 8 月的租金，因一审法院判决马某对龚某 8 月租金中的 9,227.40 元及滞纳金承担连带责任，并未超过马某按《承包经营合同书》约定应当承担的债务范围，二审法院对此予以维持。

[裁判结果]

一审法院判决：1. 龚某、马某向某银行返还案涉房产；2. 龚某向某银行支付租金 47,181 元；3. 龚某向某银行支付拖欠租金的滞纳金，以 47,181 元为基数，自 2012 年 8 月 10 日起按每日万分之五的标准计至判决确定的还清款之日止；4. 龚某向某银行支付双倍租金，按每月 18,454.8 元（70.98 平方米 ×130 元 / 平方米 ×2）的标准，自 2012 年 9 月 1 日起计算至实际返还房屋之日止；5. 马某对第 2 判项龚某债务中的 9227.4 元（8 月租金）、第 3 判项中 9,227.4 元迟延支付的滞纳金、第 4 判项龚某的债务承担连带清偿责任；6. 驳回某银行的其他诉讼请求。马某不服一审法院判决，提起上诉。

二审法院判决：1. 维持一审判决第 1、2、3、4 项；2. 撤销一审法院判决第 6 项；3. 变更一审法院判决第 5 项为：马某对龚某债务中应支付的 9,227.40 元（8 月租金）及按每日万分之五标准自 2012 年 8 月 10 日支付至判决确定的还清款之日止的滞纳金、2012 年 9 月 1 日至判决确定的返还房屋之日止支付的占有使用费，按每月 13,200 元的标准承担连带清偿责任；4. 驳回某银行的其他诉讼请求。

[裁判思路]

根据《合同法》第 235 条规定，租赁期间届满，承租人应当返还租赁物。租赁合同期间届满，租赁双方的权利义务关系即告结束，承租人没有权利再继续占有使用租赁物，故应及时返还租赁物。承租人不及时返还租赁物，应当承担违约责任。出租人既可以基于租赁关系要求承租人返还，也可以基于所有权要求次承租人返还，因为租赁关系终止后，无论是承租人还是次承租人，均没有占有租赁物的合法依据。承租人不仅应当支付逾期返还租赁物的占有使用费，支付违约金或赔偿损失，还应承担租赁物逾期返还期间意外灭失的风险。《城镇房屋租赁合同解释》第 18 条虽赋予出租人请求次承租人支付逾期腾房占有使用费的权利，但并未否定出租人基于租赁合同向承租人主张上述权利。本案中，某银行作为出租人，在合同履行期间届满情况下，有权要求承租人及次承租人返还房屋及支付占有使用费。但基于合同相对性原则，出租人与次承租人本身并不存在合同关系，出租人向次承租人主张权利，系以房屋所有权人身份为基础。因此，其与承租人之间的租赁合同中相关违约责任之约定对次承租人并无法律约束力，故一审法院判决马某对龚某应承担违约责任承担连带责任属适用法律错误，对此二审法院予以纠正。

值得注意的是，同样是依据合同相对性原则，在租赁合同履行期内，向出租人承担支付租金义务的主体应为承租人，而非次承租人，而次承租人与承租人之间、承租人与出租人之间属两个不同的法律关系，次承租人是否拖欠承租人租金，与出租人向次承租人主张逾期腾房占有使用费并无关联。因此，一、二审法院以马某欠付龚某 2012 年 8 月份租金为由，判决马某对龚某欠付某银行 2012 年 8 月租金及滞纳金承担连带责任值得进一步推敲。

［相关法律法规］

《合同法》第 235 条

《城镇房屋租赁合同解释》第 18 条

第五章　所有权变动不破租赁原则

导 读

所有权变动不破租赁，习惯也称买卖不破租赁，其基本含义是：房屋租赁关系存续期间，出租人转让房屋所有权的，受让人代替出租人取得原租赁关系所产生的权利义务。所有权变动不破租赁原则的确立经历了一个漫长的过程。自罗马法以来，基于债权的相对性和物权的优先性，租赁权不能对抗第三人，承租人只能基于租赁关系向出租人主张权利，这就是所谓的“买卖击破租赁”原则。实践表明，土地、房屋等不动产租赁物所有权发生变动时，租赁合同即告解除，对承租人不利，又因租赁物所有人基于物权的绝对性，可以自由处分租赁物，全然不顾承租人的利益，承租人则完全处于被动，致使租赁关系极不稳定，承租人的利益得不到保护。随着社会经济的发展，民法经历了一个从重权属到重利用的过程，从而导致原来的看重租赁物所有人的所有权，轻视承租人的使用权、收益权的观点也有所改变。租赁权开始被赋予了可以对抗第三人的效力。最终确立了“所有权变动不破租赁”原则。同时，近代民法也开始把对弱势群体的权利保护作为重要的价值取向。这是因为在不动产租赁中，无论租赁的目的是为了居住还是为了经营，承租人本身都不享有相应的不动产，相对于出租方而言，其在经济上往往处于劣势地位，衡量两者利益，法律更倾向于保护承租人的生存权。由于所有权变动不破租赁原则涉及《合同法》《担保法》《物权法》以及最高人民法院诸多司法解释内容的协调和具体适用，导致实践中对立法、法理产生不同认识，直接影响了案件裁判的标准统一。本章将就所有权不破租赁纠纷的裁判思路进行探讨。

第一节　所有权变动不破租赁原则的适用

《合同法》第229条规定：“租赁物在租赁期间发生所有权变动的，不影响租赁合同的效力。”通常理解，该法条规定的是租赁物在租赁期间，对租赁物受让人产生法律约束力，租赁物受让人应当继续履行原租赁合同，即所有权变动不破租赁原则，一般情况下也习惯地称为“买卖不破租赁”原则。《合同法》之所以只规定“租赁合同不受影响”，而不规定租赁物在权利归属变动后“不受影响的租赁合同的效力在何者之间维持”，就在于重申租赁合同不因租赁物权利归属的变动而变动其效力，承租人其后可以继续依租赁合同占有租赁物，并以此有权占有来对抗租赁物新权利人的返还原物请求权，以维持其对租赁物的支配、使用、收益状态，并实现法律关系的简约化。①

关于所有权变动不破租赁对租赁合同效力的影响，也即租赁物权利归属在租赁期间发生变动后，租赁合同的效力如何，存在不同的观点。

第一种观点认为，租赁物所有权在租赁期间发生变动后，租赁合同的效力是在承租人与买受人之间得以维持。这是因为买受人与承租人之间本无合同关系，欲使其双方之间维持出租人与承租人之间的租赁关系，必须在其之间创设合同意思，又因为双方在此类买卖和租赁活动中并无意思协商，故“就受让人与承租人之间关系而言，租赁合同对受让人继续存在，即受让人取代原出租人，而与原承租人继续发生租赁关系，租赁合同转而存在于受让人与承租人之间。此为一种法定债的转移。”②

第二种观点认为，将承租人与租赁物新的权利人之间的关系设定为“法定债的转移”、“法定契约承担”，让买受人取代原出租人地位，成为原租赁合同的一方当事人，按照租赁合同和法律规定承受出租人的权利和义务，进而达到“出租人不得在租赁期间请求返还租赁物”，以及租赁物权利归属变动后承租人对租赁合同的继续占有、使用与收益之目的的途径，与《合同法》的立法原意和法理不符。法定债的转移是将整个租赁合同关系移转给买受人，不仅将连带引起承租人与买受人之间的利益权衡问题，如租押金、租赁期限、损害赔偿债权如何行使等，还会使承租人与买受人同样面对变更当事人后的

---

① 徐澜波：《“买卖不破租赁”规则的立法技术分析》，载《法学》2008年第3期，第109~117页。

② 马俊驹、余延满：《民法原论》，法律出版社2005年版，第690~691页。

不确定因素，双方面临的履约风险大增，且如此解释只解决了承租人向租赁物新的权利人请求排除返还租赁物的直接保护问题，而没有彻底解决法律关系的简约化问题。

还有观点基于对《物权法》的理解对第二种观点补充认为，我国《合同法》之所以只规定“租赁合同不受影响”，是由于《物权法》第243条规定被占有物之权利人请求返还原物的权利是针对无权占有人的，而《合同法》关于“不影响租赁合同的效力”的规定是承租人占有租赁物的合法原因，故承租人的占有权得以维持。因此，租赁物在租赁期间权利归属发生变动的，承租人对租赁物的占有性质仍为有权占有，从而承租人得以对抗租赁物新的权利人的返还原物请求权。

我们倾向于认为第二种观点更贴近审判实践。从纠纷处理的角度来把握，《合同法》第229条的本意，是要通过维持原租赁合同的效力来保证承租人对租赁物的实际租赁控制和使用。通过租赁合同效力的维持对于保证承租人对租赁物实际占有的合法性具有重要作用和意义，其在实现保护承租人的实际租赁需求、实现对物的价值的充分利用、促进物的流转等目的方面，比通过以维持承租人、出租人之间的租赁合同关系实现上述目的，具有简捷和直接的优势。这种观点，在房屋租赁登记并不完备的实践中，对解释和处理租赁房屋的合同履行期间可能更妥当一些。

《城镇房屋租赁合同解释》第20条在《合同法》第229条的基础上，对所有权变动不破租赁原则予以进一步细化，该条司法解释规定：“租赁房屋在租赁期间发生所有权变动，承租人请求房屋受让人继续履行原租赁合同的，人民法院应予支持。但租赁房屋具有下列情形或者当事人另有约定的除外：（一）房屋在出租前已设立抵押权，因抵押权人实现抵押权发生所有权变动的；（二）房屋在出租前已被人民法院依法查封的。”从司法解释规定的内容来看，主要包含了以下两个方面的含义：（1）以所有权变动不破租赁为一般原则。（2）规定了所有权变动不破租赁适用的两类例外情形：其一是两类法定除外条件；其二是当事人约定的除外条件。以所有权变动不破租赁为一般原则，即如无法定或约定的除外情形，租赁房屋在租赁期间发生所有权变动，租赁合同对受让人具有法律约束力，承租人请求房屋受让人继续履行原租赁合同的，人民法院应予支持。这实际上是所有权变动不破租赁适用的直接法律效果。这种效果，也有人理解为是租赁合同权利义务的法定转让，出租人退出租赁合同关系，房屋的受让人被加入租赁合同而成为新的出租人，使原房屋租赁合同在该受让人与承租人之间继续发生效力。对房屋租赁来讲，房屋租赁合同在租赁期间对房屋受让人产生法律约束力，房屋受让人应当继续履行原房屋租赁合同。[①]

在实际生活中，租赁房屋受让人的主要目的是要取得租赁房屋，所有权变动不破租赁原则下并不会影响租赁房屋的受让人取得租赁房屋的所有权。但如果受让人不仅要取得租赁物的所有权，同时还要立即对该房屋进行占有和使用，则受让人完全可以放弃对该租赁房屋的受让而选择其他的房屋。对租赁权的理解上，还要肯定租赁权本质上仍然是相对权，属于合同债权，是发生在相对人之间的权利，原则上不具有对世性，因此，对于"不破租赁"的法律效果和适用要有全面的认识。

42. 租赁期间发生所有权变动，租赁房屋的买受人以产权变更前承租人存在违约行为为由，请求解除合同并支付违约金的，不予支持

【案例】

D 公司与 A 公司、B 公司、C 公司房屋租赁合同纠纷案[②]

［案号］

（2014）渝一中法民初字第 00060 号

（2015）渝高法民终字第 00552 号

［案情］

2009 年 7 月 23 日，以 A 公司为甲方，B 公司为乙方，双方签订《商业用房租赁协议》，约定：A 公司将其位于重庆市渝北区某处房屋出租给 B 公司，租期 15 年（即自 2009 年 8 月 1 日起至 2024 年 7 月 31 日止），房屋前三年每年租金人民币 60 万元，并对房屋租金之后的递增方式进行了详细的约定；该协议第八条约定"未经甲方同意，乙方不得转租、转借承租房屋；乙方擅自转租的，甲方有权解除本协议，由此造成的各种损失由乙方负责赔付 500 万元经济损失"；该协议第九条约定"房屋租赁期间，乙方有下列行为之一，甲

---

① 最高人民法院民事审判第一庭编著：《最高人民法院关于审理城镇房屋租赁合同纠纷案件司法解释的理解与适用》，人民法院出版社 2009 年版，第 267~268 页。

② 见"重庆港天汽车销售服务有限公司与重庆扬子岛实业有限公司等房屋租赁合同纠纷二审民事判决书"，载中国裁判文书网：http://wenshu.court.pcc，最后访问时间：2017 年 7 月 10 日。

方有权解除合同，收回出租房屋，其中未经甲方书面同意，转租、转借承租房屋的”；该协议第十二条关于乙方违约责任约定“乙方未经甲方书面同意，将房屋转租、转借给他人使用的，甲方有权终止合同，收回房屋，乙方应按合同总租金的 2% 向甲方支付违约金；并赔偿损失。”

2012 年 4 月 20 日，以 C 公司为甲方，B 公司为乙方，双方签订了《汽车销售合作协议》。协议约定：2012 年 5 月 1 日至 2017 年 4 月 30 日，双方在 B 汽车公司承租的房屋内共同合作开办《汽车专业维修中心汽车销售展厅》。其中第五条约定“合作期间甲方占年度盈利的 80%；乙方占年度盈利的 20%；但甲方保底乙方每年收益人民币 20 万元，并于年度末支付到乙方指定账户。”第七条约定“C 公司负责开发和扩大汽车销售业务，并在合作期间内承担汽车销售行业管理及客户投保、二手车置换、业务主管部门的公共关系处理。将所销售客户引入双方共同拥有的 B 汽车销售公司维修业务中，促进 B 公司维修业务的增长。B 公司负责将原有客户纳入双方合作项目中。为奔驰、宝马、路虎、保时捷等车型维修做好技术保障及技术培训工作，做好客户的售后服务工作。”2013 年 12 月 25 日，双方签订解除合同协议书，载明“因甲方近日从 A 公司得知乙方与 A 公司的房屋租赁合同存在不实问题，为此，甲方通知乙方解除《汽车销售合作协议》。约定：乙方确定在 2014 年 3 月 31 日将汽车销售展厅予以撤除”。

2013 年 4 月 18 日，A 公司与 D 公司签订《重庆市房屋买卖合同补充协议》，约定：A 公司将出租给 B 公司的房屋出售给 D 公司。同月 26 日，双方就上述房屋签订了《重庆市商品房买卖合同》，后于同年 5 月 7 日办理了产权过户手续。

D 公司诉至法院，请求：判决解除其承接的 A 公司与 B 公司于 2009 年 7 月 23 日签订的《商业用房租赁协议》，终止合同的权利义务；判决 B 公司、C 公司在《商业用房租赁协议》解除后立即撤场；判决 B 公司支付 D 公司 500 万元并支付违约金 23.8 万元。

[法院认为]

一审法院认为：A 公司与 B 公司于 2009 年 7 月 23 日签订的《商业用房租赁协议》系双方真实意思表示，合法、有效。D 公司于 2013 年 4 月 18 日从 A 公司处购买包括上述租赁协议涉及的房屋在内的房产，上述租赁协议中 A 公司的权利义务由 D 公司继受。

关于 B 公司是否存在向 C 公司转租案涉房屋的问题。B 公司与 C 公司签订的《汽车销售合作协议》约定，双方合作期间 C 公司占年度盈利的 80%，B 公司占年度盈利的 20%，但 C 公司保底 B 公司每年收益人民币 20 万元。B

公司举示了相应的证据，以证明双方在进行联营，但未举示其与C公司在联营过程中对于风险的承担、利润的具体分配的相应的财务账目、税费缴纳凭证的相关证据，依照《最高人民法院关于联营合同司法解释》中“保底条款违背了共负盈亏、共担风险的原则”的规定，B公司与C公司在合作协议中约定的保底收益20万元的条款违反了司法解释的规定，双方的合作协议名为合作（联营）实为房屋租赁，B公司存在向C公司转租租赁房屋的行为，违反了《商业用房租赁协议》中关于承租人不得转租的约定，应承担合同的违约责任。因此，对D公司要求解除租赁协议，B公司立即撤场的诉讼请求予以采纳。

关于D公司是否有权解除本案租赁协议的问题。B公司认为，如果认定B公司存在转租行为，因A公司对于B公司、C公司之间长达两年之久的合作始终知情，A公司从未主张解除权，A公司接受B公司的租金并继续履行租赁协议，推定A公司默示放弃解除权，D公司作为A公司在租赁协议中的继受者，无权行使A公司已放弃的解除权。对此，A公司明确表示其对B公司与C公司之间的合作并不知情，B公司也未举示其他证据证明A公司明示或默认放弃行使因B公司的转租行为对租赁协议的解除权。因此，D公司按照租赁协议的约定，在承租方存在转租行为的情况下，享有解除合同的权利。

关于本案损失的认定和违约金的主张。D公司要求按照租赁协议的约定主张其经济损失500万元和违约金23.8万元。B公司辩称，如果认定其转租，存在违约，对于违约金的计算只能以实际发生的租金额为基数按照合同约定的方式计算。依照法律规定，对于经济损失的主张，应以实际产生或必然产生的损失为限，D公司并未举证证明因B公司的转租行为导致其经济损失，其要求B公司赔偿其经济损失500万元的诉请，缺乏相应的事实依据。对于违约金的主张，租赁协议约定按照合同总租金的2%计算，因约定的租赁期限至2024年7月31日，对于尚未履行部分纳入违约金的计算显失公平，一审法院酌情按照实际履行的期限从2009年至2015年的6年的总租金以合同约定的2%予以主张，计60万元/年×6年×2%=7.2万元。因此，对D公司要求B公司赔偿其经济损失500万元的诉讼请求，不予支持，对于B公司要求调减违约金的请求予以采纳。

二审法院认为：D公司不能请求解除《商业用房租赁协议》及请求B公司支付违约金。事实及理由：首先，B公司与C公司之间并不是转租关系。从B公司和C公司签订的协议可看出，B公司系将其承租的部分房屋提供给C公司，用于双方联合经营汽车销售展厅。B公司除提供房屋外，还要对特定车型的维修做好技术保障及技术培训工作等。虽然他们之间的联营合同中有保底条款即C公司每年保底支付B公司20万元，但根据《最高人民法院关于审理联营合同纠纷案件若干问题的解答》第4条规定，保底条款违背了联营活动中应当遵循的共负盈亏、共担风险的原则，损害了其他联营方和联营体的债权人的合法权益，应当确认无效。因此，应认定B公司与C公司所签协议的保底条款无效。但该条款无效，并不能认定B公司和C公司之间的合同就是名为联营实为租赁。根据B公司和C公司的合同约定，他们之间系联营。其次，D公司系从A公司购得本案争议房屋，其作为房屋买受人，根据“买卖不破租赁”的原则，自取得房屋所有权后享有向B公司收取租金的权利，如自其享有权利后B公司有违约行为，D公司享有请求解除合同及追究B公司违约责任的权利。但不能以其取得房屋所有权之前B公司有违约行为为由，请求解除《商业用房租赁协议》或追究B公司的违约责任。根据查明的事实，C公司在D公司取得房屋所有权之前已撤场。如B公司在D公司取得房屋所有权之前有违约行为，享有解除合同请求权或违约金请求权的主体应是A公司。因此，D公司以B公司在其取得房屋所有权之前有违约行为为由，请求解除合同并由B公司支付违约金，不予支持。

[裁判结果]

一审法院判决：解除B公司与A公司于2009年7月23日签订的《商业用房租赁协议》，B公司向D公司腾退房屋；B公司向D公司支付违约金7.2万元。B公司不服一审法院判决，提起上诉。

二审法院判决：撤销一审法院判决；驳回D公司的诉讼请求。

[裁判思路]

本案的争议焦点主要是D公司是否能请求解除《商业用房租赁协议》及请求B公司支付违约金。该焦点问题的处理最终还要归于对租赁合同效力的理解。《合同法》第229条规定“租赁物在租赁期间发生所有权变动的，不影响租赁合同的效力”，旨在保护承租人的利益，侧重强调在租赁期间发生所有权变动的情形下，承租人仍有权继续承租租赁房屋。如承租人在此后存在违约行为，则租赁房屋买受人可基于租赁关系向承租人主张违约责任，但并不意味着租赁房屋买受人可以所有权变动前承租人存在违约行为为由，向其主张违约责任。基于合同相对性原则，此种情况下只能由合同相对方即原出租人向承租人主张违约责任。本案中，经二审法院审理确认B公司不存在转租的违约行为，但即便B公司在租赁房屋所有权变动权前存在违约，作为买受人的D公司，其主张违约责任的请求仍不能得到支持。

[相关法律法规]

《合同法》第229条

43. 租赁房屋转让后，买受人与承租人在继续履行原租赁合同过程中对合同部分条款有所变更，不视为成立新的租赁关系

【案例】

某医院与于某、郑某房屋租赁合同纠纷案[①]

［案号］

（2014）州民一初字第 01652 号

（2015）阜民一终字第 00455 号

［案情］

2008 年 11 月 26 日，某物业管理公司为甲方，某医院为乙方，双方签订房屋租赁协议书一份，约定：甲方将坐落在阜阳市清河东路新大陆小区贰号楼 3–6 层租给乙方使用，租期为 8 年，从 2009 年 2 月 1 日至 2017 年 1 月 31 日止。年租金为 15 万元，租金每年递增 5%，协议同时约定了其他事项。某医院按照协议约定，按时如数支付房屋租金。2012 年 3 月 2 日，于某获得案涉房屋的所有权，同年 3 月 26 日和 5 月 4 日，于某将案涉房屋 3–4 层和 5–6 层分别抵押给某银行、某信用社。同年 7 月 1 日，房屋承租人某医院与于某在原租赁协议的基础上签订房屋租赁合同一份，租赁房屋的位置、层数、面积均不变，在合同第二条将租期延展至 2018 年 7 月 1 日，在合同第三条将年租金增加到 27 万元。合同第五条约定：在乙方租赁期间，甲方如对外销售房屋，应将本协议内容告知买受人，并要求买受人履行本协议，不得影响乙方经营。某医院按照租赁协议的约定，按时将 2014 年 6 月 30 日以前的房租费支付给了于某。由于资金周转困难等原因，2013 年 7 月 1 日，于某委托某信用社工作人员张某处置 5–6 层房产，2013 年 7 月 12 日，于某归还某信用社 400 万元本息。2013 年 7 月 15 日，注销抵押权登记。同日，于某与郑某签订房屋买卖协议。2013 年 8 月 8 日，郑某办理了 5–6 层房屋产权证。2013 年 8 月 1 日，于某委托某银行工作人员贾某处置 3–4 层房产，2013 年 8 月 19 日，注销抵押权登记，同日，于某与郑某签订房屋买卖协议。一审法院承办某银行诉于某等人借款合同纠纷一案，某银行于 2013 年 8 月 22 日提出撤诉申请，一审法院于 2013 年 8 月 30 日作出（2013）阜民二初字第 00023 号民事裁定

---

① 见“郑秋丽与阜阳现代医院、于海滨房屋租赁合同纠纷二审民事判决书”，载中国裁判文书网：http://wenshu.court.pcc，最后访问时间：2018 年 1 月 18 日。

书，准许某银行撤回起诉。2013年8月22日，郑某办理了3–4层房屋产权证。于某的受托人张某、贾某在售房时，告知郑某购买的房屋，某医院正在租赁。郑某获得房屋产权后，要求提高租金未得到某医院认可，遂要求解除租赁协议，阻止医院经营。2014年6月5日和6月27日，某医院按照租赁合同约定，将2014年7月1日至2015年7月1日的年度租金27万元存入郑某名下，短信及电话告知郑某领取存单未果，邮寄存单郑某拒收，现该笔房屋租金仍存在郑某银行卡名下。某医院法定代表人李某和某银行工作人员贾某交谈时，贾某承认于某把某医院分别与某物业管理公司、于某签订的房屋租赁合同，均已交给某银行。

某医院诉至法院，请求确认某医院与于某签订的房屋租赁合同继续有效，郑某应继续履行。郑某提起反诉，请求判令某医院立即搬离案涉房屋，并赔偿郑某经济损失428,035元、评估费8000元。

[法院认为]

法院生效裁判认为：抵押权注重的是抵押物的交换价值，而租赁权注重的是抵押物的使用价值，故两者可以并存于同一物上。法律以租赁权和抵押权设定的先后顺序来决定它们之间效力。抵押权成立在先，此后成立的租赁权不得损害抵押权。抵押权的设定在后，不影响成立在前的租赁合同的效力。因为2008年某医院就已与某物业管理公司签订案涉房屋的租赁合同，到2012年3月2日，于某取得案涉房屋的所有权，某医院已在案涉房屋经营多年，2012年3月26日和5月4日，于某将出租房屋3–4层和5–6层分别抵押给某银行、某信用社进行贷款，作为专业银行放贷时应当到现场查看抵押物的现状，知悉房屋已被出租的事实，从某医院提供的录音证据也可以证实该内容。两抵押权人明知案涉房屋已经出租又同意抵押的，该风险由两抵押权人自行承担，两抵押权人不能以该抵押权对抗某医院与某物业管理公司签订案涉房屋租赁协议的承租权。某医院与当时的新房主于某于2012年7月1日签订的房屋租赁合同，租赁房屋的位置、租赁房屋的面积、租赁房屋的层数、租赁房屋的承租人，均没有变化，只是年租金和租期在原基础上适当有所增加，某医院对案涉房屋的租赁从2009年2月1日至今一直没有中断，房屋租赁合同对原房屋租赁协议的部分条款有所变更，房屋租赁合同应视为原房屋租赁协议的补充协议，某医院与于某2012年7月1日签订房屋租赁合同的行为，不视为新的租赁行为，原房屋租赁协议与房屋租赁合同不冲突的内容仍然有效，变更的内容应以房屋租赁合同为准。某医院与于某在2012年7月1日签订的房屋租赁合同并未因房屋转让而解除，对新房主郑某仍具有拘束力，房屋所有权人依照约定应继续履行合同。于某设定抵押虽然在2012年

7月1日签订的房屋租赁合同之前，但在某医院签订的第一个房屋租赁协议之后，从证据上看，于某转让房屋产权前该房屋原设定的抵押权已经先后注销，房屋转让系原房屋所有权人于某的个人行为，而非抵押权人的处置行为。综上，本案不受《城镇房屋租赁合同解释》第20条除外条款的拘束，某医院的诉讼请求应予支持。某医院要求郑某继续履行房屋租赁合同的本诉与郑某要求返还房屋赔偿损失的反诉，实际上都是因房屋租赁合同引起的，郑某因此提起反诉可以合并审理。买卖不破租赁，某医院与原房主签订的房屋租赁合同，对新房主郑某具有拘束力，某医院基于租赁合同在约定租赁期限内占有使用案涉房屋，并无不当，郑某要求某医院搬离房屋赔偿损失的反诉请求缺乏依据，不予支持。

［**裁判结果**］

一审法院判决：1.某医院与于某在2012年7月1日签订的《房屋租赁合同》，郑某取代于某，按该合同约定的权利义务继续履行；2.驳回郑某的反诉请求。郑某不服一审判决，提起上诉。

二审法院判决：驳回上诉，维持原判。

［**裁判思路**］

出租人可以将出租的房屋进行抵押，租赁不影响抵押权人实现其优先受偿权。同时，抵押权的实现亦不影响租赁合同的继续履行，也就是说，租赁合同的效力及于买受人。租赁关系直接针对的是房屋使用、收益的权利，而抵押权针对的是房屋的交换价值，二者并无本质冲突，出租人可以对房屋行使充分的处分权。抵押权人对已出租的房屋同意抵押的，该风险由其自行承担，抵押权人不能以该权利对抗承租权。抵押权实现后，也不影响租赁合同的履行。这是所有权变动不破租赁原则的应有之意。但是，抵押权设立在先时，抵押权实现发生所有权的变动后，受让人不受租赁合同的约束，即先抵押后出租不适用所有权变动不破租赁原则。因为，抵押权与出租权是房屋所有权人的权利，房屋所有权人将已抵押房屋出租的，租赁合同有效，但租赁权不能对抗抵押权。后成立的承租权对先设立的抵押权无对抗力，抵押权人实现权利时可以不考虑租赁事实的存在，租赁关系对于受让人无约束力。

本案处理的核心问题即是认定案涉租赁事实和抵押权何者成立在先。表面上看，2012年7月1日，房屋承租人某医院与于某在原租赁协议的基础上又签订了房屋租赁合同一份，而早在2012年3月26日和5月4日，于某已将案涉房屋3–4层和5–6层分别抵押给某银行、某信用社，抵押权的设立先于某医院与于某之间的房屋租赁合同。但不能忽视的是，某医院与于某之间的房屋租赁合同是在于某受让案涉房屋后，在履行原租赁合同的过程中，对原租赁合同的部分条款进行变更而来，某医院的租赁行为一直持续，并未间断。而事实上，于某将案涉房屋分别抵押给某银行、某信用社时，案涉房屋的租赁事实仍在继续，作为专业银行放贷时应当到现场查看抵押物的现状，知悉房屋已被出租的事实，而从某医院提供的录音证据也可以证实该内容。因此，于某与某医院即便又签订房屋租赁合同，但原房屋租赁协议尚在履行中，租赁期间尚未届满，不能视为在案涉房屋被抵押后又重新成立了新的租赁行为，两抵押权人明知案涉房屋已经出租又同意抵押的，该风险应由两抵押权人自行承担，两抵押权人以及随后的案涉房屋新的买受人郑某不能以该抵押权对抗某医院的承租权。故某医院有权继续承租案涉房屋。

值得探讨的是，本案一、二审法院在裁判论理中均认为于某转让房屋产权前该房屋原设定的抵押权已经先后注销，房屋转让系原房屋所有权人于某的个人行为，而非抵押权人的处置行为，并以此作为支持某医院诉请的补强依据。我们认为，该观点值得商榷。首先，《担保法》第53条第1款规定："债务履行期届满抵押权人未受清偿的，可以与抵押人协议以抵押物折价或者以拍卖、变卖该抵押物所得的价款受偿；协议不成的，抵押权人可以向人民法院提起诉讼。"《物权法》第195条规定："债务人不履行到期债务或者发生当事人约定的实现抵押权的情形，抵押权人可以与抵押人协议以财产折价或者以拍卖、变卖该抵押财产所得的价款优先受偿。协议损害其他债权人利益的，其他债权人可以在知道或者应当知道撤销事由之日起一年内请求人民法院撤销该协议。抵押权人与抵押人未就抵押权实现方式达成协议的，抵押权人可以请求人民法院拍卖、变卖抵押财产。抵押财产折价或者变卖的，应当参照市场价格。"由此可见，抵押权并非限于抵押权人依靠公权力的强制行为实现，抵押权人通过与抵押人协议以折价或者以拍卖、变卖方式也是抵押权的实现方式。其次，结合某银行起诉于某、于某委托某银行及某信用社工作人员处置案涉房屋、于某偿还借款、注销案涉房屋抵押权登记以及于某与郑某完成案涉房屋转让等一系列事实可以认定，于某将案涉房屋转让给郑某之整个经过，本身就是于某与某银行、某信用社协议以变卖方式实现抵押权之体现，相关事实不能割裂联系单独认定。最后，转让已被抵押的房屋并完成所有权转移登记的前提之一即是需要涤除负担在其上的抵押权，这是房屋交易的必要程序，与认定是否为实现抵押权行为并无必然联系。

[相关法律法规]

《物权法》第190条

《合同法》第229条

《城镇房屋租赁合同解释》第20条

44. 出租人在租赁期间出卖房屋的附随义务及责任

租赁物在租赁期间发生所有权变动的，不影响租赁合同的效力。出租人将案涉房屋拍卖后，原租赁合同仍然有效，合同的权利义务应直接及于房屋买受人。房屋出卖人应在房屋售出之后，对租赁合同的继续履行做好交接工作。否则，应承担违约责任，给承租人造成损失的应当承担赔偿责任。

【案例】

张某与某银行、常某、岳某房屋租赁合同纠纷案[①]

［案号］

（2015）徐民终字第0690号

［案情］

2010年5月1日，某银行（甲方）与张某（乙方）签订房屋租赁合同，合同期间为2010年5月1日至2013年4月30日，并约定乙方如需对房屋进行维修、改造、增扩或改变用途，应事先征得甲方同意，合同到期后装修装饰物归甲方所有。合同签订后双方各自履行义务。2011年8月29日，某银行通过拍卖公司拍卖案涉房屋，张某作为承租人也被通知到场，最终房屋被89号竞拍人竞拍成功。张某当时并不知道89号竞拍人为常某、岳某。

2011年11月15日，张某在未接到停电通知的情况下，其经营的租赁房屋被断电，致其停业。2012年1月16日张某委托律师向某银行发函，通知某银行领取2011年5月至2012年4月的租金。某银行于2012年1月18日回函称，案涉房屋已由常某竞得，2011年9月以后的租金交给常某。但回函没有向张某提供常某的联系方式。2012年1月30日，张某再次向某银行发律师函称，张某不知道谁是新买受人，也未接到某银行及新买受人要求支付租金事宜的通知，再次通知某银行领取租金。2012年2月6日、2月11日岳某到张某的经营场所发生冲突，张某的经营场所代表骆某报警。2012年2月14日张某诉至法院，要求解除其与某银行之间的租赁合同，并赔偿其停业损失5万元，装修损失16万元。2012年2月25日，张某收到常某邮寄的特快专递，内容分别为某银行后勤服务中心向常某出具的证明一份，落款时间为2011年

---

① 参见程叶、曹勇：《出租人在租赁期间出卖房屋的附随义务及责任——张某与某银行、常某、岳某的房屋租赁合同纠纷案》，载吴兆祥主编：《房屋买卖租赁案件裁判要点与观点》，法律出版社2016年版，第433~436页。

11月24日，证明内容为案涉房屋由常某、岳某通过竞拍竞得，并已电话通知张某将2011年9月以后的房租交纳给常某。另一份为常某、岳某签字的《解除租赁合同通知书》，该通知书称其为案涉房屋的房主，要求张某于2012年2月25前搬出案涉房屋，否则后果自负。常某、岳某分别于2012年8月26日、8月28日、9月19日到张某经营场所发生冲突，致其室内装饰装修损坏、灭失。另外，张某提供2011年3月5日其与某装修公司签订的装修工程合同，约定价款为268,000元，实结250,000元。

［**法院认为**］

一审法院认为：租赁物在租赁期间发生所有权变动的，不影响租赁合同的效力。某银行作为租赁房屋的权利人，在对房屋进行拍卖处理后，应及时办理房屋的交接手续，而不应置之不理，致使张某因权属不明、交接无门而无法经营，产生损失，某银行在与张某履行租赁合同的过程中已构成违约。常某、岳某在房屋交接过程中，存在干扰行为，给张某造成损失，应同某银行承担连带赔偿责任。

二审法院认为：某银行在案涉房屋的出卖中未履行房屋交接的合同附随义务，导致租赁合同解除，故其应当承担赔偿责任。租赁物在租赁期间发生所有权变动的，不影响租赁合同的效力。本案中，某银行将案涉房屋拍卖后，原租赁合同仍然有效，合同的权利义务应直接及于买受人。某银行作为案涉房屋的出卖人，应在房屋售出之后，对租赁合同的继续履行做好交接工作。从某银行提供的证据来看，案涉房屋于2011年8月29日拍卖给常某、岳某，但其直至2012年1月才以书面形式指示张某将2011年9月后的租金交付新的房主，应认定某银行怠于履行房屋交接的义务。而在此期间，张某与常某、岳某已就原租赁合同的继续履行产生纠纷，导致张某正常使用案涉房屋的合同目的不能实现。同时，常某、岳某作为房屋买受人，在继续履行租赁合同的交接手续未完成的情况下即对张某的正常经营实施干扰行为，直接导致张某无法正常经营。故某银行与常某、岳某对合同的解除均存有过错。某银行提出张某存在拖欠租金导致双方纠纷的意见，因张某未及时交付租金系案涉房屋出卖后由房屋的交接问题导致，故与租赁合同解除没有因果关系，对其意见不予采纳。

关于租赁合同解除后的损失如何认定。在合同履行期限届满前，因某银行与常某、岳某的原因导致租赁合同解除，对此，二者应负赔偿责任。对装饰装修部分的赔偿，首先，双方就承租期间房屋的装饰进行了约定，某银行对张某的装饰装修知道或应当知道；其次，因房屋内的装饰装修已经毁损，无法评估。一审法院参照装饰装修花费的费用、租赁合同履行的期间等因素酌定赔偿金额并无不当。对营业损失部分，因案涉房屋出卖后交接完成之前，出现停电及多次受阻情形，影响了张某的正常营业，一审法院综合张某的成本支出、营业时间等因素酌定赔偿金额并无不当。

［**裁判结果**］

一审法院判决：解除张某与常某、岳某的租赁合同；某银行赔偿张某装修损失120,000元、停业损失16,000元，合计136,000元，常某、岳某承担连带责任。某银行不服一审法院判决，提起上诉。

二审法院判决：驳回上诉，维持原判。

［**裁判思路**］

出租人作为房屋的所有权人在租赁期间出售租赁房屋，租赁合同的权利义务直接及于房屋买受人。即房屋买受人将作为出租人继续履行原租赁合同的义务将房屋租于承租人使用，同时也享有向承租人收取租金的权利。这是一个完美而平静的权利转移过程，但是如果房屋所有权人在出卖租赁房屋时不履行合同的附随义务，则会造成严重后果，同时自己还要承担赔偿责任。

合同义务包括给付义务和附随义务，给付义务又分为主给付义务和从给付义务。主给付义务，顾名思义就是合同的主要义务，指合同固有的、必备的，决定合同性质的义务。义务人违反主给付义务的，权利人将享有解除合同的权利。而从给付义务是指不具有独立意义的义务，仅具有辅助主给付义务功能的义务，其目的是确保债权人的利益能够获得最大的满足。债务人违反从给付义务的，债权人一般不得解除合同，但可以要求承担违约责任。附随义务也是指具有辅助性的合同义务，主要依据诚实信用原则而产生，有的依据法律规定而产生。主要指根据合同的性质、目的和交易习惯而履行通知、协助、保密等义务。附随义务是一种保护性义务，强调不会使当事人因为合同的履行而使固有的利益受到损害。合同义务的区别决定了不同的法律后果。在违反附随义务和从给付义务的情况下，一般不得解除合同，如果有违约责任约定的，可以请求承担违约责任或者损害赔偿。但是，不履行附随义务严重影响对方当事人的利益，或者导致合同不能履行的，也会产生解除权。本案就是一个典型的案例，所有权人可以出租房屋，也可以在租赁期间出售房屋，但所有权人在出售房屋后，应该根据诚实信用原则，履行协助承租人与买受人之间的交接工作义务，不恰当履行该附随义务，给承租人造成重大损失，则将导致合同解除并承担赔偿承租人损失的责任。

［**相关法律法规**］

《合同法》第229条

《城镇房屋租赁合同解释》第11条

45. 所有权变动不破租赁原则的适用不应以租赁合同登记为必要条件

租赁合同登记是否是所有权变动不破租赁的适用前提，在实践中存有争议。司法实务中存在两种观点：

第一种观点认为，未经登记备案的租赁合同，当房屋所有权变动时，承租人不能以所有权变动不破租赁为由向买受人要求租赁合同继续履行。但是，承租人有证据证明买受人知道或者应当知道租赁事实的除外。因为租赁合同未经登记公示，买受人因此可能不知道所购房屋上存在租赁关系，而与出租人建立买卖关系，买受人是善意第三人，在此情况下，承租人的租赁权不能对抗善意第三人。

第二种观点认为，所有权变动不破租赁是承租人的法定权利，可以对抗任何第三人。

我们认为，第二种观点具有合理性。

不难看出，第一种观点的理论基础为在保护承租人权利的同时，也考虑保护房屋买受人的权利，两者的权利在法律上是平等的。应该说，租赁合同由于其准物权的特性，所有权变动不破租赁有其一定的法理基础。随着经济的发展，当初的立法理由已经日渐弱化，特别是大量商业租赁的存在与当初保护居民居住权的立法意图不相一致，在保护承租人利益的同时，如何保护买受人的利益成为值得思考的问题。《上海市房屋租赁条例》第15条第2款关于“房屋租赁合同未经登记备案的，不得对抗第三人”的规定，将两者利益予以平衡。当租赁合同未予登记，或者买受人不知道房屋租赁事实的，相应的法律后果不能由买受人承担。承租人也不能以所有权变动不破租赁为由，对抗买受人对房屋处分的权利，不能要求房屋租赁合同继续履行。同时，出卖人未向买受人告知租赁事实，导致承租人不能主张所有权变动不破租赁而合同不能继续履行的，应当认定出租人违约。承租人可以向出租人主张相应的违约责任。[①]

但我们认为，所有权变动不破租赁原则产生之初之所以赋予租赁权以物权效力，最主要的一个考虑就是认为承租人为经济上的弱者，为避免其于所有权变换时遭受权利之受损，故特设不破租赁的规定，以保障其权利。尤其是在不动产租赁方面，因为居住为人生之基本需要，房价高昂，购买不易，

---

① 《上海市高级人民法院关于处理房屋租赁纠纷若干法律适用问题的解答（三）》（沪高法民一［2005］16号）第30条。

承租人多属经济上弱者，实有特别保护之必要。[①]不动产的承租人与出租人相比可能处于一种弱势，这是传统观点。而社会是不断发展和进步的，尤其在当今社会，不动产的租赁并非单纯为了自己居住，相当一部分是为了从事商业运营。承租人可能是一个自然人，也可能是一个大公司、大财团，此时，很难界定哪一方是弱者。但不管怎样，有关不动产的租赁，至少在大多数情形下，确实可以说涉及其基本生存保障问题。

因为租赁合同登记备案，只是行政管理方面的职能，不是租赁合同生效的要件。出租人将租赁物转让给买受人时，依诚实信用原则和先合同义务，负有向买受人披露或者告知租赁关系存在的义务。因出租人怠于行使或者故意隐瞒租赁关系的存在，不利后果不能由承租人承担。而且，该项原则的立法本意是保护承租人的利益。综上，不应对租赁合同作出必须经过登记备案的限制性规定。[②]

第二节 所有权变动不破租赁的例外情形

从立法目的来看，所有权变动不破租赁的原则既是要保护出租人对其物的处分的自由和利益，也是要保护承租人对承租物的实际利用的自由和利益。所以，无论法律也好，司法解释也好，必须在维护公平交易秩序、保护弱势一方的规则下，有效地平衡租赁物出租人、租赁物承租人和租赁物买受人（或他物权人）之间的合法权益，以实现实质意义的平等保护。《城镇房屋租赁合同解释》第20条规定了所有权变动不破租赁原则适用的例外情形：一是房屋在出租前已设立抵押权，因抵押权人实现抵押权发生所有权变动的情形；二是房屋出租前已被人民法院依法查封的情形；三是当事人约定的除外情形。对此，理解如下：

一、房屋在出租前已设立抵押权，因抵押权人实现抵押权发生所有权变动

《担保法》第48条规定，抵押人将已经出租的财产抵押的，应当书面告知承租人，原租赁合同继续有效。可以认为，先设定的租赁合同可以对抗后

① 王泽鉴：《民法学说与判例研究》（第六册），中国政法大学出版社2005年版，第177页。

② 《房地产纠纷裁判思路与规范指引》，人民法院出版社2014年版，第1119~1121页。

设立的抵押权。即使抵押权人为了实现抵押权，对抵押的房屋进行强制拍卖，租赁关系仍能够对抗买受人。《物权法》第190条规定："订立抵押合同前抵押财产已出租的，原租赁关系不受该抵押权的影响。抵押权设立后抵押财产出租的，该租赁关系不得对抗已登记的抵押权。"依照上述法律规定，抵押已出租的房屋，抵押权人行使抵押权时，承租人依据房屋租赁合同享有的权利，包括所有权变动不破租赁原则的适用，不受抵押权的影响；而出租已抵押的房屋，抵押权人行使抵押权时，承租人依据房屋租赁合同享有的权利不能对抗抵押权人，承租人不能以所有权变动不破租赁对抗抵押权人。《担保法解释》第65条规定："抵押人将已出租的财产抵押的，抵押权实现后，租赁合同在有效期内对抵押物的受让人继续有效。"《担保法解释》第66条规定："抵押人将已抵押的财产出租的，抵押权实现后，租赁合同对受让人不具有约束力。抵押人将已抵押的财产出租时，如果抵押人未书面告知承租人该财产已抵押的，抵押人对出租抵押物造成承租人的损失承担赔偿责任；如果抵押人已书面告知承租人该财产已抵押的，抵押权实现造成承租人的损失，由承租人自己承担。"上述司法解释对抵押权实现后租赁合同的效力作了规定，即设定在先的抵押权具有对抗设定在后的租赁权的效力，该规定与《物权法》第190条规定的应有之义也是相符的。因此，《城镇房屋租赁合同解释》第20条依照法律规定的原意，规定"先抵押后出租"为所有权变动不破租赁原则适用的例外情形。

二、房屋出租前已被人民法院依法查封

从《查封、扣押、冻结财产规定》第26条"被执行人就已经查封、扣押、冻结的财产所作的移转、设定权利负担或者其他有碍执行的行为，不得对抗申请执行人"的规定可以看出，在所有权人对财产享有的所有权能受到人民法院强制措施的限制时，所设定的租赁权在所有权变动时不再适用所有权变动不破租赁原则。当然，为保护善意第三人的利益，该条司法解释第三款又规定："人民法院的查封、扣押、冻结没有公示的，其效力不得对抗第三人。"因此，如果租赁权设定在先，法院查封在后，那么，该租赁权仍然受到法律保护，可以适用所有权变动不破租赁原则。如果法院已经查封，且查封进行了登记及张贴公告、封条等公示，在之后被执行人又在该财产上设定了租赁权，则属于在该财产上设定了权利负担，如果该租赁权的存在影响到了拍卖活动的进行，会导致拍卖价款过低或者拍卖无法成交，则人民法院可以应申请执行人的请求，将该租赁权除去，然后委托拍卖。

三、关于当事人约定作为所有权变动不破租赁的除外条件

房屋的所有权变动不破租赁是承租人依《合同法》第229条享有的法定权利。至于该权利是否行使，可由承租人自由处分。如果承租人与出租人约定，租赁房屋在租赁期间发生所有权变动时，其自愿放弃要求租赁房屋的受让人继续履行租赁合同的权利，则应从其约定。如果在租赁合同签订时作此约定，将此视为一个附条件的房屋租赁合同，这与出租人与承租人约定，承租人有租赁合同中规定的不当行为或者符合特定情形时，出租人可以解除合同也是相同的道理。所以，只要双方达成合意，租赁房屋在租赁期间发生所有权变动，承租人自愿放弃要求租赁房屋的受让人继续履行租赁合同的权利时，不适用所有权变动不破租赁原则。

46. 房屋先抵押后出租，租赁合同对受让人不具有约束力

【案例】

A公司与B公司房屋租赁合同纠纷案①

［案号］

（2013）金民三（民）初字第3206号

（2014）沪一中民二（民）终字第1293号

［案情］

2008年11月21日，C公司与工商银行浦东支行签订《最高额抵押合同》，以案涉房屋为D公司借款作抵押。同年12月15日，A公司与C公司签订《厂房租赁协议书》，约定：A公司承租C公司所有的案涉房屋；租期15年，从2009年1月1日直至2023年12月31日止；月租金1.5万元，双方签约后给付第一年租金，以后每年初支付当年租金；在租赁期间，生产用电由A公司负责安装，A公司增加建筑或其他设施，必须征得C公司同意，A公司安装及增加建筑产权归C公司所有等等。2011年9月16日、9月30日、12月9日，拍卖公告刊登案涉房屋带租约拍卖。2012年5月8日，拍卖公司

① 见"昆明友联燃油喷射维修供应有限公司诉上海巧昱实业有限公司用益物权确认纠纷一案二审民事判决书"，载中国裁判文书网：http://wenshu.court.pcc，最后访问日期：2017年12月29日。

对案涉房屋向法院出具流拍报告，因租期过长且无租金回报建议对标的物作流拍处理。同年12月26日，申请人工商银行浦东支行与被申请人C公司借款纠纷案件，因案涉房屋变卖财产刊登公告。2013年2月18日，法院裁定案涉房屋归买受人B公司所有。同年7月3日，B公司取得案涉房屋产权证。次日，A公司法定代表人唐某因案涉房屋租赁事宜产生纠纷而报警。

A公司向C公司支付了2009年至2012年租金。2011年4月2日，A公司与D公司的周某签订《房屋租赁协议书》，将案涉房屋中部分转租，租期为2011年3月1日起至2012年2月28日。2012年9月10日，C公司委托汤某处理案涉房屋的租赁事宜。同年12月31日，汤某与D公司签订《厂房租赁协议书》，租赁物与前合同一致，租期为1年；相应租金业由汤某收取。2013年1月18日A公司发函通知D公司的周某，自2012年2月28日租赁期限届满自行终止，并要求支付2012年12月1日起至实际撤离日止的租金。

2013年9月，A公司诉至法院，请求判令B公司继续履行案涉房屋租赁合同至2023年12月31日止。

[法院认为]

一审法院认为：对案涉房屋具有出租权的C公司与A公司签订租赁合同，并无法律规定的无效情形，应当认定为合法有效，对于无证据支持的合同双方是为对抗法院执行而签订的B公司的抗辩，不予采信。

本案焦点在于租赁物在租赁期间发生所有权变动后租赁合同的效力问题。第一，案涉房屋出租前已设立抵押权，最终因抵押权人实现抵押权而发生了所有权变动，应当属于“买卖不破租赁”的例外情形。第二，C公司因所负债务致案涉房屋强制拍卖、变卖，相应公告中“带租约”应为当时对案涉房屋的客观描述，不能据此推断B公司接受这一瑕疵而受让案涉房屋。第三，拍卖、变卖历时较长，期间A公司早于2011年底时就不再生产经营，也不再支付2013年的租金；与此同时，C公司授权案外人处理案涉房屋的租赁事宜，案外人与承租人就A公司转租的部分房屋另行订立合同并收取租金，在B公司取得产权后再自行收取租金；从案涉房屋租赁延续状况来看，表明在此期间A公司与C公司的租赁合同本已趋于不再履行的事实状态。法院也注意到了A公司认为对案涉房屋进行整改、装修等等，但未能提供充分证据证明征得了C公司同意，并进行了施工、支付相应款项的证据，故法院难以采信；同时法院也注意到了A公司与C公司签订租赁合同的当日，同时又签订了《企业租赁经营合同》，A公司只是无证据地表示该合同未生效，从租赁合同约定的低廉租金中可知，存在C公司借助A公司设备及流动资金的投入获取利润的可能。综上，A公司与C公司间的租赁合同，在发生所有权变动前，事实上已不再履行；在发生所有权变动后，对B公司也没有法律约束力，故法院对A公司要求B公司继续履行原租赁合同的诉讼请求，不予支持。

二审法院认为：鉴于A公司与C公司于2008年12月15日签订《厂房租赁协议书》时，C公司已将案涉房屋为他人借款作抵押，之后，因C公司所负债务致案涉房屋被强制拍卖、变卖，B公司由此成为案涉房屋的产权人。现A公司起诉要求B公司继续履行其对案涉房屋的租赁至约定的2023年12月31日届满时止的租赁协议，则本案的争议焦点为A公司的诉讼请求是否有相应的法律依据。对此，《物权法》第190条规定："……抵押权设立后抵押财产出租的，该租赁关系不得对抗已登记的抵押权"、《城镇房屋租赁合同解释》第20条规定："租赁房屋在租赁期间发生所有权变动，承租人请求房屋受让人继续履行租赁合同的，人民法院应予支持。但租赁房屋具有下列情形或者当事人另有约定的除外：（一）房屋在出租前已设立抵押权，因抵押权人实现抵押权发生所有权变动的；……"，案涉房屋的抵押权人为实现抵押权而申请拍卖、变卖案涉房屋、B公司成为案涉房屋的新的产权人，即因实现抵押权而发生了所有权的变动，在此情况下，B公司作为案涉房屋的受让人具有优先的效力，即租赁关系对于受让人无约束力，其可以不受租赁合同的约束，亦即其不受买卖不破租赁的原则约束。在此情况下，A公司与C公司租赁合同是否约束B公司的问题，因基于租赁权不得对抗抵押权之法律规定，A公司要求B公司继续履行其与C公司之间就案涉房屋签订的租赁期限至2023年12月31日届满的租赁合同的上诉请求，于法相悖，难予支持。

［**裁判结果**］

一审法院判决：驳回A公司要求B公司继续履行A公司与C公司间《厂房租赁协议书》的诉讼请求。A公司不服一审判决，提起上诉。

二审法院判决：驳回上诉，维持原判。

［**裁判思路**］

抵押期间，抵押人将抵押物出租时，在同一标的物上就同时存在抵押权与租赁权。抵押权注重的是抵押物的交换价值，而租赁权注重的是抵押物的使用价值，故两者可以并存于同一抵押物之上。抵押权成立在先，因而具有优先的效力，此后成立的租赁权不得损害抵押权。抵押权设定在后，不影响成立在前的租赁合同的效力。抵押权并不以占有租赁物为条件，因此，其设定一般不会妨碍承租人行使租赁权。抵押权成立在先时，抵押权实现发生所有权的变动后，受让人不受租赁合同的约束，即先抵押后出租不适用所有权变动不破租赁原则，抵押权人实现权利时可以不考虑租赁事实的存在，租赁关系对于受让人无约束力。总之，法律对于租赁权和抵押权的关系的调整，实际上就是对二者之间相互对抗效力的要求，法律是以租赁权或抵押权两种权利设定的先后顺序来决定它们之间的效力的。

关于出租人未向承租人告知房屋已经抵押的情况下，因抵押权实现导致受到侵害的承租人应当如何自己的权益的问题。《合同法》第228条规定："因第三人主张权利，致使承租人不能对租赁物使用、收益的，承租人可以要求减少租金或者不支付租金。"在租赁合同当中，出租人应当承担对租赁物权利瑕疵担保义务，即出租人应当保证不因第三人主张对租赁物享有权利，而导致承租人不能对租赁物使用、收益的义务。出租人违反租赁物权利瑕疵担保义务的，应当承担违约责任，承租人可以解除合同，要求减少租金或者不支付租金。但是，如果承租人订立合同时明知租赁物具有权利瑕疵而仍愿意承租房屋，表明其自愿承担风险，因此，出租人不承担权利瑕疵担保义务。

［**相关法律法规**］

《物权法》第190条

《城镇房屋租赁合同解释》第20条

47. 房屋在出租前已被人民法院查封，在强制执行过程中，承租人请求停止强制执行并要求继续履行原租赁合同的，不予支持

【案例】

A公司与B公司案外人执行异议之诉案[①]

［**案号**］

（2013）长民二初字第21号

（2014）吉民一终字第46号

［**案情**］

2004年8月，B公司因租赁合同纠纷一案诉至法院，要求C公司、D公司立即偿还所拖欠的租赁费760万元及利息和拖欠的水、电费291,648.31元；解除B公司与C公司、D公司签订的《租赁合同》，按照合同约定C公司、D

---

① 见"吉林金科陶瓷有限公司诉吉林省金大股份有限公司案外人执行异议之诉二审民事判决书"，载中国裁判文书网：http://wenshu.court.pcc，最后访问时间：2017年7月20日。

公司在拆迁B公司库房等房屋基础上新建、扩建、改建的固定资产归B公司所有。

2004年8月18日，B公司向法院提出财产保全申请，要求冻结C公司、D公司银行账户存款789万元或查封、扣押相应数额的财产。2004年8月20日，法院作出121号裁定，并于2004年8月26日查封了包括本案争议房屋在内的土地及地上物。

2006年6月15日，法院在另案执行过程中，以当事人自愿达成以物抵债协议为由，作出270号裁定：将D公司所有的位于长春市东环城路4399号长春酒类仓储批发市场的展厅（南侧）4900平方米、库房（在建工程）4200平方米（即案涉房屋）以9,045,000元价格抵债给张某清偿全部债务。A公司分别于2006年6月25日和2006年8月25日与张某签订租赁协议，该协议约定张某将其所有的4399号仓库租给A公司，租期自2006年8月25日起至2022年8月21日止，租金按年支付，每年33万。2008年3月25日，法院以案涉房屋以被121号裁定查封，D公司无权将已被查封的财产交由张某抵债为由，作出270–1号裁定，撤销270号裁定。2010年8月17日，将270–1号裁定书送达。

B公司与C公司、D公司租赁合同纠纷一案，经过一审、二审、再审程序。2010年2月4日，最终判令解除B公司与C公司2000年8月2日签订的《租赁合同》，C公司在拆除B公司库房等基础上新建、扩建、改建的房屋归B公司所有；B公司补偿C公司损失1100万元。2010年3月30日，该案进入执行程序。2010年4月8日，法院以公告形式要求各业户立即将房屋交付B公司，同日向A公司送达执行公告。2013年8月，A公司提出执行异议，经裁定驳回后，A公司提起本案执行异议之诉，请求停止执行案涉房屋；判令B公司继续履行A公司与张某之间的租赁协议。

［法院认为］

法院生效裁判认为：121号裁定已经对本案诉争标的物进行查封。然而，A公司所提交的与张某签订的多份租赁协议，其签订时间均在此之后。根据《城镇房屋租赁合同解释》第20条规定，租赁房屋在租赁期间发生所有权变动，承租人请求房屋受让人继续履行原租赁合同的，人民法院应予支持，但房屋在出租前已被人民法院依法查封的除外。A公司在承租诉争房屋时，该房屋已处于查封状态，故其主张B公司接替张某继续履行租赁合同的主张，于法无据，不予支持。

关于能否停止对诉争标的物的强制执行的问题，如前所述，A公司取得诉争标的物承租权在法院采取查封保全之后。依据《查封、扣押、冻结财产规定》第26条的相关规定，被执行人就已经查封、扣押、冻结的财产所作的移转、设定权利负担或者其他有碍执行的行为，不得对抗申请执行人，第三人未经人民法院准许占有查封、扣押、冻结的财产或者实施其他有碍执行的行为的，人民法院可以依据申请执行人的申请或者依职权解除其占有或者排除其妨害。因此，A公司对诉争标的物所取得的承租权不足以产生对抗人民法院的强制执行的法律效力。

[裁判结果]

一审法院判决：驳回A公司的诉讼请求。A公司不服一审法院判决，提起上诉。

二审法院判决：驳回上诉，维持原判。

[裁判思路]

查封是人民法院依法采取的财产保全措施，其目的是在判决执行前限制查封物不动产的流转或使用，以便人民法院在被执行的当事人不履行判决确定的债务时，对查封标的物予以强制执行，即依法拍卖、变卖查封标的物，以其价款清偿被执行人应当履行的债务。出于这个原因，被人民法院依法查封后出租的房屋，其所有权变动不受租赁关系的限制。

《合同法》规定的所有权变动不破租赁原则，是当事人之间的一种基于意思自治的民事行为，与强制执行不同。强制执行中，执行标的物被法院查封或冻结，被执行人已丧失了处分权能，法院基于法律赋予的职权强行对该标的物予以处置变现，在强制执行中并不能体现被执行人的意思表示。在适用所有权变动不破租赁原则时，应就所有权变动的不同原因加以区别对待。基于原所有权人的自愿行为产生的所有权变动时，适用所有权变动不破租赁原则，而基于国家强制力的行为产生的所有权变动不应当适用该原则。合同法调整的范围非常明确，其调整的是平等主体的自然人、法人、其他组织之间设立、变更、终止民事权利义务的关系，即合同关系，也就是平等主体之间的协议行为，协议行为是私法上的意思自治行为，而非公法上的强制行为。对于不能体现意思自治的公法上的强制行为，如强制执行，当然不应该适用所有权变动不破租赁原则。因此，本案原告A公司无论是请求继续履行租赁合同，还是停止强制执行的诉讼请求，基于上述论述及相关法律规定，均不能得到支持。

[相关法律法规]

《城镇房屋租赁合同解释》第20条

《查封、扣押、冻结财产规定》第26条

48. 所有权变动不破租赁原则在破产财产处理过程中的适用

破产案件中，对于破产企业以其所有的房屋建筑物或者土地对外签订的租赁合同，在破产宣告时尚未履行完毕，在破产财产处理过程中，能否适用所有权变动不破租赁原则，存在着两种观点：

第一种观点认为，应当限制适用所有权变动不破租赁原则。理由：如果适用该原则，租赁合同继续有效，会导致租赁债权的实现或清偿不仅优先于第一顺序的破产企业所欠职工工资和劳动保险费用及第二顺序的破产企业所欠税款，而且优先于同为第三顺序的其他破产债权，甚至这一租赁债权将会得到完全实现或全额清偿，有悖于《企业破产法》的基本制度和分配原则，违反公平公正的民法基本原则。

第二种观点认为，应当区别情况处理，如果承租人的各项财产情况表明可以继续使用，则可以考虑继续履行租赁合同；如果租赁财产作为其他开发更有价值，解除合同更有利于财产变现的，应解除合同，解除合同的补偿属于共益债权性质，在解除合同时向承租人优先支付。

我们倾向于第一种观点。破产程序中所有权变动不破租赁原则的适用应当受到限制。理由如下：

所有权变动不破租赁原则的适用，以租赁物发生所有权变动时租赁合同尚未届满为前提。企业破产程序是由《企业破产法》这一特别法调整的，租赁合同在破产程序中是否可以继续履行，应当按照《企业破产法》的规定处理。而破产程序的特点之一，就是可以使未到期的债权视为已到期，也就是使未到期的租赁合同视为已到期的合同。因此，租赁合同在破产程序中，存在终止履行的可能。但是，由于租赁合同的履行并不涉及标的物的处分，租赁物仍属于破产企业所有。若继续履行租赁合同，承租人支付的租金将有利于增加破产企业的偿债能力；若终止履行租赁合同，破产人除失去租金收益外，可能还会给承租人带来损害进而增加破产债权数额。因此，企业破产清算期间，在不影响清算进行的前提下，可以视情况让承租人继续承租一段时间，但最长只能到破产财产变现之前。当破产财产清算结束后进入拍卖程序，若继续适用所有权变动不破租赁原则，将使破产财产的受让人获得有负担的标的物，无疑会对竞买人的心理造成负面影响，从而影响到破产财产变现后的价值，有损于债权人的利益。另外，许多破产案件特别是集体企业破产案件中，将房屋结合破产企业土地使用权作为整体转让进行变现的情况较多。如果适用所有权变动不破租赁原则，租赁合同继续履行，同样有可能降低购买者的信心和意愿，由此也会影响破产财产的变现。因此，租赁物进入破产程序时，一般不应再适用所有权变动不破租赁原则。

第六章　承租人的优先购买权

导 读

承租人优先购买权是当今世界各国普遍确定的一项民事法律制度。我国有关房屋承租人优先购买权的法律法规始于国务院1983年颁布现已废止的《城市私有房屋管理条例》，该条例第11条规定："房屋所有人出卖租出房屋，须提前三个月通知承租人。在同等条件下，承租人有优先购买权。"在此之后，1988年发布的《民法通则执行意见（试行）》第118条规定："出租人出卖出租房屋，应提前三个月通知承租人，承租人在同等条件下，享有优先购买权；出租人未按此规定出卖房屋的，承租人可以请求人民法院宣告该房屋买卖无效。"（该条款已被废止）。1999年施行的《合同法》第230条规定："出租人出卖租赁房屋的，应当在出卖之前的合理期限内通知承租人，承租人享有以同等条件优先购买的权利。"从这一立法历程可以看出，我国的房屋承租人优先购买权制度是在我国实行计划经济体制下，在房地产市场未全面建立、房屋资源匮乏的情况下，为保障承租人稳定居所而制定的。该制度在一定程度上承认既存的社会关系，对稳定社会经济生活秩序具有一定的价值。应当说，房屋承租人优先购买权是我国民事优先购买权中一个比较有特点的权利，以这一权利为基础的房屋承租人优先购买权制度是中国特色房屋租赁制度中的一个重要组成部分。然而，在法制不断完善、房地产市场繁荣的现今社会，我国的房屋承租人优先购买权制度无论是在理论、价值上，还是在现实适用中存在若干需要进一步明确的问题，如承租人优先购买权性质、法律效力、行为条件、权利保护范围等均存在不同认识，导致同类案件在不同法院处理结果迥异，形成法律适用上"各自参战"的局面。对此，2009年施行的《城镇房屋租赁合同解释》对此予以完善，从保护承租人的法定权利和保障物权人自由处分财产两个方面对优先购买权的实现方式和救济途径作出了规定。本章将就《合同法》及《城镇房屋租赁合同解释》关于承租人优先购买权规定在具体案件中适用的裁判思路进行探讨。

第一节　承租人优先购买权概述

通说认为，承租人优先购买权是指承租人在出租人出卖所租赁房屋时，同等条件下有优先于第三人购买所承租房屋的权利。

关于承租人优先购买权的性质，民法学界的争论主要集中在三种学说上：第一种学说为请求权说，即认为房屋承租人在出租人出卖房屋时享有以与第三人同等的条件下请求购买房屋的权利。第二种学说为形成权说，即认为房屋承租人在出租人出卖房屋时享有以与第三人同等的条件购买房屋的权利。第三种学说为物权说。该学说包括两种观点：一是准物权说，认为承租人优先购买权是准物权，法律赋予其优先效力和追及效力体现出其具有物权的某种属性，准用于《物权法》规定的财产权。[①] 二是物权说，承租人优先购买权应定性为物权，否则难以解释该项权利的效力，也难以实现立法目的。我们认为，从立法创设优先购买权的旨意出发，承租人的优先购买权性质应确定为债权，归入附强制缔约义务的请求权范畴。强制缔约，是指个人或企业负有应相对人之请求，与其订立合同的义务，即对相对人之要约，非有正当理由不得拒绝承诺。在出租人违反此义务将租赁物出卖给第三人的情形中，承租人可以诉请公权力介入，强迫出租人对其作出承诺的意思表示。请求权在性质上属于手段性的权利，但如果法律规定请求权的相对人负有不得拒绝的义务，该请求权就具有了一定的终局性和目的性。就承租人的优先购买权而言，将其性质定为附强制缔约义务的请求权，就直接能使承租人取得租赁物买受人的地位，使法律关系的稳定性增强，也符合维护物的使用和归属相统一的目标。[②]

承租人优先购买权的法律规定在实践中如何适用，一直是困扰审判人员的问题，由于《合同法》仅是概括赋予承租人以优先购买权，而对于承租人行使优先购买权的具体程序和条件则没有明确规定，导致对优先购买权纠纷案件的处理规则不一。《城镇房屋租赁合同解释》第 21 条至第 24 条规定内容从保护承租人的法定权利和保障物权人自由处分自己财产两个方面对优先购买权的实现方式和救济途径作出了规定：

---

① 胡仕浩：《房屋承租人优先购买权的效力》，载《民事审判前沿》第二期，第 159 页。

② 最高人民法院民事审判第一庭编著：《最高人民法院关于审理城镇房屋租赁合同纠纷案件司法解释的理解与适用》，人民法院出版社 2009 年版，第 285~287 页。

1. 保护承租人的法定权利。优先购买权是法律明文赋予承租人的法定权利，无论当事人是否通过法律行为设定，承租人均享有此项权利。为全面保护承租人的优先购买权，司法解释将出租人与抵押人协议折价、变卖以及委托拍卖人拍卖租赁房屋也纳入了出租人“出卖”房屋的情形范围。

根据物权法定原则，优先购买权不属于《物权法》明文规定的物权类型，因此《城镇房屋租赁合同解释》将这种权利定位于债权，使得承租人不再具有可使出租人与第三人买卖合同无效的法律地位，即明确优先购买权不具有对抗第三人的效力。根据司法解释规定，承租人享有两个方面的债权请求权，一是请求以同等条件与出租人缔约购买租赁房屋；二是如出租人未尽通知义务或有其他侵害优先购买权的情形，承租人可以请求损害赔偿。

关于承租人缔约请求权的行使问题，基于对优先购买权性质的不同认识，各地法院在能否判令同等条件下出租人与承租人之间直接成立房屋买卖关系存在不同做法，较为激进的做法是认为优先购买权属于形成权，故承租人有权请求法院判令在出租人与承租人之间形成买卖合同关系。对此《城镇房屋租赁合同解释》没有做出明确的规定，但司法解释起草者对此是持肯定态度的，出于防止承租人滥用权利的考虑，可以要求承租人交付一定数额的定金或者提供担保。

关于承租人损害赔偿请求权的问题，司法解释没有对损害的具体范围作出规定，而是留待法官在具体案件中加以认定。我们认为，承租人的优先购买权为法律特别规定的具有期待权性质的民事权益，即侵权法上所保护的法益。根据《侵权责任法》的有关规定，出租人侵害优先购买权的行为在本质上属于侵害他人民事权益的侵权行为。依民事法理，侵权损害赔偿遵循完全赔偿原则，即赔偿范围应包括所受损害（实际损失）和所失利益（预期利益），其中的所失利益包括通常或其他可确定的特别情形而可预期的利益。[①] 由于我国现行民事法律并未将预期利益排除在侵权赔偿的范围之外，故不能将侵害优先购买权的赔偿范围仅限定为实际损失。如承租人主张预期利益赔偿，除必须举证证明该所失利益具有客观确定性之外，根据侵权责任的构成要件，还应依据因果关系来确定赔偿的范围。

2. 保障物权人自由处分自己的财产。在出租人为房屋所有权人的情况下，其虽在房屋上设定了租赁的负担，但仍然依法享有处分其所有物的权利，同时鉴于房屋买卖中也存在交易双方之间的信任基础，必须平衡承租人的优先

① 王利明、周友军、高圣平：《中国侵权责任法教程》，人民法院出版社2010年版，第194~197页。

购买与所有权人自由处分财产意愿之间的利益冲突。

《城镇房屋租赁合同解释》出台和《民法通则执行意见（试行）》第118条废止前，在出租人未告知承租人的情况下，承租人可以主张出租人与第三人之间的买卖合同无效，直接阻碍出租人对房屋的处分；在房地产市场价格波动期间，即使出租人履行了告知义务，承租人也可以优先购买为名延长缔约过程或设置交易障碍，增加出租人的缔约成本和另寻交易对象的交易成本，导致所有权人的利益受到损害。《城镇房屋租赁合同解释》否定了承租人主张出租人与第三人之间买卖合同无效的权利，既考虑到了对善意第三人利益的保护问题，同时也减少了承租人滥用权利的可能空间。鉴于特定情况下房屋买卖关系中的信赖基础，司法解释还将房屋共有人行使优先购买权、出租人将房屋出卖给近亲属的情况明确排除在承租人主张优先购买权的范围之外，较好地实现了租赁关系双方之间的利益平衡。

49. 租赁合同当事人于合同中设立的仲裁条款不能限制承租人就行使优先购买权与出租人发生的争议向人民法院提起民事诉讼

【案例】

C公司与A公司、B公司承租人优先购买权纠纷管辖权异议案[①]

［案号］

（2007）渝高法民初字第38号

［案情］

2003年，作为出租人的A公司与承租人D公司签订《商厦商业经营房产租赁合同》。A开发公司将某大厦负二层至八层的房屋租给D公司使用，租期为20年。双方在该合同第六章第6~11条约定："甲方或者乙方在履行本合同过程中发生争议，应协商解决。协商不能解决时，任何一方均可将争议事项向重庆市仲裁委员会申请仲裁；仲裁依提起仲裁时现行有效的仲裁规则进行；仲裁裁决是终局的。"该合同第三章第3~5条约定："在本合同期内，倘甲方

① 参见最高人民法院民事审判第一庭编：《最高人民法院二审民事案件解析》（第6集），法律出版社2008年版，第195~200页。

出售或转让、抵押该商场的任何部分，甲方必须在出售合同或转让合同或抵押文件内订明该商场的受让人或权利人必须继续承担及履行本合同内甲方的全部权利及义务。乙方有权按本合同规定继续使用该商场直至租赁期满，而甲方的受让人享有原甲方的全部权利及义务。”

2004年7月20日，A公司作为甲方、D公司作为乙方、C公司作为丙方签订了《商厦商业经营房产租赁合同补充协议》，约定：D公司将《商厦商业经营房产租赁合同》中乙方所应履行的义务及其享有的权利全部转让给丙方，即C公司。此后，租赁房屋由C公司使用至今。

2007年6月14日，C公司以A公司、B公司为被告向法院起诉，请求确认A公司与B公司签订的房屋买卖合同无效。法院受理案件后，A公司在答辩期内提出管辖权异议，认为其与C公司签订的租赁合同中约定了仲裁条款，故该纠纷应当向重庆仲裁委员会申请仲裁，不能向法院起诉，请求驳回C公司的起诉。B公司同意A公司的主张。

[法院认为]

一审法院认为：C公司提起的优先购买权诉讼与租赁合同的履行系不同的法律关系，不属于仲裁协议的范围，故C公司可以直接向法院起诉。

二审法院认为：本案中A公司提出的所谓管辖权异议，实质上是关于该案是否属于人民法院主管的民事案件的范围问题。根据《民事诉讼法》的有关规定，双方当事人对合同纠纷自愿达成书面协议向仲裁机构申请仲裁，不得向人民法院起诉的，告知原告向仲裁机构申请仲裁。A公司的观点是：在房屋租赁合同中订有仲裁条款的情况下，当事人就承租人的优先购买权发生争议时，任何一方无权向人民法院起诉，而只能向合同中约定的仲裁委员会申请仲裁。《合同法》第230条规定：“出租人出卖租赁房屋的，应当在出卖之前的合理期限内通知承租人，承租人享有以同等条件优先购买的权利。”这是承租人享有优先购买权的法律依据。租赁期间出租人出售租赁房屋的事实并非必然发生，当事人一般也不在租赁合同中作此约定。因为承租人的优先购买权不是源于当事人在租赁合同中的约定，而是源于法律的直接规定。而且，在法律赋予承租人优先购买权的条件下，承租人仍然可以选择是否行使这一权利。可见，承租人的优先购买权不属于租赁合同的内容，即不属于此类合同双方当事人权利义务的范畴。承租人因行使优先购买权而与出租人发生的争议，与双方因履行租赁合同而发生的争议属于两个不同的法律关系。如果当事人在房屋租赁合同中约定了仲裁条款，双方因履行租赁合同发生的争议，则排除了人民法院的管辖。但出租人和承租人在租赁合同中就履行该合同所产生争议约定解决方式，并不能限制承租人因主张优先购买权而向人民法院提起民事诉讼。

A公司提出《商厦商业经营房产租赁合同》约定了关于出租人出售或转让、抵押该出租房屋时的权利义务，并据此认为其因行使优先购买权而与C公司产生的纠纷属于租赁合同中有明确约定的当事人权利义务之争，应当根据合同的仲裁条款排除人民法院的管辖。但其引用的合同条款只是约定了出租人在出售、转让、抵押该出租房屋时，必须与受让人签订合同，保证继续履行租赁合同，而没有关于承租人优先购买权的规定。A公司举出的上述证据并不能证明其提出的因行使优先购买权所生争议属于履行房屋租赁合同的范畴的主张成立。

［裁判结果］

一审法院裁定：驳回A公司提出的异议。A公司不服一审法院裁定，提起上诉。

二审法院裁定：驳回上诉，维持原裁定。

［裁判思路］

本案的核心问题是：在房屋租赁合同中订有仲裁条款的情况下，当事人就承租人的优先购买权发生争议时，任何一方是否有权向人民法院起诉，还是只能向合同中约定的仲裁委员会申请仲裁。合议庭主要从以下方面对这一问题进行分析：第一，承租人的优先购买权的来源是法律的直接规定，而不是当事人之间的约定，因此不属于房屋租赁合同中约定双方权利义务的内容，不受仲裁条款约束。第二，承租人就其行使优先购买权提起的民事诉讼，直接指向房屋所有权人（出租人、售房人）与购房人签订的《房屋买卖合同》，其诉讼目的是请求人民法院确认《房屋买卖合同》无效，进而可以以承租人的身份行使优先购买权即以同等条件购买房屋。因此，这一诉讼不仅局限于房屋租赁合同的双方当事人之间，而且必然涉及购房人。退一步说，即使按照A公司的主张，作为承租人的C公司应当受房屋租赁合同的约束，那么，要求不属于房屋租赁合同当事人的购房者B公司也受仲裁条款约束，只能到仲裁机构去应诉则既没有法律依据也没有合同依据。尽管本案中作为购房人的B公司因为利益关系支持与其签订《房屋买卖合同》的A公司的管辖异议，但购房人是否愿意接受人民法院管辖却不能作为确定管辖问题的原则而在所有这类案件中适用。

［相关法律法规］

《合同法》第230条

50. 当实际交易价格与备案合同价格不一致时，应当以实际交易价格作为认定同等条件主张优先购买权的依据

承租人优先购买权，是指房屋承租人基于房屋租赁关系，依法于所有人出卖房屋时享有在同等条件下优先于其他人购买房屋的权利。承租人优先购买权的内容具有法定性，一般由法律来规定，而不能由当事人自由创设；权利主体也是特定，即只能是出租房屋的合法承租人，也是由法律明确规定，而不能由当事人创设。承租人行使优先购买权，必须在与第三人“同等条件”下行使，这也是行使优先购买权的实质要件。之所以规定“同等条件”，是要在先买权人、第三人和出卖人的利益之间达到平衡。同等条件首先是价格同等。价格是“同等条件”中最基本、最核心的条件，也是出卖人最关心的最重要的因素。因为出卖人出卖财产，主要是从卖价上考虑的。这样也符合公平原则，且价格条件标准客观，具有可操作性。

承租人主张优先购买权，是以备案合同价格还是以实际交易价格作为认定“同等条件”的依据，进而主张优先购买权？为此，实务中存在两种不同观点。

第一种观点认为，应当以备案合同价格作为认定“同等条件”的依据。理由是：备案合同价格是房地产交易中心用于办理房产证和交纳契税的依据，具有公示效力，且以备案价格作为认定依据，有利于惩罚当事人的规避税费的行为。

第二种观点认为，应当以实际交易价格作为认定同等条件的依据。理由是：实际交易价格是当事人真实意思表示，应予以尊重。至于备案合同价格是为当事人避税行为所虚报，与行使优先购买权并非同一法律关系，可不予一并处理。

最高人民法院民一庭意见：真实意思表示是民事法律行为的核心要素，如价格、付款方式等与真实的约定不一致时，应以双方当事人的真实意思表示为准，非真实意思表示的条款对双方当事人没有法律约束力。房屋的真实成交价格应按买卖合同双方当事人的真实意思来认定，而逃避税收并不是双方订立房屋买卖合同的目的。据此，应当以真实交易价格作为认定“同等条件”的依据。

司法实践中，当事人双方为追求利益最大化，达到少交或不交房屋契税和个人所得税等税费的目的，往往约定较低的房价到房产交易中心备案，出卖人和买受人双方再另行签订并履行一个能体现真实交易价格的合同。由于备案合同价格往往低于实际交易价格，其实质是以合法形式掩盖避税的非法目的，损害了国家利益。作为“同等条件”的判断，应当以房主的实际交易

价格为标准，而不能以合同备案价格为标准。也就是说，承租人主张的同等条件与出卖人主张的同等条件并不等同，在同等条件不一致的情况下，承租人的主张显然不具备行使优先购买权的要件。

当然，对于当事人的避税行为，与行使优先购买权并非同一法律关系，可不予一并处理，但法院可向有关部门提出司法建议，追究有关人员的其他责任。

51. 承租人存在违约行为对其主张优先购买权的影响

房屋承租人优先购买权是基于承租人与出租人之间合法有效的租赁合同而派生出的民事权利，是在出租人租赁物上附加的一项合法负担，因此，承租人行使优先购买权必须以合法有效的租赁合同为基础。如果双方之间不存在合法有效的租赁合同，例如，租赁合同因违反法律、行政法规的强制性规定或其他原因而被确认为无效或者被撤销，则承租人依法负有返还租赁物的义务，双方之间的法律关系恢复到租赁合同订立前的状态，而在订立合同之前，双方之间是不存在租赁关系的，故承租人不应享有优先购买权。

司法实践存在的争议和分歧是，如果存在着合法有效的租赁合同，但是承租人存在延付或者拒付租金的违约行为，承租人主张优先购买权应否支持。对此，存在两种观点：

第一种观点认为，承租人违约，主观上有过错，客观上造成出租人损失，加重了出租人负担，所以，只要承租人有违约行为，就不应当享有优先购买权。

第二种观点认为，房屋承租人优先购买权是法律规定的，即使承租人有违约行为，也不能随意剥夺承租人的这项权利。只要承租人主张优先购买权，不管是否存在违约行为，应当予以支持。

我们认为，应当具体情况具体分析，不应一概而论。司法实践千差万别，一概而论容易与事实和现实脱节。承租人违约后，主张优先购买权，应否支持应视违约行为的轻重程度而定。签订租赁合同后，出租人交付租赁物，承租人交付租金，这是双方的主要合同义务，也是订立合同的根本目的。如果承租人拖延给付租金，出租人可以要求承租人在合理期限内支付，在宽限期内，承租人支付租金的，虽然对出租人的利益有影响，但是出租人还能够得以实现合同目的。故承租人的轻微违约行为，可以通过追究违约责任来处理，双方之间的租赁合同，仍应继续履行。所以，承租人存在着轻微违约行为，不影响承租人主张优先购买权。但如果承租人的严重违约行为导致合同目的不能实现，出租人可以解除租赁合同，承租人不再具备相应的身份，依法不应享有优先购买权。

52. 租赁房屋拍卖时承租人优先购买权的保护

《城镇房屋租赁合同解释》第 23 条规定："出租人委托拍卖人拍卖租赁房屋，应当在拍卖 5 日前通知承租人。承租人未参加拍卖的，人民法院应当认定承租人放弃优先购买权。"该条规定明确了拍卖行为的告知义务及告知的期限，并明确了告知后产生的相应法律后果。首先，拍卖的告知义务人应理解为出租人或者拍卖人。如果将告知义务人理解为仅为出租人或者仅为拍卖人，都是对告知义务主体的限制和范围的缩小，甚至会出现在怠于履行告知行为时，直接导致对承租人优先购买权的侵害或者导致拍卖行为归于无效，进而造成买卖行为混乱的局面和结果的发生。再者，明确了告知的期限，即应当在拍卖 5 日前进行告知。该期限的确定与《城镇房屋租赁合同解释》第 24 条规定的，出租人履行通知义务后，承租人在 15 日内未明确表示购买的规定有所不同。本条规定是对房屋进行出卖的告知，而后者是出租人已经确定了出卖租赁房屋，并已经确定出卖价款等事项的通知。故本条规定的期限不应长于第 24 条的规定。

实践中的难点问题主要在于出租人的通知义务应当以何种方式履行，实践中有观点认为通过发布拍卖公告即可视为履行了通知义务。我们认为该种观点不妥。首先，拍卖公告与履行优先购买权的通知有本质差别。根据《合同法》第 15 条之规定，拍卖公告属于要约邀请，其目的在于吸引更多的竞买人和保证拍卖活动的公正性，其公告的对象是不特定人。因此，拍卖公告并不是针对房屋承租人提出的，其与房屋出租人的通知义务即在通知、公告的义务主体、对象范围、期限要求以及目的内容等方面均不相同。其次，《拍卖、变卖财产规定》第 14 条第 1 款规定："人民法院应当在拍卖五日前以书面或者其他能够确认收悉的适当方式，通知当事人和已知的担保物权人、优先购买权人或者其他优先权人于拍卖日到场。"从该规定可见，人民法院司法拍卖程序中，须对优先购买权人以单独书面或以能够确认收悉的方式进行通知。这也进一步说明，拍卖行发布的拍卖公告不能代替对承租人行使优先购买权的通知。因此，拍卖人履行拍卖法上的公告义务的行为，与出租人对承租人通知义务的履行不同，不能代替法律规定的对承租人行使优先购买权的通知。

第二节　侵害承租人优先购买权的损害赔偿责任

优先购买权作为承租人的法定权利，在出租人未尽合理通知义务或存在其他侵害承租人优先购买权的情形下，由出租人向承租人承担损害赔偿责任，这是承租人优先购买权保护的应有之义。但如果善意第三人已经与出租人签订了房屋买卖合同，并且已经履行或者部分履行，这种情况下就涉及对承租人优先购买权的保护和对善意第三人权利的保护冲突问题。

关于出租人与第三人成立的房屋买卖合同效力问题，根据合同相对性原则，合同只在合同当事人之间成立和生效，非合同当事人的行为一般不应影响合同的效力。因此，不论第三人是否已受让标的物，其与出租人之间成立的买卖合同的效力都不应因优先购买权的行使而受影响。此外，依照物权法定原则，在法律未规定承租人的优先购买权为物权的情形下，该权利不应认定为物权并具有排他性。据此，《合同法》第 230 条规定的"承租人享有以同等条件下优先购买的权利"应为债权，不具有对抗第三人的效力。基于上述原因，最高人民法院于 2008 年 12 月 18 日公布的《最高人民法院关于废止 2007 年底以前发布的有关司法解释（第七批）的决定中》，以《民法通则执行意见（试行）》第 118 条规定"出租人出卖出租房屋，应提前三个月通知承租人，承租人在同等条件下，享有优先购买权；出租人未按此规定出卖房屋的，承租人可以请求人民法院宣告该房屋买卖无效"与《物权法》规定冲突为由，予以废止。

根据《合同法》有关承租人优先购买权保护规定的立法精神，《城镇房屋租赁合同解释》第 21 条对于承租人优先购买权受到侵害情形下的救济途径以及出租人与第三人之间房屋买卖合同的效力问题作出具体规定："出租人出卖租赁房屋未在合理期限内通知承租人或者存在其他侵害承租人优先购买权的情形，承租人请求出租人承担赔偿责任的，人民法院应予支持。但请求确认出租人与第三人签订的房屋买卖合同无效的，人民法院不予支持。"需要明确的是，《城镇房屋租赁合同解释》第 21 条规定的是承租人不能以出租人侵害其优先购买权为由，请求确认出租人与第三人签订的房屋买卖合同无效，而不是规定在任何情况下，承租人均不得主张认定出租人与第三人签订的买卖合同无效。该项规定并不妨碍在出租人与第三人恶意串通签订买卖合同损害承租人优先购买权时，承租人依照《合同法》第 52 条第 2 项的规定，主张认定出租人与第三人签订的买卖合同无效。

53. 关于损害承租人优先购买权赔偿责任的确定标准

【案例】

A 公司与 B 公司房屋租赁合同纠纷案[①]

[案号]

（2009）杨民四（民）初字第 3177 号

[案情]

上海市杨浦区国顺路某弄 1~4 号、20~21 号、22 号等房屋权利人登记为解放军某部队干部住房发展中心上海办事处与 B 公司，二者按份共有，B 公司享有 65%，解放军某部队干部住房发展中心上海办事处享有 35%。上述产权登记册附记包含诉争商铺。根据产权共有人之间约定的《分配明细表》，诉争商铺属 B 公司所有的 65% 部分，政本路商铺权利人为 B 公司。

2008 年 3 月，A 公司与 B 公司签订《上海市房屋租赁合同》，约定 B 公司将诉争商铺 326.01 平方米出租给 A 公司办公使用，租赁期限自 2008 年 3 月 8 日至 2013 年 3 月 8 日止；月租金为人民币 21,816 元，租金 3 年内不变，第 4 年起双方可协商对租金进行调整，有关调整事宜由双方在补充条款中约定；支付租金方式为支票或转账，并由 B 公司出具正规发票；保证金为 21,816 元；合同第 8 条第（4）项约定，在租赁期内，B 公司如需出售该房屋，应提前三个月通知 A 公司，A 公司在同等条件下有优先购买权。

2009 年 5 月 11 日，B 公司与严某签订《备忘录》，内容主要为：严某以总价 26,584,308 元购买诉争商铺及政本路商铺。由于严某资金原因，先支付 5,150,958 元与 B 公司签订《上海市商品房出售合同》，并支付 120 万元定金。另政本路 115~117 号商城在 9 个月内以每平方米 15,000 元价格再与 B 公司签订《上海市商品房出售合同》。若严某在 9 个月内未与 B 公司签订《上海市商品房出售合同》，则 120 万元定金没收。2009 年 5 月 13 日，B 公司与严某就诉争商铺签订《上海市商品房出售合同》，约定："合同单价 15,800 元，总价

---

① 参见陈晓宇、朱萍：《上海远大学习广场教育科技有限公司诉上海泰润房地产开发有限公司房屋租赁合同纠纷案》，载最高人民法院中国应用法学研究所编：《人民法院案例选·民事卷》（分类重排本），人民法院出版社 2017 年版，第 2474~2480 页。

5,150,958 元；在合同附件一《付款时间和付款方式》中仅约定，付款方式：一次性付款，不贷款；严某于 2009 年 5 月 13 日与 B 公司签约，并付首付款 100 万元”。为证明《备忘录》履行情况，B 公司提交银行转账支付证明若干，认可严某为购买两处商铺已支付约 1280 万元，同时表示因本案诉讼争议，故 B 公司与严某尚未就政本路商铺签订房屋买卖合同，政本路商铺 1~3 层商场产权仍属 B 公司。2009 年 5 月 19 日，严某登记成为诉争商铺产权人。

诉讼中，解放军某部队干部住房发展中心上海办事处向法院表示作为诉争房屋共有人，放弃主张优先购买权。为了解诉争商铺价格情况，法院向上海某物业顾问公司、上海某房产经纪公司征询 2009 年 5 月及 2011 年 3 月的价格，结论为 2009 年 5 月价格约为 2.8~2.9 万元 / 平方米，2011 年 3 月价格约为 3.4~3.5 万元 / 平方米。2011 年 4 月 13 日，法院与诉争商铺和政本路商铺所在物业公司联系，物业工作人员表示沿街商铺由于地段因素，一直很难出售，诉争商铺在 2009 年 5 月左右的市场价约为 2.2 万元 / 平方米，但要综合地段、人气因素的话很难卖掉。

审理中，为证明 B 公司已履行口头通知的义务，B 公司提交其工作人员陈某书面证词，表示其曾在 2009 年 3、4 月间询问 A 公司是否有意购买诉争商铺，但 A 公司工作人员答复不愿购买，故随后 B 公司将诉争商铺出售给严某。2009 年 5 月底向 A 公司催收 2009 年 6 月 1 日至 2009 年 8 月 30 日租金时，A 公司工作人员要求开具严某的个人发票，随后陈某找中介开出了严某抬头的租金发票交给 A 公司工作人员，但两周后 A 公司工作人员称财务不能做个人发票的账。此后三方为发票事宜专门开了协调会。B 公司同时认为，协调会是三方为商讨发票的具体解决方法，也证明 A 公司当时未对诉争商铺提出优先购买权，认可诉争商铺出售事实。对此，A 公司否认 B 公司曾经口头通知诉争商铺出售事宜，认为陈某系 B 公司员工，不能仅凭个人口述为依据；2009 年 7 月的协调会是因为 B 公司要求 A 公司向严某支付租金，至此 B 公司才告知 A 公司诉争商铺出售给严某，A 公司事先并不知晓。严某认为开协调会时向 A 公司明确了商铺转让条件和价格，A 公司明确不买，故其已经放弃优先购买权，不存在损失。

现 A 公司认为 B 公司未按租赁合同约定，提前三个月征询对诉争商铺的买受意见，侵害了 A 公司的优先购买权，故诉至法院，请求判令 B 公司赔偿其出售给严某的房价与审理中法院评估房价现值的差价及 2009 年 7 月至判决日止的租金损失。

B 公司就诉争商铺出售价格称，虽然诉争商铺买卖合同的单价定位 15,800 元、总价 515 万元，但按诉争商铺与政本路商铺统算，合同单价为

2万元。严某称，其与B公司在2009年4月已经就房屋买卖进行协商，于2009年5月11日达成协议，即打包购买两处商铺，捆绑总价26,584,308元，2009年5月13日先就诉争商铺签订买卖合同，为了避税、贷款方便才把总价写成515万元，而政本路商铺因资金问题约定于2009年底签订，故严某是将诉争商铺和政本路商铺两处商铺打包购买，实际交易价格为2万元/平方米。

[法院认为]

一审法院认为：本案的争议焦点有二：一是B公司是否履行合同约定的通知义务，乃至是否违约侵犯A公司的优先购买权；二是如确认B公司侵犯A公司优先购买权后应以何种标准衡量所造成的损失。

关于焦点一：《租赁合同》约定“在租赁期内，B公司如需出售该房屋，应提前三个月通知A公司，A公司在同等条件下有优先购买权。”故考察B公司是否侵犯A公司优先购买权，关键在于“提前三个月通知”及“同等条件”两个衡量标准。

根据查明事实，B公司仅提供员工证明，在2009年3~4月间口头征询过A公司意见，但A公司不予认可，且根据合同约定，A公司应于出手前三个月通知，但A公司有确切证据证明的询问均发生在诉争商铺产权交易过户之后，故即使存在口头通知，B公司仍违反了合同约定，对其主张出售前履行了通知义务，法院不予采信。至于B公司认为A公司曾在诉争商铺过户给严某后，要求出具发票，以此主张A公司接受房屋另行出售的事实，并放弃了优先购买权。对此，法院认为，首先，B公司未对此节事实提供证据证明，之后三方对于协调会的内容也说法不一，不能得出B公司主张的结论；其次，即使A公司曾准备接受严某的租金发票，也只能认为A公司在该时段得知B公司与严某另行出售诉争商铺的事实，不能等同于B公司出售前尽到通知义务，及出售后A公司放弃主张优先购买权，且事实上，A公司也在知晓房屋出售的事实后即提出了要求赔偿损失的诉讼，并未放弃主张。

关于B公司诉讼中同意给予A公司再次购买的机会，是否可免除其责任的问题，涉及对优先购买权中“同等条件”的理解。审理中，B公司提出A公司可以按照2万元/平方米的均价购买诉争商铺和政本路商铺，总价为2658.4308万元，对合同定价和首付款条件也提出要求。A公司则表示只愿意按照诉争商铺合同价1.58万元/平方米的条件购买。双方就购买条件未能达成一致。鉴于B公司与严某就政本路商铺并未签订房屋买卖合同，房屋也未交付使用及登记过户，再者，诉争商铺和政本路商铺虽属同一小区，但两处商铺的地理位置，经营内容没有关联性，不能认为必须整体出售，故B公司认为给予A公司“同等条件”再次购买的机会，法院难以采信。按照前述观点，B公司未按合同约定，在出售前三个月就出售价格向A公司履行通知征询义务，侵害了A公司在同等条件下享有的优先购买权。

关于焦点二：确定损失标准，首先要确定承租人优先购买权的性质。根据法律规定的原意，优先购买权的设立，追求的主要是生存和安全价值，是对一种基本社会秩序的维护，而不是对出卖人所有权的限制。对优先购买权人而言，该项权利意味着购买机会上的优先和排斥他人取得特定标的物所有权的保障，但并不意味着购买条件上的优惠。根据相关规定，当承租人优先购买权受到侵害、要求作为出租人承担相应的赔偿责任时，要提供相应的证据，以证明存在实际损害的要件事实。

因B公司未曾在出售前以同等条件征询A公司，故A公司丧失了交易机会，因此，从理性的商事交易目的分析，A公司主张房屋差价作为损失，可以支持，但应对确定房屋差价的计算依据作出认定。综合双方当事人意见，价格标准存在诉争商铺合同价1.58万元/平方米、B公司与严某确认的买卖真实价2万元/平方米、物业经理陈述的2.2万元/平方米、询价结果2009年5月2.8~2.9万元/平方米和2011年3月3.4~3.5万元/平方米。上述价格中，根据诉争商铺的交易时间、地理位置等市场因素，以及物业反馈的情况和询价结果，合同价明显不能反映真实交易价格，不应作为交易条件考虑。根据庭审查明，诉争商铺出售于2009年5月中旬，A公司确认于2009年7月初知晓出售，时间间隔短、市场价格变化不大，而在2009年7月时，严某付出的房款已远超过诉争商铺房价，故政本路商铺虽未签订买卖合同和办理过户，但B公司与严某陈述的因两处出售，故售价低于市场价是可以采信的，应以2万元/平方米作为交易价格。至于A公司购买诉争商铺，作为房屋买卖市场中的买受人之一，其所得到的交易价格只可能是市场价，因为B公司准备两处出售的原因而给予严某较优惠价格，该特殊原因应以金钱折合加入价格中，否则必然造成对B公司所有权的侵害。关于市场价的认定，应对房屋的价值有直观的认识，单对房屋价格作出认定不能等同于A公司可买受的价格，地段、人气因素都是商铺买卖需考虑的问题，故作为直接管理诉争小区的物业，其所反映的价格综合了诉争商铺的价值和可交易价格的情况。综上，A公司的房屋差价损失应以争议时诉争商铺可能交易发生的价格与B公司真实售价的差额作为依据。

关于A公司主张剩余租期的租金，从维护既有的房屋利用关系而言，“买卖不破租赁”，故租赁房屋的出售并不破坏房屋已有的租赁关系，对承租人而言，承租期限的维护是主要目的，是否取得租赁物的所有权并不包含在其预期之内。故A公司要求赔偿剩余租期的租金损失之请求，不予支持。

［裁判结果］

一审法院判决：B公司赔偿A公司经济损失人民币652,020元；A公司其余诉讼请求，不予支持。一审法院判决后，双方当事人均未上诉，一审法院判决已生效。

［裁判思路］

本案涉及的核心法律问题是如何确定侵犯优先购买权损害赔偿的计算标准。承租人优先购买权的性质是债权，属于强制缔约义务的请求权，基于此，当出租人将诉争房屋出卖给第三人，理论上承租人可诉至法院请求强迫出租人对其作出承诺的意思表示。但是在实践中，由于出租人不愿意将诉争房屋出卖给承租人，而宁可在租赁关系终结后，再将诉争房屋另行出售，所以司法实践中即使判决出租人与承租人签订房屋买卖合同的，由于合同是两方以上当事人意思表示一致的行为，如一方当事人拒绝签订合同，判决内容也难以得到履行。对此，《城镇房屋租赁合同解释》第21条规定："出租人出卖租赁房屋未在合理期限内通知承租人或者存在其他损害承租人优先购买权情形，承租人请求出租人承担赔偿责任的，人民法院应予支持。但请求确认出租人与第三人签订的房屋买卖合同无效的，人民法院不予支持。"该规定明确了今后处理该类案件的原则，但是，怎样承担损害赔偿责任，司法解释并未作出明确的规定，对此应结合案件实际情况，具体分析。

就本案而言，首先，A公司购买诉争商铺，作为房屋买卖市场中的买受人之一，其所得到的交易价格只可能是市场价，因为B公司准备两处出售的原因而给予严某较优惠的价格，该特殊原因应以金钱折合加入价格中，否则必然造成对B公司所有权的侵害。关于市场价的认定，应对房屋的价格有直观的认识，但对房屋价格作出认定不能等同于A公司可买受的价格，地段、人气因素等都是商铺买卖需考虑的问题，故作为直接管理诉争小区的物业，其所反映的价格综合了诉争商铺价值和可交易价格的情况。

其次，承租人以优先购买权受到侵害为由，要求出租人承担赔偿责任的，应当提供存在实际损害的要件事实。租赁关系的成立是承租人优先购买权产生的前提条件，但是承租人的优先购买权是法律的特别规定，而租赁合同仅是该权利产生的基础事实。况且根据"买卖不破租赁"原则，即使承租人优先购买权受到侵犯，但是其租赁权是有法律保障的，所以并不存在因优先购买权被侵害而造成的租金损失。承租人优先购买权被侵害所丧失的是以同等条件购买租赁房屋的机会，所以实际损失通常是指房屋的差价，本案中承租人主张以起诉时的租赁房屋的市场价与出租人和第三人签订房屋买卖合同的合同差价作为赔偿的依据，显然是将扩大的损失部分也要求出租人进行赔偿，这是缺乏法律依据的，因为在承租人得知出租人已将租赁房屋出卖给第三人的时候，为防止损失的扩大完全可以立即购买条件相当的房屋，如未采取购买行为，那么无权就扩大损失部分向出租人主张赔偿。本案由于B公司出卖房屋的时间与A公司得知侵权的时间仅相差几个月，所以之间的价格波动不大，但是在争议时诉争商铺可能交易发生的价格与B公司真实售价之间存在一定的差价，所以，A公司的房屋差价损失应以争议时诉争商铺可能交易发生的价格与B公司真实售价的差额作为依据。

[相关法律法规]

《合同法》第230条

《城镇房屋租赁合同解释》第21条

54. 承租人以其优先购买权受到侵害为由，请求确认出租人与第三人签订的房屋买卖合同无效的，不予支持

【案例】

A公司与B公司、C公司房屋租赁合同纠纷案①

[案号]

（2009）商梁民初字第971号

（2011）商民终字第47号

（2013）商民再终字第86号

[案情]

2000年，祝某以其个人名义开始租赁B公司的房屋，从事印刷经营。2004年3月1日，祝某与B公司签订租赁合同，该合同约定："甲方：B公司，乙方：祝某；甲方将位于新建南路38号房屋10间租给乙方，200平方米；租赁费500元/月；租赁期限5年。"2005年8月，祝某以其租赁的房屋为住所申请注册了A公司，祝某为法定代表人。至今A公司仍在新建南路38号院经营，租赁费已付至2008年度，其中2008年付4100元。2008年1月，B公司由于拖欠C公司的借款未还，C公司将B公司诉至法院，法院依法作

① 见"天艺印务公司与商丘市梁园区粮食局汽车队、绿苑房地产公司承租人优先购买权纠纷再审民事判决书"，载中国裁判文书网：http://wenshu.court.pcc，最后访问时间：2017年7月13日。

出判决。判决生效后B公司未按判决执行，C公司申请法院强制执行。2008年8月14日，C公司与B公司自愿达成和解协议，B公司将其所拥有的位于商丘市新建路东侧的房产（包括案涉房屋）按照评估价抵给C公司。2008年9月18日，上述房屋办理了过户登记手续并取得所有权证。2008年5月15日，A公司以对B公司转让他人的房地产享有同等条件下的优先购买权，并愿出资购买该房产为主张，将B公司诉至法院。2008年10月7日，法院作出判决，驳回了A公司的诉讼请求。A公司提出上诉，2009年1月14日，经二审法院主持调解，A公司与B公司达成调解协议，双方同意A公司对其租赁的房地产享有同等条件下的优先购买权。

A公司诉至法院，请求：1. 依法支持其对B公司转让给C公司的房地产行使同等条件下的优先购买权；2. 注销B公司与C公司之间的所有权转移登记；3. 确认A公司与B公司之间按B公司将房产卖给C公司的条件成立房地产买卖关系；4. 判令B公司与C公司的房地产买卖协议无效。

［**法院认为**］

一审法院认为：A公司主张的优先购买权已经法院另案处理，本案不予审理。位于商丘市新建路东侧的房产已由C公司依法取得，并办理了房产登记，C公司对该房产享有物权，A公司提交的证据不能证明C公司在取得房产时存在恶意，故A公司请求确认B公司与C公司之间的房地产转让协议无效，注销二者之间的所有权转移登记，支持A公司对B公司转让C公司的房地产行使同等条件下的优先购买权，A公司与B公司之间按B公司将房地产转让给C公司的条件成立房地产买卖关系的诉讼请求，证据不足，不予支持。

二审法院认为：B公司与C公司在法院的主持下，对案涉房产进行了评估，自愿达成了以物抵债协议，并办理了房产过户手续，A公司没有提交相关证据证明C公司在协议签订时存在恶意，虽然A公司对案涉房产具有优先购买权，且已经法院调解书的形式进行了确认，但《城镇房屋租赁合同解释》第21条明确规定："出租人出卖租赁房屋未在合理期限内通知承租人或者存在其他侵害承租人优先购买权的情形，承租人请求出租人承担赔偿责任的，人民法院应予支持。但请求确认出租人与第三人签订的房屋买卖合同无效的，人民法院不予支持。"本案中，C公司从B公司处以物抵债的形式取得房产并办理了房产过户手续，因此A公司请求确认房产转让协议无效的上诉理由不能成立，如果A公司认为其优先购买权受到了侵害，可另行主张权利。

再审认为：首先，B公司共有房产24间，A公司租赁其中房产10间，对其余14间不享有优先购买权，在法院执行程序中，C公司与B公司就整体房地产价值达成执行和解协议，故对A公司关于B公司与C公司恶意串通侵害其优先购买权的主张不予支持。其次，根据《城镇房屋租赁合同解释》第21条规定，本案所涉房产在法院执行程序中达成和解协议，并办理了房产过户手续，故A公司请求确认B公司与C公司之间所签协议无效、注销所有权登记的主张依法不能成立，如A公司认为其优先购买权受到了侵害，可依法另行主张权利。

[裁判结果]

一审法院判决：驳回A公司的诉讼请求。A公司不服一审法院判决，提起上诉。

二审法院判决：驳回上诉，维持原判。A公司不服二审法院判决，申请再审。

再审判决：维持一、二审法院判决。

[裁判思路]

在认定出卖人与第三人买卖合同的效力时，应在坚持合同相对性原则基础上，结合承租人优先购买权的性质来考量。根据合同相对性原则，合同只在合同当事人之间成立和生效，非合同当事人的行为不应成为影响合同效力的因素。因此，不论第三人是否已受让标的物，其与出卖人之间成立的房屋买卖合同的效力都不应因优先购买权的行使而受影响。根据《城镇房屋租赁合同解释》第21条规定，在出租人已与第三人就租赁房屋签订买卖合同的情况下，承租人仅可向出租人主张损害赔偿，但不得以出租人侵害其优先购买权为由，请求确认房屋买卖合同无效。但如果出租人与第三人之间的房屋买卖合同存在《合同法》第52条规定的法定无效情形时，承租人仍可就此主张合同无效。

[引申思考]

承租人优先购买权的行使范围如何确定

1. 承租人就所承租房屋所享有的优先购买权是否及于出租人出售整栋建筑物或捆绑出售

有观点认为，出租人出售整栋建筑物或捆绑出售包括承租人租赁房屋在内的若干套房屋，承租人有权就所承租的部分房屋主张优先购买权。我们不赞同该种观点。主要理由为：此种情况下，应当将出租人出售整栋建筑物或捆绑出售作为“同等条件”来进行考量，即包括优先购买权人在内，购买其中任意一套房屋，附带的条件是同时购买其他的房屋，以实现经济效益的最大化。此种情况下，对于“同等条件”的理解不能单纯局限于承租人承租部分房屋的价格，而应从整体出售对出租人所产生的经济效益及交易成本角度考虑。

2. 承租部分房屋的承租人在出租人整体出卖房屋时是否享有优先购买权

对此，最高人民法院民事审判第一庭《关于承租部分房屋的承租人在出租人整体出卖房屋时是否享有优先购买权的复函》(2005 年 7 月 26 日，[2004] 民一他字第 29 号) 具有指导意义。该复函认为，目前处理此类案件，可以从以下两方面综合考虑：

第一，从房屋的使用功能上看，如果承租人承租的部分房屋与房屋的其他部分是可分的、使用功能可相对独立的，则承租人的优先购买权仅及于其承租的部分房屋；如果承租人承租的部分房屋与房屋的其他部分是不可分的、使用功能整体性较明显的，则其对出租人所卖全部房屋享有优先购买权。

第二，从承租人承租的部分房屋占全部房屋的比例看，承租人承租的部分房屋占出租人出卖的全部房屋一半以上的，则其对出租人出卖的全部房屋享有优先购买权；反之则不宜认定其对全部房屋享有优先购买权。

[相关法律法规]

《城镇房屋租赁合同解释》第 21、24 条

55. 次承租人能否成为优先购买权损害赔偿的请求主体

关于房屋优先购买权主体的争议，多发生在房屋转租的场合。目前，我国法律对次承租人是否享有优先购买权并无明确规定。对此存在两种不同的观点：

第一种观点认为，承租人和次承租人都享有优先购买权，且次承租人优先购买权的顺位高于承租人。在经出租人同意转租的情况下，由于次承租人的选定必然经过出租人的认可，因而出租人与次承租人之间存在着一定的人身信赖关系，据此，次承租人在出租人出卖租赁房屋时应优先于承租人享有购买权。

第二种观点认为，次承租人不享有优先购买权。

我们倾向于第二种观点，即房屋优先购买权的主体应为承租人而非次承租人。房屋优先购买权由承租人行使，已成各国立法通例。对承租人的理解，从文义解释上，应理解为租赁合同关系中出租人的对方当事人。租赁合同和转租合同虽是两个紧密相连的合同，但在租赁合同中，次承租人不是合同当事人，其地位不是出租人的承租人，因此次承租人不享有租赁房屋的优先购买权。从国外立法看，优先购买权是承租人的专属权，不能转让，如《德国民法典》第 514 条规定："除另有其他规定外，先买权不得转让，亦不得移转

于先买权人的继承人。"《瑞士民法典》第 681 条第 3 款规定："法定先买权既不能继承，亦不能转让。"

第三节　承租人行使优先购买权的例外情形

《城镇房屋租赁合同解释》第 24 条规定："具有下列情形之一，承租人主张优先购买房屋的，人民法院不予支持：（一）房屋共有人行使优先购买权的；（二）出租人将房屋出卖给近亲属，包括配偶、父母、子女、兄弟姐妹、祖父母、外祖父母、孙子女、外孙子女的；（三）出租人履行通知义务后，承租人在十五日内未明确表示购买的；（四）第三人善意购买租赁房屋并已经办理登记手续的。"上述法律规定从权利设置目的和法律价值衡量角度综合考虑，规定了承租人优先购买权行使的四种例外情形，分别说明如下：

一、房屋共有人行使优先购买权的情形

法律设定共有人具有优先购买权，宗旨是简化物权关系，维护共有关系的稳定性，充分发挥物的用益价值，而承租人优先购买权主要是维护使用关系的稳定性，从利益衡量的角度考量，应当优先保护共有人的购买权。[①] 审判实践中应注意，共有权是物权的属性，而承租权虽然具有物权的色彩，但其本质应为基于租赁合同而产生的债权。根据物权优先于债权的基本理论，共有人的优先购买权在权利顺位上高于承租人的优先购买权。同时，这里所说的共有包括共同共有和按份共有，没有将两种共有的形式区别对待。而且，司法解释没有具体规定共有的份额对共有人优先购买权的限制，即无论行使优先购买权的共有人占共有房屋的份额是多少，只要其要求购买共有房屋，即具有法定的优先权。这主要是出于对物权的绝对保护和对物的最合理经济的利用的考虑，以维护物权的稳定性。

二、出租人将房屋出卖给近亲属的情形

我国是靠亲情和人情纽带联系起来的熟人社会，人们在经济交往中，亲情关系往往是交换价值确定的重要考虑因素，具有浓厚的人身色彩，与纯粹

---

① 杜万华、冯小光、关丽：《妥处房屋租赁促进市场健康发展——最高人民法院民事审判第一庭负责人就〈关于审理城镇房屋租赁合同纠纷案件具体应用法律若干问题的解释〉答记者问》，载《人民司法·应用》2009 年第 21 期。

的买卖关系终究有所不同。《城镇房屋租赁合同解释》立足国情，将出租人出卖房屋给近亲属的情况，列为出租人出售房屋的特别方式，排除承租人优先购买权。这一规定有利于促进家庭和睦与社会稳定，符合构建和谐社会的重大历史任务要求。①

首先,《城镇房屋租赁合同解释》第 24 条只规定了出租人近亲属享有优于承租人购买租赁房屋的权利，没有扩大到所有直系、旁系亲属和姻亲。因此，在审判实践中不能随意扩大对近亲属的理解。虽然，实际的社会生活中，有些朋友与出租人的感情关系甚至超过了近亲属，或者有些人与出租人之间具有特殊的其他社会关系或者利益关系，但不能依据《城镇房屋租赁合同解释》第 24 条规定，排斥承租人的优先购买权。其次，人民法院在审理案件时，要在形式上对近亲属购买租赁房屋的真实性和合法性进行必要的审查，以确定近亲属购买租赁房屋的法律事实是否确凿，避免借用近亲属名义假意签订买卖合同而侵害承租人优先购买权的现象发生。②

三、出租人履行告知义务后，承租人在 15 日内未明确表示愿意购买的

本项是对《合同法》第 230 条规定的进一步细化。从权利义务对等的角度分析，承租人在合理期限内行使优先购买权，亦应为承租人优先购买权的内容。如果承租人不及时行使优先购买权，将导致出租人权益受到损害。在房屋交易市场价格波动加大的情况下，这种损害更为明显。因此，本项将承租人接到通知后 15 日，作为行使优先购买权的合理期限，逾期视为承租人放弃优先购买权。③

《城镇房屋租赁合同解释》第 24 条没有规定出租人履行通知义务的期限，审判实践中应当按照《合同法》的相关规定确定通知的合理期限。同时要求通知具备有效性，即通知应到达承租人。要审查出租人通知义务履行的适当性，并要确信已经为承租人收悉或者应当收悉。此外，承租人收到通知后，应当在 15 日内作出答复。该 15 日的期间属于不变期间，不得进行变更。承

① 杜万华、冯小光、关丽:《妥处房屋租赁促进市场健康发展——最高人民法院民事审判第一庭负责人就〈关于审理城镇房屋租赁合同纠纷案件具体应用法律若干问题的解释〉答记者问》，载《人民司法·应用》2009 年第 21 期。

② 最高人民法院民事审判第一庭编著:《最高人民法院关于审理城镇房屋租赁合同纠纷案件司法解释的理解与适用》，人民法院出版社 2009 年版，第 334 页。

③ 杜万华、冯小光、关丽:《妥处房屋租赁促进市场健康发展——最高人民法院民事审判第一庭负责人就〈关于审理城镇房屋租赁合同纠纷案件具体应用法律若干问题的解释〉答记者问》，载《人民司法·应用》2009 年第 21 期。

租人的答复必须是明示的，如果未予答复，不构成默示的认可或者不认可，而应视为放弃行使优先购买权。

四、购买房屋的第三人出于善意并已办理登记手续的

《物权法》第106条规定了善意取得制度，即受让人以财产所有权转移为目的，善意、对价受让且占有该财产，即使出让人无处分权，受让人仍可取得转让物的所有权。根据“举重以明轻”的民法解释原则，在第三人善意购买出租房屋，并办理了登记手续的情形下，可以对抗承租人优先购买房屋的主张。在司法实践中应当审查善意取得的事实是否真实存在，并且要求第三人已经依法办理了房产登记手续，房屋所有权已经依法转移。上述两个条件需同时具备，缺一不可。

值得注意的是，承租人优先购买权的行使前提为出租人有出卖租赁房屋的意思表示或行为，实践中，并非出租人的所有转让租赁房屋所有权的行为都会引起承租人行使优先购买权。只有在出租人出卖租赁房屋时，承租人才享有优先购买权。在赠与、互易以及因公用征收等法律关系中，承租人亦不能主张优先购买权的损害赔偿请求权。

56. 第三人善意购买租赁房屋并已经办理登记手续，承租人主张优先购买承租房屋的，不予支持

【案例】

许某与某开发公司房屋租赁合同纠纷案①

［案号］

（2016）皖1702民初505号

（2016）皖17民终364号

［案情］

2008年5月16日，许某与某开发公司签订了一份房屋租赁合同，某开发公司将位于科苑新村某号楼（幼儿园）楼梯西侧一至三层租赁给许某使用，

---

① 见“上诉人许露林与上诉人安徽省池州市兴济房地产开发有限公司房屋租赁合同纠纷一案二审判决书”，载中国裁判文书网：http://wenshu.court.pcc，最后访问时间：2017年8月4日。

租赁期限为2008年5月16日起至2013年5月17日。租赁期满后，双方于2013年5月23日就上述租赁房屋重新签订了一份房屋租赁合同，该房屋仅作为幼儿园使用，租赁时间为2013年5月16日起至2016年5月17日止。2014年9月1日，双方又签订了一份房屋租赁合同，某开发公司将位于科苑新村某号楼北侧租赁给许某使用，该房屋作为幼儿园使用，租赁时间自2014年9月1日起至2014年11月16日止。2014年11月16日，双方签订了一份房屋租赁合同，某开发公司将位于科苑新村某号楼租赁给许某使用，该房屋仅作为幼儿园使用，租赁时间自2014年11月16日起至2016年5月17日止，合同并约定：如某开发公司在出租期内，决定出售房屋，许某应无条件同意，如房屋由另一方购买，许某必须在合同到期时将房屋让出，不得以各种理由拖延还房，否则造成的一切损失均由许某承担，同时合同中注明，以前签订的合同自行终止。合同并就其他事项进行了约定。2015年10月30日，某开发公司向许某发出函告一份，内容为：经公司研究决定，我司开发的科苑新村幼儿园拟将对外销售，因您与我司已建立了良好的租赁关系，因此我司现以书面形式告知您，针对您所租赁的幼儿园您具备优先购买权，若有意向购买请您在2015年11月7日前来我司办理认购手续，如在2015年11月7日前未办理认购手续则视您自动放弃优先购买权，我司将有权对您所租赁的幼儿园对外进行销售，并且不另行通知。2016年2月25日，某开发公司向许某发出告知函一份，内容为：我公司于2015年11月份发函告知您科苑幼儿园将出售，并对您制定了优先购买时间政策，在优先购买期限内您未来办理认购手续，我公司现已将科苑幼儿园对外出售于别人，请您在租赁合同到期后将幼儿园交房给我公司。

2016年1月26日，吴某、王某与某开发公司签订了商品房买卖合同，以2,693,829元购买了科苑新村某号楼1座。2016年5月25日，科苑新村25#楼1座过户登记于吴某、王某名下。

［法院认为］

一审法院认为：依照法律规定，出租人出卖租赁房屋的，应当在出卖之前的合理期限内通知承租人，承租人享有以同等条件优先购买的权利。某开发公司将位于科苑新村某号楼租赁给许某使用，许某作为该房屋的承租人享有以同等条件优先购买的权利，故许某请求确认其对承租的房屋享有优先购买权，予以支持。2014年11月16日，双方就科苑新村某号楼签订的房屋租赁合同，系双方当事人真实意思表示，合同成立并生效，合同虽约定，如某开发公司在出租期内，决定出售房屋，许某应无条件同意，该约定不能表明许某放弃了在同等条件下的优先购买权；2015年10月30日，某开发公司向许某发出的函告，系其单方意思表示，且该函告是要求许某在 2015 年 11 月 7 日办理认购手续，不能证明许某放弃了在同等条件下的优先购买权；某开发公司也无证据证明，其将科苑新村某号楼出售给他人的具体出卖条件告知许某，故某开发公司提出许某已放弃优先购买权的抗辩，不予采纳。民事合同的成立是建立在当事人自愿订立的基础上，故许某要求判令其与某开发公司在第三人同等条件下成立房屋买卖法律关系，不予支持。双方合同并未成立，故许某要求行使优先购买权，为其办理房屋过户登记手续，不予支持。

二审法院认为：本案二审争议焦点是：1. 许某是否对案涉房屋享有优先购买权；2. 许某在同等条件下是否与某开发公司之间成立房屋买卖合同关系，并应为其办理过户登记手续。

关于许某是否对案涉房屋享有优先购买权。根据《合同法》规定，出租人出卖租赁房屋的，应当在出卖之前的合理期限内通知承租人，承租人享有以同等条件优先购买的权利。某开发公司将位于科苑新村某号楼租赁给许某使用，许某作为该房屋的承租人享有以同等条件优先购买的权利，故许某请求确认其对承租的房屋享有优先购买权，一审法院予以支持并无不当。双方虽于房屋租赁合同约定，如某开发公司在出租期内，决定出售房屋，许某应无条件同意，该约定不能表明许某放弃了同等条件下的优先购买权；某开发公司虽向许某发出了函告，要求许某办理认购手续，但函告并未告知许某出售房屋的具体内容，且双方庭审中均认可许某与某开发公司之间就买卖案涉房屋进行了磋商，故某开发公司提出许某已放弃优先购买权的抗辩，不予采纳。

关于许某在同等条件下是否与某开发公司之间成立房屋买卖合同关系，并应为其办理过户登记手续。根据《城镇房屋租赁合同解释》第 24 条第 4 项规定，第三人善意购买租赁房屋并已办理登记手续的，承租人主张优先购买房屋的，人民法院不予支持。案涉房屋已被第三人购买并办理了登记手续，且现有证据不能证明第三人购买系出于恶意，故许某请求成立房屋买卖合同关系并办理过户登记手续，没有法律依据，不予支持。

［**裁判结果**］

一审法院判决：许某对其承租的科苑新村某号楼房屋享有以同等条件优先购买的权利；驳回许某的其他诉讼请求。双方当事人均不服一审法院判决，提起上诉。

二审法院判决：驳回上诉，维持原判。

［**裁判思路**］

本案主要涉及两个焦点问题，一是许某是否对承租房屋享有优先购买权，即在某开发公司发函要求许某在一定期限内办理认购手续，许某未作回应的情况下，是否视为许某已放弃优先购买权；二是许某关于与某开发公司之间成立房屋买卖合同关系的请求能否得到支持。首先，优先购买权系承租人的法定权利，且法律、司法解释均规定出租人负有通知义务，该通知义务不仅限于告知其欲出售房屋的意思，还应包括出售的具体条件，否则不能视为出租人已履行相应的通知义务。其次，《城镇房屋租赁合同解释》第24条对承租人优先购买权的例外情形已作出明确规定，其中一项即为第三人善意购买租赁房屋并已经办理登记手续的，承租人主张优先购买承租房屋的，不予支持。根据司法解释规定，此种情况下，买受人可对抗承租人优先购买权的行使。本案在驳回许某要求强制缔约的请求的情况下，仍然认可其享有优先购买权，意义在于，承租人虽因买受人善意取得不能享有优先购买权，但依然可以根据《城镇房屋租赁合同解释》第21条规定，向出租人主张损害赔偿责任。因此，一、二审法院在确认许某享有优先购买权的前提下，驳回其强制缔约的请求并不矛盾。

[引申思考]

出租人出卖房屋负有通知承租人的义务，通知义务形式和内容的认定如下：

优先购买权的设立目的是稳定房屋使用关系，彰显房屋利用效益。房屋租赁合同依法签订并履行后，承租人基于占有使用租赁房屋的这一事实，必然会围绕房屋在社会上形成诸如生产、生活中许多方面的特定联系。因此，当出租人要出卖房屋时，理应负有通知承租人的义务，以满足承租人优先购买的特殊要求。

出租人履行通知义务的方式是采用口头形式，还是采取书面形式，法律及相关司法解释没有限制性规定，也即口头或者书面形式均可以。随着经济及信息科技的发展和进步，通讯的方式多种多样，可通过信函、电子邮件、手机短信、张贴告示等多种形式。但无论以什么形式通知，都应当以送达承租人为必要条件，否则不发生通知的效果。

出租人通知承租人的内容，法律及相关司法解释也没有明确规定。一般认为，通知的内容应为出卖房屋的意向、房屋价款、付款方式、付款期限等基本内容，换言之，也就是“同等条件”的内容，在承租人明了同等条件的基本内容后，再作决定是否行使优先购买权。如果承租人接到通知后15日内未明确表示愿意购买的，视为其放弃优先购买权。我们认为，对于通知的内容，出租人在书面通知中不能简单地告知要出卖房屋，还应当明确具体的价格、付款方式和付款期限以及其他相应内容。通知的内容不仅要有出卖的意图，还要有具体的出卖条件，只有这样，才能确定优先购买权人在该具体出卖条件下是否愿意购买，从而保全或丧失其在该具体条件下的优先购买权。如果出卖人对第三人降低了出卖条件，其仍负有向优先购买权人通知的义务，原因在于通知的内容发生了变化。本案中，某开发公司虽向许某发出了函告，要求许某办理认购手续，但函告并未告知许某出售房屋的具体内容，不能视为已适当履行了优先购买权制度下的通知义务。

［相关法律法规］

《合同法》第 230 条

《城镇房屋租赁合同解释》第 24 条

57. 承租人优先购买权制度下对第三人“善意”的认定

在第三人善意购买租赁房屋并已办理过户登记的情况下，承租人主张优先购买租赁房屋的，不应予以支持。对此，应推定第三人为善意，承租人主张第三人非善意的，由承租人负担举证责任。对于第三人“善意”宜从宽认定，在房屋租赁合同未登记备案的情况下，第三人对房屋是否对外出租及承租人是否放弃优先购买权不负有进一步调查之义务。审判实践中，应从诚实信用原则出发，结合具体案件事实对第三人是否“善意”综合判定。

民法理论中，“善意”通常指不知且不应当知道之情形，或者说不知且非因重大过失而不知。承租人主张优先购买租赁房屋的案件中，就租赁合同未经登记备案，第三人未对房屋租赁使用情况进一步主动调查而不知房屋已对外出租是否属于重大过失，存在两种不同观点：

第一种观点认为，出租人与第三人之间的房屋租赁合同经登记备案则具有公示性，此时房屋已经出租属于第三人“应当知道”之情形，如第三人不知，则不应认定为善意。在房屋租赁合同未经备案的情况下，第三人对于房屋租赁使用情况不负有进一步主动调查之义务，因此如承租人不能证明第三人对房屋租赁使用情况知情或应当知情，则应认定第三人为善意。

第二种观点认为，房屋对外出租但未就租赁合同进行登记备案的情况并不少见，因此查知不存在登记备案的房屋租赁合同后，第三人应当通过其他方式调查所购房屋的租赁使用情况及承租人是否放弃行使优先购买权，否则，不应认定第三人为善意。

我们倾向于第一种观点。

从法律所保护的价值看，法律之所以规定第三人善意购买房屋且已进行过户登记，则承租人主张优先购买房屋不应得到支持，原因在于保护善意第三人相对于承租人具有更为重要的价值。具体说来，实践中承租人往往有取得租赁房屋所有权的需求，尤其在其租赁房屋是商铺的情况下，商铺特定的地段方位、装修风格等均可能形成一种“隐性”的广告，成为承租人经营利润多寡的影响因素，承租人拥有商铺的产权对其而言有更为重要的意义。正是基于维护房屋使用关系及承租人经营关系的稳定，保护承租人的利益，法律设置了承租人优先购买权制度。但是，相比较对善意第三人的保护而言，如果对第三人在购买房屋过程中苛以过高的注意和审查义务，即使没有登记备案的房屋租赁合同，也要主动核查房屋租赁使用情况，在确信房屋未对外出租，或虽对外出租但承租人已放弃优先购买权的情况下，才能购买房屋，势必因承担过重的交易成本，而影响交易的效率和安全，阻碍经济发展。从另一个角度看，承租人经营商铺，最重要的是拥有商铺的使用价值，而非交换价值，承租人基于所有权变动不破租赁原则，在商铺产权人发生变更的情况下仍有权继续租用商铺。可见，相对于保护承租人因获取商铺产权而可能增加的经营利润，维护房屋买卖交易的安全和效率涉及到社会公共利益，具有更为重要的价值。基于此，审判实践中对第三人“善意”认定宜从宽把握，在房屋租赁合同未登记备案的情况下，应认定买受人对于房屋的租赁使用情况不负有进一步调查的义务。

对于第三人“善意”与否的举证责任负担问题，法律并无明确规定，实践中认识不一，主张由第三人对其善意负举证责任的观点认为：出租人是否与第三人签订房屋买卖合同以及将房屋过户给第三人，承租人均难以知晓，待承租人知道权利被侵害并主张权利之时，房屋买卖交易往往早已完成，因此由承租人证明第三人在受让房屋时是否善意实属不易；相反，房屋买卖行为发生在出租人与第三人之间，第三人作为整个交易的参与者，对于其受让房屋是否善意，由其本人进行举证并不困难，也符合使裁判最大限度地贴近真实的原则。

我们认为这种观点有失偏颇，第三人参与房屋买卖交易，不等于其自证“善意”就相对容易，而承租人证明其“非善意”相对较难。因为“善意”不仅是对第三人主观状态的认定，亦具有客观化的内容，对此承租人即使在房屋买卖交易完成之后才知悉权利受到侵害，亦不妨碍其举证证明第三人非善意。比如，在房屋租赁合同已登记备案的情况下，第三人未向出租人（或直接向承租人）征询承租人对于优先购买房屋的意见，就直接购买房屋，则第三人为非善意；再如第三人与出租人约定的房屋转让价明显过分高于市场价，或双方的房屋买卖合同约定了其他故意阻碍承租人实现优先购买权的内容，则第三人为非善意。在无此类客观化内容的情况下，第三人与承租人对于

"善意"与否进行举证的难易程度亦无悬殊。原因在于，其一，基于保护交易安全和效率的考量，不应对第三人苛以主动调查房屋租赁使用及承租人是否放弃优先购买权的义务，因此第三人自证善意不是证明其已履行相关义务，即主动作为，而是证明"不知"房屋已出租且出租人出卖房屋侵害了承租人的优先购买权，即不作为，而客观表示的举证通常较主观意思为容易，事实存在的举证通常较事实不存在为容易。[①]第三人不知房屋已出租，则其虽是整个房屋买卖交易的参与者，但不会为自己"不知"留存证据，且证明"不知"是证明一种主观意思、不存在的事实，可见就第三人善意与否，第三人的举证能力并不高于承租人。其二，如出租人故意使第三人不知房屋已对外出租，同时使承租人难以察觉房屋即将出卖，由于第三人与承租人均只与出租人存在交易关系，第三人与承租人之间则往往并无联系，甚至直到纠纷发生，第三人与承租人始终不知对方存在。事实上，虽然第三人身处"真相"之中，但由第三人自证善意与由承租人证明第三人非善意难易程度相当，而非悬殊。我们认为，在当事人举证能力相当的情况下，应从法律所保护的诸如公平、诚信、交易安全等价值出发，在当事人之间分配举证责任。假设对第三人苛以自证善意的举证责任，可能出现大量交易因第三人难以举证而无法进行，意味着即便第三人是善意的，其亦需承担因出租人未履行通知等义务"转嫁"而来的否定后果，这对诚信交易的第三人来说是不公平的，从整个社会利益的角度来说，也不利于维护交易安全。因此，承租人主张优先购买租赁房屋的案件中，应推定第三人善意，如承租人主张第三人非善意，则由承租人就其主张负担举证责任。

58. 关于出租人未履行出卖出租房屋的通知义务，承租人行使优先购买权合理期限的认定

我国《城镇房屋租赁合同解释》第24条规定了出租人履行出卖租赁房屋的通知义务后，承租人在15日内未明确表示购买的，其主张优先购买承租房屋的诉权，人民法院不予支持。由此可知，在出租人履行通知义务的情况下，承租人行使优先购买权的期限为15日。但在出租人未履行通知义务的情况下，承租人优先购买权的行使期限如何确定，现行法律、司法解释均未作明确规定。对此，应充分考量出租人财产处分权益、承租人优先购买权益行使

---

① 参见李国光主编：《最高人民法院〈关于民事诉讼证据的若干规定〉的理解与适用》，中国法制出版社2002年版，第109页。

以及善意第三人交易安全保护三者之间的价值衡量，合理认定承租人优先购买权的行使期限。

【案例】

刘某与万某、李某房屋租赁合同纠纷案[①]

［案号］

（2010）石民初字第3398号

（2010）一中民终字第20855号

［案情］

万某系诉争房屋的所有权人。2009年5月5日，万某与李某签订《存量房屋买卖合同》，约定由李某购买诉争房屋，成交价格为57.2万元。该合同中注明诉争房屋的租赁情况为“出卖人未将该房屋出租”。2009年7月，李某以万某不履行房屋买卖合同为由，对万某、北京某房产经济公司、北京某担保公司提起诉讼，案号为（2009）石民初字第4060号。该案中，根据李某申请，法院于2009年8月7日作出裁定，冻结诉争房屋权属转移登记手续，并最终判决解除双方房屋买卖合同。李某不服，提出上诉。该案经二审法院审理裁定发回重审，现仍在审理过程中，李某在该案中要求万某继续履行合同，协助办理房屋过户手续。

因李某就诉争房屋提起诉讼，刘某亦于2009年8月对万某及李某提起诉讼，要求确认诉争房屋买卖合同无效及其对诉争房屋享有优先购买权，后以李某变更诉讼请求要求解除房屋买卖合同为由，于当年11月撤诉。（2009）石民初字第4060号案件被二审法院裁定发回重审后，刘某遂提起本案诉讼，请求确认其对承租房屋享有优先购买权。

本案中，刘某称，其于2009年5月得知万某出卖房屋，并就其主张的其享有优先购买权的事实提供了如下证据：1.《北京市房屋出租合同》一份，其中约定由刘某承租诉争房屋，用途为住宅用房，租期自2009年2月15日至2010年2月15日，租金共计1.2万元。合同中未约定押金数额。2.收据二张，内容分别为：“今收到租赁房刘某交来租金（2009年2月15日至2010年2月15日）人民币1.2万元整（壹万贰仟元整）。收款人：万某，2009年2月

① 参见张英周：《刘绪国诉万战、第三人李冬梅承租人优先购买权纠纷案》，载最高人民法院中国应用法学研究所编：《人民法院案例选·民事卷》（分类重排本），人民法院出版社2017年版，第2467~2473页。

15日。”以及“今收到租赁房刘某押金2000元整（人民币贰仟元整）。租赁方能完全按租赁合同履行义务，押金租赁期满如数退还。收款人：万某，2009年2月15日。”3.《协议书》一份，内容为：甲乙双方于2009年2月15日签订《北京市房屋出租合同》，甲方将坐落于北京市石景山区古城北路18号楼1单元18号房屋出租给乙方居住使用，出租期限为2009年2月15日至2010年2月15日，租金标准为每年1.2万元。甲方在未通知乙方的情况下，于2009年5月5日和李某签订了房屋买卖合同，将出租房屋出卖给李某。乙方于2009年8月10日向北京市石景山区人民法院起诉要求行使“承租人优先购买权”，购买所承租房屋。后因甲方与李某解除房屋买卖合同，乙方向法院申请撤诉。现甲乙双方经友好协商，达成如下协议：1.甲方与李某的房屋买卖合同纠纷完结后，甲方将坐落于北京市石景山区古城北路18号楼1单元18号房屋出卖给乙方。2.在出卖前，乙方继续承租该房屋，直至双方办理房屋过户手续，房屋租金标准及支付方式按原合同执行。3.本协议一式两份，自双方签字之日起生效。甲方：万某，2009年11月20日；乙方：刘某，2009年11月20日。4.收条一份。内容为：“今收到租赁房刘某交来租金（2010年2月15日至2010年8月15日）人民币6000元整（人民币陆仟元整）。收款人：万，2010年2月1日。”5.北京市石景山区古城街道北小区社区居民委员会《证明》一份，内容为：“刘某，男，身份证号码（略），于2009年2月15日至今租住在我社区古城北路18-1-18万某家。特此证明。北小区居委会，2009-7-28.”并加盖公章。

万某对刘某提交的上述证据材料均予以认可，李某对上述证据材料均不认可。一审法院前往石景山区古城街道北小区居委会，对于刘某提供的该居委会《证明》进行核实，该居委会表示，开具相关证明时并不审查事实上的租赁关系，也不去现场查看情况，只要房主本人带着承租人或由承租人自己带身份证前来即可开具。

［**法院认为**］

一审法院认为：优先购买权系法律赋予承租人的权利。该权利本质是实际履行权，体现在缔约并履行优先上，而非仅仅表现在主张上。即承租人行使优先购买权的条件成就时，出租人负有不得拒绝之义务，保证承租人得以同等条件优先履约，购买到租赁房屋。因此，承租人的优先购买权应当积极行使，且应在合理期限内行使，否则会导致出卖人的物权长期处于不稳定状态，亦会损害购买人的权益。刘某与万某虽然均认可双方存在房屋租赁关系，但根据万某、李某的房屋买卖合同中万某对“房屋未出租”之事实的自认，李某对上述房屋租赁合同关系的真实性提出质疑，有其合理性。本案中，根据刘某自述，其于2009年5月即知晓万某向李某出卖房屋一事，即使其与万某之间的房屋租赁合同关系真实存在，但其始终未能积极行使其优先购买权。虽然其称诉争房屋被查封，无法行使该权利，但诉争房屋于2009年8月方被法院采取保全措施，而保全措施并不能真正构成刘某行使优先购买权的障碍，且至今在长达一年多的时间里，刘某都未能采取积极行为行使优先购买权，其早已超过合理期限，故对于其所持诉讼请求，不予支持。

二审法院认为：优先购买权系法律赋予承租人的权利，而承租人对该权利的行使应当采取积极态度和行为，且应在合理期限内。本案中，根据万某与李某签订《存量房屋买卖合同》中“出卖人未将该房屋出租”之事实的自认，李某就上述房屋租赁合同关系的真实性提出质疑，有其合理性。即使刘某主张其与万某就诉争房屋存在租赁关系，在万某出售该房屋时享有优先购买权，然而根据刘某自述，其于2009年5月即知晓万某向李某出售房屋一事，在长达一年多的时间里，未作出以此价格购买的意思表示，未能积极行使优先购买权，其早已超过合理期限。基于此，一审法院依据查明的事实，判决驳回其诉讼请求并无不妥。

［**裁判结果**］

一审法院判决：驳回刘某的诉讼请求。刘某不服一审法院判决，提起上诉。

二审法院判决：驳回上诉，维持原判。

［**裁判思路**］

优先购买权作为法律赋予承租人的一项权利，其目的在于保证承租人可以相对优先地取得租赁物的所有权，是指特定人以法律规定或约定而享有的、于出卖人出卖其标的物于第三人时，得以同等条件优先于他人而购买的权利；其追求的主要是生存和安全的价值，是一种对基本社会秩序的维护，维护稳定既有经济秩序，充分发挥财产的使用效能，而非对出卖人所有权的限制。

本案中，刘某作为房屋承租人，在所有权人万某将其承租的房屋出卖给第三人李某时，刘某即获得以与李某同等价格优先购买的权利。万某在出卖房屋时负有在合理期限内通知刘某的义务，但万某并没有尽到告知义务。在刘某得知房屋出卖事实时，仅仅依靠其单方意思表示，不能自动与万某形成房屋买卖法律关系。因为善意第三人不会主动退出买卖关系，将自己劳动成果主动让与承租人。这就在房屋承租人与出租人之间以及出租人与买受人之间形成一种利益博弈，尤其在房屋价格短期波动加大的情况下，这种因利益博弈产生的纠纷越来越突出。因此，承租人要想实现法律赋予自己优先购买的权利，就必须通过公权力的介入，以法律的强制力保障实现其优先缔约的权利。但是，这种优先购买权的行使，须在一定的合理期限内行使，否则，超过一定的合理期限，法律将不再给予保护。

我国现行立法对承租人优先购买权的行使虽然有所规定，但尚不够完善。《合同法》第230条规定：“出租人出卖租赁房屋的，应当在出卖之前的合理期限内通知承租人，承租人享有以同等条件优先购买的权利。”该条中对“合理期限”并没有明确。一些地方法规和行政规章对该期限也作出不同规定，如国务院《城市私有房屋管理条例》第11条规定：“房屋所有人出卖租出房屋，须提前三个月通知承租人。在同等条件下，承租人有优先购买权。”此外，有的地方法规将该期限定为30日。实践中，依据《合同法》第55条对可撤销合同的撤销权和第75条对债权人撤销权规定的除斥期间1年的规定，多将优先购买权行使的合理期限类推适用除斥期间1年的期限。即自出卖人与第三人订立有效合同之日起计算，逾期1年权利归于消灭。本案中，万某出卖房屋时未尽到对刘某的告知义务，可以说侵害了刘某的优先购买权，但刘某在2009年5月知晓万某向李某出卖房屋一事后，在长达1年多的时间里，未能采取积极行为行使优先购买权。刘某诉请公权力介入对行使优先购买权救济时，已超过1年多的时间，该期间显然早已超过合理期限，导致诉请公权力救济胜诉权利的消灭。

优先购买权行使期限的长短，体现了对维护承租人居住安全利益、稳定财产占有关系、保护善意第三人交易安全三者间的价值衡量。因此，承租人必须在一定期限内行使优先购买权，这是行使优先购买权的时效条件，作为一种期待权，必须在一定期限内行使。从审判实践所反映出的问题分析，如果优先购买权的行使期限过长，则不利于市场交易安全和正常社会秩序的维护。优先购买权行使期限长短，涉及承租人优先购买权救济和出租人进行房屋交易的第三人的交易安全问题，从价值衡量的角度，就是对作为弱势群体的承租人居住安全利益及稳定财产占有关系与善意第三人交易安全问题。因此，优先购买权的行使期限，既不能过长也不能过短。为平衡房屋承租人、出租人及善意第三人利益关系，应从社会总体效益考虑，基于利益衡量的原则，综合运用民法体系解释、漏洞填补等解释方法，妥善协调各法律、法规之间的冲突。《城镇房屋租赁合同解释》第24条第3项规定，出租人履行通知义务后，承租人在15日内未明确表示购买的，在15日届满后，承租人主张优先购买权的，人民法院不予支持。即在15日合理期限内，承租人未行使优先购买权的，视为承租人放弃优先购买权，由此可推论出，出卖人应于出卖房屋前15日通知承租人，即为出租人履行通知义务的期限。从权利义务对等角度，如果承租人不及时行使优先购买权，将导致出租人权益受到损害。

综上，我们认为，出租人出卖房屋时未尽告知义务的，承租人在知道或者应当知道出租人出卖房屋事实后15日内，不主张行使优先购买权的，可视为其放弃优先购买权，但自出卖人出卖房屋届满1年，承租人优先购买权也归于消灭。这不仅有利于鼓励承租人积极行使自己的权利，也有利于维护出租人与第三人交易秩序的安全。本案中，承租人在知道出租人出卖房屋事宜后，在1年后才向法院提出优先购买权强制缔约的主张，造成长时期内出租人与第三人交易安全处于不稳的状态。因此，法院判决驳回其诉讼请求是正确的。

[**相关法律法规**]

《合同法》第230条

《城镇房屋租赁合同解释》第24条

59. 企业将不动产作价为股利分配给股东，不构成房屋买卖法律关系，承租人主张优先购买权的，不予支持

【案例】

刘某与某房地产公司、张某仁侵权纠纷案[①]

[**案号**]

（2014）芦法民一初字第208号

（2014）株中法民四终字第163号

[**案情**]

2004年7月30日，刘某与某房地产公司签订了《银谷服饰商业广场商铺经营合同书》，合同的主要内容为：1. 甲方（某房地产公司）将其所有的银谷服饰商业广场一楼某商铺，采用一次转让10年经营权模式给乙方（刘某）经营，商铺面积11.05平方米，属于商业用途，从事服装经营。2. 给乙方经营的期限自2004年9月12日始至2014年9月11日止。3. 乙方经营期满，如需继续经营该商铺，必须提前六个月向甲方提交书面申请，在同等条件下，乙方获有优先权。如乙方未向甲方提出书面申请，甲方有权在乙方经营期满前六个月内对外重新招商，合同期满，乙方必须无条件把商铺交还甲方。不得

① 见“刘会成与株洲市祥元房地产有限责任公司等侵权责任纠纷二审民事判决书”，载中国裁判文书网：http://wenshu.court.pcc，最后访问时间：2017年7月14日。

有意损坏，否则照价赔偿。4. 本合同项下的商铺及其附属物的产权属甲方所有，乙方在签订本合同并履行合同义务后对商铺享有经营权 10 年。

2006 年 1 月 7 日，某房地产公司召开股东会议，作出关于分配该公司剩余房产事宜的决议，其内容为："根据《公司法》及本公司章程的有关规定，本次股东会议由董事长何某召集并主持，一致通过并决议如下：本公司于 2006 年元月 7 日召开临时股东会议，表决通过公司剩余房产分配事宜。由于公司房产销售已接近尾声，剩余房产清理工作也已完成，销售人员已撤离。公司全体股东一致表决通过公司剩余房产分配给股东作为投资收益的方案（见附表），有关分配到股东个人名下的房产，公司统一缴纳税费，到房产部门办理产权登记手续。[注：各股东（产权人）应当服从公司统一调度，保障原与公司签订《经营权转让合同》的客户，按合同履行。]" 其中本案争议的一楼某商铺分给了股东张某松。张某松将该商铺登记在其女张某仁的名下。2006 年 7 月 17 日，某房地产公司与张某仁签订《商品房买卖合同》。2006 年 11 月 28 日，该商铺的所有权人变更登记为张某仁。

某房地产公司成立于 2003 年 3 月 25 日，现有股东为某开发公司和张某松。某开发公司的股东为何某、连某。某房地产公司于 2004 年以三种方式对外公开销售期开发的银谷服饰商业广场商铺。分别是商铺的 10 年经营权、20 年经营权、买断经营权。2004 年至 2006 年年初银谷服饰商业广场商铺销售不是很好，整个银谷市场还没有完全做起来，部分商铺闲置。2006 年 1 月 7 日何某、连某、张某松三人商议，从某房地产公司销售剩余的商铺中，拿出一部分商铺作为投资收益分配给股东，并相应登记在三个自然人股东何某、连某、张某松或股东近亲属名下。某房地产公司于 2006 年 9 月 7 日将第一批所分配的商铺统一向地方税务局缴纳了营业税。完税后，案涉商铺在房产局登记备案在张某仁名下。

刘某诉至法院，请求对其承租的商铺享有优先购买权。

[法院认为]

一审法院认为：某房地产公司与张某仁没有侵害刘某的优先购买权，刘某主张侵权赔偿的请求不能成立。某房地产公司作为有限责任公司，具有资合性和人合性的特点，其通过召开股东会议方式，决议将诉争标的物以实物分配的方式分配给张某松的行为并不违反法律的禁止性规定。张某松将诉争标的物登记在其女儿张某仁的名下，虽然从表面上看是买卖关系，但带有较强的人身性质。《城镇房屋租赁合同解释》第 24 条第 2 项规定，出租人将房屋出卖给近亲属，包括配偶、父母、子女、兄弟姐妹、祖父母、外祖父母、孙子女、外孙子女的，承租人主张优先购买房屋的，人民法院不予支持。参照该条的规定及出台的背景，对刘某主张的优先购买权，一审法院不予支持。

二审法院认为：关于某房地产公司与张某仁之间法律行为的性质问题。某房地产公司在银谷服饰商业广场商铺招商扫尾阶段，于2006年1月7日经何某、连某、张某松三位实际股东商议，从某房地产公司所有商铺中，拿出部分销售剩余商铺作为投资收益分配给股东，并由公司统一缴税后相应登记在三个自然人股东何某、连某、张某松或股东近亲属名下，这是一个连续的整体行为。刘某将其看作两个行为，并将后一个办理登记过户行为认定是某房地产公司与股东及其近亲属的买卖行为，与客观事实不符，也与国家税务总局（1997）387号《关于以不动产作为股、利进行分配征收营业税问题的批复》文件明确规定"不动产作价作为股利分配给股东……应按'销售不动产'征收营业税"的精神相悖，该文件就是说明了国家允许房产企业将不动产作价作为股利分配给股东，股东原始取得产权时应该比照销售房产缴纳税费，但国家并不是就此认可这种行为就是销售行为，双方之间并不构成买卖法律关系，所以该文件才在"应按'销售不动产'"上用引号加以区别。刘某主张某房地产公司与张某仁的分配投资收益并登记过户行为是买卖行为，但由于本案中两者之间不存在出卖人转移买卖标的物的所有权于买受人，买受人支付对价款的行为，而支付价款是买受人的主要义务，所以刘某该上诉理由不成立，不予支持。

[裁判结果]

一审法院判决：驳回刘某的诉讼请求。刘某不服一审法院判决，提起上诉。

二审法院判决：驳回上诉，维持原判。

[裁判思路]

承租人行使优先购买权的必要条件之一即为出租人有出售租赁房屋的意思或行为。承租人不能强迫出租人出售房屋，如出租人没有出售租赁房屋的意思表示或行为，承租人连对租赁物的购买权还未诞生，就更谈不上优先购买的问题。应特别说明的是，并非出租人的所有转让租赁房屋的行为都会引起承租人行使优先购买权。只有在出租人出卖租赁房屋时，承租人才享有优先受偿权。本案中，某房地产公司将案涉商铺所有权转移登记至张某仁名下共涉及两个法律关系，分别为某房地产公司与股东张某松之间的法律关系及张某松与其女儿张某仁之间的法律关系。但两个法律关系均不符合买卖法律关系的基本特征，即不存在支付对价的行为，两个法律关系的相应主体亦不存在出卖以及购买的意思表示。因此，作为承租人刘某来讲，其所主张的优先购买权的前提条件尚不具备，其请求当然不能得到支持。

［引申思考］

出租人出售房屋的认定标准如何确定

按照我国《合同法》第130条规定，买卖合同是出卖人转移标的物的所有权于买受人，买受人支付价款的合同。依此规定，房屋承租人优先购买权只在租赁房屋作为买卖合同法律关系的标的物时发生。除本案所涉以不动产作价作为股利分配股东的情形外，在赠与、互易以及因公用征收等法律关系中，承租人亦不能主张优先购买权的损害赔偿请求权。赠与为无偿法律行为，并不具有买卖合同等价有偿的特征；互易作为古老的以物易物方式在现代的延续，虽法律允许准用买卖的规定，但其与买卖仍有较大的不同。互易侧重特定物之交换，而买卖合同的双方当事人注重利益的交换，不能将互易认定为出售房屋的情形。因公用目的而为的征收、征用等，为依照公法手段实现租赁房屋的物权变动，亦不应属于买卖的范畴。

［相关法律法规］

《合同法》第230条

《城镇房屋租赁合同解释》第24条

60. 出租人将其购买的房屋出租给他人，后又与房屋出卖人解除房屋买卖合同的，不构成对承租人优先购买权的侵害

【案例】

某物业管理公司与曲某房屋租赁合同纠纷案①

［案号］

（2015）惠民初字第00620号

［案情］

2010年12月28日，曲某与某开发公司签订商品房买卖合同一份，购买某开发公司开发的无锡某商业广场××号房，总价款963,068元。同日，某物业管理公司与曲某签订租赁合同书一份，承租曲某购买的上述房屋，并约定：租赁期限为5年，自该房屋交付之日起计算，曲某授权某物业管理公司

① 见“明胜（无锡）物业经营管理有限公司与曲桂京房屋租赁合同纠纷一审民事判决书”，载中国裁判文书网：http://wenshu.court.pcc，最后访问时间：2017年6月3日。

直接与某开发公司办理房屋交付手续；若曲某欲以转让、赠与、抵押或者其他形式处分该房屋的所有权时，必须事先征得某物业管理公司的书面同意，且某物业管理公司在同等条件下享有优先购买权；曲某应提前向该房屋的买受人或抵押权人披露本租赁合同，并取得买受人或抵押权人同意继续履行本租赁合同的书面承诺；若因买受人或抵押权人拒绝履行本租赁合同而导致本租赁合同无法履行的，曲某应向某物业管理公司支付不少于该房屋总价款20%的违约金。2011年6月21日，某开发公司向某物业管理公司交付了上述房屋。

2012年11月2日，曲某向某开发公司提出因某开发公司违约，要求退房并赔偿损失。后曲某诉至法院，法院经审理认为，由于某开发公司的原因导致曲某未能在规定期限内取得房地产权属证书，已构成违约，曲某依约有权解除合同，故判决确认曲某与某开发公司签订的商品房买卖合同于2012年11月2日解除。上述判决作出后，某开发公司提起上诉，并于2013年12月19日申请撤回上诉，上述判决已经履行完毕。

某物业管理公司主张，某开发公司在前述案件的判决生效后，即要求其归还案涉房屋的钥匙，其已归还该钥匙。某物业管理公司认为曲某与某开发公司解除商品房买卖合同，系以其他形式处分案涉房屋的所有权，未事先征得其同意，侵害了其优先购买权，故诉至法院，请求判令曲某赔偿违约金192,613.6元，并承担本案诉讼费。曲某认为，其从未取得案涉房屋的所有权，与某开发公司解除商品房买卖合同，并非处分该房屋所有权的行为，未侵害某物业管理公司优先购买权。

[法院认为]

一审法院认为：不动产物权的设立，经依法登记，发生效力；未经登记，不发生效力。曲某在解除商品房买卖合同时尚未取得案涉房屋的所有权，其解除商品房买卖合同并不涉及处分案涉房屋的所有权，无须事先征得某物业管理公司的书面同意，也未侵害某物业管理公司的优先购买权。同时，在上述法律关系中也没有买受人或抵押权人的参与，不存在因买受人或抵押权人拒绝履行租赁合同而导致租赁合同无法履行的情况，故对某物业管理公司的诉讼主张不予支持。

[裁判结果]

一审法院判决：驳回某物业管理公司的诉讼请求。一审法院判决后，双方当事人均未上诉，一审法院判决已生效。

[裁判思路]

近年来，各类商业综合体的建设非常红火，在一些商业综合体的营销过程中，往往是这样一种销售模式，即开发商在销售房屋的同时，由其关联的物业管理公司承租所售房屋，再统一对外招租，以便于商业综合体统一经营、统一管理、规模化经营。这种营销模式常用于商铺的销售，一般情况下开发商和购房者均可从中获益，但也存在经营风险，若其中一个环节发生问题，则有可能引发连环纠纷。

本案纠纷即是在这一销售模式下产生的一类纠纷，购房者因为开发商违约，而解除了房屋买卖合同，承租人主张购房者即出租人侵害了其优先购买权，双方的争议焦点在于，出租人与房屋出卖人解除房屋买卖合同时，承租人是否有权行使优先购买权。

根据《合同法》的规定，在房屋租赁关系中，承租人享有优先购买权，即承租人在出租人出卖所承租房屋时，同等条件下享有优先于第三人购买所承租房屋的权利。因此，承租人在出租人出卖租赁房屋时，可以行使优先购买权，而在出租人解除买卖合同，将租赁房屋退给原房屋所有权人时，则无行使优先购买权的余地。优先购买权制度的设立，追求的主要是生存和安全价值，是对一种基本社会秩序的维护，维护和稳定既有经济秩序，充分发挥财产的使用效能，是为了弥补承租人使用权与出租人所有权相分离的矛盾，而不是对出租人所有权的限制，更不能对出租人解除房屋买卖合同加以限制。

曲某因某开发公司违约而行使合同解除权，解除了房屋买卖合同，在此情形下，曲某并不存在出卖租赁房屋的行为，某物业管理公司认为曲某侵害其优先购买权显然是于法无据的。然而，本案中双方还约定若曲某欲以转让、赠与、抵押或者其他形式处分该房屋的所有权时，必须事先征得某物业管理公司的书面同意，某物业管理公司主张曲某侵害其优先购买权的主要理由是认为曲某解除房屋买卖合同的行为系以其他形式处分租赁房屋的所有权，且未事先征得其同意，已构成违约，侵害了其优先购买权。虽然曲某与某开发公司签订房屋买卖合同后，某开发公司按约交付了房屋，但一直未办理房屋所有权登记，即尚未将房屋所有权转移给曲某，所以曲某直至解除房屋买卖合同时都未取得房屋所有权，所以更谈不上处分房屋所有权。因此，某物业管理公司的主张也是没有事实和法律依据的，其诉讼请求不应得到法院支持。

［相关法律法规］

《合同法》第 230 条

《城镇房屋租赁合同解释》第 21 条

第七章　房屋租赁合同履行中的其他问题

61. 关于一房数租纠纷的处理

从理论意义上来讲，出租人就同一房屋订立两份以上租赁合同，合同均有效时，根据债权平等性原则，这几份租赁合同是完全平等的，不应有先后之分，高低之分，几份合同的承租人都有权要求出租人履行合同。但客观事实是，租赁标的物只有一个，实际上最终只能有一份合同得到实际履行。在出租人就同一房屋订立数份有效租赁合同，承租人均主张履行合同的情况下，《城镇房屋租赁合同解释》第6条规定按照以下顺位确定房屋租赁合同的履行主体：（一）已经合法占有租赁房屋的；（二）已经办理登记备案手续的；（三）合同成立在先的。其中，对于不能取得租赁房屋的承租人请求解除合同、赔偿损失的，应依照《合同法》的有关规定办理。

【案例】

孙某与某公司、何某房屋租赁合同纠纷案①

［案号］

（2013）渝北法民初字第12035号

（2014）渝一中法民终字第00804号

［案情］

2011年12月27日，孙某为乙方，某公司为甲方，双方签订《房屋租赁合同》，合同约定：甲方将案涉房屋租赁给乙方，面积约为340平方米，租赁期为12年，自2011年12月28日起至2023年12月27日止，因租赁房屋暂由某幼儿园使用，自该幼儿园撤出之日起免一年房租。第二年起每月租金每平方米20元，以后在第二年的基础上每年递增15%。合同第6条约定甲方违约责任：甲方违反本合同约定，无故提前收回房屋或其他原因（如修建房屋、门前改造等）造成乙方不能正常营业，甲方应赔偿乙方全部投资及损失。第7

① 见“孙世政与重庆市渝北区体育发展有限公司、何莉莎房屋租赁合同纠纷二审民事判决书”，载中国裁判文书网：http://wenshu.court.pcc，最后访问时间：2017年6月5日。

条约定乙方违约责任：未经甲方书面同意，擅自变动房屋结构或损坏房屋的，甲方有权解除合同，收回房屋。合同还约定了其他权利义务。

2013年2月，某幼儿园搬走。2013年2月20日，某公司向孙某发出一份《通知》，告知孙某因租赁合同未经国资委审批，属于无效合同。同时，2月19日，因孙某未经某公司同意，强行撬锁进入租赁房屋，非法施工，破坏国有资产，违反合同约定，构成违约，某公司将解除合同。当天，孙某收到该《通知》，2013年5月15日，某公司与何某签订《房屋租赁合同》，将案涉房屋租赁给何某，约定了租金、租期和双方权利义务。5月20日，何某将拟经营咖啡厅的施工图纸报经某公司同意，某公司将房屋钥匙交付何某。5月21日，何某开始进场施工。6月11日，孙某发现何某施工事实，提出异议，并与何某及其员工发生纠纷。孙某诉至法院，要求某公司继续履行租赁合同，交付案涉房屋。某公司提出反诉，要求解除与孙某之间的《房屋租赁合同》，并由孙某赔偿经济损失2万元。

［**法院认为**］

一审法院认为：孙某与某公司于2011年12月27日签订的《房屋租赁合同》，某公司与何某于2013年5月15日签订的《房屋租赁合同》是合同签订双方真实意思表示，没有违反法律、法规的强制性规定，均合法有效。当事人应当按照约定履行自己的义务，不得擅自变更或者解除合同。根据《城镇房屋租赁合同解释》第6条规定："出租人就同一房屋订立数份租赁合同，在合同均有效的情况下，承租人均主张履行合同的，人民法院按照下列顺序确定履行合同的承租人：（一）已经合法占有租赁房屋的；（二）已经办理登记备案手续的；（三）合同成立在先的。"

针对本案诉争房屋，虽然孙某承租在先，但一直未实际占有使用，现何某获得某公司同意，已经取得钥匙和施工许可，实际进场装修，属于合法占有租赁房屋的情形，应优先履行该租赁合同。同时，某公司也明确表示不再与孙某继续履行合同。因此，对孙某要求继续履行合同，交付房屋的诉讼请求，不予支持。关于某公司反诉要求解除合同的问题。某公司称，2013年2月20日其向孙某发出《通知》则合同解除，但某公司并没有举出充分证据证明孙某存在《通知》中载明的违约行为，该《通知》不能产生合同解除的效力。因双方的租赁合同已经不能实际履行，对某公司现起诉要求判令解除合同的诉讼请求予以支持。某公司要求孙某赔偿经济损失2万元，但未举出充分证据，应承担举证不能的不利后果，对其该项反诉请求不予支持。

二审法院认为：孙某与某公司于2011年12月27日签订的《房屋租赁合同》以及某公司与何某于2013年5月15日签订的《房屋租赁合同》是当事

人真实意思表示，不违反法律规定，合法有效，当事人应当按照约定履行各自的义务。一审法院查明的案件事实和证据认定何某获得某公司的同意，已取得钥匙和施工许可，并实际进场装修，属于合法占有租赁房屋的情形且符合本案事实，其理由已在一审判决中作了详细阐述，二审法院对此予以确认。由于孙某不能提供充分证据证明其事实主张，应承担举证不能的责任。

［裁判结果］

一审法院判决：驳回孙某的诉讼请求；解除某公司与孙某的《房屋租赁合同》；驳回某公司的其他反诉请求。孙某不服一审法院判决，提起上诉。

二审法院判决：驳回上诉，维持原判。

［裁判思路］

一房数租，是指出租人与多个承租人签订租赁合同，将同一房屋在同一期限内出租给不同承租人的法律行为。由于租赁标的的唯一性，客观上两个合同无法全面履行，势必涉及如何确定履行合同的承租人的问题。本案即属于典型的一房数租纠纷，当事人双方围绕履行承租人的确定及合同能否解除问题产生争议。

关于合同履行承租人的确定顺位。《城镇房屋租赁合同解释》第6条明确了合同均属有效情况下履行合同承租人的三个顺位：第一顺位，合法占有房屋。该顺位既要求事实上占有房屋，又强调占有的法律正当性。承租人合法占有房屋，意味着出租人已完成房屋交付义务，双方合同事实上已经开始履行。实践中，某些承租人为达到履行合同目的而采取违法方式占有房屋，如强制开锁进入，又或强制将占有房屋的承租人赶出等。该类情况中承租人虽占有房屋，但不具备法律上的正当性，不能作为履行合同的第一顺位承租人。第二顺位，办理备案登记。租赁合同备案登记并非强制，也非生效条件，当事人可以自由选择，但一旦进行备案登记的，基于备案登记的公示公信力，可以对抗未备案登记的租赁合同。第三顺位，合同成立在先，基于债权平等性原则，在既无房屋交付之实又无备案登记手续的情况下，只能依据合同成立时间的先后来确定履行合同的承租人。本案中，某公司在与孙某签订合同后，又将案涉房屋另行出租何某，依据已查明事实，能够认定案涉房屋已实际交付何某使用，依上述规定，孙某要求继续履行合同、交付租赁房屋已缺乏法律依据，法院据此驳回。

关于合同解除权的行使。对于不能得到履行合同的承租人，依法享有合同解除权自不待言，但作为违约方的出租人是否也能解除合同，则有较大争议。我国《合同法》规定的解除权有两种，即法定解除权与约定解除权分别见于第94条、第93条。法定系行使解除权的条件基于法律规定，即第94条规定的5种情形。除因不可抗力致使不能实现合同目的外，其他情形的解除权通常理解为均归属于守约一方。约定系行使解除权的条件基于合同约定。除此之外，当事人不得随意解除合同。与此同时，《合同法》第110条又规定，对于法律上或者事实上不能履行、债务的标的不适于强制履行或者履行费用过高、债权人在合理期限内未要求履行的非金钱债务，当事人不可以要求履行。依上推出，对于事实上无法履行的合同，当事人不能要求继续履行。

在上述规定的交汇处，存在一个法律适用空白，即对于事实上无法履行的合同，在拥有解除权的守约方不行使权利的情况下，违约方能否要求解除合同。审判实践中存在两种观点：一种观点认为，无论何种情况，一方违约的合同违约方均不享有解除权。理由在于，契约信守是合同法的基本原则，赋予违约方以合同解除权，不仅与合同法的理念相背离，而且将纵容恶意违约行为的发生。为了充分保护守约方利益，防止恶意违约的蔓延，违约方不能单方解除合同。另一种观点认为，一方违约的合同违约方一般不具有合同解除权，但若因违约行为造成合同事实上无法履行的，或者继续履行合同代价高昂且不利于物的使用等特殊情况的，违约方也可以解除合同。理由在于，在上述特殊情况下，合同已无法继续履行，若不赋予违约方以合同解除权，且守约方又不行使合同解除权的，各方的权利义务关系将一直处于不确定状态。

我们认为，上述两种争议的关键是如何理解契约信守原则。契约之所以要信守，目的在于当事人能够通过履行合同获得利益，基础在于合同能够得到履行。如果一个合同事实上已经无法继续履行，而有解除权的守约方又拒不行使权利，若仍旧僵化地理解契约信守原则，不允许另一方解除合同，除了会使双方的权利义务处于不确定状态之外，并无其他实质意义。正如本案所述，承租人已就出租人违约事实提起诉讼，且双方的租赁合同因出租人已将房屋另行出租并实际交付履行而处于无法继续履行的状态。此种情况下，若继续维持合同效力，只会使双方合同处于不确定状态，不利于市场经济交易秩序的有序运行。因此，允许违约方解除合同，既可以使各方的权利义务关系得以及时确定，又能够使守约方受损方权益得以弥补，实属“双赢”之举。当然，此种情况下违约方解除权应严格限制，只有在合同事实上已经不能履行等特殊情况下行使，以期最大限度地保护守约方利益。

［引申思考］

在出现数份有效租赁合同的情形下，《城镇房屋租赁合同解释》第6条的规定能够有效解决审判实务中裁判不统一的问题。但在适用过程中还必须结合实际情况进行判断。除上述裁判思路论述的观点外，审判实践中还存在以下的难点：一是对“合同成立在先”的理解；二是关于当事人的诉讼地位的确定；三是承租人与出租人恶意串通，签订房屋租赁合同并抢先交付承租人占有或办理登记备案手续的处理。

1. 如何理解“合同成立在先”

“合同成立在先”指“合同成立时间在先”。这就不可避免地涉及“合同成立时间”的判断问题。合同成立是指当事人通过要约和承诺方式对合同内容达成合意。一般认为，合同成立是合同订立的结果，即双方当事人完成合意的客观状态。合同是否成立意味着合同在客观上是否存在。①根据《合同法》第25条的规定，承诺生效时合同成立，这是一般原则。但是，对于当事人采用书面合同书形式订立合同的，根据《合同法》第32条的规定，自双方当事人签字或者盖章时合同成立。因此，判断合同成立时间应是指双方当事人签字或者盖章的时间。以合同成立在先作为确立房屋租赁合同履行的条件，目的在于维护房屋租赁市场的正常交易秩序，保护最先订立合同的承租人的利益，进而达到维护房屋租赁市场交易稳定，鼓励诚信的目的。

2. 关于当事人的诉讼地位

处理“一房数租”问题，必然涉及当事人的诉讼地位问题。遇到具体案件时，应视情况确定当事人的诉讼地位。对于多份租赁合同的承租人各自起诉出租人，要求履行合同，因为各自基于独立的租赁合同提起诉讼，所以均是独立之诉，为了审理的便利，也为了防止出现相互矛盾的判决结果，人民法院应当合并审理。对于一份租赁合同的承租人起诉出租人，而出租人以还与其他人签订了房屋租赁合同为由相抗辩的，人民法院可以追加其他房屋租赁合同的承租人作为第三人参加诉讼。②

3. 承租人与出租人恶意串通，签订房屋租赁合同并抢先交付承租人占有或办理登记备案手续的处理

如几个租赁合同的承租人均未合法占有出租房屋，也未办理登记备案，在进入诉讼程序后，合同成立在后的一方承租人与出租人恶意串通，将房屋交付给该承租人使用，或者办理登记备案手续。我们认为，此种情况下应认定该交付使用和登记备案的民事行为无效。人民法院仍应按照“合同成立在先”标准确定租赁合同履行主体。对于在进入诉讼前，承租人与出租人恶意串通，签订房屋租赁合同并抢先交付承租人占有或办理登记备案手续，以排除其他承租人的合同履行权。这种情况下，其他承租人可以提起诉讼，要求

---

① 尹飞：《合同成立与生效区分的再探讨》，载《法学家》2003年第3期。

② 最高人民法院民事审判第一庭编著：《最高人民法院关于审理城镇房屋租赁合同纠纷案件司法解释的理解与适用》，人民法院出版社2009年版，第90页。

人民法院判决出租人通过恶意串通与一方承租人签订的房屋租赁合同无效，交付承租人占有房屋或办理登记备案手续的行为无效。需要注意的是，在处理此类案件时，一定要以其他承租人是否有证据证明出租人与一方承租人有恶意串通行为作为认定案件事实的依据。

［相关法律法规］

《城镇房屋租赁合同解释》第 6 条

62. 发起人为设立公司以自己名义签订房屋租赁合同，出租人请求该发起人承担合同责任的，应予支持

【案例】

某实业公司与林某甲、张某房屋租赁合同纠纷案[①]

［案号］

（2013）潮湘法民一初字第 305 号

（2014）潮中法民一终字第 89 号

［案情］

2010 年 8 月 15 日，某实业公司（甲方）与林某甲、张某（乙方）签订《租赁合同书》一份，该《租赁合同书》前部出租方（甲方）处落款名称为某实业公司，承租方（乙方）处没有记载名称，但有："承租方（乙方）：公司地址：法定代表人：" 字样；后部落款签名处甲方在法定代表人处由某实业公司法定代表人刘某签名（无盖公章），乙方在法定代表人处由林某甲、张某签名。租赁合同约定：甲方将生产经营的厂房、设备及配件、办公楼、员工宿舍、食堂等出租给乙方；租赁期限 5 年，自 2010 年 8 月至 2015 年 8 月；租金每月人民币 100,000 元（其中生产、生活及配套建筑租金每月 85,000 元，两台造纸机租金每月 15,000 元），租金支付方式为乙方于每月 15 日前支付当月租金，合同签订之日起甲方给予乙方 2 个月建筑物和设备检修期免收租金，合同签订时乙方先行交付租期最后 6 个月的租金给甲方，以后乙方在租期最后 6 个月不必另行支付租金。租赁合同还对双方的其他权利义务等进行了约

① 见"潮州市广通造纸实业有限公司与林旭强、张景鹏建筑设备租赁合同纠纷二审民事判决书"，载中国裁判文书网：http://wenshu.court.pcc，最后访问时间：2017 年 6 月 30 日。

定。租赁合同签订后，某实业公司依约将厂房及设备等交给乙方使用。

林某甲、张某签订租赁合同后，于2010年8月27日向工商行政管理部门申请取得“某纸业公司”公司名称预先核准，于2010年9月15日成立某纸业公司，并取得企业法人营业执照。某纸业公司住所地为上述租赁合同租赁场地，法定代表人为林某甲，经营范围为生产、销售：纸板、纸箱、纸盒。某纸业公司由林某甲与张某共同出资成立，股东林某甲与张某两人，公司注册资本人民币100万元，林某甲出资51万元占51%，张某出资49万元占49%。2011年10月19日，某纸业公司股东张某变更为林某乙。

林某甲、张某投资成立某纸业公司后，在租赁场地进行经营生产。某实业公司于2010年11月15日、2011年1月31日、4月27日、5月12日、5月18日、7月15日、9月15日、10月15日开具收款收据9份共收取租金人民币110万元，收款收据均注明“今收到某纸业公司交来租金”字样。另外，某实业公司于2010年11月15日、2011年5月12日开具收款收据2份，收取租赁合同约定的租期最后6个月的租金人民币60万元，该两份收款收据也注明“今收到某纸业公司交来第五年下半年租金（安全、押金）”字样。自2011年10月15日后，某实业公司再没有收取租金。2013年3月，某纸业公司出具欠条一份，欠条内容为“结欠刘某（2011年11月至2013年3月）共17个月租金共壹百柒拾万元正。”该欠条加盖某纸业公司财务专用章及林某甲私章。2013年7月1日，某实业公司以林某甲、张某未能按照租赁合同约定履行承租人给付租金义务、长期拖欠租金为由诉至法院，请求判令林某甲、张某支付拖欠租金人民币200万元。

［法院认为］

一审法院认为：林某甲、张某是某纸业公司股东且是设立该公司的发起人，设立该公司前林某甲、张某与某实业公司签订《租赁合同书》取得经营场所，该场所也即是某纸业公司住所登记地址，而且从签订租赁合同至公司登记成立的时间性看，林某甲、张某与某实业公司签订的《租赁合同书》应是为了申请设立某纸业公司向公司登记机关提供公司住所证明的行为，且公司成立后即开始使用租赁场所及设备进行生产经营并支付租金，公司发起人林某甲、张某辩称中也对上述事实予以确认，故对林某甲、张某是为了设立公司以自己的名义对外签订租赁合同的事实予以认定。

但是，某纸业公司对该合同予以确认，并对租赁场地、设备进行使用，也即是某纸业公司已实际享有合同权利，同时也开始履行合同义务，某实业公司也向某纸业公司收取租金并接受某纸业公司出具的结欠租金的“欠条”，上述事实可以确认林某甲、张某及某纸业公司、某实业公司三方均已确认合同主体变更为某实业公司与某纸业公司。根据《合同法》第88条“当事人一方经对方同意，可以将自己在合同中的权利和义务一并转让给第三人。”的规定，三方的变更行为合法有效，应受法律保护。某实业公司已同意某纸业公司作为合同主体，若没有出现法定或约定的情形，则不得再行变更合同主体。

综上，某实业公司同意林某甲、张某转让在合同中的权利和义务后，再要求林某甲、张某承担租赁合同责任即支付拖欠租金的请求，不符合法律的规定，不予支持。因主体不适格，经释明后，某实业公司仍坚持要求林某甲、张某承担责任，根据民事诉讼“不告不理”和当事人意思自治原则，某实业公司对《租赁合同书》的权利可另行起诉主张。至于某实业公司认为根据合同相对性原则，即使承租人是某纸业公司，也不能排除林某甲、张某对租金承担合同责任的主张。合同相对性是指合同只在特定的当事人之间发生法律约束力，合同当事人不能向与合同无关系的第三人提出合同上的请求。但因本案林某甲、张某在《租赁合同书》中的权利和义务已由某纸业公司实际享有、承担，某实业公司也实际向某纸业公司行使合同权利，某纸业公司已取代了林某甲、张某成为租赁合同的当事人，故某实业公司认为即使承租人是某纸业公司，也不能排除林某甲、张某对租金承担合同责任的主张理由不成立，也于法无据，不予采纳。某实业公司辩称收款收据（写明收款人某纸业公司）是林某甲提供并应林某甲的要求出具的，但对此辩称没有举证证明，林某甲也予以否认，不予采信。

二审法院认为：双方当事人对于至2013年6月涉案的拖欠租金金额为200万元均没有提出异议，二审争议焦点是：1. 案涉《租赁合同书》是林某甲、张某以设立中公司名义签订的，还是为设立公司以自己名义所签订的；2. 一审法院根据《合同法》的规定，认为林某甲、张某及某纸业公司、某实业公司三方均已确认合同主体变更为某实业公司与某纸业公司是否正确；3. 本案拖欠租金的违约责任应由谁承担。

林某甲、张某于2010年8月15日与某实业公司法定代表人刘某签订了案涉《租赁合同书》，该《租赁合同书》前部出租方（甲方）处落款名称为某实业公司，承租方（乙方）处没有记载名称，但有：“承租方（乙方）：公司地址：法定代表人：”字样；后部落款签名处甲方在法定代表人处由某实业公司法定代表人刘某签名（无盖公章），乙方在法定代表人处由林某甲、张某签名。我国对公司名称实行预先核准制度，2010年8月27日林某甲、张某以发起人的身份向工商行政管理部门申请取得“某纸业公司”公司名称预先核准，于2010年9月15日成立某纸业公司，并取得企业法人营业执照。

设立中的公司，是指自发起人签订发起人协议或者达成合意时起，至设立登记完成前，尚未取得法人资格的主体。设立中公司虽然不具有独立法人人格，但是已经具备民事主体的一些特征，如已具有事务执行机关、共同行为准则和一定的财产等。而且，设立中公司的名称应当满足公司名称的特点和构成要件，即应当由行政区划、字号、行业、组织形式依次组成，设立中的公司与成立登记的公司之间是一个前因后果的同一性问题。本案中林某甲、张某均承认签订本案租赁合同的目的是为了设立公司提供经营场所，但至今没有证据证明签订合同时某纸业公司是“设立中公司”，且《租赁合同书》中没有“某纸业公司”字样。因此，林某甲认为本案需要根据《公司法解释（三）》第3条第1款“发起人以设立中公司名义对外签订合同，公司成立后合同相对人请求公司承担合同责任的，人民法院应予支持”的规定由某纸业公司承担责任，该主张没有事实依据，不予采纳。

林某甲、张某签订《租赁合同书》向某实业公司承租案涉建筑物与机器设备，该建筑物所在地址即为某纸业公司的住所登记地址，某纸业公司成立后使用案涉租赁合同约定的建筑物及设备配件进行生产经营并向某实业公司支付部分租金，因此一审法院确认林某甲、张某是为了设立公司以自己的名义对外签订租赁合同的事实是正确的。

根据合同法的规定，债务人将合同权利义务全部或者部分转移给第三人的，应当经债权人同意，即林某甲、张某与某纸业公司如果将合同主体变更为某纸业公司，前提应该是某实业公司同意。结合本案合同的履行过程分析：1.在某实业公司与林某甲、张某签订合同后，某实业公司是将租赁物交付给林某甲、张某二人，后成立后的某纸业公司使用了案涉场地和设备，但林某甲、张某出具了声明系林某甲无偿提供给公司使用。实际使用人与合同签订人不一致时并不能说明主体发生变更。2.本案某实业公司共收取了租金170万元，虽然收款收据上记载均是某纸业公司偿还，但其中60万元实际是林某甲、张某在订立合同时所交付的押金。某纸业公司代履行偿还部分租金的义务应是民法上第三人代为履行的行为，不影响合同相对人仍是林某甲、张某。3.案涉欠条上加盖了某纸业公司的财务专用章，财务人员的私章，亦加盖了林某甲的私章，就欠条的形式，亦不足以证明某实业公司同意合同主体发生变更。4.《租赁合同书》中约定“未尽事宜另订立协议”，在没有订立协议的前提下，根据《合同法》第78条“当事人对合同变更的内容约定不明确的，推定为未变更”的规定，应认为并未变更合同主体。综上，一审法院认定林某甲、张某及某纸业公司、某实业公司三方均已确认合同主体变更为某实业公司与某纸业公司，该认定依据不足，不能成立。

《公司法解释（三）》第2条第1款规定“发起人为设立公司以自己名义

对外签订合同，合同相对人请求该发起人承担合同责任的，人民法院应予支持”，第2款规定“公司成立后对前款规定的合同予以确认，或者已经实际享有合同权利或者履行合同义务，合同相对人请求公司承担合同责任的，人民法院应予支持”，该条规定已赋予合同相对人选择的权利，某实业公司作为合同相对人，在向人民法院提起诉讼时请求林某甲、张某二发起人承担偿还拖欠租金的合同责任，人民法院应予支持。

［裁判结果］

一审法院判决：驳回某实业公司的诉讼请求。某实业公司不服一审法院判决，提起上诉。

二审法院判决：撤销一审法院判决；林某甲、张某偿还某实业公司租金200万元（计至2013年6月30日止）。

［裁判思路］

何为设立中的公司，有一定的条件限制。本案中林某甲、张某均承认签订本案租赁合同的目的是为了设立公司提供经营场所，但其二人与某实业公司签订合同时，根本尚不存在一个设立中的公司，既没有公司名称，亦没有事务的执行机关和一定的财产等基本条件，二人签订合同后才以案涉租赁房产作为住所向工商部门进行有关登记，因此没有证据证明签订合同时某纸业公司是“设立中公司”。而且，签订合同时林某甲、张某虽然是在乙方法定代表人一栏签名，但如果是以“设立中公司”名义订立合同，法定代表人只能是一人而不可能是发起人二人一起签名确认。综上，本案不能认定是以“设立中公司”名义所签订的。二审期间，某实业公司提供的《住所证明书》、《业主声明》、《资产负债表》系从工商行政管理部门复印所得，真实性可予以确认。《住所证明书》、《业主声明》是由林某甲、张某出具的，内容说明了某纸业公司的住所是由林某甲租赁并无偿提供给公司作为生产经营住所，印证了本案《租赁合同》的承租方是发起人而不是设立中的公司。

林某甲、张某是为设立公司以发起人名义签订合同。林某甲、张某签订《租赁合同书》向某实业公司承租案涉建筑物与机器设备，该建筑物所地址即为某纸业公司的住所地登记地址，某纸业公司成立后使用案涉租赁合同约定的建筑物及设备配件进行生产经营并向某实业公司支付租金，林某甲、张某签订租赁合同明显是为了设立公司而签订合同的，一审法院确认林某甲、张某是为了设立公司以自己的名义对外签订租赁合同的事实是正确的。因此本案应由林某甲、张某承担偿还租金的责任。

［相关法律法规］

《合同法》第78、88条

《公司法解释（三）》第2、3条

63. 因出租房屋消防不合格导致火灾发生或扩大的，出租人应对受害人的损失承担过错责任

【案例】

某公司与某村委会、郭某财产损害赔偿纠纷案[1]

［案号］

（2012）仪新民初字第0223号

（2013）扬民终字第1236号

［案情］

2008年11月8日，某公司与某村委会签订经营场所租赁合同，约定某村委会将自有的坐落于原麦芽厂内路东南起第三跨东起11间房屋出租给某公司用于生产塑料包装制品，租赁期限为3年，自2009年1月1日起至2011年12月31日。某船舶配件厂亦租用某村委会厂房用于生产，该厂与某公司东西毗邻，郭某系该厂业主。2011年12月23日12时20分左右，某船舶配件厂发生火灾，后经仪征市公安消防大队接警后赶到现场扑灭大火。此次火灾造成某公司和某船舶配件厂厂房顶部、厂内机器物件损毁。2012年2月17日，仪征市公安消防大队作出火灾事故认定书，认为起火原因为：排除用火不慎、玩火、电气故障、雷击、自然、燃放烟花爆竹等原因，不能排除因为遗留火种造成火灾，起火部位位于某船舶配件厂厂房西南角，起火点为办公区床所在位置。火灾成因为：1.起火厂房屋顶为芦席顶，为易燃材料，耐火等级低，燃烧蔓延迅速。2.起火厂房发生火灾时无人员在场，发现及扑救火灾错过最佳时间。2012年2月28日，某船舶配件厂向扬州市公安消防支队申请火灾事故认定复核。2012年3月27日，扬州市公安消防支队以某公司已向一审法院提起诉讼为由决定终止复核。经某公司申请，一审法院委托扬州佳诚资产评估事务所对某公司火灾事故损失金额进行鉴定，意见为：截止2011年12月23日，存货、产成品369,799.10元、车间被烧物品59,955元，机器

---

[1] 见“仪征市兴成塑业包装有限公司与郭玉年、仪征市新城镇新华村村民委员会财产损害赔偿纠纷二审民事判决书”，载中国裁判文书网：http://wenshu.court.pcc，最后访问时间：2018年1月18日。

设备 466,683 元，间接损失 348,850 元，计 1,245,287.10 元，无法鉴定的损失 120,199 元。某公司为此支出鉴定费 50,000 元。2013 年 1 月 29 日，扬州佳诚资产评估事务所对某公司机械设备等残值进行补充鉴定，意见为：机械设备残值为 46,590 元，存货等其他资产残值为 5900 元。

2012 年 7 月，某公司以某船舶配件厂引发火灾，某村委会将不符合消防安全要求的房屋出租给其从事塑料包装制品生产，致使火灾发生后，火势迅速蔓延，无法控制，最终造成其极大财产损失为由，向一审法院提起诉讼，请求判令郭某和某村委会赔偿某公司财产损失 1,365,486.10 元，并承担本案诉讼费等。

[法院认为]

本案一审争议焦点为：1. 火灾赔偿责任应由谁承担；2. 火灾损失数额如何确定。

关于争议焦点一，综合全案，根据过错及原因力等因素，一审认为应由郭某承担 60% 的赔偿责任，由某村委会承担 10% 的赔偿责任，其余损失应由某公司自行承担。理由是：1. 某船舶配件厂是火灾源起，在火灾发生时无人员在场，其对自身厂房未尽到安全管理义务，对火灾的发生存在明显过错。2.《江苏省消防条例》第 21 条第 3 款规定：承包、租赁建筑物或者场所时，双方当事人应当在合同中约定防火责任和消防安全工作等内容。本案中，某村委会在与某公司订立的租赁合同中未约定消防责任，且明知某公司从事易燃产品生产，却在合同中约定某公司在租赁期间不得擅自拆改房屋结构，妨碍了某公司对厂房进行符合耐火等级改造的可能，在签订合同时以及承租人生产期间也未尽到提醒承租人注意防火的义务，对火灾发生及扩大存在一定过错，应承担相应的赔偿责任。3. 某公司在与某村委会订立的租赁合同中未约定消防责任，且在租赁厂房期间未采用耐火等级高的房顶材料，未配备有效消防设施，自身对火灾扩大存在一定过错，可以减轻侵权人的赔偿责任。

关于争议焦点二，对于无法鉴定的损失，其中“老林衣服现金 2800 元、小邓衣服现金 2600 元、王玲衣服快递 600 元”因某公司未提供证据证明，不予采信；“办公室装修” 40,000 元，某公司提供了证人宋某证言及费用某，但无相关单据佐证，且明细中所列“灯”与第 1 项“吊灯”，“布艺沙发一组”与车间被烧物品中的“五人沙发”“独体沙发”属重复主张，故一审酌定办公室装修为 15,000 元、酌定第 1 项“水瓶、饮水机、吊灯”为 150 元；基于上述理由，根据某公司提供的实物照片、购买单据等证据，酌情认定无法鉴定的损失为 77,162.3 元。对于间接损失，“恢复生产费用”不属损失范畴，故不予支持；第 1、2 项“交货延期赔偿金”、“被烧货物资金积压利息费”，鉴定人系根据合同上的数额做出评估的，有无实际兑付没有核实且某公司未提供证据证明，况且合同损失系间接损失，故对“交货延期赔偿金”、“被烧货物资金积压利息费”不予支持；对“停产营业损失”126,000元、“未完成订单利润”16,700元予以支持；“工人工资”、“未经营房租费”在停业损失中已作为成本列支，故不予支持；基于上述理由，一审法院认定间接损失为142,700元。对于存货和产成品、车间被烧物品，机器设备，因本案所选定鉴定机构具备鉴定资格，鉴定程序合法，鉴定依据较为充分，应采信鉴定意见，但是机械设备、存货等资产存在残值，应予扣除，故一审法院认定火灾损失数额为1,063,809.40元（存货、产成品369,799.10元＋车间被烧物品59,955元＋机器设备466,683元－机械设备残值为46,590元－存货等其他资产残值为5900元＋无法鉴定的损失77,162.30元＋间接损失为142,700元）。

二审法院认为：当事人对自己提出的主张，有责任提供证据。没有证据或者证据不足以证明自己的事实主张，由负有举证责任的当事人承担不利的法律后果。经查，本起火灾事故损失的资产评估系一审法院委托扬州佳诚资产评估事务所评估，该评估机构及其资产评估师均具备相应的资质，对某公司因火灾遭受损失的评估，程序合法，依据较为充分，其出具的资产评估结论具有证明效力，予以采信。现某村委会对该资产评估报告提出异议，但是其未提交充分证据证实自己的主张，且在一审时也未申请重新鉴定，故对某村委会的该项上诉主张，不予采信。

某村委会作为出租方，其出租房屋给承租人的用途是生产经营，故其将房屋出租给某公司时，应提供经过消防验收合格的房屋。本案中，当火灾发生时，因某村委会出租厂房的屋顶为芦席顶，系易燃材料，耐火等级低，导致燃烧蔓延迅速，损失扩大。由于某村委会出租未经消防验收合格的房屋，且某公司生产的塑料包装制品系易燃物品，故其对火灾造成的损失具有一定过错。因此，一审根据本案的实际情况，判决某村委会承担10%的赔偿责任并无不当。

［裁判结果］

一审法院判决：1. 郭某赔偿某公司638,285.64元（1,063,809.40×60%）；某村委会赔偿某公司106,380.94元（1,063,809.40×10%）；其余火灾损失由某公司自行承担。某村委会不服一审判决，提起上诉。

二审法院判决：驳回上诉，维持原判。

［裁判思路］

《侵权责任法》第12条规定：“二人以上分别实施侵权行为造成同一损害，能够确定责任大小的，各自承担相应的责任；难以确定责任大小的，平均承担赔偿责任。”本案中，某船舶配件厂发生火灾，郭某作为该厂业主，对火灾事故的发生存在过错，应承担主要责任；某村委会出租的房屋不符合消防技术标准及消防安全要求，亦有过错，应承担次要责任。郭某与某村委会分别实施侵权行为造成同一损害，且能够确定责任大小和主次，应各自承担相应的责任。同时，某公司在与某村委会订立的租赁合同中未约定消防责任，且在租赁厂房期间未采用耐火等级高的房顶材料，未配备有效消防设施，自身对火灾扩大存在一定过错，可以减轻侵权人的赔偿责任。

此外，根据《侵权责任法》第 8 条、第 11 条规定，二人以上共同实施侵权行为，造成他人损害的，应当承担连带责任；二人以上分别实施侵权行为造成同一损害，每个人的侵权行为都足以造成全部损害的，行为人承担连带责任。本案中，郭某和某村委会不具有共同侵权的意思联络，如果没有郭某的侵权行为，不会发生火灾，出租房屋不合格并不足以造成全部损害，因此郭某和某村委会对某公司的损失无需承担连带责任。

综上，房屋出租人明知承租人生产易燃产品而将不符合消防安全要求或未经消防验收合格的房屋出租给承租人用于生产，租赁期间因房屋不符合消防安全要求导致火宅发生或扩大的，出租人具有过错，应依法承当相应的赔偿责任。

[相关法律法规]

《侵权责任法》第 6、12、26 条

64. 房屋租赁合同未到期，出租人强行终止合同并将房屋出租给善意第三人，原承租人不能请求继续履行合同

根据我国《合同法》第 107 条的规定，违约责任的承担方式有继续履行、采取补救措施或者赔偿损失等。一方当事人在另一方当事人违约的情况下，请求继续履行合同的，人民法院除审查当事人违约的事实外，还应该审查当事人的申请是否符合我国《合同法》第 110 条规定，如果当事人申请继续履行在法律上或者事实上不能履行的，人民法院不应支持当事人的请求。

【案例】

马某甲与马某乙房屋租赁合同纠纷案[①]

［案号］

（2013）新三初字第690号

（2014）乌中民四终字第1号

［案情］

位于乌鲁木齐市泉州街北一巷×××号房屋系马某乙所有。2011年8月25日，马某甲与马某丙（案外人）签订房屋租赁合同。合同约定，马某甲租赁位于乌鲁木齐市泉州街北一巷×××号建筑面积60平方米的房屋经营平价商店，租赁费每月520元，租赁期限从2011年8月25日至2014年8月24日。还约定违约五倍赔偿。2012年11月2日，马某乙与张某（案外人）签订房屋租赁合同，将其位于乌鲁木齐市泉州街北一巷×××号的房屋整体出租给张某。2012年12月30日，案外人马某丁将马某甲经营的平价商店内的货物搬出。马某甲遂将马某丁起诉至法院要求马某丁排除妨害、恢复原状，赔偿营业损失10,000元。法院依法作出（2013）新民一初字第560号民事判决，判决马某丁赔偿马某甲营业损失7,466.79元并驳回马某甲的其他诉讼请求。马某甲不服该判决，提出上诉，尚在二审审理中。另查明，张某对上述房屋进行了装修。经二审法院查明，马某丙代马某乙管理房屋期间与马某甲签订了案涉租赁合同，马某乙与马某甲实际部分履行了房屋租赁合同。

［法院认为］

一审法院认为：马某乙已经将房屋整体出租给案外人张某，张某也已经对承租房屋进行了装修，为了维护交易稳定、有利生产，马某甲与马某乙的租赁合同不宜继续履行。因此，马某甲要求继续履行合同的请求不予支持。关于马某甲主张违约金的问题。一审法院认为，虽然马某乙在2012年11月与张某签订了房屋租赁合同，将房屋整体出租给张某，但马某乙并未终止与马某甲房屋租赁合同的继续履行。马某甲不能继续使用租赁房屋是马某丁的侵权行为所致，而关于马某丁的侵权行为给马某甲造成的损失，马某甲已经另案诉讼处理。其次，马某甲与马某丙签订的租赁合同中约定“违约五倍赔偿”并不具体明确，其主张25,000元没有事实依据。

---

① 见“马奈与马建勇房屋租赁合同纠纷二审民事判决书”，载中国裁判文书网：http://wenshu.court.pcc，最后访问时间：2017年7月4日。

二审法院认为：马某甲与马某丙签订了房屋租赁合同，马某乙委托马某丙管理其房屋，马某甲与马某乙以实际行为履行了马某甲与马某丙签订的租赁合同。马某甲租赁马某乙整栋楼中一间门面房的租赁合同未违反国家法律、法规的规定，合法、有效，双方应当诚实守信的履行合同义务。马某乙又将整栋楼租赁给他人，致使马某甲在租赁合同履行期间无法继续使用租赁的房屋，属违约。根据《合同法》第 110 条第 1 款规定，当事人一方不履行非金钱债务或者履行非金钱债务不符合约定的，对方可以要求履行，但有下列情形之一的除外：法律上或者事实上不能履行。本案中，马某乙已将马某甲租赁的房屋转租给张某，且张某已投入装修，并占有、经营使用。故马某甲要求再将房屋交付其继续履行合同，已属事实上的不能履行。马某甲对于事实上不能履行的部分，要求继续履行，已不具备履行的基础条件，故对马某甲要求继续履行合同的诉讼请求，一审法院不予支持，并无不妥。

根据《合同法》第 122 条规定，因当事人一方的违约行为，侵害对方人身、财产权益的，受损害方有权选择依照本法要求其承担违约责任或者依照其他法律要求其承担侵权责任。二审中，马某丁作为马某乙的代理人，自认是因装修将马某甲货物搬出，是马某乙的意思表示。由此可见，马某乙的违约行为虽然同时符合多种民事责任的构成要件，可以成立几种民事责任，构成了民事责任竞合。法律规定了受害方只能选择其中之一而请求的民事责任选择制度，即受害人只能选择其中一种行使请求权。马某甲因同一事实向马某丁主张过侵权责任，要求赔偿营业损失，法院也已作出判决支持赔偿损失的部分诉讼请求。马某甲再以违约为由主张违约责任，不符合法律规定。故对马某甲在本案中的诉讼请求，不予支持。

[裁判结果]

一审法院判决：驳回马某甲的诉讼请求。马某甲不服一审法院判决，提起上诉。

二审法院判决：驳回上诉，维持原判。

[裁判思路]

本案的焦点问题是，房屋租赁合同未到期，出租人强行终止租赁合同，收回房屋，并将房屋出租给善意第三人，原承租人是否有权请求继续履行房屋租赁合同？请求法院判决继续履行的前提条件必须是债务能够继续履行。我国《合同法》第 107 条规定，在当事人违约的情况下，另一方可以请求继续履行。但是需要注意的是，我国《合同法》第 110 条规定了不能请求继续履行的几种情况，其中第一种情况是法律上或事实上不能履行的，不能要求继续履行。本案中，马某乙已经将案涉房屋整体出租给第三人张某，并且双方的租赁合同也处于履行阶段。因此，第三人张某同马某乙的合同履行应该受到保护，马某甲请求继续履行显然属于事实上不能履行。从对原承租人马某甲的利益的保护角度看，不支持其继续履行合同的请求，并不代表其合法权益不能得到保护。在马某乙不能请求继续履行合同的情况下，马某乙可以依据《合同法》和《侵权责任法》之规定，另行主张违约责任或侵权责任，但二者只能择一行使，不能一并主张。

我们认为，合同一方当事人在另一方当事人违约情况下请求继续履行合同的，法院在适用《合同法》第107条规定继续履行的情况下，除审查另一方当事人的违约事实，还要针对当事人的请求，审查债务是否能够继续履行的事实，如果合同约定的债务履行存在《合同法》第110条规定的情形，法院不能支持继续履行的请求。

[相关法律法规]

《合同法》第107、110条

65. 关于承租人请求适用情势变更原则调整租金的认定

【案例】

胡某等17人与A公司房屋租赁合同纠纷案①

[案号]

（2013）宿中商初字第0128号

（2014）苏民终字第0001号

[案情]

B大厦由C公司开发建设。胡某等17人系大厦1~4楼业主。

2008年7月5日，A公司筹建期间，刘某作为承租方（乙方）的授权代表，与B大厦1~2楼所有权人的授权代表冷某、杨某、胡某以及B大厦3~4楼所有权人C公司（签约时C公司尚未将B大厦3-4楼房屋出售给徐某和魏某）作为出租方（甲方），签订了《房屋租赁合同》一份，合同约定：乙方承租B大厦一至四层房屋，总面积约为11,572平方米；租赁房屋的用途为综合

---

① 见“胡绍铁等17人与宿迁市一百百货有限公司房屋租赁合同纠纷二审民事判决书”，载中国裁判文书网：http://wenshu.court.pcc，最后访问时间：2017年8月6日。

商场等；租赁期限为 13 年，自 2009 年 1 月 1 日至 2021 年 12 月 31 日止；租金按租赁年限分三个阶段递增，1~3 年为 820 万元每年，4~8 年为 900 万元每年，9~13 年为 1000 万元每年；租金按月支付，付款时间为开始计算租金的前一月的 10 日前；如乙方逾期支付租金，逾期每日罚款 1 万元，超过 10 天的，视为乙方违约，甲方有权收回房屋；乙方在签订合同后当日向甲方交付押金，押金为人民币 100 万元，合同期满后押金退回；乙方对租用房屋进行装修，如因甲方违约，甲方除承担违约责任外，还应将乙方装修费用一次性支付给乙方；乙方租赁期满不要求续租，或未满期间乙方主动要求退租，房屋上的基础装修设施不准拆除，同时不能折价索回。合同还约定了其他权利义务事项。

合同签订后，A 公司交付了 100 万元押金。2008 年 7 月 25 日，A 公司登记设立为有限责任公司。刘某为该公司控股股东，并任该公司法定代表人。该公司另一股东叶某系刘某之妻。2009 年 2 月 18 日，上述《房屋租赁合同》的双方当事人又签订《补充合同》一份，约定出租人同意前三年的租金从每年 820 万元降至每年 720 万元。2010 年 9 月 26 日，因 C 公司已将 B 大厦 3~4 楼出卖给徐某和魏某，故 C 公司与徐某、魏某订立《补充协议》一份，约定：C 公司原来将三、四层商铺租给刘某使用，租期 13 年，2010 年 10 月 1 日以后的租金由魏某、徐某共同向刘某收取。

2010 年 9 月 27 日，甲方 C 公司，乙方魏某、徐某，丙方 A 公司，三方签订《补充协议》一份。协议主要约定：甲乙双方确认 B 大厦 3~4 楼买卖情况属实（买卖合同为本合同附件），甲方同意自 2010 年 10 月 1 日以后 B 大厦 3~4 楼的租金由乙方收取；乙方同意接受甲方和冷某、杨某、胡某与丙方于 2008 年 7 月 5 日签订的 B 大厦 1~4 楼房屋租赁合同和 2009 年 2 月 18 日甲方和冷某、杨某、胡某与丙方签订的补充合同的内容，并承诺与丙方继续履行上述合同和补充合同。

按照《房屋租赁合同》的约定，2012 年 1 月 1 日至 2016 年 12 月 31 日的租金增至每年 900 万元，A 公司应于前一月的 10 日前支付每月租金 75 万元。2012 年 8 月 20 日，A 公司向出租人发出《关于房屋出租价格的商函》，称公司处于巨额亏损状态，恳请出租人降低租金，自 2012 年 8 月起执行原前三年租金，即每年 720 万元。出租人未同意，但 A 公司即擅自按照每月 60 万元支付租金。

2012 年 9 月 20 日，胡某等 17 人委托律师向 A 公司发送《律师函》一份，告知 A 公司无权擅自降低租金，并要求 A 公司立即按照合同约定的金额付清拖欠的全部租金及支付违约金。A 公司收到该函后仍然按照每月 60 万元向出租人支付租金。

2012年11月，胡某等17人向法院提起诉讼，请求判令A公司支付拖欠的租金并承担相应的违约责任。该案诉讼期间，A公司按照每月60万元在前一月的10日左右支付了2012年12月和2013年1月的租金，2013年2月、3月、4月的租金分文未付。后胡某等17人于2013年3月25日撤回该案起诉，该院裁定准许。

2013年4月8日，胡某等17人再次委托律师向A公司发送《律师函》一份，告知A公司其行为构成违约，按照双方签订的《房屋租赁合同》规定，出租人有权解除合同，收回房屋，并要求A公司承担违约责任。《律师函》并通知A公司自律师函发出之日起解除双方之间的《房屋租赁合同》及《补充协议》，收回出租的全部房屋，并要求A公司按照合同约定支付拖欠的全部租金并承担相应的违约金。

接到上述律师函后，双方的争议仍未能解决，胡某等17人遂于2013年4月12日向法院提起诉讼，请求判令：1.解除双方之间的租赁合同，A公司立即返还租赁的房屋；2.A公司立即支付拖欠的租金（暂计算至2013年4月10日为375万元，2013年4月10日之后的租金要求按照每月75万元计算至实际归还房屋之日止）；3.A公司承担违约金274万元（自2012年7月11日计算至2013年4月10日计274天，每天1万元，即274万元）；4.A公司承担逾期付款利息26万元（按照中国人民银行同期贷款利率，根据A公司拖欠租金的时间和金额分段计算）。A公司针对胡某等17人的诉讼请求，答辩称：其不同意解除双方租赁合同，其逾期支付租金并非恶意，不应承担违约责任，即使应当承担违约责任，双方约定的每天一万元的违约金计算标准过高，请求按照中国人民银行同期存款利率标准予以调整。A公司同时提起反诉称：双方在签订租赁合同时存在重大误解，租金约定过高，导致A公司经营亏损，请求判令自2013年1月起将案涉租赁合同的租金变更为每年400万元。

［法院认为］

一审法院认为：第一，A公司关于案涉租赁合同中租金条款应予变更即调减租金为每年400万元的主张不能成立。刘某作为A公司的发起人，为设立A公司以自己名义与胡某等出租人签订了《房屋租赁合同》及《补充协议》，A公司成立后对该租赁合同予以确认，故A公司与胡某等17人之间的房屋租赁合同关系成立且有效。根据《合同法》第54条第1款、第55条的规定，因重大误解订立的合同，当事人一方有权请求人民法院变更或者撤销，具有撤销权的当事人自知道或者应当知道撤销事由之日起一年内没有行使撤销权的，撤销权消灭。可以构成重大误解变更合同的前提条件是订立合同时存在重大误解，且重大误解必须符合一定的条件才能构成并产生使合同撤销或者变更的法律后果。本案中，A公司称其与胡某等17人签订的租赁合同中的租金条款系因重大误解订立而应予变更，其理由主要是签订合同时未对商圈的租赁行情进行调研，导致在租赁合同中对租金约定过高。对此，法院认为，一般而言，法律意义上的重大误解是指行为人因对行为的性质、对方当事人、标的物的品种、质量、规格和数量等的错误认识，使行为的后果与自己的意思相悖，并造成较大损失的情形。而本案中，A公司及其发起人作为具有一般理性的商业主体，对于租赁合同的标的物即租赁房屋的状况是清楚的，不存在对于标的物的错误认识，在缔约时也必然会对租赁合同中最核心的租金条款进行谨慎考量。更何况，A公司在本案中也未能提供有效证据证明案涉租赁合同中约定的租金过分高于同地段、同类型的其他房屋。基于以上理由，应当认定A公司与胡某等17人签订的租赁合同系其双方真实意思表示，现A公司以租金约定过高为由主张存在重大误解，依据不足。此外，案涉租赁合同签订于2008年7月5日，租期自2009年1月1日起算，至A公司于2013年5月29日提起本案反诉，时间已长达近5年。A公司一直强调其自开业经营以来连年亏损，主要原因就是租金过高，故其知道或应当知道其所主张的撤销事由也已超过行使撤销权的一年除斥期间。综上，A公司关于案涉租赁合同的租金条款因重大误解订立而应予变更的主张不能成立。

《合同法解释（二）》第26条对情势变更原则进行了规定："合同成立以后客观情况发生了当事人在订立合同时无法预见的、非不可抗力造成的不属于商业风险的重大变化，继续履行合同对于一方当事人明显不公平或者不能实现合同目的，当事人请求人民法院变更或者解除合同的，人民法院应当根据公平原则，并结合案件的实际情况确定是否变更或者解除。"依据该条款，情势变更原则的适用须满足特定的条件，即：1.发生了当事人在订立合同时无法预见的、非不可抗力造成的不属于商业风险的重大变化；2.继续履行合同会对一方当事人明显不公或使合同目的无法实现。本案中，A公司主张缔约后因受金融危机、政府规划调整商圈及城市建设改造等客观环境影响，导致A公司负债经营，陷入困境，无力承担租金，故请求适用情势变更原则调减租金。法院认为，A公司所主张的金融危机发端于2007年美国的次贷风波，后于2008年不断蔓延引发全球性金融危机，A公司未举证证明金融危机对我国国内零售行业尤其是该公司的经营产生了极大的冲击和影响。至于城市规划调整、旧城区改造和新商业中心建设造成竞争等因素即使确实对A公司的经营造成不利影响，也属于正常的商业风险，更何况旧城区改造完成对A公司未必是不利因素。所谓商业风险是指市场主体在经济活动中，因对市场的不确定因素分析把握不足造成经营失利而应承担的正常可能损失。在订立合同时，A公司作为一般理性的商业主体，对市场经济形势的变化应当有所预见，其所主张的上述情形造成的经营风险程度并未超出正常人的合理预期，不属于不能实现合同目的的重大变化，因此，A公司提出的本案应适用情势变更原则对租金条款予以变更的主张也不能成立。

第二，A公司逾期支付租金构成违约，胡某等17人有权行使合同解除权解除案涉租赁合同。胡某等17人与A公司签订的租赁合同系双方当事人真实意思表示，且合同内容不违反法律、行政法规的强制性规定，依法成立且有效，对合同当事人具有约束力。双方当事人均应依约履行自己的义务，不得擅自变更。案涉租赁合同约定A公司应当按照约定期限在前一月的10日前交付下一月的租金，超过十天则视为A公司违约，胡某等17人有权解除合同，收回房屋。依据上述约定，双方当事人在租赁合同中约定了胡某等17人作为出租人解除租赁合同的条件，一旦约定的解除合同的条件成就，胡某等17人即可行使约定解除权解除租赁合同。根据查明的事实，2012年8月20日，A公司向出租人发函要求调整租金，在未获出租人同意的情况下，A公司擅自将2012年9月起至2013年1月的租金每月减少支付15万元，且对2013年2月起的租金分文未付。按照租赁合同的约定，A公司最迟应于2012年8月10日全额支付2012年9月的租金，最迟应于2013年1月10日支付2013年2月的租金，因此，A公司拖欠部分租金和全部租金的时间均远远超过十天，已构成违约，符合租赁合同约定的解除合同的条件，胡某等17人作为解除权人可据此行使合同约定的单方解除权，解除案涉租赁合同。

《合同法》第226条、第227条规定："承租人应当按照约定期限支付租金。承租人无正当理由未支付或者迟延支付租金的，出租人可以要求承租人在合理期限内支付。承租人逾期不支付的，出租人可以解除合同。"A公司无正当理由，少支付租金乃至不支付租金，在胡某等17人委托律师两次发函催告后在合理期限内仍未支付，且其少付和不付租金的行为致使胡某等17人作为出租人签订租赁合同的目的不能实现，已构成根本违约，故胡某等17人亦有权行使法定合同解除权，解除案涉租赁合同。

第三，A公司拖欠租金构成违约，应当承担给付拖欠租金及违约金的违约责任。《合同法》第107条规定："当事人一方不履行合同义务或者履行合同义务不符合约定的，应当承担继续履行、采取补救措施或者赔偿损失等违约责任。"A公司对于胡某等17人所主张的按照租赁合同的约定计算的拖欠租金数额及拖欠支付的时间均无异议，故法院对胡某等17人要求A公司给付至实际返还租赁房屋之日止拖欠的租金的诉讼请求予以支持（暂计算至2013

年10月份，拖欠的租金数额为750万元）。胡某等17人另诉请要求A公司支付逾期付款违约金274万元和逾期付款利息26万元。A公司辩称即使其构成违约，但合同约定的每天1万元的违约金标准过高，请求予以调整。法院认为，由于胡某等出租人在本案中未能就其遭受的实际损失提供证据，同时其主张的违约金及逾期付款利息损失在本质上都是要求A公司承担逾期支付租金违约的损害赔偿责任，故存在重复计算，且约定的标准过高，应当依法予以调整。法院综合考虑胡某等出租人可能因A公司逾期支付租金而遭受的损失、案涉合同的履行情况、A公司的过错程度等因素，酌情确定A公司应当支付的违约金为：以拖欠的租金数额为基数，自2012年8月11日A公司首次拖欠租金之日起，至判决确定的给付租金之日止，按照中国人民银行规定的6个月至1年（含）同期贷款年利率6%的两倍即年利率12%，以每月付款日10日为节点按月分段累进计算；计算至2013年10月10日为427,500元，自2013年10月11日起至判决确定的给付租金之日止继续分段计算。此外，鉴于A公司在合同订立之初向胡某等17人交付了100万元押金，胡某等17人也同意在本案中将该100万元押金予以冲抵，故A公司应当向胡某等17人给付的上述租金及违约金应从中抵扣100万元。

二审法院认为：关于案涉租赁合同应否解除，如果不解除，A公司要求变更租金标准为每年400万元是否具有法律依据的问题。根据《合同法》第227条规定，承租人无正当理由未支付或者迟延支付租金的，出租人可以要求承租人在合理期限内支付。承租人逾期不支付的，出租人可以解除合同。因此，承租人如果无正当理由未支付或者迟延支付租金，经出租人催要后，仍不支付的，出租人可以行使合同解除权。本案中，A公司从2012年9月擅自降低租金标准支付租金，从2013年2月起至今未再支付租金。而胡某等17人于2012年9月即向A公司发送了律师函，不同意A公司降低租金标准，并催告其按约定支付租金。从上述事实可以认定A公司存在迟延支付以及拒不支付租金的事实，而出租人也履行了催告义务，现考量胡某等17人能否行使合同解除权，还要判断A公司未支付租金是否具有正当理由。A公司上诉认为双方租赁合同约定的租金标准过高，导致其经营亏损，另外，由于A公司经营环境发生重大变化，老城区的提档升级带来的商业主体增加，这些原因均是A公司签订合同时无法预见的，故本案应当属于情势变更。A公司综合上述理由，认为其提出降低租金标准为每年400万元具有正当理由。对此法院认为，本案的房屋租赁合同是双方当事人协商一致的结果，且并不存在导致合同可变更、可撤销或无效的情形，双方当事人均应当严格遵照合同约定履行。现A公司主张发生了情势变更，但并未提供相应证据证明。即便根据A公司的陈述，所谓的城镇规划调整、商业主体增加等情形客观存在，也是正常的市场行为。A公司作为具有完全民事行为能力的商事主体，在正常的市场经营过程中，面临竞争主体增加的商业风险也是正常的，并不属于法定的情势变更。故A公司主张采用情势变原则对其租赁合同进行变更，调整租金为每年400万元没有充分的事实及法律依据，碍难采纳。因此，A公司从2012年9月起擅自降低租金标准延付甚至拒付租金即无正当理由。胡某等17名出租人依法享有法定的合同解除权。另一方面，根据双方当事人签订的《房屋租赁合同》约定：租金按月支付，如逾期十天，视为承租人违约，出租人有权收回房屋。现A公司远远超出了合同约定的租金支付时间，胡某等17人依照该合同约定，亦享有合同解除权。因此，无论根据法律规定还是合同约定，由于A公司无正当理由，拒付租金，胡某等17人作为出租人有权提出解除合同。A公司认为不应当解除合同以及要求调整租金为每年400万元的上诉理由均不能成立，不予支持。

关于胡某等17人主张的违约金应否进行调整的问题。A公司无正当理由，迟延支付以及不支付租金的行为构成违约，应当承担违约责任。双方当事人在合同中约定了“逾期支付租金，每日罚款1万元”，该条约定视为双方当事人对于逾期支付租金而应承担的违约责任的约定。根据《合同法解释（二）》第29条的规定：当事人主张约定的违约金过高请求予以适当减少的，人民法院应当以实际损失为基础，兼顾合同的履行情况，当事人的过错程度以及预期利益等综合因素，根据公平原则和诚实信用原则予以衡量，并作出裁决。本案一审中，A公司认为约定的违约金过高，请求予以调整。一审法院综合考虑A公司的违约行为、胡某等17人可能导致的银行贷款利息损失等因素，酌情认定以年利率12%的标准计算违约金，充分平衡了双方当事人的利益，并无不当。胡某等17人上诉主张违约金不应调整，但并未提出除银行贷款利息损失之外，尚存在其他损失的充分证据，故对其该上诉理由，不予采纳。

关于A公司主张的装潢投入的损失是否有事实及法律依据，应否在本案中处理的问题。A公司上诉认为既然一审法院判决解除双方的租赁合同，就应当对解除合同后果一并予以处理，即对A公司的装潢投入进行评估，要求出租人予以返还。二审法院认为：A公司提出的应对其装潢投入进行评估，要求胡某等17人予以赔偿的问题，其在一审中并未提出该项反诉请求，亦未就合同解除后的装潢投入提出抗辩，一审法院未就A公司的装潢投入进行审查。因此，该问题在二审中不宜作出认定，当事人若有争议可以另行解决，本案二审亦不予理涉。

[裁判结果]

一审法院判决：1. 解除胡某等17人与A公司之间的房屋租赁合同；2.A公司迁出并向胡某等17人返还租赁房屋；3.A公司向胡某等17人给付租金（租金的计算方式为：每月75万元，计算至2013年10月31日的欠付租金的数额为750万元，之后的租金至实际返还房屋之日止按照每月75万元继续计算）；4.A向胡某等17人给付违约金（违约金的计算方式为：以拖欠的租金数额为基数，自2012年8月11日起至判决确定的给付租金之日止，按照中国人民银行规定的6个月至1年（含）同期贷款年利率6%的两倍即年利率12%，以每月付款日10日为节点按月分段累进计算；截至2013年10月31日的租金750万元计算至2013年10月10日的逾期付款违约金为427,500元，自2013年10月11日起至判决确定的给付租金之日止继续分段计算）；5. 胡某等17人向A公司返还100万元押金，该款项于A公司履行上述第3、4项判决主文确定的给付义务时冲抵；6. 驳回胡某等17人其他本诉请求；7. 驳回A公司的反诉请求。双方当事人均不服一审法院判决，提起上诉。

二审法院判决：驳回上诉，维持原判。

[裁判思路]

本案处理的核心在于正确理解与适用情势变更原则。论述如下：

所谓情势变更原则，是指合同有效成立后，因不可归责于双方当事人的事由发生重大变化而使合同的基础动摇或者丧失，若继续维持合同会显失公平，因此允许变更合同内容或解除合同的原则。[①] 在我国，情势变更原则的法律依据为《合同法解释（二）》第26条，该条规定："合同成立以后客观情况发生了当事人在订立合同时无法预见的、非不可抗力造成的不属于商业风险的重大变化，继续履行合同对于一方当事人明显不公平或者不能实现合同目的，当事人请求人民法院变更或者解除合同的，人民法院应当根据公平原则，并结合案件的实际情况确定是否变更或者解除。"

1. 情势变更原则的适用条件

情势变更原则的适用有以下几项条件：（1）应有情势变更的事实，也就是合同赖以存在的客观情况确实发生变化。（2）情势变更，须为当事人所不能预见。如果当事人在订立合同时能够预见到相关的情势变更，即表明其知道相关情势变更所产生的风险，并甘愿承担，在这种情况下情势变更原则就并不适用。（3）情势变更必须不可归责于双方当事人，也就是由除不可抗力以外的其他以外事故所引起。（4）情势变更的事实发生于合同成立之后，履

---

① 王家福主编：《中国民法学·民法债权》，法律出版社1991年版，第393页。

行完毕之前。

2. 情势变更原则的效力

适用情势变更原则对于当事人来讲主要有两个效力：（1）变更合同，即对合同的主要条款进行变更，如合同标的数额的增减、标的物的变更、履行方式等。（2）解除合同。上述两个效力的层次是不同的，法院在认定变更或解除合同方面应遵循一定的顺序。按照合同严守的原则，法律优先考虑在最大的限度范围内维持原有的合同关系。因此，如果合同有变更的可能，应该首先变更合同，如果变更合同还不能消除双方显失公平的结果，则考虑解除合同。

3. 情势变更原则的适用范围

情势变更原则的规定符合国际上合同法律制度的发展趋势，但在实践中一定要慎重适用。总的来说，情势变更原则主要针对经济形势、经济政策的巨大变化，与国家对经济生活干预有直接关系，如价格调整、经济危机、通货膨胀等。[①] 需要强调的是，在适用情势变更原则中，一定要注意区分情势变更与商业风险。商业风险是指在商业活动中，由于各种不确定因素引起的，给商业主体带来获利或损失的机会或可能性的一种客观经济现象。在司法实践中，一些合同当事人有可能以正常的商业风险作为情势变更的理由，要求变更或解除合同，实际上，两者是有根本区别的：（1）两者性质不同。情势变更属于作为合同成立的基础环境发生了异常变动，所造成的风险属于意外的风险；而商业风险属于从事商业活动所固有的风险，作为合同基础的客观情况的变化未达到异常的程度。（2）对两者是否能预见不同。情势变更的发生，当事人签约时无法预见，而且根据实际能力和当时的具体条件，根本不可能预见；而商业风险则是行为人能够预见或应当预见客观情况的变化可能发生，并尽量加以避免的一种可能性。（3）两者是否可归责不同。情势变更因不可预见，所以双方当事人在主观上都没有过错，故不可归责于双方当事人；而商业风险由于具有可预见性，故此可以说当事人对此存有过失，故商业风险可归责于一方当事人的主观认识错误。（4）两者的后果不同。情势变更的发生使合同的履行出现了不可逾越的客观障碍，在客观上会使合同的基础和预期的目的发生根本性的动摇，如继续履行原合同，将对一方当事人明显不利，与诚实信用原则和公平原则相违背；而在商业风险中，合同的基础没有发生根本变化，继续履行合同不会对一方当事人明显不公平或者不能实

---

① 孙礼梅主编：《〈中华人民共和国合同法〉立法资料选》，法律出版社1999年版，第30页。

现合同目的，致使造成一定条件下的履行困难及履行合同费用的增加。

现代社会商业风险无处不在。如果混淆情势变更原则与正常商业风险的界线，就会导致情势变更原则的滥用，影响交易安全，扰乱正常的商业活动，对市场经济造成损害。本案中，在订立合同时，A公司作为一般理性的商业主体，对市场经济形势的变化应当有所预见，其所主张的城市规划调整、旧城区改造和新商业中心建设造成竞争等因素即使确实对A公司的经营造成不利影响，但也属于正常的商业风险，上述情形造成的经营风险程度并未超出正常人的合理预期，不属于不能实现合同目的的重大变化。因此，A公司提出的本案应适用情势变更原则对租金条款予以变更的主张不能成立。

［相关法律法规］

《合同法》第93、97、114、226、227条

《合同法解释（二）》第26、29条

66. 关于继续性租金债权诉讼时效期间的确定

【案例】

A公司与郑某房屋租赁合同纠纷案[①]

［案号］

（2013）温鹿民初字第1005号

（2014）浙温民终字第1027号

［案情］

A公司系鹿城区江滨路环城段×号地块地下一层商业用房所有人。2006年7月16日，郑某与A公司签订《房屋租赁合同》，承租上述商业用房中的2000平方米，租赁期自2006年7月19日起至2011年7月18日止；租金为每月每平方40元，每两个月支付一次，计16万元；第一次租金在合同签订之日起5日内付清，此后下期租金在上期租期结束前10日内付清，先付款后使用，超时付款每日按应缴纳租金千分之三收取滞纳金；郑某擅自将房屋转租、转让或转借、进行非法活动损害国家和社会公共利益或拖欠租金达一个

① 见“温州市房地产公司与郑海鸥房屋租赁合同纠纷二审民事判决书”，载中国裁判文书网：http://wenshu.court.pcc，最后访问时间：2017年8月17日。

月的，A 公司可以随时终止合同，收回房屋，没收保证金。

合同签订后，郑某将租赁房屋与案外人叶某向 A 公司租赁的案涉房屋另 4000 平方米合在一起经营娱乐会所，该会所为个体工商户，业主为郑某合伙经营。郑某租金付至 2010 年 9 月 18 日（2010 年 7 月 19 日至 9 月 18 日租金由案外人厉某支付），此后未付租金。厉某曾与 A 公司商讨承租案涉房屋，但未果。另查明，上述娱乐会所于 2010 年 3 月 8 日注销工商登记，此后未再经营，其中物品在租赁合同到期前已被全部搬离。后 A 公司委托律师于 2012 年 4 月 5 日向郑某发律师函催讨 2010 年 9 月 19 日至 2011 年 7 月 18 日租金，该律师函由郑某于同年 4 月 11 日签收。2013 年 4 月 10 日，A 公司向法院提起本案诉讼。

［法院认为］

一审法院认为：经双方确认，A 公司已收取租金至 2010 年 9 月 18 日，此后的租金郑某未再支付。郑某在租赁期限内，在合同未解除的情况下，拒不支付租金，显属违约。郑某对上述请求提出分期计算诉讼时效的主张。法院认为，法律规定诉讼时效制度，意在督促当事人及时行使权利，而非使侵权人获取不当利益。根据《民法通则》第 136 条、第 140 条的规定，延付或拒付租金的，诉讼时效期间为一年；提起诉讼、当事人一方提出要求或同意履行的，诉讼时效中断并重新计算。本案双方在租赁合同中约定租金每两月支付一次，在上期租期结束前 10 日内付清，先付款后使用，即租金为分期支付，最后一期租金应在 2011 年 5 月 18 日前 10 日内支付。但是，鉴于本案租赁合同为长期的继续性合同，本身为一个整体，其中的租金亦可视为一个整体债务，分期支付是租赁双方对整体租金债务的履行方式所作约定，不能改变租金的整体债务性质。根据《诉讼时效规定》第 5 条的规定，当事人约定同一债务分期履行的，诉讼时效期间从最后一期履行期限届满之日起计算。而在本案租赁时间较长，租金数额较大情况下，双方约定每两个月一次的分期支付方式，显然有利于减轻承租方的支付压力，出于信赖和公平原则，对要求支付合同期限内租金的诉讼时效应作有利于出租方的理解。因此对租赁合同期限内的租金的诉讼时效，应从租赁合同期限届满之日即 2011 年 7 月 18 日开始计算。郑某 2012 年 4 月 11 日签收 A 公司的催讨租金律师函，符合《诉讼时效规定》第 10 条规定的“当事人一方提出要求”的情形，产生诉讼时效中断的效力。A 公司于 2013 年 4 月 10 日提起诉讼，其对租赁合同期限内的租金请求并未超过诉讼时效，故郑某应支付 A 公司拖欠的 2010 年 9 月 19 日至 2011 年 7 月 18 日租金 80 万元。至于上述租金的滞纳金，性质上仍属于违约损失的范畴。双方在合同中约定逾期支付租金的滞纳金每日按应缴纳租金千分之三收取，郑某提出标准过高应予调整的抗辩。根据《合同法解释（二）》第29条规定，对于违约金人民法院应当以实际损失为基础，兼顾合同的履行情况、当事人的过错程度以及预期利益等综合因素，根据公平原则和诚实信用原则予以衡量；且当事人约定的违约金超过造成损失的百分之三十的，一般可以认定“过分高于造成的损失”。另据《合同法》第119条规定，当事人一方违约后，对方应当采取适当措施防止损失扩大，没有采取适当措施致使损失扩大的，不得就扩大的损失要求赔偿。据双方租赁合同约定，进行非法活动或拖欠租金达一个月的，A公司可以随时终止合同、收回房屋、没收保证金。本案中，A公司至迟在2010年7月张贴催缴房租通知时就已知道在案涉房屋经营的娱乐会所因非法活动而被查封，且郑某已拖欠租金，但A公司并未采取相应措施以减少损失，在2010年9月郑某拖欠租金后亦未及时采取措施，故应承担由此造成的扩大损失。因此，对郑某关于按上述合同约定计算滞纳金明显过高的主张，予以支持，根据本案实际情况，酌定滞纳金按同期贷款利率自租赁合同到期起计算。

二审法院认为：关于租赁合同期限内的租金和滞纳金问题。郑某与A公司签订的房屋租赁合同意思表示真实，内容未违反法律法规的强制性规定，合同有效，双方均应按约履行合同义务。根据《民法通则》第136条、第137条、第140条的规定，诉讼时效期间从知道或者应当知道权利被侵害时起计算。诉讼时效因提起诉讼、当事人一方提出要求或者同意履行义务而中断。从中断时起，诉讼时效期间重新计算。延付或拒付租金的，诉讼时效期间为一年。根据《诉讼时效规定》第5条规定，当事人约定同一债务分期履行的，诉讼时效期间从最后一期履行期限届满之日起计算。本案中，双方在租赁合同中约定租金每两月支付一次，在上期租期结束前10日内付清，先付款后使用，即租金为分期支付。但该约定并不改变全部租金为同一债务的性质，诉讼时效应自最后一期履行期限届满之日即2011年5月9日起计算。A公司于2012年4月11日向郑某发出催讨租金律师函的行为，产生诉讼时效中断的效力。A公司于2013年4月10日向一审法院递交起诉材料，未超过一年的诉讼时效，故郑某应支付A公司拖欠的2010年9月19日至2011年7月18日的租金80万元及滞纳金。滞纳金的性质属于违约损失的范畴，应从每笔租金应付未付之日分别开始计算。双方在租赁合同中约定滞纳金按日千万之三计算，一审判决依据郑某要求调整滞纳金的主张，酌定滞纳金按中国人民银行同期贷款利率计算并无不当。

［裁判结果］

一审法院判决：1.郑某支付A公司租金80万元及滞纳金（按中国人民

银行公布的同期贷款利率自 2011 年 7 月 19 日起计算至判决确定的履行之日止）；2. 驳回 A 公司的其他诉讼请求。双方当事人均不服一审法院判决，提起上诉。

二审法院判决：1. 维持一审法院判决第 2 项；2. 变更一审法院判决第 1 项为：郑某支付 A 公司租金 80 万元及滞纳金（滞纳金按中国人民银行同期贷款利率计算至判决确定的履行之日止，其中自 2010 年 9 月 9 日起按 16 万元租金计算、自 2010 年 11 月 9 日起按 32 万元租金计算、自 2011 年 1 月 9 日起按 48 万元租金计算、自 2011 年 3 月 9 日起按 64 万元租金计算、自 2011 年 5 月 9 日起按 80 万元租金计算）。

［**裁判思路**］

《民法通则》第 136 条规定，延付或者拒付租金的诉讼时效为 1 年[①]。租金的支付，分为一次性支付和分期支付。一次性支付，通常支付时间确定，因此，承租人在约定时间没有支付租金的，出租人知道或者应当知道权利被侵害，诉讼时效期间从支付时间第 2 日起计算，时间为 1 年。分期支付租金，承租人未按期支付的，诉讼时效起算比较复杂，这也是司法实践中存在争议的问题。

关于分期履行合同诉讼时效起算点的问题，最高人民法院有一个逐步深入、成熟的认识过程。自 2000 年以来，最高人民法院针对个案发布过多个答复，但观点不一，多在“从最后一期届满后起算”和“应从每一期履行期限届满之日起分别起算”两种观点之间徘徊不定。2004 年 4 月 6 日，针对云南省高级人民法院《云南省高级人民法院关于继续性租金债权的诉讼时效期间如何计算的请示》最高人民法院作出法函［2004］22 号答复。该答复指出：对分期履行合同的每一期债务发生争议的，诉讼时效期间自该期债务履行期限届满之次日起算。而最高人民法院的民事判决（尤其是 2004 年以来的判决）则多采纳了从最后一笔还款期届满之日起算的观点。最具代表性的是最高人民法院［2004］民二终字第 147 号民事判决书（2004 年 12 月 15 日），最高人民法院在该案判决书中认为，应于债务人的整体义务的履行期限届满后开始计算诉讼时效。最高人民法院对该问题的司法态度的转变和统一的裁判尺度的初步形成，始于该案判决。此后，2008 年《诉讼时效规定》的公布从司法解释层面彻底解决了这一问题。《诉讼时效规定》第 5 条规定：“当事人约定同一债务分期履行的，诉讼时效期间从最后一期履行期限届满之日起计算。”因此，在房屋租赁合同约定分期支付租金的情况下，关于主张租金的诉

① 该条已被《中华人民共和国民法总则》第 188 条修改。

讼时效问题应按照该司法解释的规定掌握。

[相关法律法规]

《中华人民共和国民法总则》第 188 条

《诉讼时效规定》第 5 条

附　录

一、法律、行政法规

中华人民共和国民法总则（节录）

（2017年3月15日中华人民共和国第十二届全国人民代表大会第五次会议通过 2017年3月15日中华人民共和国主席令第66号公布 自2017年10月1日起施行）

第五章 民事权利

第一百一十三条 民事主体的财产权利受法律平等保护。

第一百一十四条 民事主体依法享有物权。

物权是权利人依法对特定的物享有直接支配和排他的权利，包括所有权、用益物权和担保物权。

第一百一十五条 物包括不动产和动产。法律规定权利作为物权客体的，依照其规定。

第一百一十六条 物权的种类和内容，由法律规定。

第一百一十七条 为了公共利益的需要，依照法律规定的权限和程序征收、征用不动产或者动产的，应当给予公平、合理的补偿。

第一百一十八条 民事主体依法享有债权。

债权是因合同、侵权行为、无因管理、不当得利以及法律的其他规定，权利人请求特定义务人为或者不为一定行为的权利。

第一百一十九条 依法成立的合同，对当事人具有法律约束力。

第一百二十条 民事权益受到侵害的，被侵权人有权请求侵权人承担侵权责任。

第一百二十一条 没有法定的或者约定的义务，为避免他人利益受损失而进行管理的人，有权请求受益人偿还由此支出的必要费用。

第一百二十二条 因他人没有法律根据，取得不当利益，受损失的人有权请求其返还不当利益。

第一百三十条 民事主体按照自己的意愿依法行使民事权利，不受干涉。

第一百三十一条 民事主体行使权利时，应当履行法律规定的和当事人约定的义务。

第一百三十二条 民事主体不得滥用民事权利损害国家利益、社会公共利益或者他人合法权益。

第六章 民事法律行为

第一节 一般规定

第一百三十三条 民事法律行为是民事主体通过意思表示设立、变更、终止民事法律关系的行为。

第一百三十四条 民事法律行为可以基于双方或者多方的意思表示一致成立，也可以基于单方的意思表示成立。

法人、非法人组织依照法律或者章程规定的议事方式和表决程序作出决议的，该决议行为成立。

第一百三十五条 民事法律行为可以采用书面形式、口头形式或者其他形式；法律、行政法规规定或者当事人约定采用特定形式的，应当采用特定形式。

第一百三十六条 民事法律行为自成立时生效，但是法律另有规定或者当事人另有约定的除外。

行为人非依法律规定或者未经对方同意，不得擅自变更或者解除民事法律行为。

第二节 意思表示

第一百三十七条 以对话方式作出的意思表示，相对人知道其内容时生效。

以非对话方式作出的意思表示，到达相对人时生效。以非对话方式作出的采用数据电文形式的意思表示，相对人指定特定系统接收数据电文的，该数据电文进入该特定系统时生效；未指定特定系统的，相对人知道或者应当知道该数据电文进入其系统时生效。当事人对采用数据电文形式的意思表示的生效时间另有约定的，按照其约定。

第一百三十八条 无相对人的意思表示，表示完成时生效。法律另有规定的，依照其规定。

第一百三十九条 以公告方式作出的意思表示，公告发布时生效。

第一百四十条 行为人可以明示或者默示作出意思表示。

沉默只有在有法律规定、当事人约定或者符合当事人之间的交易习惯时，才可以视为意思表示。

第一百四十一条 行为人可以撤回意思表示。撤回意思表示的通知应当在意思表示到达相对人前或者与意思表示同时到达相对人。

第一百四十二条 有相对人的意思表示的解释，应当按照所使用的词句，结合相关条款、行为的性质和目的、习惯以及诚信原则，确定意思表示的含义。

无相对人的意思表示的解释，不能完全拘泥于所使用的词句，而应当结合相关条款、行为的性质和目的、习惯以及诚信原则，确定行为人的真实意思。

第三节 民事法律行为的效力

第一百四十三条 具备下列条件的民事法律行为有效：

（一）行为人具有相应的民事行为能力；

（二）意思表示真实；

（三）不违反法律、行政法规的强制性规定，不违背公序良俗。

第一百四十四条 无民事行为能力人实施的民事法律行为无效。

第一百四十五条 限制民事行为能力人实施的纯获利益的民事法律行为或者与其年龄、智力、精神健康状况相适应的民事法律行为有效；实施的其他民事法律行为经法定代理人同意或者追认后有效。

相对人可以催告法定代理人自收到通知之日起一个月内予以追认。法定代理人未作表示的，视为拒绝追认。民事法律行为被追认前，善意相对人有撤销的权利。撤销应当以通知的方式作出。

第一百四十六条 行为人与相对人以虚假的意思表示实施的民事法律行为无效。

以虚假的意思表示隐藏的民事法律行为的效力，依照有关法律规定处理。

第一百四十七条 基于重大误解实施的民事法律行为，行为人有权请求人民法院或者仲裁机构予以撤销。

第一百四十八条 一方以欺诈手段，使对方在违背真实意思的情况下实施的民事法律行为，受欺诈方有权请求人民法院或者仲裁机构予以撤销。

第一百四十九条 第三人实施欺诈行为，使一方在违背真实意思的情况下实施的民事法律行为，对方知道或者应当知道该欺诈行为的，受欺诈方有权请求人民法院或者仲裁机构予以撤销。

第一百五十条 一方或者第三人以胁迫手段，使对方在违背真实意思的情况下实施的民事法律行为，受胁迫方有权请求人民法院或者仲裁机构予以撤销。

第一百五十一条 一方利用对方处于危困状态、缺乏判断能力等情形，致使民事法律行为成立时显失公平的，受损害方有权请求人民法院或者仲裁机构予以撤销。

第一百五十二条 有下列情形之一的，撤销权消灭：

（一）当事人自知道或者应当知道撤销事由之日起一年内、重大误解的当事人自知道或者应当知道撤销事由之日起三个月内没有行使撤销权；

（二）当事人受胁迫，自胁迫行为终止之日起一年内没有行使撤销权；

（三）当事人知道撤销事由后明确表示或者以自己的行为表明放弃撤销权。

当事人自民事法律行为发生之日起五年内没有行使撤销权的，撤销权消灭。

第一百五十三条 违反法律、行政法规的强制性规定的民事法律行为无效，但是该强制性规定不导致该民事法律行为无效的除外。

违背公序良俗的民事法律行为无效。

第一百五十四条 行为人与相对人恶意串通，损害他人合法权益的民事法律行为无效。

第一百五十五条 无效的或者被撤销的民事法律行为自始没有法律约束力。

第一百五十六条 民事法律行为部分无效，不影响其他部分效力的，其他部分仍然有效。

第一百五十七条 民事法律行为无效、被撤销或者确定不发生效力后，行为人因该行为取得的财产，应当予以返还；不能返还或者没有必要返还的，应当折价补偿。有过错的一方应当赔偿对方由此所受到的损失；各方都有过错的，应当各自承担相应的责任。法律另有规定的，依照其规定。

第四节　民事法律行为的附条件和附期限

第一百五十八条 民事法律行为可以附条件，但是按照其性质不得附条件的除外。附生效条件的民事法律行为，自条件成就时生效。附解除条件的民事法律行为，自条件成就时失效。

第一百五十九条 附条件的民事法律行为，当事人为自己的利益不正当地阻止条件成就的，视为条件已成就；不正当地促成条件成就的，视为条件不成就。

第一百六十条 民事法律行为可以附期限，但是按照其性质不得附期限的除外。附生效期限的民事法律行为，自期限届至时生效。附终止期限的民事法律行为，自期限届满时失效。

第八章 民事责任

第一百七十六条 民事主体依照法律规定和当事人约定，履行民事义务，承担民事责任。

第一百七十七条 二人以上依法承担按份责任，能够确定责任大小的，各自承担相应的责任；难以确定责任大小的，平均承担责任。

第一百七十八条 二人以上依法承担连带责任的，权利人有权请求部分或者全部连带责任人承担责任。

连带责任人的责任份额根据各自责任大小确定；难以确定责任大小的，平均承担责任。实际承担责任超过自己责任份额的连带责任人，有权向其他连带责任人追偿。

连带责任，由法律规定或者当事人约定。

第一百七十九条 承担民事责任的方式主要有：

（一）停止侵害；

（二）排除妨碍；

（三）消除危险；

（四）返还财产；

（五）恢复原状；

（六）修理、重作、更换；

（七）继续履行；

（八）赔偿损失；

（九）支付违约金；

（十）消除影响、恢复名誉；

（十一）赔礼道歉。

法律规定惩罚性赔偿的，依照其规定。

本条规定的承担民事责任的方式，可以单独适用，也可以合并适用。

第一百八十条 因不可抗力不能履行民事义务的，不承担民事责任。法律另有规定的，依照其规定。

不可抗力是指不能预见、不能避免且不能克服的客观情况。

第一百八十六条 因当事人一方的违约行为，损害对方人身权益、财产权益的，受损害方有权选择请求其承担违约责任或者侵权责任。

第九章 诉讼时效

第一百八十八条 向人民法院请求保护民事权利的诉讼时效期间为三年。法律另有规定的，依照其规定。

诉讼时效期间自权利人知道或者应当知道权利受到损害以及义务人之日起计算。法律另有规定的，依照其规定。但是自权利受到损害之日起超过二十年的，人民法院不予保护；有特殊情况的，人民法院可以根据权利人的申请决定延长。

第一百九十条 无民事行为能力人或者限制民事行为能力人对其法定代理人的请求权的诉讼时效期间，自该法定代理终止之日起计算。

第一百九十四条 在诉讼时效期间的最后六个月内，因下列障碍，不能行使请求权的，诉讼时效中止：

（一）不可抗力；

（二）无民事行为能力人或者限制民事行为能力人没有法定代理人，或者法定代理人死亡、丧失民事行为能力、丧失代理权；

（三）继承开始后未确定继承人或者遗产管理人；

（四）权利人被义务人或者其他人控制；

（五）其他导致权利人不能行使请求权的障碍。

自中止时效的原因消除之日起满六个月，诉讼时效期间届满。

第一百九十五条 有下列情形之一的，诉讼时效中断，从中断、有关程序终结时起，诉讼时效期间重新计算：

（一）权利人向义务人提出履行请求；

（二）义务人同意履行义务；

（三）权利人提起诉讼或者申请仲裁；

（四）与提起诉讼或者申请仲裁具有同等效力的其他情形。

第一百九十六条 下列请求权不适用诉讼时效的规定：

（一）请求停止侵害、排除妨碍、消除危险；

（二）不动产物权和登记的动产物权的权利人请求返还财产；

（三）请求支付抚养费、赡养费或者扶养费；

（四）依法不适用诉讼时效的其他请求权。

第一百九十七条 诉讼时效的期间、计算方法以及中止、中断的事由由法律规定，当事人约定无效。

当事人对诉讼时效利益的预先放弃无效。

第一百九十八条 法律对仲裁时效有规定的，依照其规定；没有规定的，适用诉讼时效的规定。

第一百九十九条 法律规定或者当事人约定的撤销权、解除权等权利的存续期间，除法律另有规定外，自权利人知道或者应当知道权利产生之日起计算，不适用有关诉讼时效中止、中断和延长的规定。存续期间届满，撤销权、解除权等权利消灭。

中华人民共和国物权法（节录）

（2007年3月16日第十届全国人民代表大会第五次会议通过
2007年3月16日中华人民共和国主席令62号公布
自2007年10月1日起施行）

第一编　总　则

第一章　基本原则

第六条　不动产物权的设立、变更、转让和消灭，应当依照法律规定登记。动产物权的设立和转让，应当依照法律规定交付。

第七条　物权的取得和行使，应当遵守法律，尊重社会公德，不得损害公共利益和他人合法权益。

第二章　物权的设立、变更、转让和消灭

第一节　不动产登记

第九条　不动产物权的设立、变更、转让和消灭，经依法登记，发生效力；未经登记，不发生效力，但法律另有规定的除外。

依法属于国家所有的自然资源，所有权可以不登记。

第三节　其他规定

第三十条　因合法建造、拆除房屋等事实行为设立或者消灭物权的，自事实行为成就时发生效力。

第三章　物权的保护

第三十四条　无权占有不动产或者动产的，权利人可以请求返还原物。

第三十五条　妨害物权或者可能妨害物权的，权利人可以请求排除妨害或者消除危险。

第三十六条　造成不动产或者动产毁损的，权利人可以请求修理、重作、更换或者恢复原状。

第三十七条　侵害物权，造成权利人损害的，权利人可以请求损害赔偿，也可以请求承担其他民事责任。

第二编　所有权

第四章　一般规定

第三十九条　所有权人对自己的不动产或者动产，依法享有占有、使用、收益和处分的权利。

第八章　共　有

第一百零一条　按份共有人可以转让其享有的共有的不动产或者动产份额。其他共有人在同等条件下享有优先购买的权利。

第九章　所有权取得的特别规定

第一百零六条　无处分权人将不动产或者动产转让给受让人的，所有权人有权追回；除法律另有规定外，符合下列情形的，受让人取得该不动产或者动产的所有权：

（一）受让人受让该不动产或者动产时是善意的；

（二）以合理的价格转让；

（三）转让的不动产或者动产依照法律规定应当登记的已经登记，不需要登记的已经交付给受让人。

受让人依照前款规定取得不动产或者动产的所有权的，原所有权人有权向无处分权人请求赔偿损失。

当事人善意取得其他物权的，参照前两款规定。

第四编　担保物权

第十六章　抵押权

第一节　一般抵押权

第一百九十条　订立抵押合同前抵押财产已出租的，原租赁关系不受该抵押权的影响。抵押权设立后抵押财产出租的，该租赁关系不得对抗已登记的抵押权。

第五编　占　　有

第十九章　占　　有

第二百四十一条　基于合同关系等产生的占有，有关不动产或者动产的使用、收益、违约责任等，按照合同约定；合同没有约定或者约定不明确的，依照有关法律规定。

第二百四十二条　占有人因使用占有的不动产或者动产，致使该不动产或者动产受到损害的，恶意占有人应当承担赔偿责任。

第二百四十三条　不动产或者动产被占有人占有的，权利人可以请求返还原物及其孳息，但应当支付善意占有人因维护该不动产或者动产支出的必要费用。

第二百四十四条　占有的不动产或者动产毁损、灭失，该不动产或者动产的权利人请求赔偿的，占有人应当将因毁损、灭失取得的保险金、赔偿金或者补偿金等返还给权利人；权利人的损害未得到足够弥补的，恶意占有人还应当赔偿损失。

第二百四十五条　占有的不动产或者动产被侵占的，占有人有权请求返还原物；对妨害占有的行为，占有人有权请求排除妨害或者消除危险；因侵占或者妨害造成损害的，占有人有权请求损害赔偿。

占有人返还原物的请求权，自侵占发生之日起一年内未行使的，该请求权消灭。

中华人民共和国合同法（节录）

（1999年3月15日第九届全国人民代表大会第二次会议通过
1999年3月15日中华人民共和国主席令第15号公布
自1999年10月1日起施行）

总　　则

第二章　合同的订立

第十条　当事人订立合同，有书面形式、口头形式和其他形式。

法律、行政法规规定采用书面形式的，应当采用书面形式。当事人约定采用书面形式的，应当采用书面形式。

第十一条　书面形式是指合同书、信件和数据电文（包括电报、电传、传真、电子数据交换和电子邮件）等可以有形地表现所载内容的形式。

第三十六条　法律、行政法规规定或者当事人约定采用书面形式订立合同，当事人未采用书面形式但一方已经履行主要义务，对方接受的，该合同成立。

第三十七条　采用合同书形式订立合同，在签字或者盖章之前，当事人一方已经履行主要义务，对方接受的，该合同成立。

第三章　合同的效力

第四十四条　依法成立的合同，自成立时生效。

法律、行政法规规定应当办理批准、登记等手续生效的，依照其规定。

第五十二条　有下列情形之一的，合同无效：

（一）一方以欺诈、胁迫的手段订立合同，损害国家利益；

（二）恶意串通，损害国家、集体或者第三人利益；

（三）以合法形式掩盖非法目的；

（四）损害社会公共利益；

（五）违反法律、行政法规的强制性规定。

第五十六条　无效的合同或者被撤销的合同自始没有法律约束力。合同部分无效，不影响其他部分效力的，其他部分仍然有效。

第五十八条　合同无效或者被撤销后，因该合同取得的财产，应当予以返还；不能返还或者没有必要返还的，应当折价补偿。有过错的一方应当赔偿对方因此所受到的损失，双方都有过错的，应当各自承担相应的责任。

第四章　合同的履行

第六十一条　合同生效后，当事人就质量、价款或者报酬、履行地点等内容没有约定或者约定不明确的，可以协议补充；不能达成补充协议的，按照合同有关条款或者交易习惯确定。

第六十二条　当事人就有关合同内容约定不明确，依照本法第六十一条的规定仍不能确定的，适用下列规定：

（一）质量要求不明确的，按照国家标准、行业标准履行；没有国家标准、行业标准的，按照通常标准或者符合合同目的的特定标准履行。

（二）价款或者报酬不明确的，按照订立合同时履行地的市场价格履行；依法应当执行政府定价或者政府指导价的，按照规定履行。

（三）履行地点不明确，给付货币的，在接受货币一方所在地履行；交付不动产的，在不动产所在地履行；其他标的，在履行义务一方所在地履行。

（四）履行期限不明确的，债务人可以随时履行，债权人也可以随时要求履行，但应当给对方必要的准备时间。

（五）履行方式不明确的，按照有利于实现合同目的的方式履行。

（六）履行费用的负担不明确的，由履行义务一方负担。

第六章　合同的权利义务终止

第九十三条　当事人协商一致，可以解除合同。

当事人可以约定一方解除合同的条件。解除合同的条件成就时，解除权人可以解除合同。

第九十四条　有下列情形之一的，当事人可以解除合同：

（一）因不可抗力致使不能实现合同目的；

（二）在履行期限届满之前，当事人一方明确表示或者以自己的行为表明不履行主要债务；

（三）当事人一方迟延履行主要债务，经催告后在合理期限内仍未履行；

（四）当事人一方迟延履行债务或者有其他违约行为致使不能实现合同目的；

（五）法律规定的其他情形。

第九十五条　法律规定或者当事人约定解除权行使期限，期限届满当事人不行使的，该权利消灭。

法律没有规定或者当事人没有约定解除权行使期限，经对方催告后在合理期限内不行使的，该权利消灭。

第九十六条　当事人一方依照本法第九十三条第二款、第九十四条的规定主张解除合同的，应当通知对方。合同自通知到达对方时解除。对方有异议的，可以请求人民法院或者仲裁机构确认解除合同的效力。

法律、行政法规规定解除合同应当办理批准、登记等手续的，依照其规定。

第九十七条　合同解除后，尚未履行的，终止履行；已经履行的，根据履行情况和合同性质，当事人可以要求恢复原状、采取其他补救措施，并有权要求赔偿损失。

第七章　违约责任

第一百零七条　当事人一方不履行合同义务或者履行合同义务不符合约定的，应当承担继续履行、采取补救措施或者赔偿损失等违约责任。

第一百一十条　当事人一方不履行非金钱债务或者履行非金钱债务不符合约定的，对方可以要求履行，但有下列情形之一的除外：

（一）法律上或者事实上不能履行；

（二）债务的标的不适于强制履行或者履行费用过高；

（三）债权人在合理期限内未要求履行。

第一百一十九条 当事人一方违约后，对方应当采取适当措施防止损失的扩大；没有采取适当措施致使损失扩大的，不得就扩大的损失要求赔偿。

当事人因防止损失扩大而支出的合理费用，由违约方承担。

第一百二十条 当事人双方都违反合同的，应当各自承担相应的责任。

分 则

第十三章 租赁合同

第二百一十二条 租赁合同是出租人将租赁物交付承租人使用、收益，承租人支付租金的合同。

第二百一十三条 租赁合同的内容包括租赁物的名称、数量、用途、租赁期限、租金及其支付期限和方式、租赁物维修等条款。

第二百一十四条 租赁期限不得超过二十年。超过二十年的，超过部分无效。

租赁期间届满，当事人可以续订租赁合同，但约定的租赁期限自续订之日起不得超过二十年。

第二百一十五条 租赁期限六个月以上的，应当采用书面形式。当事人未采用书面形式的，视为不定期租赁。

第二百一十六条 出租人应当按照约定将租赁物交付承租人，并在租赁期间保持租赁物符合约定的用途。

第二百一十七条 承租人应当按照约定的方法使用租赁物。对租赁物的使用方法没有约定或者约定不明确，依照本法第六十一条的规定仍不能确定的，应当按照租赁物的性质使用。

第二百一十八条 承租人按照约定的方法或者租赁物的性质使用租赁物，致使租赁物受到损耗的，不承担损害赔偿责任。

第二百一十九条 承租人未按照约定的方法或者租赁物的性质使用租赁物，致使租赁物受到损失的，出租人可以解除合同并要求赔偿损失。

第二百二十条 出租人应当履行租赁物的维修义务，但当事人另有约定的除外。

第二百二十一条 承租人在租赁物需要维修时可以要求出租人在合理期限内维修。出租人未履行维修义务的，承租人可以自行维修，维修费用由出租人负担。因维修租赁物影响承租人使用的，应当相应减少租金或者延长租期。

第二百二十二条 承租人应当妥善保管租赁物，因保管不善造成租赁物毁损、灭失的，应当承担损害赔偿责任。

第二百二十三条 承租人经出租人同意，可以对租赁物进行改善或者增设他物。

承租人未经出租人同意，对租赁物进行改善或者增设他物的，出租人可以要求承租人恢复原状或者赔偿损失。

第二百二十四条 承租人经出租人同意，可以将租赁物转租给第三人。承租人转租的，承租人与出租人之间的租赁合同继续有效，第三人对租赁物造成损失的，承租人应当赔偿损失。

承租人未经出租人同意转租的，出租人可以解除合同。

第二百二十五条 在租赁期间因占有、使用租赁物获得的收益，归承租人所有，但当事人另有约定的除外。

第二百二十六条 承租人应当按照约定的期限支付租金。对支付期限没有约定或者约定不明确，依照本法第六十一条的规定仍不能确定，租赁期间不满一年的，应当在租赁期间届满时支付；租赁期间一年以上的，应当在每届满一年时支付，剩余期间不满一年的，应当在租赁期间届满时支付。

第二百二十七条 承租人无正当理由未支付或者迟延支付租金的，出租人可以要求承租人在合理期限内支付。承租人逾期不支付的，出租人可以解除合同。

第二百二十八条 因第三人主张权利，致使承租人不能对租赁物使用、收益的，承租人可以要求减少租金或者不支付租金。

第三人主张权利的，承租人应当及时通知出租人。

第二百二十九条 租赁物在租赁期间发生所有权变动的，不影响租赁合同的效力。

第二百三十条 出租人出卖租赁房屋的，应当在出卖之前的合理期限内通知承租人，承租人享有以同等条件优先购买的权利。

第二百三十一条 因不可归责于承租人的事由，致使租赁物部分或者全部毁损、灭失的，承租人可以要求减少租金或者不支付租金；因租赁物部分或者全部毁损、灭失，致使不能实现合同目的的，承租人可以解除合同。

第二百三十二条 当事人对租赁期限没有约定或者约定不明确，依照本法第六十一条的规定仍不能确定的，视为不定期租赁。当事人可以随时解除合同，但出租人解除合同应当在合理期限之前通知承租人。

第二百三十三条 租赁物危及承租人的安全或者健康的，即使承租人订立合同时明知该租赁物质量不合格，承租人仍然可以随时解除合同。

第二百三十四条 承租人在房屋租赁期间死亡的，与其生前共同居住的人可以按照原租赁合同租赁该房屋。

第二百三十五条 租赁期间届满，承租人应当返还租赁物。返还的租赁物应当符合按照约定或者租赁物的性质使用后的状态。

第二百三十六条 租赁期间届满，承租人继续使用租赁物，出租人没有提出异议的，原租赁合同继续有效，但租赁期限为不定期。

中华人民共和国城市房地产管理法（节录）

（1994年7月5日第八届全国人民代表大会常务委员会第八次会议通过　根据2007年8月30日第十届全国人民代表大会常务委员会第二十九次会议《关于修改〈中华人民共和国城市房地产管理法〉的决定》第一次修正　根据2009年8月27日第十一届全国人民代表大会常务委员会第十次会议《关于修改部分法律的决定》第二次修正）

第四章　房地产交易

第四节　房屋租赁

第五十三条　房屋租赁，是指房屋所有权人作为出租人将其房屋出租给承租人使用，由承租人向出租人支付租金的行为。

第五十四条　房屋租赁，出租人和承租人应当签订书面租赁合同，约定租赁期限、租赁用途、租赁价格、修缮责任等条款，以及双方的其他权利和义务，并向房产管理部门登记备案。

第五十五条　住宅用房的租赁，应当执行国家和房屋所在城市人民政府规定的租赁政策。租用房屋从事生产、经营活动的，由租赁双方协商议定租金和其他租赁条款。

第五十六条　以营利为目的，房屋所有权人将以划拨方式取得使用权的国有土地上建成的房屋出租的，应当将租金中所含土地收益上缴国家。具体办法由国务院规定。

中华人民共和国城乡规划法（节录）

（2007年10月28日第十届全国人民代表大会常务委员会第三十次会议通过　2007年10月28日中华人民共和国主席令第74号公布　自2008年1月1日起施行　根据2015年4月24日第十二届全国人民代表大会常务委员会第十四次会议《全国人民代表大会常务委员会关于修改〈中华人民共和国港口法〉等七部法律的决定》修正）

第一章　总　则

第二条　制定和实施城乡规划，在规划区内进行建设活动，必须遵守本法。

本法所称城乡规划，包括城镇体系规划、城市规划、镇规划、乡规划和村庄规划。城市规划、镇规划分为总体规划和详细规划。详细规划分为控制性详细规划和修建性详细规划。

本法所称规划区，是指城市、镇和村庄的建成区以及因城乡建设和发展需要，必须实行规划控制的区域。规划区的具体范围由有关人民政府在组织编制的城市总体规划、镇总体规划、乡规划和村庄规划中，根据城乡经济社会发展水平和统筹城乡发展的需要划定。

第三条 城市和镇应当依照本法制定城市规划和镇规划。城市、镇规划区内的建设活动应当符合规划要求。

县级以上地方人民政府根据本地农村经济社会发展水平，按照因地制宜、切实可行的原则，确定应当制定乡规划、村庄规划的区域。在确定区域内的乡、村庄，应当依照本法制定规划，规划区内的乡、村庄建设应当符合规划要求。

县级以上地方人民政府鼓励、指导前款规定以外的区域的乡、村庄制定和实施乡规划、村庄规划。

第三章 城乡规划的实施

第三十七条 在城市、镇规划区内以划拨方式提供国有土地使用权的建设项目，经有关部门批准、核准、备案后，建设单位应当向城市、县人民政府城乡规划主管部门提出建设用地规划许可申请，由城市、县人民政府城乡规划主管部门依据控制性详细规划核定建设用地的位置、面积、允许建设的范围，核发建设用地规划许可证。

建设单位在取得建设用地规划许可证后，方可向县级以上地方人民政府土地主管部门申请用地，经县级以上人民政府审批后，由土地主管部门划拨土地。

第三十八条 在城市、镇规划区内以出让方式提供国有土地使用权的，在国有土地使用权出让前，城市、县人民政府城乡规划主管部门应当依据控制性详细规划，提出出让地块的位置、使用性质、开发强度等规划条件，作为国有土地使用权出让合同的组成部分。未确定规划条件的地块，不得出让国有土地使用权。

以出让方式取得国有土地使用权的建设项目，在签订国有土地使用权出让合同后，建设单位应当持建设项目的批准、核准、备案文件和国有土地使用权出让合同，向城市、县人民政府城乡规划主管部门领取建设用地规划许可证。

城市、县人民政府城乡规划主管部门不得在建设用地规划许可证中，擅自改变作为国有土地使用权出让合同组成部分的规划条件。

第四十条 在城市、镇规划区内进行建筑物、构筑物、道路、管线和其他工程建设的，建设单位或者个人应当向城市、县人民政府城乡规划主管部门或者省、自治区、直辖市人民政府确定的镇人民政府申请办理建设工程规划许可证。

申请办理建设工程规划许可证，应当提交使用土地的有关证明文件、建设工程设计方案等材料。需要建设单位编制修建性详细规划的建设项目，还应当提交修建性详细规划。对符合控制性详细规划和规划条件的，由城市、县人民政府城乡规划主管部门或者省、自治区、直辖市人民政府确定的镇人民政府核发建设工程规划许可证。

城市、县人民政府城乡规划主管部门或者省、自治区、直辖市人民政府确定的镇人民政府应当依法将经审定的修建性详细规划、建设工程设计方案的总平面图予以公布。

第四十一条 在乡、村庄规划区内进行乡镇企业、乡村公共设施和公益事业建设的，建设单位或者个人应当向乡、镇人民政府提出申请，由乡、镇人民政府报城市、县人民政府城乡规划主管部门核发乡村建设规划许可证。

在乡、村庄规划区内使用原有宅基地进行农村村民住宅建设的规划管理办法，由省、自治区、直辖市制定。

在乡、村庄规划区内进行乡镇企业、乡村公共设施和公益事业建设以及农村村民住宅建设，不得占用农用地；确需占用农用地的，应当依照《中华人民共和国土地管理法》有关规定办理农用地转用审批手续后，由城市、县人民政府城乡规划主管部门核发乡村建设规划许可证。

建设单位或者个人在取得乡村建设规划许可证后，方可办理用地审批手续。

第六章　法律责任

第六十四条　未取得建设工程规划许可证或者未按照建设工程规划许可证的规定进行建设的，由县级以上地方人民政府城乡规划主管部门责令停止建设；尚可采取改正措施消除对规划实施的影响的，限期改正，处建设工程造价百分之五以上百分之十以下的罚款；无法采取改正措施消除影响的，限期拆除，不能拆除的，没收实物或者违法收入，可以并处建设工程造价百分之十以下的罚款。

第六十五条　在乡、村庄规划区内未依法取得乡村建设规划许可证或者未按照乡村建设规划许可证的规定进行建设的，由乡、镇人民政府责令停止建设、限期改正；逾期不改正的，可以拆除。

第六十六条　建设单位或者个人有下列行为之一的，由所在地城市、县人民政府城乡规划主管部门责令限期拆除，可以并处临时建设工程造价一倍以下的罚款：

（一）未经批准进行临时建设的；

（二）未按照批准内容进行临时建设的；

（三）临时建筑物、构筑物超过批准期限不拆除的。

第六十八条　城乡规划主管部门作出责令停止建设或者限期拆除的决定后，当事人不停止建设或者逾期不拆除的，建设工程所在地县级以上地方人民政府可以责成有关部门采取查封施工现场、强制拆除等措施。

中华人民共和国建筑法（节录）

（1997年11月1日第八届全国人民代表大会常务委员会第二十八次会议通过　根据2011年4月22日第十一届全国人民代表大会常务委员会第二十次会议《关于修改〈中华人民共和国建筑法〉的决定》修正）

第二章　建筑许可

第一节　建筑工程施工许可

第七条　建筑工程开工前，建设单位应当按照国家有关规定向工程所在地县级以上人民政府建设行政主管部门申请领取施工许可证；但是，国务院建设行政主管部门确定的限额以下的小型工程除外。

按照国务院规定的权限和程序批准开工报告的建筑工程，不再领取施工许可证。

第六章 建筑工程质量管理

第六十一条 交付竣工验收的建筑工程，必须符合规定的建筑工程质量标准，有完整的工程技术经济资料和经签署的工程保修书，并具备国家规定的其他竣工条件。

建筑工程竣工经验收合格后，方可交付使用；未经验收或者验收不合格的，不得交付使用。

中华人民共和国消防法（节录）

（1998年4月29日第九届全国人民代表大会常务委员会第二次会议通过
2008年10月28日第十一届全国人民代表大会常务委员会
第五次会议修订）

第二章 火灾预防

第十条 按照国家工程建设消防技术标准需要进行消防设计的建设工程，除本法第十一条另有规定的外，建设单位应当自依法取得施工许可之日起七个工作日内，将消防设计文件报公安机关消防机构备案，公安机关消防机构应当进行抽查。

第十一条 国务院公安部门规定的大型的人员密集场所和其他特殊建设工程，建设单位应当将消防设计文件报送公安机关消防机构审核。公安机关消防机构依法对审核的结果负责。

第十二条 依法应当经公安机关消防机构进行消防设计审核的建设工程，未经依法审核或者审核不合格的，负责审批该工程施工许可的部门不得给予施工许可，建设单位、施工单位不得施工；其他建设工程取得施工许可后经依法抽查不合格的，应当停止施工。

第十三条 按照国家工程建设消防技术标准需要进行消防设计的建设工程竣工，依照下列规定进行消防验收、备案：

（一）本法第十一条规定的建设工程，建设单位应当向公安机关消防机构申请消防验收；

（二）其他建设工程，建设单位在验收后应当报公安机关消防机构备案，公安机关消防机构应当进行抽查。

依法应当进行消防验收的建设工程，未经消防验收或者消防验收不合格的，禁止投入使用；其他建设工程经依法抽查不合格的，应当停止使用。

第十五条 公众聚集场所在投入使用、营业前，建设单位或者使用单位应当向场所所在地的县级以上地方人民政府公安机关消防机构申请消防安全检查。

公安机关消防机构应当自受理申请之日起十个工作日内，根据消防技术标准和管理规定，对该场所进行消防安全检查。未经消防安全检查或者经检查不符合消防安全要求的，不得投入使用、营业。

第六章 法律责任

第五十八条 违反本法规定，有下列行为之一的，责令停止施工、停止使用或者停产停业，并处三万元以上三十万元以下罚款：

（一）依法应当经公安机关消防机构进行消防设计审核的建设工程，未经依法审核或者审核不合格，擅自施工的；

（二）消防设计经公安机关消防机构依法抽查不合格，不停止施工的；

（三）依法应当进行消防验收的建设工程，未经消防验收或者消防验收不合格，擅自投入使用的；

（四）建设工程投入使用后经公安机关消防机构依法抽查不合格，不停止使用的；

（五）公众聚集场所未经消防安全检查或者经检查不符合消防安全要求，擅自投入使用、营业的。

建设单位未依照本法规定将消防设计文件报公安机关消防机构备案，或者在竣工后未依照本法规定报公安机关消防机构备案的，责令限期改正，处五千元以下罚款。

中华人民共和国担保法（节录）

（1995年6月30日第八届全国人民代表大会常务委员会第十四次会议通过 1995年6月30日中华人民共和国主席令第50号公布 自1995年10月1日起施行）

第三章 抵 押

第三节 抵押的效力

第四十八条 抵押人将已出租的财产抵押的，应当书面告知承租人，原租赁合同继续有效。

第四节 抵押权的实现

第五十三条 债务履行期届满抵押权人未受清偿的，可以与抵押人协议以抵押物折价或者以拍卖、变卖该抵押物所得的价款受偿；协议不成的，抵押权人可以向人民法院提起诉讼。

抵押物折价或者拍卖、变卖后，其价款超过债权数额的部分归抵押人所有，不足部分由债务人清偿。

城市房屋拆迁管理条例（节录）

（2001年6月6日国务院第40次常务会议通过 2001年6月13日中华人民共和国国务院令第305号公布 自2001年11月1日起施行）

第二章 拆迁管理

第十三条 拆迁人与被拆迁人应当依照本条例的规定，就补偿方式和补偿金额、安置用房面积和安置地点、搬迁期限、搬迁过渡方式和过渡期限等事项，订立拆迁补偿安置协议。

拆迁租赁房屋的，拆迁人应当与被拆迁人、房屋承租人订立拆迁补偿安置协议。

第三章 拆迁补偿与安置

第二十七条 拆迁租赁房屋，被拆迁人与房屋承租人解除租赁关系的，或者被拆迁人对房屋承租人进行安置的，拆迁人对被拆迁人给予补偿。

被拆迁人与房屋承租人对解除租赁关系达不成协议的，拆迁人应当对被拆迁人实行房屋产权调换。产权调换的房屋由原房屋承租人承租，被拆迁人应当与原房屋承租人重新订立房屋租赁合同。

二、司法解释

最高人民法院
关于审理城镇房屋租赁合同纠纷案件具体应用法律若干问题的解释

法释〔2009〕11号

（2009年6月22日最高人民法院审判委员会第1469次会议通过 2009年7月30日最高人民法院公告公布 自2009年9月1日起施行）

为正确审理城镇房屋租赁合同纠纷案件，依法保护当事人的合法权益，根据《中华人民共和国民法通则》、《中华人民共和国物权法》、《中华人民共和国合同法》等法律规定，结合民事审判实践，制定本解释。

第一条 本解释所称城镇房屋，是指城市、镇规划区内的房屋。

乡、村庄规划区内的房屋租赁合同纠纷案件，可以参照本解释处理。但法律另有规定的，适用其规定。

当事人依照国家福利政策租赁公有住房、廉租住房、经济适用住房产生的纠纷案件，不适用本解释。

第二条 出租人就未取得建设工程规划许可证或者未按照建设工程规划许可证的规定建设的房屋，与承租人订立的租赁合同无效。但在一审法庭辩论终结前取得建设工程规划许可证或者经主管部门批准建设的，人民法院应当认定有效。

第三条 出租人就未经批准或者未按照批准内容建设的临时建筑，与承租人订立的租赁合同无效。但在一审法庭辩论终结前经主管部门批准建设的，人民法院应当认定有效。

租赁期限超过临时建筑的使用期限，超过部分无效。但在一审法庭辩论终结前经主管部门批准延长使用期限的，人民法院应当认定延长使用期限内的租赁期间有效。

第四条 当事人以房屋租赁合同未按照法律、行政法规规定办理登记备案手续为由，请求确认合同无效的，人民法院不予支持。

当事人约定以办理登记备案手续为房屋租赁合同生效条件的，从其约定。但当事人一方已经履行主要义务，对方接受的除外。

第五条 房屋租赁合同无效，当事人请求参照合同约定的租金标准支付房屋占有使用费的，人民法院一般应予支持。

当事人请求赔偿因合同无效受到的损失，人民法院依照合同法的有关规定和本司法解释第九条、第十三条、第十四条的规定处理。

第六条 出租人就同一房屋订立数份租赁合同，在合同均有效的情况下，承租人均主张履行合同的，人民法院按照下列顺序确定履行合同的承租人：

（一）已经合法占有租赁房屋的；

（二）已经办理登记备案手续的；

（三）合同成立在先的。

不能取得租赁房屋的承租人请求解除合同、赔偿损失的，依照合同法的有关规定处理。

第七条 承租人擅自变动房屋建筑主体和承重结构或者扩建，在出租人要求的合理期限内仍不予恢复原状，出租人请求解除合同并要求赔偿损失的，人民法院依照合同法第二百一十九条的规定处理。

第八条 因下列情形之一，导致租赁房屋无法使用，承租人请求解除合同的，人民法院应予支持：

（一）租赁房屋被司法机关或者行政机关依法查封的；

（二）租赁房屋权属有争议的；

（三）租赁房屋具有违反法律、行政法规关于房屋使用条件强制性规定情况的。

第九条 承租人经出租人同意装饰装修，租赁合同无效时，未形成附合的装饰装修物，出租人同意利用的，可折价归出租人所有；不同意利用的，可由承租人拆除。因拆除造成房屋毁损的，承租人应当恢复原状。

已形成附合的装饰装修物，出租人同意利用的，可折价归出租人所有；不同意利用的，由双方各自按照导致合同无效的过错分担现值损失。

第十条 承租人经出租人同意装饰装修，租赁期间届满或者合同解除时，除当事人另有约定外，未形成附合的装饰装修物，可由承租人拆除。因拆除造成房屋毁损的，承租人应当恢复原状。

第十一条 承租人经出租人同意装饰装修，合同解除时，双方对已形成附合的装饰装修物的处理没有约定的，人民法院按照下列情形分别处理：

（一）因出租人违约导致合同解除，承租人请求出租人赔偿剩余租赁期内装饰装修残值损失的，应予支持；

（二）因承租人违约导致合同解除，承租人请求出租人赔偿剩余租赁期内装饰装修残值损失的，不予支持。但出租人同意利用的，应在利用价值范围内予以适当补偿；

（三）因双方违约导致合同解除，剩余租赁期内的装饰装修残值损失，由双方根据各自的过错承担相应的责任；

（四）因不可归责于双方的事由导致合同解除的，剩余租赁期内的装饰装修残值损失，由双方按照公平原则分担。法律另有规定的，适用其规定。

第十二条 承租人经出租人同意装饰装修，租赁期间届满时，承租人请求出租人补偿附合装饰装修费用的，不予支持。但当事人另有约定的除外。

第十三条 承租人未经出租人同意装饰装修或者扩建发生的费用，由承租人负担。出租人请求承租人恢复原状或者赔偿损失的，人民法院应予支持。

第十四条 承租人经出租人同意扩建，但双方对扩建费用的处理没有约定的，人民法院按照下列情形分别处理：

（一）办理合法建设手续的，扩建造价费用由出租人负担；

（二）未办理合法建设手续的，扩建造价费用由双方按照过错分担。

第十五条 承租人经出租人同意将租赁房屋转租给第三人时，转租期限超过承租人剩余租赁期限的，人民法院应当认定超过部分的约定无效。但出租人与承租人另有约定的除外。

第十六条 出租人知道或者应当知道承租人转租，但在六个月内未提出异议，其以承租人未经同意为由请求解除合同或者认定转租合同无效的，人民法院不予支持。

因租赁合同产生的纠纷案件，人民法院可以通知次承租人作为第三人参加诉讼。

第十七条 因承租人拖欠租金，出租人请求解除合同时，次承租人请求代承租人支付欠付的租金和违约金以抗辩出租人合同解除权的，人民法院应予支持。但转租合同无效的除外。

次承租人代为支付的租金和违约金超出其应付的租金数额，可以折抵租金或者向承租人追偿。

第十八条 房屋租赁合同无效、履行期限届满或者解除，出租人请求负有腾房义务的次承租人支付逾期腾房占有使用费的，人民法院应予支持。

第十九条 承租人租赁房屋用于以个体工商户或者个人合伙方式从事经营活动，承租人在租赁期间死亡、宣告失踪或者宣告死亡，其共同经营人或者其他合伙人请求按照原租赁合同租赁该房屋的，人民法院应予支持。

第二十条 租赁房屋在租赁期间发生所有权变动，承租人请求房屋受让人继续履行原租赁合同的，人民法院应予支持。但租赁房屋具有下列情形或者当事人另有约定的除外：

（一）房屋在出租前已设立抵押权，因抵押权人实现抵押权发生所有权变动的；

（二）房屋在出租前已被人民法院依法查封的。

第二十一条 出租人出卖租赁房屋未在合理期限内通知承租人或者存在其他侵害承租人优先购买权情形，承租人请求出租人承担赔偿责任的，人民法院应予支持。但请求确认出租人与第三人签订的房屋买卖合同无效的，人民法院不予支持。

第二十二条 出租人与抵押权人协议折价、变卖租赁房屋偿还债务，应当在合理期限内通知承租人。承租人请求以同等条件优先购买房屋的，人民法院应予支持。

第二十三条 出租人委托拍卖人拍卖租赁房屋，应当在拍卖5日前通知承租人。承租人未参加拍卖的，人民法院应当认定承租人放弃优先购买权。

第二十四条 具有下列情形之一，承租人主张优先购买房屋的，人民法院不予支持：

（一）房屋共有人行使优先购买权的；

（二）出租人将房屋出卖给近亲属，包括配偶、父母、子女、兄弟姐妹、祖父母、外祖父母、孙子女、外孙子女的；

（三）出租人履行通知义务后，承租人在十五日内未明确表示购买的；

（四）第三人善意购买租赁房屋并已经办理登记手续的。

第二十五条 本解释施行前已经终审，本解释施行后当事人申请再审或者按照审判监督程序决定再审的案件，不适用本解释。

附：

最高人民法院民一庭负责人就《关于审理城镇房屋租赁合同纠纷案件具体应用法律若干问题的解释》答记者问

一、出台司法解释的背景

问：最高人民法院在2009年7月30日正式公布了《关于审理城镇房屋租赁合同纠纷案件具体应用法律若干问题的解释》（以下简称《解释》），请您谈谈《解释》出台的背景情况？

答：在我国经济高速发展和住房制度改革日益深化的推动下，房屋租赁经营方式日益普遍，房屋租赁业迅猛发展，涌现出许多新情况、新问题，并形成诉讼进入司法领域。近年来，人民法院受理的房屋租赁合同纠纷案件日益增多。由于相关法律规范比较原则，人民法院在审理房屋租赁合同纠纷案件中面临很多具体适用法律的难点问题。为统一法律适用，指导各级人民法院及时公正审理房屋租赁合同纠纷案件，促进房屋租赁市场的健康发展，最高人民法院于2006年9月着手《解释》（征求意见稿）的起草和调研工作。

房屋租赁主要包括居住用房的租赁和经营用房的租赁。居住用房是人类生存的基本物质条件，经营用房是人类从事生产经营的必要生产资料，因此，房屋租赁与国家利益、社会公共利益和广大人民群众的切身利益息息相关，亦与社会的和谐稳定、经济的平稳发展息息相关。最高人民法院从“保增长、保民生、保稳定”的全局工作出发，高度重视该部司法解释的起草工作，确定以落实科学发展观和司法为民作为指导思想，严循立法精神，重视调查研究，强化起草内容的针对性和可操作性。其间，起草小组多次奔赴全国各地调研，广泛征求各方意见。在反复研究讨论的基础上，《解释》经最高人民法院审判委员会第1469次会议研究通过，并于2009年9月1日施行。

二、司法解释的适用范围

问：《解释》将适用范围确定为城镇房屋租赁合同纠纷案件，是基于何种考虑？

答：按照《城乡规划法》有关规划区域的规定，我国现有房屋可分为城市规划区、镇规划区、乡规划区、村庄规划区范围内的房屋。《解释》为表述简练，将城市规划区、镇规划区范围内的房屋统称为城镇房屋。城镇房屋建设规模大，房屋性质多样，用途广泛。其开发、建设、交付使用受到《城市房地产管理法》、《城乡规划法》、《建筑法》、《消防法》等法律和行政法规强制性规范的调整。如《建筑法》规定，限额以上的工程应当向工程所在地县级以上人民政府建设行政主管部门申请领取施工许可证。该类工程按照《消防法》的规定，属于按照国家工程建筑消防技术标准需要进行消防设计的建筑工程。上述工程未经竣工验收，不得交付使用。而乡、村庄规划区内的房屋因建设规模小，达不到适用上述法律、行政法规强制性规范的标准，在房屋建设、使用条件上的强制性法律规定较少。同时，由于城镇房屋和乡村房屋租赁经营活跃程度不同，租赁交易规则和租赁纠纷产生的原因亦有很大不同。从数量上看，乡村房屋租赁合同纠纷数量较少。为解决审判实践中的突出问题，我们确定本司法解释的适用范围为城镇房屋租赁合同纠纷案件。

随着我国城市化和城乡一体化进程的快速推进，一部分经济比较发达的乡村和城镇规划区周边的乡村，房屋建设规模扩大、房屋使用性质多样、租赁经营日益活跃，与城镇房屋租赁在适用法律和采用的交易规则方面已没有区别。为满足这部分乡村房屋租赁合同纠纷案件审判的需要，《解释》规定：“乡、村庄规划区内的房屋租赁合同纠纷案件，可以参照本解释处理。但法律另有规定的，适用其规定。”

承租人依照国家福利政策承租的公有住房、廉租住房、经济适用房，具有社会福利性和保障性，其租赁关系不属于完全的民事法律行为，有关合同纠纷不适用本《解释》。

三、明确租赁合同无效的范围

问：《解释》在合同效力的认定上，是如何体现促进房屋租赁市场发展和维护稳定的房屋租赁交易秩序这一目标的？

答：合同效力的认定对促进房屋租赁市场发展，维护房屋租赁市场交易秩序稳定意义重大。《解释》在准确判断相关法律、行政法规的强制性规定是否为效力性强制性规定基础上，确定了认定合同效力的原则：一是限定无效合同的范围。《解释》仅将违法建筑物租赁合同、转租期限超过承租人剩余租赁期限的合同、未经出租人同意的转租合同认定为无效。在违法建筑物范围认定上，确定未取得建设工程规划许可证或者未按照建设工程规划许可证规定建设的房屋，未经批准或者未按照批准内容建设的临时建筑，超过批准使用期限的临时建筑为违法建筑。二是对欠缺生效条件合同效力的处理上，采取了补救性的措施，即当事人只要在一审法庭辩论终结前，取得了法律、行政法规规定的条件，不存在合同法第五十二条规定的无效情形，就认定合同有效。《解释》在遵循法律规定精神的基础上，采用宽严适当的原则，确定合同效力，目的就是在尽量维持合同效力的基础上，促进社会资源的有效利用，保障房屋租赁市场的健康发展。

问：《解释》规定合同被认定无效后，承租人要支付房屋占有使用费，是将无效合同按照有效处理吗？为什么参照合同约定的租金标准确定占有使用费？

答：这种理解是错误的。合同无效后，承租人支付占有房屋期间的使用费，是返还依无效合同取得的财产的一种方式，并不是按照合同履行支付的租金。依照无效合同的处理原则，承租人应返还依无效合同取得的财产，包括占有租赁的房屋和实际占有房屋所获取的占有利益。占有利益为无形财产，承租人只能采用折价补偿的方式，即支付房屋使用费予以返还。

对于房屋使用费按照何种标准确定，实践中做法很多。合同约定的租金标准，与合同签订时的市场行情相符，易于双方当事人认可，且标准明确，有利于人民法院判断掌握，亦可避免采用评估方式确定房屋使用费，加重当事人诉讼成本，延长案件审理期间的弊端。考虑到实践中存在因房屋质量问题或其他原因影响承租人使用房屋的情形，完全参照合同约定的租金标准确定承租人支付使用费可能与其获取的占有利益不符，有失公平，本条规定“当事人请求参照合同约定的租金标准支付房屋占有使用费的，人民法院一般应予支持。”将是否支持的裁量权交由人民法院，根据承租人对房屋的实际使用状况确定是否参照、如何参照合同约定的租金标准确定占有使用费。

四、适用不同民法理论处理装饰装修问题

问：房屋租赁合同纠纷案件中装饰装修的处理，一直是司法审判中的热点和难点问题，《解释》对此问题是如何规定的？

答：装饰装修的处理涉及到债权和物权两大领域，关涉添附制度、不当得利等民法理论，该类案件的处理在理论界及审判实务界均引起高度关注。《解释》在吸收各级人民法院和学术界意见基础上，确立了处理此类纠纷的规则：承租人擅自进行装饰装修，构成侵权，承担侵权责任；承租人经同意装饰装修，区分情况适用不同的处理原则，一是对附合和未形成附合的装饰装修物分别适用不同的处理规则。未形成附合的装饰装修物，承租人作为所有权人享有处分权；已形成附合的装饰装修物区分合同无效、合同有效解除、合同履行期限届满情形，适用不同的处理规则。二是出租人是否对承租人的装饰装修进行补偿，如何补偿，要区分不同情况。合同无效时，出租人同意利用的装饰装修，基于不当得利对承租人进行补偿；不同意利用的，装饰装修的现值损失作为无效合同的损失，由双方按照过错承担；合同解除，由导致合同解除的违约方承担装饰装修残值损失。在双方均无过错情形下，由双方依照公平原则分担装饰装修残值损失；需要注意的是，合同解除时，如果出租人同意利用承租人装饰装修的，仍需基于不当得利对承租人予以补偿；合同履行期间届满，出租人取得附合装饰装修物无需补偿。

问：《解释》就附合装饰装修的处理出现“现值损失”和“残值损失”两个名词，如何理解和区分这两种损失。

答：一直以来，各地人民法院对附合装饰装修损失的认定，方法多样，标准不同，统一这一问题的法律适用，对司法审判意义重大。《解释》根据有效合同和无效合同的不同法律效果，对装饰装修损失采用了现值损失和残值损失两种不同的标准。现值损失是指合同被认定无效时，装饰装修的现存价值。在合同无效场合，承租人通常已经占用使用租赁房屋一段时间，其在此期间享有的装饰装修利益，不应再列入合同无效的损失范围。残值损失是指在合同解除时，装饰装修的剩余“价值”，这一“价值”的确定是以合同解除时装饰装修的现值为基础，且不能低于合同履行期间摊销的装饰装修费用。《解释》依照租赁合同的权利义务内容、行业惯例、交易习惯，规定在双方当事人无约定情形下，承租人的附合装饰装修费用应当在租赁期内摊销完毕，出租人无需补偿。按照这一规定，合同履行期间已经摊销的装饰装修费用，不应列入合同解除的损失范围。如装饰装修造价 60 万元，租期 5 年，则 60 万元造价摊销在租期内，每年平均摊销 12 万元。合同履行三年后解除，按照评估价值，装饰装修现值为 30 万元，但按照租期内摊销价计算，三年摊销费用为 36 万元。则残值应当按照摊销费用确定为 36 万元。如果装饰装修现值高于摊销的造价费用，则应当按照装饰装修的现值来确定残值。

五、依法保护承租人的优先购买权

问：《解释》规定承租人优先购买权受侵害时，无权主张认定出租人与第三人签订的买卖合同无效，是基于何种考虑？

答：首先需要明确，《解释》规定的是“承租人不能以出租人侵害其优先购买权为由，请求确认出租人与第三人签订的房屋买卖合同无效”，而不是规定在何种情形下，承租人均不得主张认定出租人与第三人签订的买卖合同无效。

优先购买权纠纷一直是审判实践中的难点问题。承租人优先购买权性质的认定，是解决该难点首要面临的问题。2007 年 10 月 1 日施行的物权法，并未将优先购买权规定为物权，该权利因此不具有“对世性”权利。最高人民法院废止了《〈民法通则〉适用意见》第 118 条规定，就是基于该条规定与物权法规定相冲突。本《解释》遵循法律规定精神，将承租人优先购买权定性还原为债权，规定承租人不能以出租人侵害其优先购买权为由，请求确认出租人与第三人签订的房屋买卖合同无效。该项规定并不妨碍出租人与第三人恶意串通签订买卖合同损害承租人优先购买权时，承租人依照民法通则第五十八条第一款第（四）项规定和合同法第五十二条第（二）项规定，主张认定出租人与第三人签订的买卖合同无效。

问：出租人出租房屋上设立抵押权的情况在房屋租赁中时有发生，《解释》对抵押权人行使抵押权时承租人优先购买权的保护是如何规定的？

答：从权利的设置目的看，抵押权是从抵押物的交换价值优先受偿，其追求的是抵押物的交换价值，不要求转移抵押物的占有，亦不享有对抵押物的处分权。优先购买权是优先购买租赁房屋的权利，并以同等条件为权利行使的必备要件。上述两种权利从设置目的上看，行使时不会发生冲突。抵押权人与出租人协商折价、变卖或者拍卖抵押房屋实现抵押权时，属于出租人出卖房屋的方式，承租人以同等条件优先购买抵押的租赁房屋，不会影响抵押权人实现债权，不论抵押权设立在租赁合同成立前或后，均不会与抵押人实现抵押权发生冲突。因此，解释依照抵押权与承租人优先购买权立法目的不同，规定出租人与抵押权人协议折价、变卖租赁房屋偿还债务，或者拍卖房屋时，依法保护承租人的优先购买权。出租人以其他方式出卖房屋时，应当采取同样的规则保护承租人的优先购买权。当然，承租人主张优先购买房屋时，人民法院应当考虑以下两方面的问题，一是承租人应当具有让出租人信赖的履约能力，如责令承租人以交付押金或者定金等方式提供履约担保，使出租人信赖其履约能力，以避免人民法院支持承租人购买房屋的主张后，因承租人缺乏履约能力导致合同无法履行，损害出租人利益。二是依照权利义务对等原则，承租人的优先购买权亦应当在合理期限内主张，在出租人履行通知义务后，承租人应当在 15 日内明确表示是否行使优先购买权；出租人没有履行通知义务的，承租人可在知道或者应当知道出租人出卖房屋之日起一年内主张，超过合理期限的，人民法院不应予以支持。

问：按照《解释》规定，是否只要出租人出卖租赁房屋，承租人就可主张优先购买房屋？

答：这种理解是错误的。《解释》第 24 条规定了承租人优先购买权行使的四种例外情形：（一）房屋共有人行使优先购买权的。法律设定共有人具有优先购买权，宗旨是简化物权关系，维护共有关系的稳定性，充分发挥物的用益价值，而承租人优先购买权主要是维护使用关系的稳定性，从利益衡量的角度考量，应当优先保护共有人的购买权。（二）出租人将房屋出卖给近亲属情形。我国是靠亲情和人情为纽带联系起来的熟人社会，人们在经济交往中，亲情关系往往是交换价值确定的重要考虑因素，具有浓厚的人身色彩，与纯粹的买卖关系终究有所不同。《解释》立足国情，将出租人出卖房屋给近亲属的情况，列为出租人出售房屋的特别方式，排除承租人优先购买权。这一规定有利于促进家庭和睦和社会稳定，符合构建和谐社会的重大历史任务要求。（三）出租人履行告知义务后，承租人在 15 日内未明确表示愿意购买的。本项是对合同法第二百三十条规定的进一步细化。从权利义务对等的角度分析，承租人在合理期限内行使优先购买权，亦应为承租人优先购买权的内容。如果承租人不及时行使优先购买权，将导致出租人所有者权益受到损害。在房屋交易市场价格波动加大的情况下，这种损害更为明显。因此，本项将承租人接到通知后 15 日，作为行使优先购买权的合理期限，逾期视为承租人放弃优先购买权。（四）购买房屋的第三人出于善意并已办理登记手续的。物权法第一百零六条规定了善意取得制度，即受让人以财产所有权转移为目的，善意、对价受让且占有该财产，即使出让人无处分权，受让人仍可取得转让物的所有权。根据“举重以明轻”的民法解释原则，在第三人善意购买出租房屋，并办理登记手续情形下，可以对抗承租人优先购买房屋的主张。

最高人民法院
关于贯彻执行《中华人民共和国民法通则》若干问题的意见（试行）（节录）

法（办）发〔1988〕6号

（1998年1月26日 最高人民法院审判委员会讨论通过）

四、民事权利

（一）关于财产所有权和与财产所有权有关的财产权问题

86. 非产权人在使用他人的财产上增添附属物，财产所有人同意增添，并就财产返还时附属物如何处理有约定的，按约定办理；没有约定又协商不成，能够拆除的，可以责令拆除；不能拆除的，也可以折价归财产所有人；造成财产所有人损失的，应当负赔偿责任。

（二）关于债权问题

119. 承租户以一人名义承租私有房屋，在租赁期内，承租人死亡，该户共同居住人要求按原租约履行的，应当准许。

私有房屋在租赁期内，因买卖、赠与或者继承发生房屋产权转移的，原租赁合同对承租人和新房主继续有效。

未定租期，房主要求收回房屋自住的，一般应当准许。承租人有条件搬迁的，应责令其搬迁；如果承租人搬迁确有困难的，可给一定期限让其找房或者腾让部分房屋。

最高人民法院
关于适用《中华人民共和国合同法》若干问题的解释（一）（节录）

法释〔1999〕19号

（1999年12月1日最高人民法院审判委员会第1090次会议通过 1999年12月19日最高人民法院公告公布 自1999年12月29日起施行）

一、法律适用范围

第四条 合同法实施以后，人民法院确认合同无效，应当以全国人大及其常委会制定的法律和国务院制定的行政法规为依据，不得以地方性法规、行政规章为依据。

三、合同效力

第九条 依照合同法第四十四条第二款的规定，法律、行政法规规定合同应当办理批准手续，或者办理批准、登记等手续才生效，在一审法庭辩论终结前当事人仍未办理批准手续的，或者仍未办理批准、登记等手续的，人民法院应当认定该合同未生效；法律、行政法规规定合同应当办理登记手续，但未规定登记后生效的，当事人未办理登记手续不影响合同的效力，合同标的物所有权及其他物权不能转移。

合同法第七十七条第二款、第八十七条、第九十六条第二款所列合同变更、转让、解除等情形，依照前款规定处理。

最高人民法院
关于适用《中华人民共和国合同法》若干问题的解释（二）(节录)

法释〔2009〕5号

（2009年2月9日由最高人民法院审判委员会第1462次会议通过　2009年4月24日最高人民法院公告公布　自2009年5月13日起施行）

一、合同的订立

第一条　当事人对合同是否成立存在争议，人民法院能够确定当事人名称或者姓名、标的和数量的，一般应当认定合同成立。但法律另有规定或者当事人另有约定的除外。

对合同欠缺的前款规定以外的其他内容，当事人达不成协议的，人民法院依照合同法第六十一条、第六十二条、第一百二十五条等有关规定予以确定。

二、合同的效力

第十四条　合同法第五十二条第（五）项规定的"强制性规定"，是指效力性强制性规定。

四、合同的权利义务终止

第二十四条　当事人对合同法第九十六条、第九十九条规定的合同解除或者债务抵销虽有异议，但在约定的异议期限届满后才提出异议并向人民法院起诉的，人民法院不予支持；当事人没有约定异议期间，在解除合同或者债务抵销通知到达之日起三个月以后才向人民法院起诉的，人民法院不予支持。

第二十六条　合同成立以后客观情况发生了当事人在订立合同时无法预见的、非不可抗力造成的不属于商业风险的重大变化，继续履行合同对于一方当事人明显不公平或者不能实现合同目的，当事人请求人民法院变更或者解除合同的，人民法院应当根据公平原则，并结合案件的实际情况确定是否变更或者解除。

五、违约责任

第二十九条　当事人主张约定的违约金过高请求予以适当减少的，人民法院应当以实际损失为基础，兼顾合同的履行情况、当事人的过错程度以及预期利益等综合因素，根据公平原则和诚实信用原则予以衡量，并作出裁决。

当事人约定的违约金超过造成损失的百分之三十的，一般可以认定为合同法第一百一十四条第二款规定的“过分高于造成的损失”。

最高人民法院
关于适用《中华人民共和国担保法》若干问题的解释（节录）

法释〔2000〕44号

（2000年9月29日由最高人民法院审判委员会第1133次会议通过
2000年12月8日最高人民法院公告公布
自2000年12月13日起施行）

三、关于抵押部分的解释

第六十五条 抵押人将已出租的财产抵押的，抵押权实现后，租赁合同在有效期内对抵押物的受让人继续有效。

第六十六条 抵押人将已抵押的财产出租的，抵押权实现后，租赁合同对受让人不具有约束力。

抵押人将已抵押的财产出租时，如果抵押人未书面告知承租人该财产已抵押的，抵押人对出租抵押物造成承租人的损失承担赔偿责任；如果抵押人已书面告知承租人该财产已抵押的，抵押权实现造成承租人的损失，由承租人自己承担。

最高人民法院
关于人民法院民事执行中拍卖、变卖财产的规定（节录）

法释〔2004〕16号

（2004年10月26日由最高人民法院审判委员会第1330次会议通过
2004年11月15日最高人民法院公告公布
自2005年1月1日起实施）

第十四条 人民法院应当在拍卖五日前以书面或者其他能够确认收悉的适当方式，通知当事人和已知的担保物权人、优先购买权人或者其他优先权人于拍卖日到场。

优先购买权人经通知未到场的，视为放弃优先购买权。

第十六条 拍卖过程中，有最高应价时，优先购买权人可以表示以该最高价买受，如无更高应价，则拍归优先购买权人；如有更高应价，而优先购买权人不作表示的，则拍归该应价最高的竞买人。

顺序相同的多个优先购买权人同时表示买受的，以抽签方式决定买受人。

三、部门规章

商品房屋租赁管理办法

（2010年12月1日住房和城乡建设部令第6号公布
自2011年2月1日起施行）

第一条 为加强商品房屋租赁管理，规范商品房屋租赁行为，维护商品房屋租赁双方当事人的合法权益，根据《中华人民共和国城市房地产管理法》等有关法律、法规，制定本办法。

第二条 城市规划区内国有土地上的商品房屋租赁（以下简称房屋租赁）及其监督管理，适用本办法。

第三条 房屋租赁应当遵循平等、自愿、合法和诚实信用原则。

第四条 国务院住房和城乡建设主管部门负责全国房屋租赁的指导和监督工作。

县级以上地方人民政府建设（房地产）主管部门负责本行政区域内房屋租赁的监督管理。

第五条 直辖市、市、县人民政府建设（房地产）主管部门应当加强房屋租赁管理规定和房屋使用安全知识的宣传，定期分区域公布不同类型房屋的市场租金水平等信息。

第六条 有下列情形之一的房屋不得出租：

（一）属于违法建筑的；

（二）不符合安全、防灾等工程建设强制性标准的；

（三）违反规定改变房屋使用性质的；

（四）法律、法规规定禁止出租的其他情形。

第七条 房屋租赁当事人应当依法订立租赁合同。房屋租赁合同的内容由当事人双方约定，一般应当包括以下内容：

（一）房屋租赁当事人的姓名（名称）和住所；

（二）房屋的坐落、面积、结构、附属设施，家具和家电等室内设施状况；

（三）租金和押金数额、支付方式；

（四）租赁用途和房屋使用要求；

（五）房屋和室内设施的安全性能；

（六）租赁期限；

（七）房屋维修责任；

（八）物业服务、水、电、燃气等相关费用的缴纳；

（九）争议解决办法和违约责任；

（十）其他约定。

房屋租赁当事人应当在房屋租赁合同中约定房屋被征收或者拆迁时的处理办法。

建设（房地产）管理部门可以会同工商行政管理部门制定房屋租赁合同示范文本，供当事人选用。

第八条 出租住房的，应当以原设计的房间为最小出租单位，人均租住建筑面积不得低于当地人民政府规定的最低标准。

厨房、卫生间、阳台和地下储藏室不得出租供人员居住。

第九条 出租人应当按照合同约定履行房屋的维修义务并确保房屋和室内设施安全。未及时修复损坏的房屋，影响承租人正常使用的，应当按照约定承担赔偿责任或者减少租金。

房屋租赁合同期内，出租人不得单方面随意提高租金水平。

第十条 承租人应当按照合同约定的租赁用途和使用要求合理使用房屋，不得擅自改动房屋承重结构和拆改室内设施，不得损害其他业主和使用人的合法权益。

承租人因使用不当等原因造成承租房屋和设施损坏的，承租人应当负责修复或者承担赔偿责任。

第十一条 承租人转租房屋的，应当经出租人书面同意。

承租人未经出租人书面同意转租的，出租人可以解除租赁合同，收回房屋并要求承租人赔偿损失。

第十二条 房屋租赁期间内，因赠与、析产、继承或者买卖转让房屋的，原房屋租赁合同继续有效。

承租人在房屋租赁期间死亡的，与其生前共同居住的人可以按照原租赁合同租赁该房屋。

第十三条 房屋租赁期间出租人出售租赁房屋的，应当在出售前合理期限内通知承租人，承租人在同等条件下有优先购买权。

第十四条 房屋租赁合同订立后三十日内，房屋租赁当事人应当到租赁房屋所在地直辖市、市、县人民政府建设（房地产）主管部门办理房屋租赁登记备案。

房屋租赁当事人可以书面委托他人办理房屋租赁登记备案。

第十五条 办理房屋租赁登记备案，房屋租赁当事人应当提交下列材料：

（一）房屋租赁合同；

（二）房屋租赁当事人身份证明；

（三）房屋所有权证书或者其他合法权属证明；

（四）直辖市、市、县人民政府建设（房地产）主管部门规定的其他材料。

房屋租赁当事人提交的材料应当真实、合法、有效，不得隐瞒真实情况或者提供虚假材料。

第十六条 对符合下列要求的，直辖市、市、县人民政府建设（房地产）主管部门应当在三个工作日内办理房屋租赁登记备案，向租赁当事人开具房屋租赁登记备案证明：

（一）申请人提交的申请材料齐全并且符合法定形式；

（二）出租人与房屋所有权证书或者其他合法权属证明记载的主体一致；

（三）不属于本办法第六条规定不得出租的房屋。

申请人提交的申请材料不齐全或者不符合法定形式的，直辖市、市、县人民政府建设（房地产）主管部门应当告知房屋租赁当事人需要补正的内容。

第十七条　房屋租赁登记备案证明应当载明出租人的姓名或者名称，承租人的姓名或者名称、有效身份证件种类和号码，出租房屋的坐落、租赁用途、租金数额、租赁期限等。

第十八条　房屋租赁登记备案证明遗失的，应当向原登记备案的部门补领。

第十九条　房屋租赁登记备案内容发生变化、续租或者租赁终止的，当事人应当在三十日内，到原租赁登记备案的部门办理房屋租赁登记备案的变更、延续或者注销手续。

第二十条　直辖市、市、县建设（房地产）主管部门应当建立房屋租赁登记备案信息系统，逐步实行房屋租赁合同网上登记备案，并纳入房地产市场信息系统。

房屋租赁登记备案记载的信息应当包含以下内容：

（一）出租人的姓名（名称）、住所；

（二）承租人的姓名（名称）、身份证件种类和号码；

（三）出租房屋的坐落、租赁用途、租金数额、租赁期限；

（四）其他需要记载的内容。

第二十一条　违反本办法第六条规定的，由直辖市、市、县人民政府建设（房地产）主管部门责令限期改正，对没有违法所得的，可处以五千元以下罚款；对有违法所得的，可以处以违法所得一倍以上三倍以下，但不超过三万元的罚款。

第二十二条　违反本办法第八条规定的，由直辖市、市、县人民政府建设（房地产）主管部门责令限期改正，逾期不改正的，可处以五千元以上三万元以下罚款。

第二十三条　违反本办法第十四条第一款、第十九条规定的，由直辖市、市、县人民政府建设（房地产）主管部门责令限期改正；个人逾期不改正的，处以一千元以下罚款；单位逾期不改正的，处以一千元以上一万元以下罚款。

第二十四条　直辖市、市、县人民政府建设（房地产）主管部门对符合本办法规定的房屋租赁登记备案申请不予办理、对不符合本办法规定的房屋租赁登记备案申请予以办理，或者对房屋租赁登记备案信息管理不当，给租赁当事人造成损失的，对直接负责的主管人员和其他直接责任人员依法给予处分；构成犯罪的，依法追究刑事责任。

第二十五条　保障性住房租赁按照国家有关规定执行。

第二十六条　城市规划区外国有土地上的房屋租赁和监督管理，参照本办法执行。

第二十七条　省、自治区、直辖市人民政府住房和城乡建设主管部门可以依据本办法制定实施细则。

第二十八条　本办法自2011年2月1日起施行，建设部1995年5月9日发布的《城市房屋租赁管理办法》（建设部令第42号）同时废止。

经济适用住房管理办法（节录）

2007年11月19日　　　　建住房〔2007〕258号

第五章　准入和退出管理

第三十条　经济适用住房购房人拥有有限产权。

购买经济适用住房不满5年，不得直接上市交易，购房人因特殊原因确需转让经济适用住房的，由政府按照原价格并考虑折旧和物价水平等因素进行回购。

购买经济适用住房满5年，购房人上市转让经济适用住房的，应按照届时同地段普通商品住房与经济适用住房差价的一定比例向政府交纳土地收益等相关价款，具体交纳比例由市、县人民政府确定，政府可优先回购；购房人也可以按照政府所定的标准向政府交纳土地收益等相关价款后，取得完全产权。

上述规定应在经济适用住房购买合同中予以载明，并明确相关违约责任。

第三十三条　个人购买的经济适用住房在取得完全产权以前不得用于出租经营。

四、最高人民法院答复

最高人民法院
关于承租部分房屋的承租人在出租人整体出卖房屋时是否享有优先购买权的复函

2005年7月26日　　　　〔2004〕民一他字第29号

江苏省高级人民法院：

你院请示的关于承租部分房屋的承租人在出租人整体出卖房屋时是否享有优先购买权的问题，目前，法律和司法解释对此尚无明确规定。经研究认为：目前处理此类案件，可以从以下两个方面综合考虑：

第一，从房屋的使用功能上看，如果承租人的部分房屋于房屋的其他部分是可分的、使用功能可相对独立的，则承租人的优先购买权应仅及于其承租的部分房屋；如果承租人的部分房屋于房屋的其他部分是不可分的、使用功能整体性较明显的，则其对出租人所卖全部房屋享有优先购买权。

第二，从承租人承租的部分房屋占全部房屋的比例看，承租人承租的部分房屋占出租人出卖的全部房屋一半以上的，则其对出租人出卖的全部房屋享有优先购买权；反之则不宜认定其对全部房屋享有优先购买权。

请你院结合以上因素，根据案件具体情况，妥善处理。

五、部分地方性法规、地方政府规章、司法业务规范性文件

北京市房屋租赁管理若干规定

（2007年11月3日北京市人民政府第194号令发布
根据2011年5月5日北京市人民政府第231号令修改）

第一章　总　则

第一条　为了加强房屋租赁管理，维护社会秩序，保护房屋租赁当事人的合法权益，根据有关法律、法规，结合本市实际情况，制定本规定。

第二条　本市行政区域内的房屋租赁依照本规定管理。

第三条　房屋租赁管理坚持管理与服务相结合的原则，实行属地管理。

第四条　本市各级人民政府应当加强对房屋租赁管理工作的领导，建立出租房屋管理机构。出租房屋管理机构具体负责房屋租赁管理的组织、指导、协调、监督等综合管理工作。

公安机关负责出租房屋治安管理、消防管理和租赁当事人的户籍管理。

建设（房屋）行政部门负责房屋租赁市场、出租房屋建筑结构安全的监督管理和房地产经纪的行业管理。

工商行政管理部门负责对经纪活动进行综合监督管理，查处利用出租房屋进行无照经营等违法经营行为。

民防行政部门负责人防工程的租赁管理。

卫生、人口计生、规划、税务、国家安全和城市管理综合执法等行政部门应当按照各自职责做好房屋租赁的管理工作。

第五条　区、县人民政府应当在社区、村建立负责房屋租赁管理、服务的基层管理服务站（以下简称基层管理服务站），并保障其工作所需的经费、办公场所。

第六条　居民委员会、村民委员会等基层组织应当协助有关行政部门做好房屋租赁管理工作，督促出租人、承租人自觉遵守国家和本市房屋租赁管理规定。

居民委员会、村民委员会可以根据本地区实际，组织居民制定房屋租赁管理公约，对房屋租赁实行自治管理。

第七条　租赁房屋的，出租人和承租人应当依法签订房屋租赁合同。合同内容应当包括房屋基本情况、租金、租赁期限、租赁用途、违约责任等。

房屋租赁期限内未经承租人同意，出租人不得擅自缩短租赁期限、增加租金。

市建设（房屋）行政部门应当会同市工商行政管理部门制定房屋租赁合同示范文本，向社会公布。

第八条 出租人出卖租赁房屋的，应当在出卖之前的合理期限内通知承租人，承租人享有以同等条件优先购买的权利。

房屋在租赁期限内因买卖、继承、赠与等发生所有权变动的，不影响租赁合同的效力。

第九条 本市鼓励、支持出租人和承租人签订长期居住租赁合同，建立稳定的租赁关系。

租赁市场在短期内出现租金较大波动等异常变化，市人民政府可以授权市发展改革、市建设（房屋）等行政部门采取必要的临时干预措施，稳定租赁市场。

第十条 市和区、县人民政府应当制定计划，通过建设、收购等多种方式提供廉租房、公共租赁房。

本市鼓励企业、个人投资建设公共租赁房。

第二章 出租登记

第十一条 租赁房屋用于居住的，应当进行出租登记。

出租人应当自与承租人订立房屋租赁合同之日起 7 日内，到房屋所在地的基层管理服务站办理房屋出租登记手续，并填报下列内容：

（一）出租人、承租人姓名或者名称、证件种类和号码、住所地，实际居住人员的姓名、身份证件种类和号码、户籍地；

（二）出租房屋的基本情况、租金和租赁期限；

（三）房屋权属证书或者房屋来源证明；

（四）本市规定的其他内容。

第十二条 房屋租赁合同变更或者终止的，出租人应当自合同变更或者终止之日起 5 日内，到房屋所在地的基层管理服务站办理登记变更、注销手续。

在房屋租赁合同有效期内，居住人员发生变更的，承租人应当自变更之日起 2 日内告知基层管理服务站，办理变更登记手续。

第十三条 房地产经纪机构从事房屋租赁居间活动，应当书面告知租赁当事人到房屋所在地基层管理服务站办理房屋出租登记手续；提供房屋租赁经纪委托代理业务的，房地产经纪机构应当按照本规定第十一条、第十二条第一款的规定，办理房屋出租登记、变更、注销手续或者按照市建设（房屋）行政部门的规定通过房屋租赁合同网上备案系统填报相关信息。

第十四条 基层管理服务站应当为办理房屋出租登记的当事人提供下列服务：

（一）宣传有关房屋租赁管理的规定和安全使用房屋的知识；

（二）告知有关人员办理流动儿童入学、国家免疫规划项目的预防接种、计划生育免费技术服务等事项的规定和流程；

（三）根据当事人的要求出具与房屋租赁有关的证明；

（四）受当事人委托，提供办理暂住登记、暂住证件，办理普通地下室登记备案，交验、登记流动人口婚育证明，纳税代办服务等；

（五）提供维权服务信息；

（六）市和区、县人民政府规定的其他服务项目。

第十五条 基层管理服务站办理出租登记、为当事人提供服务，不得收取任何费用。基层管理服务站不得从事或者变相从事经营性活动。

第三章 管理规范

第十六条 出租房屋的安全由房屋所有人负责。房屋承租人应当对其使用行为负责。

房屋所有人将出租登记的房屋委托他人管理的，应当书面报告房屋所在地的基层管理服务站。

第十七条 出租房屋的建筑结构和设备设施，应当符合建筑、消防、治安、卫生等方面的安全条件，不得危及人身安全。

禁止将违法建筑和其他依法不得出租的房屋出租。

第十八条 出租人有权对承租人使用房屋的情况进行监督。出租人不得向无身份证明的人出租房屋；不得以出租房屋的方式为非法生产经营活动提供便利条件；发现承租人利用出租房屋有犯罪活动嫌疑的，及时向公安机关报告。

出租人出租房屋的收入，应当依法纳税。

第十九条 承租人应当配合出租人进行房屋出租登记；不得擅自改变承租房屋的规划设计用途，不得利用租赁房屋从事非法生产、加工、储存、经营爆炸性、毒害性、放射性、腐蚀性物质或者传染病病原体等危险物质和其他违法活动，不得损害公共利益或者妨碍他人正常工作、生活。

第二十条 出租房屋人均居住面积不得低于本市规定的标准。具体标准由市建设（房屋）行政部门会同市公安、市规划、市卫生等有关行政部门制定。

不得将厨房、卫生间、阳台、地下储藏室等作为卧室出租供人员居住。

第二十一条 集中出租房屋供他人居住，出租房间达到10间以上或者出租房屋居住人员达到15人以上的，出租人应当建立相应的管理制度，明确专门的管理人员，设置监控、灭火等治安防范、消防设备设施和安全通道，并建立信息登记簿或者登记系统。

单位承租房屋作为集体宿舍供本单位职工居住的，单位应当按照前款规定履行安全管理职责。

公安机关应当统一印制出租房屋多人居住登记簿册供出租人免费领取。

第二十二条 向境外单位、人员出租、转租、转借房屋，或者承租人留住境外人员的，出租人、承租人应当遵守国家和本市有关国家安全管理的规定。

第二十三条 房屋管理单位应当按照下列规定对房屋进行安全管理：

（一）建立房屋安全管理制度，落实各项管理措施。

（二）按规定对所管房屋进行安全检查，并将安全检查情况予以记录，妥善保存。

（三）按照有关行政部门或者基层管理服务站的要求提供房屋安全检查结果。

（四）发现危及房屋使用安全或者其他违法行为的，立即制止，并督促责任人改正；拒不改正的，及时报告房屋所在地有关行政部门依法处理。

第二十四条 公安、工商行政管理、民防、卫生、文化、新闻出版、教育等行政部门在办理相关行政许可时依法应当审查活动场所的，应当审查租赁房屋的使用用途是否符合规划设计用途，是否符合法律、法规、规章有关活动场所的规定；不符合的，不予办理相关行政许可。

第二十五条 从事房屋租赁经纪业务的机构应当依法成立，取得营业执照，符合国家和本市规定的条件，并应当自成立之日起30日内，将机构和从业人员的基本情况等信息报送所在区、县建设（房屋）行政部门。

从事房屋租赁经纪活动的人员，应当取得相应的房地产经纪资格证书。未取得房地产经纪资格证书的人员，不得从事房屋租赁经纪活动。

第二十六条 本市对房屋租赁经纪委托代理业务实行银行代收代付、风险准备金、客户资金与自有资金分账户管理等资金监管制度。具体办法由市建设（房屋）行政部门会同有关部门制定。

第二十七条 房地产经纪机构及其经纪人员从事房屋租赁经纪业务，应当遵守下列规定：

（一）在经营场所公示服务内容、服务标准、房地产经纪资格证书复印件。

（二）房屋租赁经纪业务，由房地产经纪机构统一受理并与委托人签订书面经纪合同，统一收取佣金、开具发票。房地产经纪人员不得以个人名义承揽业务。

（三）房地产经纪人员不得同时在两个或者两个以上房地产经纪机构执行业务。

（四）不得伪造、变造、买卖、租借房地产经纪资格证书。

（五）不得占用、挪用或者拖延支付客户资金。

（六）不得居间、代理出租不符合出租条件的房屋。

（七）不得违反有关规定从事居间、代理业务范围以外的其他经营活动。

第四章 监督检查

第二十八条 建设（房屋）行政部门应当建立房屋租赁市场信息系统，为单位和个人提供房屋租赁市场信息、房地产经纪机构经纪活动信用记录等租赁信息服务。

第二十九条 本市按照统一规划、资源共享的原则，建立房屋租赁综合管理信息系统平台，对房屋租赁信息实行动态管理。

管理、使用房屋租赁信息的部门及其工作人员，应当对房屋租赁信息保密，维护当事人的合法权益。

第三十条 公安、建设（房屋）、工商行政管理、民防、卫生、人口计生、规划、文化、教育、税务和城市管理综合执法等行政部门应当建立执法责任制，落实对房屋租赁管理的监督检查责任；在执法中发现不属于本部门查处的违法行为的，应当及时告知同级出租房屋管理机构，出租房屋管理机构应当及时告知有关行政部门依法查处。

房屋管理单位、房地产经纪机构、房屋租赁当事人应当配合有关行政部门对房屋租赁进行管理。

第三十一条 市和区、县有关行政部门，街道办事处，乡、镇人民政府应当按照各自职责，做好对基层管理服务站及其工作人员的培训、指导工作。

第三十二条 基层管理服务站应当建立巡视制度，采集房屋租赁信息，对房屋租赁情况进行日常检查，并做好下列工作：

（一）发现登记信息不实的，予以更正；

（二）发现未登记的，进行补登；

（三）发现房屋存在安全隐患的，督促出租人或者承租人进行整改；

（四）发现违反治安、消防、卫生、计划生育、建筑结构安全等管理规定的违法行为，报告上级出租房屋管理机构或者其他有关行政部门。

第三十三条 建设（房屋）、工商行政管理等行政部门对房地产经纪机构履行监督检查职责时，可以检查有关资料，了解房地产经纪业务情况和客户资金、风险准备金等方面的管理情况；可以要求被检查单位提供房地产经纪机构营业执照、房地产经纪人员资格证书。

建设（房屋）、工商行政管理等行政部门可以根据国家和本市有关规定向社会公布监督检查的有关信息。

第五章 法律责任

第三十四条 具有房屋租赁管理职责的行政部门及其工作人员玩忽职守、滥用职权、徇私舞弊的，由其上级部门或者监察机关责令改正；情节严重的，对直接负责的主管人员和其他直接责任人员依法给予行政处分；构成犯罪的，依法追究刑事责任。

第三十五条 对违反本规定的下列行为，由公安机关按照下列规定处罚：

（一）出租人、承租人、房地产经纪机构未按照本规定第十一条、第十二条规定办理房屋出租登记、变更、注销手续的，责令改正，处200元以上500元以下罚款。

（二）违反本规定第十七条规定，出租的房屋存在治安、消防安全隐患的，责令改正，并可处1000元以上3万元以下罚款。

（三）违反本规定第十八条第一款规定，出租人向无身份证明的人出租房屋，或者发现承租人利用出租房屋有犯罪活动嫌疑，不向公安机关报告的，处200元以上500元以下罚款。

（四）违反本规定第十九条规定，承租人使用租赁房屋时损害公共利益或者妨碍他人正常工作、生活的，处警告，并责令改正；逾期拒不改正的，处200元以上500元以下罚款。

（五）违反本规定第二十一条第一款、第二款规定，出租人、单位未落实安全管理责任的，责令改正，并可处1万元以上3万元以下罚款；造成严重后果的，处3万元以上10万元以下罚款。

第三十六条 对违反本规定的下列行为，由建设（房屋）行政部门按照下列规定处罚：

（一）违反本规定第十七条规定，出租的房屋存在建筑安全隐患的，责令改正，并可处1000元以上3万元以下罚款。

（二）违反本规定第二十条规定，出租人违反出租房屋限制条件的，责令改正，情节严重的，可处5000元以上3万元以下罚款；房地产经纪机构及其经纪人员从事房屋租赁经纪业务违反出租房屋限制条件的，责令改正，处3万元以上10万元以下罚款。

（三）违反本规定第二十五条第一款规定，房地产经纪机构未按照规定报送相关信息的，责令改正，并可处1万元以上3万元以下罚款。

（四）违反本规定第二十六条规定，房地产经纪机构未落实资金监管制度的，责令改正，并处1万元以上3万元以下罚款。

（五）房地产经纪机构及其经纪人员从事房屋租赁经纪业务，违反本规定第二十七条第（二）项、第（三）项、第（六）项规定，或者违反第（四）项规定，租借房地产经纪资格证书的，责令改正，处1万元以上3万元以下罚款。

第三十七条 对违反本规定的下列行为，由工商行政管理部门按照下列规定处罚：

（一）违反本规定第二十五条第二款规定，房地产经纪机构使用未取得房地产经纪资格证书的人员从事房屋租赁经纪活动的，处1万元以上3万元以下罚款；

（二）违反本规定第二十七条第（一）项、第（五）项规定，房地产经纪机构违规经营的，责令改正，处1万元以上3万元以下罚款；

（三）违反本规定第二十七条第（七）项规定，房地产经纪机构违反有关规定从事居间、代理业务范围以外的其他经营活动，按照登记管理的有关规定进行处罚。

第三十八条 违反本规定第十七条规定，出租的房屋存在卫生安全隐患的，由卫生行政部门责令改正，并可处1000元以上3万元以下罚款。

第三十九条 出租人、承租人在房屋租赁活动中发生纠纷的，应当协商解决；协商不成，出租人、承租人可以向人民调解委员会、房地产中介行业协会、建设（房屋）行政部门或者其他相关单位申请调解，也可以依法申请仲裁或者提起诉讼。

第四十条 对违反本规定的行为，其他法律、法规、规章已经规定行政处罚的，由有关行政部门依法处理；构成犯罪的，依法追究刑事责任。

第六章 附 则

第四十一条 本规定自2008年1月1日起施行。1995年6月13日北京市人民政府第13号令发布，根据1997年12月31日北京市人民政府第12号令第一次修改，根据2004年6月1日北京市人民政府第150号令第二次修改的《北京市外地来京人员租赁房屋治安管理规定》同时废止。

北京市高级人民法院
关于审理房屋租赁合同纠纷案件若干疑难问题的解答

2013年12月19日　　　　京高法发〔2013〕462号

一、房屋租赁合同的效力

1. 当事人就未取得所有权的房屋订立租赁合同的效力如何认定?

当事人一方以出租人在订立租赁合同时对租赁房屋没有所有权为由，要求确认房屋租赁合同无效的，不予支持。

2. 当事人就经济适用住房等政策性保障住房订立租赁合同的效力如何认定?

当事人一方以租赁房屋为经济适用住房或限价商品住房为由，要求确认房屋租赁合同无效的，不予支持。裁判文书中应当写明法院对租赁合同效力的认定不影响行政主管机关对违反行政管理规定的违法行为予以处理。

3. 当事人就未经工程竣工或消防验收合格的房屋订立租赁合同的效力如何认定？

当事人一方以租赁房屋未办理工程竣工或消防验收，或者经验收不合格为由，要求确认房屋租赁合同无效的，不予支持。

租赁房屋因出租人原因未经工程竣工或消防验收合格致使房屋不符合使用条件，承租人依据《最高人民法院关于审理城镇房屋租赁合同纠纷案件具体应用法律若干问题的解释》(下称《解释》) 第八条第（三）项规定要求解除租赁合同的，应予支持。

4. 涉及“群租”房屋的租赁合同效力如何认定？

当事人一方以租赁房屋属于“群租”房屋为由，要求确认房屋租赁合同无效的，不予支持。裁判文书中应当写明法院对租赁合同效力的认定不影响行政主管机关对违反行政管理规定的违法行为予以处理。

5. 集体土地租赁合同的效力如何认定？

当事人未经合法审批订立集体土地租赁合同，约定将集体所有土地出租用于非农业建设的，租赁合同无效。但租赁合同出租农村集体建设用地的，可以认定租赁合同有效。

二、经营性房屋租赁

6. 从事经营活动的承租人以租赁房屋存在行政管理限制致其无法办理营业执照为由，要求解除租赁合同的，如何处理？

实践中应区分以下情形处理：（1）因租赁房屋在使用上存在行政管理限制，致使承租人无法以该房屋为经营场所办理营业执照，租赁合同目的无法实现，承租人依据《中华人民共和国合同法》(下称《合同法》) 第九十四条第（四）项规定主张解除租赁合同，并要求出租人承担违约责任的，应予支持。但承租人违反合同约定用途使用房屋，或者承租人在签订合同时知道或应当知道租赁房屋存在上述限制的除外。（2）租赁房屋在使用上虽存在行政管理限制，但承租人无法以该房屋为经营场所办理营业执照系因不可归责于双方当事人的原因，致使租赁合同目的无法实现，当事人一方要求解除租赁合同的，应予支持。

租赁合同存续期间发生的租金，可以根据承租人是否实际使用租赁房屋、租赁房屋瑕疵是否影响承租人实际经营、租赁合同目的是否实现、当事人过错程度等因素酌情予以减免。

7. 从事经营活动的承租人以出租人未协助其办理营业执照为由，要求解除租赁合同的，如何处理？

租赁房屋在使用上不存在不能办理营业执照的行政管理限制，出租人迟延履行协助承租人以该房屋为经营场所办理营业执照的义务，经催告后在合理期限内仍未履行，承租人依据《合同法》第九十四条第（三）项规定要求解除租赁合同的，应予支持，但合同另有约定或根据出租房屋用途、合同签订目的等可以确定出租人不负有此协助义务的除外。

8. 承租人以租赁房屋面积不符合约定为由，主张拒付、减付租金的，如何处理？

实践中应区分以下情形处理：（1）租赁房屋是当事人双方认可的特定房屋，合同约定的租金标准为固定数额，出租人依约交付该特定房屋，承租人在合理期限内未提出异议，其又以合同约定面积与实际面积不符为由主张拒付、减付租金的，不予支持，但租赁合同存在《合同法》第五十四条规定的可撤销情形的除外。（2）租赁房屋需要依据合同约定的面积来确定具体范围，租金数额与租赁面积直接相关，承租人以合同约定面积与实际面积不符为由，依据《合同法》第一百一十一条规定要求出租人承担减付相应租金等违约责任的，可予支持。

9. 租赁合同订立后，承租人以租赁房屋为经营场所设立企业并实际使用房屋产生纠纷的，如何处理？

承租人订立租赁合同后，以租赁房屋为经营场所设立企业（或个体工商户）实际使用房屋，因租赁合同履行发生纠纷的，原则上应当依据合同相对性确定诉讼主体。出租人以承租人和实际使用房屋的企业为共同被告提起诉讼，要求两者就租赁合同产生的债务承担连带责任的，一般不予支持，但有证据证明该企业对承租人所欠合同债务构成债务加入的除外。实际使用房屋的企业同意承担承租人欠付租金等合同债务，或者其存在以自己名义交纳租金、与出租人进行债务对账清算等实际履行租赁合同义务行为的，可以认定为前述的债务加入。

承租人作为发起人为设立公司租赁房屋，符合《最高人民法院关于适用〈中华人民共和国公司法〉若干问题的规定（三）》第二条规定情形的，优先适用该规定。

10. 带照租赁合同纠纷如何处理？

出租人将房屋及以该房屋为经营场所办理的企业（或个体工商户）营业执照一并租赁给承租人，约定承租人持该营业执照在租赁房屋中实际经营，该合同包含了挂靠经营和房屋租赁两部分内容，当事人主张租赁合同无效的，一般不予支持。但承租人实际经营的行业属于国家限制经营、特许经营或特殊资质行业的，应当认定合同无效。裁判文书中应当写明法院对租赁合同效力的认定不影响行政主管机关对违反行政管理规定的违法行为予以处理。

因承租人带照经营行为违法以致租赁合同无法继续履行，当事人一方据此要求解除合同的，可予支持。承租人要求减付租金的，可以根据承租人是否占有房屋从事实际经营、对承租人实际经营的影响、当事人过错程度等因素予以确定。

合同约定当事人将企业营业执照及作为经营场所的房屋交给相对方的同时，也将企业经营权、资产或从业人员交给相对方管理，并收取相应费用的，该合同性质上应认定为承包经营合同。

11. 出租人是否有权以承租人拖欠租金为由采取断电（水、气）等行为，承租人是否应当支付在此期间的租金？

房屋租赁合同履行过程中，从事经营活动的承租人经出租人催告并事先告知将采取断电（水、气）等行为的情况下，在合理期限内仍未依约支付租金，出租人采取前述行为属于行使合同履行抗辩权的行为，但合同另有约定的除外。承租人应当支付断电（水、气）期间的租金。

出租人采取断电（水、气）等行为对合同履行造成的影响应当与承租人欠付租金的数额、比例及过错程度相适应，超过必要限度给承租人造成损失的，应当承担赔偿损失等违约责任。

12. 房屋租赁合同约定如遇拆迁合同解除，当事人何时有权解除合同？

房屋租赁合同履行过程中，拆迁人取得房屋拆迁许可证或其他合法审批手续，并发布拆迁公告，当事人据此要求解除租赁合同的，应予支持。

13. 房屋租赁合同当事人就停产停业损失补偿的分配发生争议的，如何处理？

房屋租赁合同履行过程中遇拆迁解除，当事人就停产停业损失补偿的分配存在争议，合同对此有约定的，依约定处理，合同没有约定或约定不明的，应区分以下情形处理：（1）承租人（或次承租人）以拆迁房屋为经营场所办理了营业执照，并在此实际经营，其要求出租人给付拆迁补偿安置协议中确定的停产停业损失补偿的，一般应予支持。出租人以拆迁房屋为经营场所也办理了营业执照的，停产停业损失补偿可在其与承租人（或次承租人）之间合理分配。（2）对于存在房屋性质以租赁为主要用途、租赁合同剩余期限较短等情形的，停产停业损失补偿可在承租人（或次承租人）与出租人之间进行合理分配，但出租人分得的数额不宜超过50%。（3）有证据证明拆迁补偿安置协议确定不补偿停产停业损失，或者补偿协议尚未签订，出租人亦未取得该补偿费，承租人要求出租人支付停产停业损失补偿的，不予支持。承租人可待出租人取得补偿后再行主张权利或通过其他行政途径解决。（4）房屋拆迁公告发布时租赁合同已经期满终止，承租人要求出租人给付停产停业损失补偿的，不予支持。（5）拆迁公告发布后房屋实际拆迁腾退前，租赁合同期满终止，且出租人已经取得停产停业损失补偿，承租人要求出租人给付该补偿费的，可酌情予以支持。

当事人就拆迁补偿安置协议中停产停业损失的补偿对象、标准和数额等有争议的，法院在必要时可以就相关事实咨询拆迁人予以确定。

三、房屋装饰装修损失

14. 出租人对承租人的装饰装修或扩建行为未提出异议的，如何认定？

租赁合同约定房屋装饰装修或扩建须经出租人同意，出租人知道或者应当知道承租人对租赁房屋进行装饰装修或扩建，但在合理期限内（一般为六个月）未提出异议，或者在合理期限内提出异议后又继续履行合同或接受承租人履行义务的，可以视为出租人同意装饰装修或扩建，或者放弃再提出异议的权利。

15. 房屋租赁合同无效或解除，承租人未要求赔偿装饰装修损失的，如何处理？

房屋租赁合同无效或非因承租人单方违约导致解除，法院应当释明承租人可就装饰装修的现值或残值损失要求赔偿，承租人坚持不主张或只提出抗辩的，就装饰装修损失，法院不予处理，告知承租人可另行起诉。法院判决承租人腾退房屋的，应当告知其可就装饰装修物申请采取必要的证据保全措施。

16. 法院依职权认定房屋租赁合同无效，对合同无效的后果，包括腾退房屋、装饰装修损失等是否一并处理？

当事人就房屋租赁合同的履行或解除发生争议，经审查认定租赁合同无效，法院应当释明当事人变更诉讼请求，尽量引导当事人就合同无效的法律后果一并处理，经释明当事人坚持不变更的，应当判决确认租赁合同无效，并驳回当事人的全部诉讼请求，同时告知当事人可就房屋腾退、装饰装修损失等争议另行主张。

四、房屋租赁与转租

17. 房屋租赁合同无效、履行期限届满或解除，出租人要求返还房屋的，次承租人的诉讼地位如何确定？

房屋租赁合同无效、履行期限届满或解除，转租合同亦不能履行，出租人既可以依据合同约定要求承租人返还房屋，也可以房屋物权人名义要求次承租人（实际使用房屋的承租人）腾退房屋。出租人仅以承租人为被告提起诉讼的，法院可以向其释明，告知其可以追加次承租人为共同被告，或者申请通知次承租人作为无独立请求权第三人参加诉讼；法院也可基于判决生效后的执行以及保护次承租人利益的需要，直接通知次承租人作为无独立请求权第三人参加诉讼。如果次承租人为多人，且各方利益不同，则不宜追加次承租人为第三人，可根据案件实际情况，由当事人另行分别解决。

房屋租赁合同无效、履行期限届满或解除纠纷中，次承租人要求租赁合同的承租人或出租人赔偿装饰装修损失或承担违约责任的，与租赁合同纠纷不属于同一法律关系，不构成反诉，应告知次承租人可另行起诉。法院判决次承租人腾退房屋的，应当告知次承租人可就装饰装修物申请采取必要的证据保全措施。

18. 房屋转租合同解除后，次承租人要求出租人赔偿装饰装修损失的，如何处理？

因房屋租赁合同无效、履行期限届满或解除导致转租合同解除，次承租人要求出租人赔偿装饰装修损失的，不予支持，次承租人应当依据合同相对性向承租人主张权利，或者依据《合同法》第七十三条的代位权规定处理。

19. 房屋租赁合同无效、履行期限届满或解除后，出租人要求承租人和次承租人支付逾期腾房的房屋使用费的，如何处理？

房屋租赁合同无效、履行期限届满或解除后，承租人和次承租人逾期腾退房屋给出租人造成损失，出租人要求承租人和次承租人共同支付逾期腾房的房屋使用费的，应予支持。房屋使用费可依出租人请求参照租赁合同约定、转租合同约定或当时当地同地段房屋的租金标准酌情确定。

20. 房屋连环转租中某一手租赁合同无效、履行期限届满或解除，当事人要求返还房屋的，如何处理？

房屋经多次转租，当事人就其中某一手租赁合同发生纠纷，经审查认定租赁合同无效、履行期限届满或解除，该合同出租人要求返还房屋的，一般不需要追加其他租赁合同的当事人参加诉讼，可以依据合同相对性判决承租人直接将房屋返还给该出租人。

21. 承租人擅自转租获得差价收益是否属于不当得利？

承租人未经出租人同意转租租赁房屋，出租人解除房屋租赁合同时，要求承租人返还向次承租人收取的超出出租人应收租金部分收益的，不予支持。

22. 次承租人在房屋租赁合同解除纠纷中如何行使代偿请求权？

出租人以承租人欠付租金为由主张解除房屋租赁合同，次承租人依据《解释》第十七条第一款规定主张代承租人向出租人履行租赁合同债务的，可以作为无独立请求权第三人参加诉讼，法院应当根据案件具体情况要求次承租人在合理期限内（一般为三十日），按照出租人主张的租金和违约金数额向法院提供等额现金担保，逾期不提供的，对次承租人的该主张，不予支持。

五、房屋租赁合同的解除及民事责任

23. 房屋租赁合同解除的具体时间如何确定？

实践中应区分以下情形处理：（1）诉讼前，当事人一方行使合同解除权，通知对方当事人解除合同，相对方有异议致双方形成诉讼，法院审理后认为当事人行使合同解除权符合合同约定或法律规定的，解除合同通知送达之日即为合同解除之日。当事人诉讼请求中未要求确认合同解除具体时间的，可以在判决理由部分予以明确。（2）当事人一方未通知对方，径行向法院起诉或反诉要求解除合同，法院审理后认为当事人行使合同解除权符合合同约定或法律规定的，应当判决解除合同。（3）当事人双方对合同是否解除存在争议，法院审理后认为主张解除的当事人无合同解除权，合同应当继续履行，但当事人在诉讼中均同意解除合同的，以双方合意解除之日为合同解除之日。

24. 承租人在合同租赁期限内单方搬离租赁房屋，并主张解除合同，而出租人坚持要求继续履行合同的，如何处理？

承租人在租赁合同履行期限内拒绝接收房屋，或者单方搬离租赁房屋并通知出租人收回房屋的行为，属于以自己的行为表明其不再履行租赁合同，其拒绝接收或搬离房屋的行为不符合合同法规定的解除条件，不具有单方解除合同的效力，出租人有权据此解除合同，但合同另有约定的除外。经法院释明出租人坚持不解除的，考虑到承租人不愿继续履行租赁合同，该义务性质又不宜强制履行，租赁合同目的已无法实现，法院可以直接判决解除租赁合同，并根据案件具体情况以出租人收回房屋、当事人起诉或判决生效之日等时间合理确定合同解除的具体时间。承租人拒绝履行租赁合同给出租人造成损失的，应当承担赔偿损失的违约责任，出租人作为守约方也负有减少损失扩大的义务，具体损失数额由法院根据合同的剩余租期、租赁房屋是否易于再行租赁、出租人另行出租的差价，承租人的过错程度等因素予以酌定，一般以合同约定的三至六个月的租金为宜。

出租人因自身事由主张解除租赁合同收回房屋的，不符合合同法规定的法定解除条件，承租人要求继续履行合同的，应予支持，但合同另有约定的除外。

25. 房屋租赁合同纠纷中违约金过高的判断标准如何确定？

房屋租赁合同的违约方主张违约金数额过高的，应当依据《最高人民法院关于适用〈中华人民共和国合同法〉若干问题的解释（二）》第二十九条的规定，以违约造成的实际损失为基准，根据公平原则和诚实信用原则，综合衡量合同履行程度、当事人过错、预期利益、当事人缔约地位强弱、是否适用格式合同或条款等多项因素予以确定。

承租人主张逾期支付租金的违约金数额过高，经审查出租人实际损失无法确定的，一般以欠付租金为基数，以不超过中国人民银行同期贷款基准利率四倍的标准对违约金数额进行相应调整。

26. 房屋租赁合同因违约解除产生的实际损失如何确定？

因承租人根本违约行为导致房屋租赁合同解除，出租人要求承租人赔偿其房屋闲置期间的租金等实际损失的，可予支持，但合同另有约定的除外。因出租人根本违约行为导致房屋租赁合同解除，承租人要求出租人赔偿其另行寻找替代房屋周转期间所受损失的，可予支持，但合同另有约定的除外。损失具体数额不能确定的，可以推定为租赁房屋闲置期间或寻找替代房屋周转期间的租金损失，但最长一般不得超过六个月。

27. 房屋租赁合同无效的信赖利益损失如何确定？

集体所有土地上的房屋租赁合同在履行过程中被认定无效，经审查认为简单采用恢复原状的方式会导致当事人间利益失衡，信赖合同有效及能够履行的当事人一方要求对方赔偿因此所造成的订约机会损失等信赖利益损失的，可以根据诚信原则，综合当事人过错程度、另行租赁房屋的差价及成本、合同的剩余租期等因素酌情予以支持，损失数额一般以不超过六个月的房屋使用费为限。

六、承租人优先购买权

28.《合同法》第二百三十条规定优先购买权行使的“同等条件”和出租人“通知”义务如何理解？

同等条件主要是指房屋转让的价格、价款支付方式等。

出租人通知承租人时，应当告知租赁房屋转让的事实、时间及具体出卖条件。出租人虽然通知承租人出卖租赁房屋的事实，但未告知具体出卖条件或告知内容不真实、不全面，或者在出卖条件发生变化后未及时告知承租人的，应当认定其未履行通知义务。

29. 承租部分房屋的承租人在出租人整体转让房屋时是否享有优先购买权？

出租人整体转让房屋，该房屋为不可分割或分割明显降低其整体价值，而承租人仅要求对其承租的部分房屋行使优先购买权的；或者承租人虽主张优先购买整体房屋，但其承租面积未达到整体房屋面积50%以上的，对承租人主张行使优先购买权的诉讼请求，不予支持。

30. 转租房屋的优先购买权行使主体如何确定？

承租人经出租人同意转租租赁房屋的，承租人不再享有优先购买权，次承租人要求行使优先购买权的，应予支持；未经出租人同意转租租赁房屋，承租人或者次承租人要求行使优先购买权的，均不予支持。

31. 拖欠租金的承租人是否享有优先购买权？

承租人对租赁房屋享有优先购买权，并不以其依据租赁合同约定支付租金为前提。但承租人欠付租金已构成法定解除或约定解除租赁合同的条件，且出租人主张解除租赁合同的，承租人不再享有优先购买权。

32. 承租人依据租赁合同约定主张优先承租权的，如何处理？

优先承租权并非法定权利，而是基于租赁合同的约定产生，仅在合同当事人之间发生效力，不能对抗已经实际承租的善意第三人。出租人未在合同约定期限或合理期限内通知原承租人续租就将房屋另行出租给他人，承租人要求确认出租人与第三人签订的房屋租赁合同无效，或者要求直接适用出租人与第三人签订的租赁合同的，不予支持。但承租人要求出租人承担赔偿损失等相应违约责任的，应予支持。

七、其　他

34. 涉及房地产中介公司的房屋租赁合同纠纷中，诉讼主体如何确定？

实践中应区分以下情形处理：（1）房地产中介公司提供订立合同的居间服务，促成租赁合同成立，收取居间费用的，房屋出租委托合同性质上属于居间合同，租赁双方仅就租赁合同发生纠纷的，一般不需要追加中介公司参加诉讼。（2）房地产中介公司依约定向出租人交纳固定租金，并以自己名义对外签订租赁合同出租管理房屋、收取租金的，当事人应分别依据各自合同主张权利。

35. 租赁期间房屋发生所有权变动的，出租主体的变更时间如何确定？房屋转让双方未通知承租人所有权变动会产生何种法律后果？

租赁合同履行过程中租赁房屋发生所有权变动的，房屋所有权变动的时间为新的租赁关系成立的时间，转让房屋双方对此另有约定的，从其约定。

房屋转让双方未将租赁房屋让与的事实通知承租人，承租人已经依合同约定向出租人支付或者提前预付租金的，可以对抗买受人，买受人再向承租人主张该部分租金的，不予支持；房屋转让双方已经通知承租人向买受人支付租金后，承租人仍向出租人支付租金的，不得对抗买受人，买受人要求承租人支付该部分租金的，应予支持。

36. 诉讼期间发生的租金或房屋使用费如何承担？

出租人起诉要求承租人腾退房屋但未同时主张诉讼期间租金或房屋使用费的，法院可予以释明，告知其可以增加诉讼请求，要求承租人支付至实际腾退之日止的租金或房屋使用费。诉讼期间发生的租金或房屋使用费根据承租人是否实际占有使用房屋、房屋是否符合合同约定的使用条件、评估鉴定期限延长的原因、当事人过错程度等因素予以确定。

诉讼期间，当事人双方同意终止合同或者经审查合同确实无法继续履行的，法院应当组织双方尽快办理房屋交接，需要对装饰装修进行评估鉴定的，在完成鉴定所需要求后，法院也应尽快组织房屋交接。经法院释明当事人一方仍拒绝办理交接的，应当承担在此期间的房屋租金或房屋使用费。

37. 租金债权的诉讼时效期间如何确定？

房屋租赁合同约定分期支付租金，承租人未按期支付的，诉讼时效期间应从最后一期租金约定支付期间届满的次日起计算，适用一年的诉讼时效。

38. 因公有住房、廉租住房和公共租赁住房租赁产生的纠纷是否适用本解答？

当事人依照国家福利政策租赁公有住房、廉租住房、公共租赁住房以及转租前述房屋产生的纠纷案件，不适用本解答。

上海市房屋租赁条例

（1999年12月30日上海市人民代表大会常务委员会公告第23号公布
根据2010年9月17日上海市第十三届人民代表大会常务委员会第二十一次会议通过 2010年9月17日上海市人民代表大会常务委员会公告第24号公布 自公布之日起施行的《上海市人民代表大会常务委员会关于修改本市部分地方性法规的决定》修正）

第一章 总 则

第一条 为了规范本市的房屋租赁行为，保障房屋租赁当事人的合法权益，维护房屋租赁市场秩序，根据《中华人民共和国合同法》、《中华人民共和国城市房地产管理法》和其他有关法律、行政法规的规定，结合本市实际情况，制定本条例。

第二条 本市行政区域内的房屋租赁及其管理适用本条例。

第三条 本条例所称的房屋租赁，是指出租人将房屋交付承租人使用、收益，由承租人向出租人支付租金的行为。

第四条 房屋租赁应当遵循平等、自愿、公平和诚实信用的原则。

房屋租赁应当依法纳税。

第五条 市房屋行政管理部门主管本市房屋租赁管理工作。区、县房屋行政管理部门是本辖区内房屋租赁的行政管理部门，业务上受市房屋行政管理部门领导。

本市有关管理部门按照各自职责，协同实施本条例。

第二章 租赁范围和条件

第六条 房屋出租人应当是拥有房屋所有权的自然人、法人或者其他组织，但依法代管房屋的代管人或者法律规定的其他权利人可以是房屋出租人。

第七条 房屋承租人可以是中华人民共和国境内外的自然人、法人或者其他组织，但法律、法规另有规定或者土地使用权出让合同、土地租赁合同另有约定的，从其规定或者约定。

第八条 有下列情形之一的房屋不得出租：

（一）未依法登记取得房地产权证书或者无其他合法权属证明的；

（二）共有的房屋，未经全体共有人书面同意的；

（三）改变房屋用途，依法须经有关部门批准而未经批准的；

（四）被鉴定为危险房屋的；

（五）法律、法规规定不得出租的其他情形。

第九条 房地产开发企业预租商品房，应当符合商品房预售的条件，并依法取得市或者区、县房屋行政管理部门核发的商品房预售许可证明。

房地产开发企业不得将已经预售的商品房预租，商品房预购人不得将预购的商品房预租。

第十条 将以划拨方式取得使用权的土地上建成的房屋出租的，出租人应当将租金中所含的土地收益上缴国家，但按照市人民政府规定的租金标准出租房屋的除外。

土地收益收缴的具体标准和办法，由市人民政府另行规定。

第三章 租赁合同的订立和登记备案

第十一条 房屋租赁的当事人应当订立书面租赁合同。

市房屋行政管理部门应当会同有关部门制订房屋租赁合同的示范文本，供租赁当事人参照使用；其中，公有居住房屋的租赁，可以使用市房屋行政管理部门统一印制的租用公房凭证。

第十二条 房屋租赁合同包括下列主要内容：

（一）租赁当事人的姓名或者名称、住所；

（二）房屋座落地点、面积、结构、附属设施和设备状况；

（三）房屋用途；

（四）房屋交付日期；

（五）租赁期限；

（六）租金数额、支付方式和期限；

（七）房屋使用要求和维修责任；

（八）房屋返还时的状态；

（九）违约责任；

（十）争议的解决方式；

（十一）租赁当事人约定的其他内容。

第十三条 房屋的租金由租赁当事人协商确定。但下列房屋的租金应当按照市人民政府规定的标准执行：

（一）公有居住房屋；

（二）以行政调配方式出租的非居住房屋；

（三）政府投资建造的公益性非居住房屋；

本条例施行前按照市人民政府规定的租金标准出租的私有居住房屋，其租金和租赁关系的处理办法由市人民政府另行规定。

第十四条 房屋的租赁期限由租赁当事人协商确定，但不得超过土地使用权出让合同、土地租赁合同约定的土地使用年限并且不得超过二十年。

房屋租赁期限届满，租赁当事人可以续订租赁合同，但约定的租赁期限自续订之日起不得超过土地使用权出让合同、土地租赁合同约定的土地使用年限并且不得超过二十年。

租赁当事人对房屋租赁期限没有约定，依照法律规定仍不能确定的，视为不定期租赁。不定期租赁的当事人可以随时终止租赁关系，但出租人应当在合理期限之前书面通知承租人。

公有居住房屋的出租人不得终止租赁关系，但本条例另有规定的除外。

第十五条 房屋租赁合同及其变更合同由租赁当事人到房屋所在地的区、县房地产登记机构办理登记备案手续。

房屋租赁合同未经登记备案的，不得对抗第三人。

第四章　房屋的交付、使用和维修

第十六条　出租人应当按照租赁合同的约定向承租人交付房屋。

出租人未按时交付房屋的，承租人可以催告出租人在合理期限内交付；逾期仍未交付的，承租人可以解除租赁合同。

出租人交付的房屋不符合租赁合同约定，致使不能实现租赁目的的，承租人可以解除租赁合同。

第十七条　房屋交付时存在缺陷，影响承租人正常使用的，承租人可以要求出租人限期修复或者减少租金；危及承租人安全的，承租人可以随时解除租赁合同。

第十八条　房屋出租前已设定抵押或者房屋所有权转移依法受到限制的，出租人应当事先书面告知承租人。

第十九条　出租人可以根据租赁期限、租金支付期限、房屋用途、维修责任等因素，与承租人约定收取房屋租赁保证金，但公有居住房屋出租人不得收取房屋租赁保证金。

租赁关系终止时，房屋租赁保证金除用以抵充合同约定由承租人承担的费用外，应当归还承租人。

第二十条　承租人应当按照租赁合同约定的用途合理使用房屋，并遵守国家和本市有关房屋使用和物业管理的规定。承租人需改变房屋用途的，应当书面征得出租人同意，其中依法须经有关部门审批的，应当由出租人或者出租人委托承租人报有关部门批准。

承租人未征得出租人同意改变房屋用途，致使房屋损坏的，出租人可以解除租赁合同。

出租人可以对承租人使用房屋的情况进行检查，但不得影响承租人正常使用房屋；承租人对出租人的检查应当予以配合。

第二十一条　出租非独立成套的房屋，出租人应当在租赁合同中明确承租人使用房屋合用部位的范围、条件和要求。

相邻房屋承租人对合用部位的使用产生争议的，承租人的共同出租人应当按照公平、合理的原则在争议一方提出解决争议要求之日起三十日内协调处理，并出具书面意见。

承租人与相邻房屋产权人或者相邻房屋承租人对合用部位的使用产生争议的，出租人应当与相邻房屋产权人协商处理。

第二十二条　承租人装修房屋或者增设附属设施的，应当书面征得出租人同意。增设的附属设施应当由租赁当事人协商确定归属及维修责任，其中依法须经有关部门审批的，应当由出租人或者出租人委托承租人报有关部门批准。

承租人未征得出租人同意或者超出出租人同意的范围和要求装修房屋或者增设附属设施的，出租人可以要求承租人恢复房屋原状或者赔偿损失。

第二十三条　房屋承租人应当按照租赁合同的约定支付租金。

房屋出租人应当按照租赁合同的约定收取租金；除租赁合同另有约定外，不得向承租人收取其他费用。

房屋承租人延期支付租金的，应当支付违约金。违约金的数额，按照租赁合同约定的标准计算；租赁合同未约定的，按照拖欠租金额的日万分之四的标准计算。

承租人逾期不支付租金累计超过六个月的，出租人可以解除租赁合同，但租赁合同另有约定的，从其约定。

第二十四条 承租人使用房屋所发生的水、电、煤、通信、空调等费用，由承租人承担，但租赁合同另有约定的，从其约定。

第二十五条 承租人使用房屋获得的收益归承租人所有，但租赁合同另有约定的，从其约定。

第二十六条 出租人应当定期对房屋进行养护，使房屋处于正常的可使用状态；承租人发现房屋损坏的，应当通知出租人予以修复，出租人应当及时修复，但租赁合同另有约定的，从其约定。

第二十七条 出租人养护和维修房屋时，应当采取措施减少对承租人使用房屋的影响。承租人应当配合出租人养护和维修房屋。

第二十八条 承租人按照租赁合同的约定使用房屋，不承担房屋自然损耗的赔偿责任。

因承租人的原因造成房屋损坏的，承租人应当负责修复；承租人造成房屋主体结构损坏的，出租人可以解除租赁合同。

第五章 转 租

第二十九条 房屋转租，是指承租人在租赁期间将其承租房屋的部分或者全部再出租的行为。

第三十条 有下列情形之一的房屋不得转租：

（一）承租人拖欠租金的；

（二）承租人在承租房屋内擅自搭建的；

（三）预租的商品房。

第三十一条 房屋租赁合同约定可以转租的，承租人可以按照租赁合同的约定转租房屋。房屋租赁合同未约定可以转租的，承租人转租房屋应当征得出租人书面同意；未征得出租人同意转租房屋的，出租人可以解除租赁合同。

公有居住房屋承租人转租房屋不需征得出租人同意，但应当在签订转租合同前书面告知出租人；未告知出租人的，出租人可以解除租赁合同。

非独立成套房屋承租人转租房屋，不得影响相邻使用人对合用部位的正常使用。

第三十二条 房屋转租期间，租赁合同发生变更，影响转租合同履行的，转租合同应当随之变更；房屋转租期间，租赁合同解除的，转租合同应当随之解除。

第三十三条 房屋转租的租金，由转租当事人协商确定。

第三十四条 房屋转租合同约定租期的最后时限，不得超过租赁合同中约定的最后租期期日。

第三十五条 房屋转租期间，承租人应当继续履行租赁合同，但出租人与转租当事人另有约定的除外。

房屋转租期间，转租人和接受转租人的权利、义务参照适用本条例有关出租人和承租人的权利、义务的规定。

第三十六条 公有居住房屋转租用于居住的，出租人不得从承租人转租收益中获取收益。

第六章 租赁关系的变更和终止

第三十七条 房屋在租赁期间转让的，房屋的受让人应当继续履行租赁合同，并与承租人签订租赁主体变更合同。

房屋在租赁期间出售的，出租人应当在出售前三个月通知承租人，承租人在同等条件下有优先购买权。

第三十八条 承租人在租赁期间将房屋承租权转让给第三人的，应当书面征得出租人同意，由房屋承租权的受让人继续履行租赁合同，并与出租人签订租赁主体变更合同。

公有居住房屋承租人将承租权转让给他人，应当事先征得本处有本市常住户口的共同居住人的同意。

第三十九条 房屋承租人交换使用各自承租的房屋，应当征得出租人书面同意，公有居住房屋的出租人无正当理由不得拒绝。

房屋交换使用的双方应当订立书面合同，并分别与出租人签订租赁主体变更合同。

公有居住房屋承租人交换使用各自承租的房屋，承租人应当事先征得本处有本市常住户口的共同居住人的同意。

第四十条 公有居住房屋承租人与本处有本市常住户口的共同居住人协商一致，要求将承租户名变更为本处有本市常住户口的共同居住人之一的，出租人应予同意。

公有居住房屋承租人户口迁离本市，其本处有本市常住户口的共同居住人经协商一致，要求将承租户名变更为本处有本市常住户口的共同居住人之一的，出租人应予同意；协商不一致的，由出租人在本处有本市常住户口的共同居住人中确定承租人。

租赁户名变更后，原承租人的共同居住人仍享有居住权。

第四十一条 房屋租赁期间租赁当事人死亡或者依法变更、终止的，租赁关系按照下列规定处理：

（一）出租人死亡或者依法终止的，由房屋所有权的继承人或者继受人继续履行租赁合同。

（二）居住房屋承租人死亡的，其生前共同居住人可以继续履行租赁合同。公有居住房屋承租人死亡的，其生前的共同居住人在该承租房屋处有本市常住户口的，可以继续履行租赁合同；其生前的共同居住人在该承租房屋处无本市常住户口或者其生前无共同居住人的，其生前有本市常住户口的配偶和直系亲属可以继续履行租赁合同。

（三）非居住房屋承租人死亡或者依法终止的，租赁合同依法变更或者终止。

（四）租赁当事人依法分立、合并的，由变更后的当事人继续履行租赁合同。

前款第（二）项规定中可以继续履行租赁合同者有多人的，应当协商确定承租人。协商一致的，出租人应当变更承租人；协商不一致的，由出租人在可以继续履行租赁合同者中确定承租人。

租赁关系变更后，原承租人的生前共同居住人仍享有居住权。

第四十二条 房屋在租赁期间改建、扩建或者拆除重建，致使租赁房屋的面积、部位发生变化的，出租人应当与承租人协商一致，变更租赁合同。

房屋在租赁期间因城市建设需要拆迁的，租赁关系按照租赁合同的约定处理；租赁合同未约定的，按照城市房屋拆迁管理的有关规定处理。

第四十三条 房屋租赁期间发生下列情形之一的，该租赁关系终止：

（一）房屋占用范围内的土地使用权被依法提前收回的；

（二）房屋因社会公共利益需要被依法征用的；

（三）房屋毁损、灭失或者被鉴定为危险房屋的。

发生前款第（一）、（二）项所列情形的，由依法提前收回的部门或者依法征用的单位另行安置承租人；公有居住房屋发生前款第（三）项所列情形的，由出租人另行安置承租人。

第四十四条 房屋在租赁期满后继续出租的，承租人在同等条件下享有优先承租权。

第四十五条 租赁关系终止时，出租人有权收回房屋，承租人应当将房屋返还出租人。承租人未经出租人同意逾期返还房屋的，出租人有权追收房屋占用期间的使用费。

房屋返还时，应当符合正常使用后的状态或者租赁当事人约定的状态；不符合的，出租人可以要求承租人恢复，也可以自行恢复，由此发生的合理费用由承租人承担。

第七章 法律责任

第四十六条 租赁当事人违反本条例第六条、第七条、第八条、第九条、第三十条的规定，致使租赁合同无效的，应当依法承担民事责任。

租赁当事人一方未履行本条例规定的义务，另一方按照本条例第十六条第二款、第三款，第十七条，第二十条第二款，第二十三条第四款，第二十八条第二款，第三十一条第一款、第二款的规定解除租赁合同的，未履行规定义务的租赁当事人一方应当依法承担民事责任。

租赁当事人一方未履行本条例规定的义务，造成另一方或者第三人财产损失、人身伤害的，应当依法承担赔偿责任。

第四十七条 出租人违反本条例第八条第（一）、（三）、（四）、（五）项的规定将不得出租的房屋出租或者承租人违反本条例第三十条规定将不得转租的房屋转租的，由区、县房屋行政管理部门责令其限期改正，没收违法所得，并处以违法所得一倍以下的罚款。

第四十八条 当事人违反本条例第九条规定预租商品房的，由区、县房屋行政管理部门责令其限期改正，没收违法所得，并处以违法所得一倍以上三倍以下的罚款。

第四十九条 出租人违反本条例第十条规定，未缴纳土地收益的，由市或者区、县房屋行政管理部门责令其限期改正，并可处以未缴纳土地收益金额一倍以下的罚款。

第五十条 违反本条例第十三条规定，擅自调整租金标准的，由区、县房屋行政管理部门责令其限期改正，退还超过标准收取的租金，并处以一千元以上一万元以下的罚款。

第五十一条 市或者区、县房屋行政管理部门的主管人员和其他直接责任人员玩忽职守、滥用职权、徇私舞弊的，由其所在单位或者上级主管部门依法给予行政处分；构成犯罪的，依法追究刑事责任。

第五十二条 当事人对行政管理部门的具体行政行为不服的，可以依照《中华人民共和国行政复议法》或者《中华人民共和国行政诉讼法》的规定，申请行政复议或者提起行政诉讼。

当事人对具体行政行为逾期不申请复议，不提起诉讼，又不履行的，作出具体行政行为的行政管理部门可以申请人民法院强制执行。

第八章 附 则

第五十三条 本市最低收入家庭租赁居住房屋的办法，由市人民政府另行制定。

第五十四条 本条例自2000年7月1日起施行。《上海市城镇公有房屋管理条例》同时废止。

上海市居住房屋租赁管理办法

（2011年7月7日上海市人民政府令第68号发布
根据2014年3月24日上海市人民政府令第15号修改）

第一条 为了加强本市居住房屋租赁管理，规范居住房屋租赁行为，保护居住房屋租赁当事人的合法权益，促进居住房屋租赁市场的健康发展，根据《中华人民共和国合同法》、《中华人民共和国城市房地产管理法》、《上海市房屋租赁条例》和其他有关法律、法规，结合本市实际，制定本办法。

第二条 本办法适用于本市行政区域内的居住房屋租赁及其相关监督管理活动。

第三条 本办法所称的居住房屋租赁，是指出租人将居住房屋交付承租人居住使用，并由承租人按照双方协商确定的租金标准支付租金的行为。

第四条 居住房屋租赁应当遵循平等、自愿、合法和诚实信用的原则。

本市鼓励和支持居住房屋租赁当事人建立长期、稳定的房屋租赁关系。

第五条 市房屋行政管理部门是本市居住房屋租赁的行政主管部门。区、县房屋行政管理部门负责本辖区内居住房屋租赁的具体监督管理工作，业务上受市房屋行政管理部门领导。

公安部门负责居住房屋租赁的治安管理、消防管理和居住房屋租赁当事人的居住登记。

工商行政、卫生、质量技监、食品药品监督、文广影视等行政管理部门负责查处利用租赁居住房屋进行无证无照经营的行为。

本市税务、民政、人口计生、建设、规划等行政管理部门按照各自职责，协同实施本办法。

第六条 区、县人民政府应当将居住房屋租赁管理纳入社区综合管理的范围。乡、镇人民政府或者街道办事处应当负责协调和处理辖区内居住房屋租赁事务和纠纷，承担居住房屋租赁合同（以下简称租赁合同）登记备案工作。

居民委员会或者村民委员会应当协助做好居住房屋租赁管理工作，督促居住房屋租赁当事人遵守国家和本市有关居住房屋租赁管理的规定。

第七条 居住房屋的出租人应当是依法取得房地产权证或者其他合法权属证明的房屋所有权人，以及法律、法规规定的其他权利人。

居住房屋的承租人可以是境内外的自然人、法人或者其他组织，但法律、法规另有规定的，从其规定。

出租人不得向不能提供身份证件的自然人、不能提供营业执照或者其他批准文件的法人和其他组织出租居住房屋。

第八条 出租的居住房屋及其附属设施应当符合消防、治安、防灾、卫生等方面的标准和要求，并具备供水、供电等必要的生活条件。

有下列情形之一的居住房屋，不得出租：

（一）属于违法建筑的；

（二）被鉴定为危险房屋的；

（三）违反规定，改变房屋使用性质的；

（四）法律、法规、规章规定不得出租的其他情形。

第九条 出租居住房屋，应当以一间原始设计为居住空间的房间为最小出租单位，不得分隔搭建后出租，不得按照床位出租。

原始设计为厨房、卫生间、阳台和地下储藏室等其他空间的，不得出租供人员居住。

第十条 出租居住房屋，每个房间的居住人数不得超过 2 人（有法定赡养、抚养、扶养义务关系的除外），且居住使用人的人均居住面积不得低于 5 平方米。

前款所称居住面积，是指原始设计为居住空间的房间的使用面积。

第十一条 集中出租房屋供他人居住，出租房间达到 10 间以上或者出租房屋居住使用人达到 15 人以上的，出租人应当建立管理制度，明确管理人员，落实安全管理职责，建立信息登记簿或者登记系统，并将相关登记信息报送公安部门备案。

居住物业管理区域内的居住房屋，不得出租用作单位的集体宿舍。

第十二条 居住房屋租赁，租赁当事人应当依法订立书面租赁合同。租赁合同包括下列主要内容：

（一）租赁当事人（包括居住使用人）的姓名、住所、有效身份证件的种类及号码；

（二）房屋坐落、面积、结构、附属设施和设备状况；

（三）租赁用途；

（四）房屋交付日期；

（五）租赁期限和续租；

（六）租金标准、支付方式和期限；

（七）物业服务费及水、电、煤、通讯等公用事业费的承担；

（八）房屋使用要求和维修责任；

（九）房屋返还时的状态；

（十）违约责任和争议解决方式；

（十一）租赁当事人约定的其他内容。

市房屋行政管理部门和市工商行政管理部门应当制定租赁合同示范文本，并在政府网站上公开。

第十三条 租赁合同订立后30日内，租赁当事人应当到租赁房屋所在地社区事务受理服务中心办理租赁合同登记备案，但通过房地产经纪机构订立租赁合同的，由房地产经纪机构代为办理租赁合同登记备案。

租赁合同登记备案内容发生变化、续租或者租赁关系终止的，租赁当事人应当在30日内，到原登记备案部门办理租赁合同登记备案的变更、延续或者注销手续。

第十四条 市房屋行政管理部门应当推进建设租赁合同登记备案信息系统，实行网上登记备案，并纳入房地产市场信息系统。

第十五条 居住房屋租赁的租金标准，由租赁当事人在租赁合同中约定。承租人应当根据租赁合同约定，按时支付租金。

居住房屋租赁期限为1年或者1年以下的，租赁当事人应当在租赁合同中一次性约定租金标准；租赁期限为1年以上的，每年只能调整一次租金标准。但租赁合同中对租金标准调整另有约定的，从其约定。

租赁合同期间，出租人不得单方面提高租金标准。

出租人根据承租人的要求装修房屋或者增设附属设施、设备的，双方可以协商调整租金标准。

第十六条 出租人可以按照租赁合同约定的数额，向承租人收取租赁保证金；未约定数额的，租赁保证金不得超过2个月的租金。

第十七条 承租人可以按照租赁合同的约定转租房屋；未约定的，承租人转租房屋应当事先征得出租人的书面同意。

居住房屋转租应当符合本办法第八条、第九条、第十条的规定。

转租人违反本条第一款、第二款规定的，出租人可以解除租赁合同，收回房屋并要求赔偿损失。

居住房屋转租的，应当按照本办法第十二条、第十三条的规定订立租赁合同，并办理登记备案。

居住房屋转租后，承租人不再居住使用的，可以与出租人协商解除租赁合同，由出租人与次承租人直接订立租赁合同。

第十八条 居住房屋在租赁期间届满后继续出租的，承租人在同等条件下享有优先承租权。

租赁合同对续租已经作出约定的，从其约定。未约定的，出租人不再继续出租的，应当在租赁期间届满前 1 个月通知承租人；未提前 1 个月通知的，原租赁合同继续有效，但租赁期限为不定期。

出租人提出解除前款规定的不定期租赁合同的，应当至少提前 1 个月书面通知承租人。

第十九条 房屋租赁期间，因买卖、交换、赠与、继承等发生房屋所有权转移的，新的房屋所有权人应当继续履行原租赁合同，不得以房屋所有权已转移为由要求终止租赁合同。

第二十条 房屋租赁期间，出租人出售房屋的，应当根据租赁合同约定的期限事先通知承租人；未约定的，应当至少提前 3 个月通知承租人，承租人在同等条件下享有优先购买权。承租人在收到通知后 15 日内未明确表示购买的，视作放弃优先购买权。

出租人出售房屋的，应当就出售房屋需要实地看房的时间等内容与承租人进行协商，并不得妨碍承租人对房屋的正常使用。

第二十一条 承租人在房屋租赁期间死亡的，与其生前共同居住的人可以按照原租赁合同继续租赁该房屋。

第二十二条 居住房屋租赁期间，任何一方当事人不得擅自解除租赁合同，但租赁合同约定的解除条件成就、租赁当事人协商一致或者存在法律规定合同解除情形的除外。

承租人未按照居住房屋使用性质使用房屋的，出租人可以解除合同。

第二十三条 居住房屋的出租人应当与公安派出所签订《治安责任保证书》。

居住房屋的出租人应当履行下列义务：

（一）查验承租人及居住使用人的身份证件，并按照公安部门的要求，登记承租人的姓名、身份证件的种类和号码；

（二）督促、配合居住使用人按照国家和本市的有关规定，及时办理居住登记；

（三）向业主委员会或者物业服务企业提供承租人的联系方式，告知并督促承租人及居住使用人遵守小区业主管理规约；

（四）发现承租人及居住使用人利用承租的居住房屋从事无证无照经营的，及时报告工商行政等有关部门；

（五）负责出租房屋及其提供的设施、设备的安全，告知安全使用事项，并定期进行安全检查和维护，及时发现和排除安全隐患；

（六）配合有关部门开展对承租人及居住使用人违法违规行为的调查、制止及处罚等工作。

第二十四条 居住房屋的承租人应当履行以下义务：

（一）如实向出租人告知居住使用人的姓名、身份证件的种类和号码，并按照规定办理居住登记；增加居住使用人的，还应当征得出租人的同意，并不得违反本办法第十条第一款的规定；

（二）遵守业主管理规约，不得损害相邻业主的合法权益；

（三）不得利用承租的居住房屋从事经营活动；

（四）合理、安全使用房屋及设施、设备，不得擅自改变房屋使用性质、结构或者实施其他违法搭建行为。

第二十五条 房地产经纪机构和房地产经纪人员应当遵守国家和本市有关居住房屋租赁管理的规定，向租赁当事人宣传房屋租赁、实有人口服务和管理等政策，并引导租赁当事人使用租赁合同示范文本。

房地产经纪机构和房地产经纪人员不得居间、代理不符合本办法规定的居住房屋租赁业务，不得对租赁当事人隐瞒真实的房屋租金等信息以赚取差价。

房地产经纪机构或者房地产经纪人员承租其居间、代理的居住房屋的，不得收取佣金。

第二十六条 本市鼓励专业代理经租机构接受房屋所有权人或者法律、法规规定的其他权利人的委托，以自己的名义按照委托合同的约定，出租居住房屋，获取收益。具体管理规定由市房屋行政管理部门会同相关部门另行制定。

第二十七条 业主委员会经业主大会同意后，可以根据本居住物业管理区域内的房屋租赁情况，制定相应的管理措施纳入管理规约，并可以委托物业服务企业具体实施。

居住房屋租赁当事人违反业主管理规约、损害他人合法权益的，业主委员会有权要求当事人停止侵害、消除危险、排除妨害、赔偿损失。业主对侵害自己合法权益的行为，可以依法向人民法院提起诉讼。

第二十八条 物业服务企业应当按照乡、镇人民政府或者街道办事处的要求，将居住物业管理区域内的房屋租赁情况，报送房屋所在地社区事务受理服务中心。

物业服务企业发现租赁当事人、房地产经纪机构或者房地产经纪人员有违法违规行为的，应当及时予以劝阻、制止，并报告业主委员会或者有关部门。

第二十九条 出租人、承租人、相邻业主在房屋租赁活动中发生纠纷的，应当协商解决；协商不成的，可以向人民调解委员会申请调解，也可以依法向仲裁机构申请仲裁或者向人民法院提起诉讼。符合规定条件的，可以依法向法律援助机构申请法律援助。

第三十条 违反本办法规定的行为，法律、法规已有处罚规定的，依照有关规定处理。

违反本办法第八条第一款规定，出租房屋不符合治安、消防等标准和要求的，由公安部门责令改正，并可处以 1000 元以上 3 万元以下罚款。

违反本办法第十一条第一款规定，出租人未落实相应安全管理责任的，由公安部门责令改正，并可处以 1 万元以上 3 万元以下罚款；造成严重后果的，处以 3 万元以上 10 万元以下罚款。

租赁当事人、居住使用人违反其他治安管理、居住登记管理等规定的，由公安部门按照有关规定处理。

第三十二条 违反本办法第九条、第十条第一款规定，不符合最小出租单位、居住人数限制和最低人均承租面积规定的，由区、县房屋行政管理部门责令责任人限期改正；逾期不改正的，可处以1万元以上10万元以下罚款。

第三十三条 违反本办法第十三条规定，租赁当事人未在期限内办理租赁合同登记备案手续的，由区、县房屋行政管理部门责令限期改正；逾期不改正的，对个人处以1000元以下罚款，对单位处以1000元以上1万元以下罚款。

第三十四条 违反本办法第十三条第一款规定，房地产经纪机构未办理登记备案的，由区、县房屋行政管理部门责令限期改正；逾期不改正的，处以3000元以上3万元以下罚款。

第三十五条 违反本办法第二十五条第二款规定，房地产经纪机构和经纪人员居间、代理不符合本办法规定的居住房屋租赁业务的，由区、县房屋行政管理部门责令限期改正，并暂停房地产经纪机构的网上备案资格；逾期不改正的，对房地产经纪人员处以1000元以上1万元以下罚款，对房地产经纪机构取消网上备案资格，并处以3万元以上10万元以下罚款。

第三十六条 公有居住房屋转租及其监督管理，参照适用本办法。

第三十七条 本办法自2011年10月1日起施行。2004年8月30日上海市人民政府发布的《上海市居住房屋租赁管理实施办法》同时废止。